法科大学院
小論文
発想と展開の技術

吉岡友治 著
Yoshioka Yuji

実務教育出版

●本書を読むに当たって

　小論文に限らず，論文は何を書いても自由だ。だが，「どう書くか」には厳格なルールがある。与えられた課題に対して問題を提起し，解決を与え，理由やデータで説得する。この形を外したら，論文にはならない。逆に言えば，ルールにのっとりさえすれば，何を書いても許される。だとすると，論文になるかならないかは，内容ではなく形式で決まる。

　しかし，一応論文にはなっていても，感心できない文章は多い。「よい論文を書く」ために必要なもの，それが内容だ。それも単なる知識の羅列ではない。現実社会の問題を解きほぐし，それに妥当な解決を与えるための作業仮説だ。法律家なら，法とは何か，道徳とどこが違うか，その本質をわきまえておくべきだ。もちろん，世の中に関心を持ち，人権や秩序の意味を知っていなければ，適切な対処もできない。

　だから結局，小論文を書くには，2つのリソースがいる。一つは，書き方についての技術。もう一つは，社会の現実を洞察するうえで，モデルになる思考法のストックだ。問題・解決・根拠の構造を作る。明確な段落構成をする。反対意見を批判する。利点と欠点を比較する。論理的に説明する。これらを訓練して，論理的な文章を書く。一方で，創意があふれる意見を書くには，世間で何が言われているか，知らねばならない。他者の意見のすき間をねらって書いて，初めて人の目を引くおもしろい意見になる。そのためには，頻出テーマにおける典型的意見をインプットしておく必要がある。

　本書では，この2つを満たそうと工夫した。**Part1**で書き方の基本を説明し，**Part2，3**では法科大学院の小論文試験によく出るテーマを解説した。さらに要所要所にはコラムを付け，より深い理解と発想のヒントになるようにした。例題には事前に自分で考えの道筋をつけられるように，**Warming Up**のコーナーを設けた。読者は，読んでいくうちに，今までどう取り組んでよいかわからなかった小論文の深い森に，一本の明快な道が見えてくるのを体験するはずである。

　　　　　　　　　　　　　　　　　　　　　　　吉岡　友治

本書の構成と使い方

全体の構成

本書は **Part 1, 2, 3** に分かれています。**1** では論文ライティングの基本原理を，**2, 3** では代表的なテーマについて説明します。

Part 1 　小論文の基本構造や段落の作り方，さらには複数資料・図表の処理など，書き方のパターンを理解します。

Part 2 　法の概念，倫理との違い，人権のとらえ方など頻出する法に関する基礎的テーマの間違いやすい点を解説します。

Part 3 　環境問題や雇用，公共性などの問題も頻出です。社会科学的発想の基本を解説し，時事問題への応用を示します。

Advanced View 　さらに高度な問題への対処ができるように，法哲学的なトピックを解説しています。難関校受験に役立ちます。

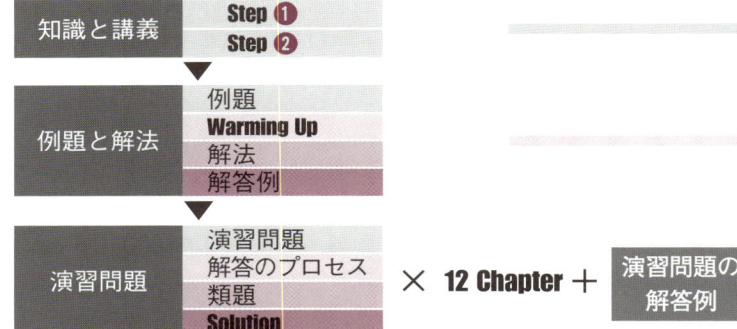

読み方のポイント

解説を十分理解しないと実力はアップしません。そのために本書では，アイコンを利用して，効率的な読解ができるようにしました。

Point	●Point	覚えておくべき基本的メソッド
	●注意	間違いやすい点の指摘
Hint	●ヒント	考え方のヒントになる内容
	●小見出し	段落に書いてある内容のまとめ
	●Warming Up	解答に至る筋道を自分で考える

■ ポイントとサポート

　重要な部分は**ポイント**，それほど重要ではなく，ポイントの信頼性を高めるのが役目の部分を**サポート**と言う。つまり論文を読むとは，まずポイントとサポートの部分を区別して，それからポイントの部分をつなげるのである。

Point 課題文の理解＝ポイントとサポートを区別する

Step ❷ 要約の作り方

　議論とは対話のようなものである，とよく言われる。対話なら，「あなたの言うことはこういうことだね」と相手の主張を理解していることを示し，そのうえで「私はこう思う」と自分の意見を言う。

◆ 論文は課題文との対話でもある

Warming Up
1　「国民国家の公共的行為」と「ボランティアの公共的行為」の内容の違いを述べた段落を挙げ，その内容を要約せよ。
2　国家・私企業と比べ，ボランタリーセクターの特徴は何か？

解法

　この課題文は例示の部分が多くわかりやすいが，著者の言いたいことはもちろん例示そのものではなく，それを通して明らかになる社会の原理である。したがって，読むときには**例示とそうでない部分を区別し，そこから原理を抽出する必要がある**。まず，課題文全体の理解を容易にするために，いつものように課題文をポイントとサポートに分けてみよう。

Hint
ポイントとサポートを区別して，内容を理解する

法科大学院［小論文］発想と展開の技術

本書を読むに当たって　　　　　　　　　　1
本書の構成と使い方　　　　　　　　　　　2

Part 1　論文の構造を理解し設問形式と結びつける

Chapter 1　小論文の基本構造
知識と講義　　　　　　　　　　　　　　　10
例題と解法　　　　　　　　　　　　　　　17
演習問題　　　　　　　　　　　　　　　　27
Advanced View ［正しさはだれのためにあるのか］　29

Chapter 2　読解と要約の方法
知識と講義　　　　　　　　　　　　　　　34
例題と解法　　　　　　　　　　　　　　　40
演習問題　　　　　　　　　　　　　　　　50

Chapter 3　課題文との対話
知識と講義　　　　　　　　　　　　　　　58
例題と解法　　　　　　　　　　　　　　　64
演習問題　　　　　　　　　　　　　　　　75
Advanced View ［正義の意味するもの］　81

Chapter 4　複数資料と図表問題
知識と講義　　　　　　　　　　　　　　　84
例題と解法　　　　　　　　　　　　　　　90
演習問題　　　　　　　　　　　　　　　　108

Part 2　法の基本概念を知り倫理と結びつける

Chapter 5　自由と規律
知識と講義　　　　　　　　　　　　　　　114
例題と解法　　　　　　　　　　　　　　　119
演習問題　　　　　　　　　　　　　　　　137
Advanced View ［法はすべてを解決しない］　140

Chapter 6　人権と生命
知識と講義　　　　　　　　　　　　　　　144
例題と解法　　　　　　　　　　　　　　　150
演習問題　　　　　　　　　　　　　　　　161
Advanced View ［生命の価値は比較できるか］　171

本文デザイン　長谷眞砂子

Chapter 7　社会の中の法と法律家
　知識と講義　　　　　　　　　　　　176
　例題と解法　　　　　　　　　　　　181
　演習問題　　　　　　　　　　　　　194
　Advanced View　［自己責任とはだれの責任か］　197

Part 3　社会科学の発想を時事問題と結びつける

Chapter 8　科学と社会
　知識と講義　　　　　　　　　　　　202
　例題と解法　　　　　　　　　　　　208
　演習問題　　　　　　　　　　　　　222

Chapter 9　市場と公共性
　知識と講義　　　　　　　　　　　　230
　例題と解法　　　　　　　　　　　　235
　演習問題　　　　　　　　　　　　　249

Chapter 10　グローバル化と地域性
　知識と講義　　　　　　　　　　　　254
　例題と解法　　　　　　　　　　　　260
　演習問題　　　　　　　　　　　　　272
　Advanced View　［平等を忘れていいのか］　281

Chapter 11　雇用と生活
　知識と講義　　　　　　　　　　　　286
　例題と解法　　　　　　　　　　　　293
　演習問題　　　　　　　　　　　　　306
　Advanced View　［人権は広がりすぎか］　312

Chapter 12　環境問題と倫理
　知識と講義　　　　　　　　　　　　316
　例題と解法　　　　　　　　　　　　322
　演習問題　　　　　　　　　　　　　344

　■演習問題の解答例　　　　　　　　347

・本書の例題・演習問題は，各法科大学院および適性試験委員会の許諾を得たうえで，実際の試験問題を原則として原文のまま掲載しています。ただし，数字や読点などの表記は，読みやすさのため一部体裁を変えているところがあります。
・例題の課題文には，解説の便宜のため，段落番号を黒丸数字（例 ❶，❷）で付記しています。
・例題・演習問題の大学名の後にある［未修］は法学未修者対象の試験，［共通］は法学未修者・既修者共通の試験を表します。「○分」は試験時間を表します（「2問で○分」というのは，別の問題との合計時間を表す）。
・解答例の（　）内の字数は，例題においては30字詰，演習問題においては35字詰の用紙に解答するものとして算出しています。

Part 1

【問題形式からのアプローチ】
論文の構造を理解し
設問形式と結びつける

Introduction

Part 1 論文の書き方の原則を解説する

Chapter 1 小論文の基本構造
意見文として読者（採点者）を納得させる基本パターンを理解する。

　問題 ➡ 解決 ➡ 根拠 （理由・説明・例示）

問題で疑問・対立・矛盾を提示し，解決でそれらを解いてみせる。根拠では，その解決がなぜ正しいのか，理屈をつけ例を出す。

Chapter 2 読解と要約の方法
上の基本構造のうち問題と解決があればよい。根拠は理由を除いて不必要。対比比較・比喩・引用などの部分は無視する。

　問題 ＋ 解決　根拠 （理由・説明・例示・対比比較・比喩・引用）

Chapter 3 課題文との対話
著者に反対する場合は，根拠部分を批判する。賛成する場合は，大筋で賛成しながら，細部で補足・修正を加える。

Chapter 4 複数資料と図表問題
複数資料問題では，共通の問題を抽出し，どの立場で各文がかかわるか分類・整理する。自分と近い課題文はその根拠として利用する。反対の立場の課題文には批判を加える。

　共通の問題 ➡ どれかに賛成 ➡ 根拠として利用 ➡ 反対の立場の課題文を批判

図表問題の一般的構成は以下のとおりである。

　読解 ➡ 解釈 ➡ 批判・提案

Chapter 1 小論文の基本構造

　小論文には，書き方の基本パターンがある。それを守って書けば構成はしっかりするし，自分が今どこを書いているかも意識できる。全体の構造と各部分の機能を知ることで，内容のレベル・アップもしやすくなるだろう。

Technic

❶ 意見文の構造
問題→解決→根拠の基本を守る

❷ 根拠を充実させる
代表的なのは，理由・説明・例示である

❸ 論と例の関係
同じ内容を違う表現で言い換える

1 小論文の基本構造　知識と講義

Step 1 小論文とはどういう文章か

　文章にはさまざまな種類がある。小説もあれば随筆もあるし，短歌や俳句だって文章だ。これらの文章では，それぞれ書かれるものが違う。小説だったら波瀾万丈のストーリーと魅力的な人物が描かれる。短歌や俳句だったら，自然や人事のちょっとした表情だろう。随筆は，むしろ筆者の特異な感想・感受性が伝わればよい。では，小論文では何が伝わればよいのか？

　小学校以来の分類，たとえば日記文・説明文などで言えば，小論文とは意見文である。では意見とは何か？　よくよく考えると難しい。こういう場合は，現場に戻って考えると原理がわかる。「〇〇くん，君の意見は？」と問われる場合はどういう場合だろうか？

■意見が求められる状況とは

　たとえば学校の授業を思い出してみよう。中学校の数学の授業で二次方程式を習ったとする。「〇〇，$X^2-2X+1=0$におけるXの値について，お前の意見はどうか？」と聞かれるだろうか？　聞かれないだろう。「Xの値は何だ？　正解を答えなさい」となるはずだ。

　では，こういう場合はどうか？　あなたの住んでいる町に原子力発電所が誘致されるという計画が持ち上がった。あなたは住民に対する説明集会に出かける。そこでは電力会社の人や市長が来ている。いろいろと話を聞いた後に，隣の人に聞かれる。「〇〇さん，あなたの意見はどうですか？」しかし，「〇〇さん，原発建設についての正解は何ですか？」と聞かれはしないだろう。

　この２つの違いは何だろう？　方程式は正しい答えが存在する問題で，原発建設の是非は正しい答えが何だかわからない問題だということだ。前者は$X=1$という答えがあって，他の答えを出したら間違いだ。生徒はわかっていないかもしれないが，

教師にはわかっている。

それに対して後者では，原発を建設するのがよいか悪いかは，だれにもわからない。原発推進派は町の財政が豊かになるとか，いろいろ聞こえのいいことを言う。しかし，反対派は危ないからやめろという。対立・紛糾していて，どっちの考えが正しいのかわからない。もちろんだれか物知りや科学者が知っているわけでもない。だから，教えてももらえない。それでも重大な問題だから，あなたは原発に対して**イエスかノーか態度をハッキリさせねばならない**。自分の意思表示が，原発を誘致するかどうかの決定に影響を与えるかもしれない…「あなたの意見は？」と問われるのはこういう状況だ。

■問題と解決の組合せ

つまり，意見とは，正しい答えが何かわからないとき，あるいはそもそもあるのかどうかさえわからない問題に対して，自分なりに答える（解決を出す）ということなのである。

Point 意見＝正解がわからない問題について，自分なりの解決を出すこと（問題＋解決）

こういう意見のとらえ方を problem and solution approach と言う。問題（**problem**）とはなんらかの葛藤状況（**tension**）を言う。それに対してなんらかの解決策（**solution**）を出す。それが意見の本質だ。先ほどの原発の例で言えば，賛成派と反対派の対立に対して，賛成あるいは反対の立場を表明する。

しかし，問題はこういう対立状況にばかり現れるとは限らない。「これはどういうこと？」「なぜ，こんなことになるのか？」などという疑問もある。「ロースクールにはどのような社会的意義があるのか？」「なぜ，私は法律家になろうとするのか？」などはその例だろう。また，「こうなるはずなのに，そうならない。おかしい」などという矛盾の形もありうる。「差別は本来あってはならないのに，現実には女性差別がある。おかしい」などの議論がそれだ。

こういう疑問・対立・矛盾などの形で出てくる問題に対して，自分なりに「こう考えればよい」「こうすれば差別はなく

なる」などの解決案を出す。これが「意見」なのである。

> **Point** 意見＝問題（疑問・対立・矛盾）＋解決

■根拠の必要性

　しかし，意見とは，言いっぱなしではしかたがない。いかに答えが出ない問題だとは言っても，「ハンバーグとカレーライスではどちらがおいしいか？」というような問題に対して，どんな意見を出してもあまり意味はない。いくら話しても決着はつかず，結局個人の好みにしかならないからだ。では，すべての問題は「好みの問題」にすぎないのだろうか？　そうではない。どんな意見も同じ価値というわけではないのだ。

　意見には，それを聞いた人が「なるほど」と思えるような場合と「そうかな？」と疑問を感じたり，「そんな馬鹿な！」と思ってしまう場合がある。こういう場合，前者のほうが他人や社会に影響を与えることができるのだから，基本的に他人を説得できる意見のほうがいいのである。

■説得のために証拠を出す

　他人に「なるほど」と思わせる方法は実はたくさんある。エラソーに振る舞うこともその一つかもしれない。エライ人や有名人が言えば，それだけで信用されるということは実際にある。あるいは恋人や家族など，信頼している人から何か言われたら，それだけで納得してしまうかもしれない。しかし，歴史的に見ると，どんなエライ人だって間違う場合があるのも確かだし，恋人や家族（あるいは，それを装う人）にだまされることだって多い。したがって，このように人間を信頼するという方法は意外にリスクが大きい。

　小論文では，読者を説得する方法は簡単だ。「理性的（合理的）説得」を使うのである。これは，**自分の意見が正しいと合理的に示してくれる証拠を出す**という方法である。理屈に合っていることが重要で，感情や人間関係に訴えるのは二の次である。

　証拠になるものは，理由・説明・例示などが代表的である。理由は「なぜ正しいか？」に答える材料であり，説明は「詳し

く言うとこういうことだ」とわかりやすくするための材料であり，例示は「実際にこうだ」と具体的なイメージやデータを与える。つまり，理由・説明は理屈，例示は具体的イメージの部分といえよう。人間の判断は理性と感性の複合によって決められる。したがって，具体的イメージがあったほうが，意見は説得力を持つわけだ。

▼根拠の種類と機能

	形式	機能
理由	なぜなら…からだ	原因・理由を解明する
説明	（つまり）…のだ	状況を詳しくわかりやすく言い換える
例示	たとえば…	具体的イメージ・データを出す

■根拠の具体例

　たとえば，先ほどの原発を受け入れるかどうかという住民集会の例にしても，「原発賛成」「原発反対」はそれぞれ「意見」であるが，そこには賛成・反対をサポートする（支える）「根拠」があるはずだ。賛成する理由は，「人々が豊かになるから」と言えるだろう。説明は，「若者の働き口が増えて，給料をもらえる」とか「税金が入って，地域の人々のために使える」などと言えるだろう。例示は「たとえば，この間原発ができた××村では，××億円歳入が増えた。これは村の予算の実に30％に当たる」などとなる。

　一方，反対する理由としては「危険だから」。説明は「ちょっとしたことで大事故につながり，放射線にさらされると人体に大きな害がある」，例示は「たとえば，東海村では核燃料加工の作業ミスから3人の作業員が被曝し，そのうち2人が亡くなった。細胞膜が破壊され，手の施しようがなかったという」などとなる。

Point 小論文の基本構造＝問題＋解決＋根拠（理由・説明・例示）

　このように議論すると，理由・説明・例示が自分の主張を正

しいと保証する構造になり，説得力が増すことになる。小論文の大部分は，この方式を守って書いていくことになる。ちなみに結論とは解決の繰り返しであることが多い。

▼小論文の構造

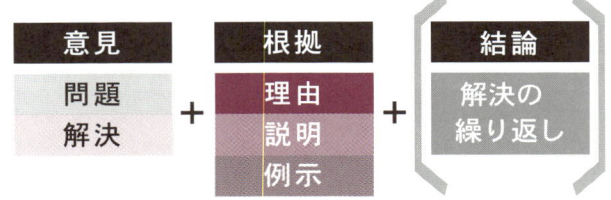

Step ❷ 論と例の一致

■論と例の一致

　今までの説明を少し違った方向から眺めてみよう。理由と説明の部分を論，例示の部分を例と省略して言うことがある。この場合大事なのは，論と例は同じ内容であるべきだ，ということである。どちらも，自分の解決を正しいとするための材料だが，その表現の方法が違うのである。論は，解決が正しいことを理屈を使って示し，例示は同じことをイメージ・データを使って記す。したがって，内容は両者ともに同じでなければならない。

　たとえば，原発の例では賛成論の「税金が入って豊かになる」は「××村では××億円歳入が増えた」と内容が同じであり，反対論の「人体に害があって危険だ」は「東海村では3人のうち2人死んだ」と同じ内容である。こういうように，根拠は理由・説明・例示と複数書かれていても，その内容は基本的に一つで，いちいち対応するようになっている。これを論と例の一致または論と例の対応と言う。

主張	原発建設に賛成
理由	税金が入って豊かになる
説明	法人税・交付金などが増える
例示	××村では××億円歳入が増えた

　「豊か」という抽象的な言葉が,「税収が増える」→「××億円歳入が増えた」と次第に詳しく具体的になっていくプロセスがわかるだろう。このようになっていくことで,最初の「賛成」がだんだん説得力を持って迫ってくるのである。でも,内容はすべて同じことだ。

　不公平になるかもしれないので,反対の場合も図示しておこう。

主張	原発建設に反対
理由	人体環境に危険だからだ
説明	放射能が漏れたら,致命的な被害を与える
例示	東海村では臨界事故により,被曝した作業員3人のうち2人が死亡した

　この場合も,「危険」「致命的被害」「3人のうち2人が死亡」と内容が次第に詳しく具体的になっていくが,最初の立場は変わらないし,内容も実は同じである。これを議論の一貫性とも言う。

Point 論と例の一致＝理由・説明・例示と複数書かれていても
　　　　根拠の内容は基本的に一つ
　　　　（理由・説明・例示間で一対一対応する）

■ どこを書いているか？

　大切なのは、「自分がこの要素のどこを今書いているか」である。それがハッキリしないと、どう努力すればよい文章が書けるのかがわからなくなったり、見当違いを犯してしまう危険があるからだ。

　たとえば、問題が課題文に明示してある場合がある。「…について、あなたは賛成か、反対か、自分の立場を示したうえで…」などとある場合は、最初の問題については、もう答案で書く必要はない。「賛成である。なぜなら…」と突然解決から書き出せばよい。逆に問題が明示されてなく、自分で探さなければならない場合は、「課題文の本質は…と…の対立であろう」などと問題の明示から書き出す必要がある。

　一方、解決はなるべく明快でなければならない。**YesかNoかはっきりしない解決は意味がない**。たとえば「こういう問題については、全国民的な議論が必要である」などという文は、議論を盛り上げようという意図だけで、「どうすればよいか」についての実質的な解決にはなっていないから、ほとんど無意味な意見である。原発に関する住民集会で「もっと皆で話し合おう」と意見を言っても、その集会がすでに話し合いの場になっているなら、何も提案していることにならない。「もっと話し合おう」が意味を持つのは、話し合いはもうおしまいにしようという動きが出てきた場合だけである。

　また実際の答案ではよくあることだが、根拠が不備なことも多い。理由が抜けていたり、説明がなされていないのでわかりにくかったり、例示やデータがない机上の空論だったり、などさまざまである。理由がない文章では、その意見・主張が妥当かどうかわからないし、説明がないとわかりにくくて理解しにくい。例示がないと現実との対応が取れないから、心から納得できない。こういう不備を見つけられれば、自分の文章でもそうならないように気をつけることができる。

　では、これまでの説明を応用して、実際の法科大学院の入試問題を解いてみよう。

1 小論文の基本構造　　例題と解法

Theme【原子爆弾投下の是非】　2004　千葉大［未修］90分

　太平洋戦争末期にアメリカ合衆国（米国）は日本に2個の原子爆弾を投下した。この米国大統領の決断について，

A　米国人聴衆（読者）に対して，これを正しかったとして擁護する議論
B　日本人聴衆（読者）に対して，これを正しかったとして擁護する議論
C　米国人聴衆（読者）に対して，これを誤りだったとして批判する議論
D　日本人聴衆（読者）に対して，これを誤りだったとして批判する議論

を，解答用紙の**A**～**D**のそれぞれの欄に，各300～500字で書きなさい。

解答作成上の注意
ⅰ　一般常識として知られていると思われる範囲の歴史上の事実を基礎にしなさい（その一部については下の「基本的事実」の欄を参照のこと）。議論の組み立て方を評価しますので，基礎となる事実に関する知識が正確でなくともかまいません。また，もし史料によって確かめないとわからない数字その他が議論のために必要なときは，仮に「○○」として，「○○年」「○○人」のように書いて結構です。地名・人名などについても，わからない時には「○○付近」「○○島」「○○大統領」などとして結構です。

ⅱ　上の**A**～**D**の4つの議論は，それぞれ独立のものとみなし，独立に採点します。そのため，他の欄で書いたことでも，必要な場合には議論を繰り返して下さい。また，別の議論の間で相互の主張内容に齟齬があっても，減点にはなりません。

基本的事実（参考）
●1945年7月26日，ポツダム宣言が発表された（米英中による。後にソ連も参加）。
●7月28日，軍部主戦派の圧力に屈した鈴木貫太郎首相が，この宣言を

●「黙殺」すると発表。
●1945年8月6日，広島市にウラン235爆弾が投下された。
●ソビエト連邦（ソ連）は，1945年2月のヤルタ会談でドイツ降伏後に対日参戦することを米英両国に約束し，8月8日，対日参戦を行った。日ソ中立条約はこれにより失効した。
●8月9日，長崎市にプルトニウム爆弾が投下された。
●広島の原爆投下時に市内にいた約42万人の市民のうち，約15万9000人が4カ月後の1945年12月末までに死亡した。長崎では約27万2000人が被爆し，約7万4000人が早期に死亡した。それ以外に広範な晩発性障害があることが，主に投下後，次第に明らかになった。
●1945年8月15日，日本によるポツダム宣言受諾により終戦。
●最初の原爆が完成したのは1945年7月16日であり，アラモゴードの砂漠でプルトニウム原爆の実験が成功した。
●日本は当時，軍部も含めて，「国体護持」を中心とするいくつかの条件が充たされる場合には，事実上の敗戦を受け入れようと考え，ソ連（参戦以前）に交渉の仲介を依頼していたが，これは成功しなかった。

Warming Up

1 問題は何か？
2 解決は何か？ A〜Dそれぞれについて書け。
3 解決を支える根拠（理由）をA〜Dそれぞれについて2つずつ考えよ。

解法

　　　　　この問題は，ごく基本的な構造なのがわかるだろうか？「正しかったとして擁護する／誤りだったとして批判する」議論を書けというのだから，結論は決まっている。「正しい」「誤っている」のいずれかしかない。後は，その結論をサポートする根拠を丁寧に書いていけばよい。根拠は理由・説明・例示を使う。
　　　　　このように，答えるべき問題がはっきりと設問で規定されて

いる場合は，まず自分の立場を明確に打ち出すことと，それに対して十分な根拠を提示することに尽きる。この場合は，4つの立場は初めから規定されているのだから，それぞれの根拠の充実度が勝負となる。

❖ 結論がある場合は，根拠の充実度が評価のポイントとなる

書くべき事項を整理してみると，次の4点になる。それぞれ，どんな内容を入れるか，この図式に基づいて決める。

	機能	内容
1	主張	原爆投下は正しかった／誤っていた
2	根拠	理由　　　なぜなら…からだ
3	説明	詳しくわかりやすく言い換える
4	例示	実例を挙げる

■正誤の判断基準は？

内容で考えるべきは，まず「正しい／誤っている」という判断が何に基づいているかである。倫理的な判断では，何か人間の行動基準を決めて，それに照らし合わせて「よい／悪い」を決める。たとえば，「人を殺してはいけない」という判断基準に基づけば，原爆は即座に否定される。ただし，それでは「原爆が正しい」とは言えなくなる。殺人の禁止を根拠にすると「原爆は正しい」と言うことは不可能になるのだ。

もちろん設問では，この4つの議論は相互に独立と見なすから，「誤りであった」ことを示す根拠としては利用できる。ただし，戦争行為は現在のところ国際法上は「正しい」行為と見なされている。したがって「戦争反対」などという立場を取ることは間違いではないが，それだけでは説得力が弱い可能性があることは考慮すべきだろう。私なら，この立場は取らない。

■国益という観点

一方で，「米国人に対して」「日本人に対して」と聴衆（読者）が指定されていることにも気をつけたい。もし，これを最大限生かすとしたら，「人間全体」に当てはまる議論をするより，その国民にしか当てはまらない議論をすべきであろう。

そもそも原爆はたくさんの人々の生命を奪い苦しめているのだから、「汝殺すなかれ」という人類への禁止はすでに無効である。だから、「正しさ」の基準になるのは、だれにも成り立つような道徳律・倫理ではありえない。道徳・倫理の本質は、自分に成り立つのなら相手にも成り立つという「相互性」にあるからである。米国人または日本人にしか成り立たないとしたら、それは道徳律や正義ではなく、国益つまり国民・国家にとっての利益しかないだろう。

◆ ある国民にしか成り立たない＝国益の観点しかない

つまり、この議論では「正しい／誤っている」の根拠を、米国人／日本人にとって利益がある、という点に置くべきなのである。米国人に対して述べるなら、米国人あるいはアメリカ国家にとって正しかった／利益があった、という論述でなければならない。その場合、正しさの基準となる「国益」として何を選択するか、で理由・説明・例示が違ってくるだろう。

■利用すべき設問表現

もう一つのポイントは、「基本的事実」で提供されている情報をきちんと答案の中で生かすことである。たとえば「日本は…事実上の敗戦を受け入れようと考え、ソ連（参戦以前）に交渉の仲介を依頼していた」とあるので、日本政府にも、敗戦を受け入れる態度はあり、おそらく米国もその意図はわかっていたと推測できる。したがって、「かたくなな日本を屈服させるためには、原爆しかなかった」などという論述は「基本事実」の一つを無視することになり、適当ではないわけだ。

以上の点に気をつけて、一つ一つの立場を見ていこう。

A　米国人聴衆（読者）に対して、これを正しかったとして擁護する議論

この場合米国人に対して述べるのだから、何よりも米国人に対して利益が大きかった、という評価に基づいた論述でなければならないだろう。「国益」として何を選択するかも問題になる。米国の国益はいろいろ考えられる。

```
1  米国人の犠牲・コストが少なかった
2  米国の支配が確立した
3  日本を簡単に屈服させる方法だった
4  米国の科学技術のアピールになった
5  ソ連に対する牽制になる
```

　説得力が出ればどれでもいいのだが，解答例では，米兵の犠牲が少なくて済んだ，という理由にしてみた。その説明としては，日本本土上陸をすれば市街戦になり，米国の若者の犠牲も大きいはずだ，抵抗させないためには，攻撃力の圧倒的な差を見せつけて，抵抗する気持ちをなくす必要がある，そのために原爆が必要だったという論理を使ってみた。これは米国人の間で原爆を正当化するときによく使われるロジックである。

　もう一つ，核爆弾は米国の国力を誇示するのに役立ったという理屈も使ってみた。論拠は1つでも当然よいのであるが，他の論拠も使えることを示すためである。

B　日本人聴衆（読者）に対して，これを正しかったとして擁護する議論

　これはAより難しい。なぜなら，原爆によってもたらされた日本人の犠牲は甚だしく，原爆によってもたらされた国益またはよい結果が，その損失より大きいと証明しなければならないからだ。このためには，原爆を落とさなかった場合に日本が被った被害を大きく見積もり，それに比較したら原爆の被害は小さかったと主張する必要がある。

　そのためには，Aと同じ論理を日本人に対して用いるのが簡単だろう。つまり，仮に本土上陸が行われ，市街戦となったら日本人の犠牲もより大きくなったと予想して，そこからまだ原爆の犠牲のほうがましだった，と論ずることになる。断っておくが，これは私の個人的信条ではない。あくまで，論理的な可能性としての議論である。

既存のイメージを打ち消す根拠の必要性がある

　この場合，実際にあった原爆の被害と比べるには，予想だけでは物足りないだろう。原爆の被害はあまりに大きく，そのイメージを打ち消すにはもっと悲惨な例を出すしかないからである。実際に市街戦になった場合，**どれほどの犠牲が生じるかを**

思い描けるイメージが欲しい。ここでは，そのイメージとして沖縄戦における住民の被害の大きさを出してみた。

また，米国に占領され，資本主義国の一員となったことで，結果的に日本の戦後復興が早かったこともサポートとなるかもしれない。「日本の復興」は戦後の日本人の共有イメージであるので，根拠としては強力であろう。実際，「基本事実」にあるように，ソ連は日本参戦を決定し，このまま放置すれば日本は朝鮮半島のように分割統治される危険があった。そうすれば，日本は現在の北朝鮮のように経済危機になっていたかもしれない。

そのような状態にしないためには，米国が主導権を取った状態で早く戦争を終結させなければいけなかった。その意味でも，原爆を投下して日本政府に降伏を促すことが必要だったのである。ソ連の支配下に置かれた国が，その後経済的・社会的に停滞したことを考えれば，速やかな米国による占領は，日本に多大の利益をもたらしたわけである。答案では，これらのうちどちらか，あるいは両方で書くことができる。

C 米国人聴衆（読者）に対して，これを誤りだったとして批判する議論

これも米国の国益にとって損害だった要素を何にするか，で論述が変わってくる。解答例では核兵器の非人道性という根拠と，「冷戦」による「財政圧迫」を中心に論述してみた。この根拠自体はありふれているので，ここではその説明や具体例がどれだけ充実させられるかが重要になるだろう。そのためには，ある程度正確な知識を必要になる。

社会背景の知識を生かして根拠を充実させる

冷戦の概念は知っているだろうか？ 第二次世界大戦後，米国とソビエト連邦という二大強国が対立し，世界はそのどちらかの陣営に属して対立することになった。米国とソ連の全面戦争になれば，核兵器が使用されて世界が破滅するので，全面戦争にはならない。しかし，地域紛争は続き，そこに米ソが支援するという構図が続いた。これをCold War（冷戦）と呼ぶのである。

冷戦では，米ソ二国は軍備拡大競争を続け，そのために両国の軍事費は急激に増大しした。またベトナムなどで起こった代

理戦争でも，軍事費の増大はアメリカ財政を圧迫する結果になった。1980年代のアメリカの経済的凋落・社会的停滞は，これが引き金になったという説もある。実際，ソビエト連邦が1991年に解体したのも，ここに原因の一つがある。

D　日本人聴衆（読者）に対して，これを誤りだったとして批判する議論

これはほぼ明らかである。日本の国益に対しては，甚大な損害だからである。しかし，それだけではやや弱いので，原爆の非人道性を指摘するという方法を付け加える。この根拠はCと同じだが，まったく同じだと議論のバラエティに欠けるので，展開を少し変えることを試みる。

ポイントは2つある。無抵抗の市民を大量虐殺したことと，その後も後遺症という形で多数の人々に苦痛を与えたことである。これも行為の非人道性を強調するためには，何か別の明らかに非人道的行為，たとえばアウシュビッツなどとの相似を指摘するともっと印象を強めることができる。

岸田秀『ものぐさ精神分析』参照

ちなみに，日本に原爆を落としたことについては，人種差別という要因が働いていたという指摘もある。ある心理学者は，アメリカは，建国以来住民の虐殺を繰り返してきたと言う。たとえば，アメリカ先住民は人口の3分の2が西部開拓の時点で虐殺された。このトラウマがあるので，アメリカは戦争のたびごとに住民の虐殺を強迫反復する，と分析するのだ。

太平洋戦争でも，終戦直前の「東京大空襲」をはじめとして全国の都市に焼夷弾をばらまき，無抵抗の住民を数十万人も死亡させている。これは，ベトナム戦争における「北爆」でも繰り返され，米軍は住民の大量虐殺を基本的な戦術としているようだ。これらの事実を挙げれば，米国軍の非人道性を証明するのは，簡単だろう。

Warming Upの解答

1　米国大統領の判断は正当か，誤っていたか？
2　A　正当だった　B　正当だった　C　誤りだった　D　誤りだった
3　A　米国人のコスト・犠牲が少ない，戦後の米国の覇権が保証される
　　B　日本人の犠牲が少ない，戦後の経済的繁栄の基礎になった
　　C　原爆は非人道的だった，核開発競争を引き起こし米国財政を圧迫した
　　D　原爆は大量虐殺であった，日本人に対する人種差別であった

解答例

A　米国人聴衆（読者）に対して，これを正しかったとして擁護する議論

[主張]
[根拠]

　原子爆弾の投下は正しい決断であった。なぜなら，これにより米国は，最小限の犠牲で戦争を終結させることができ，かつ戦後の国際社会において軍事的に優位な立場を確保したからだ。
　原爆投下の前に，米国政府は日本政府に対して終戦条件を含むポツダム宣言を発表したが，日本政府はこれを黙殺している。そこで，米国は戦争の早期終結のため，やむなく原爆を投下したのだ。もし日本本土で決戦を行うと，さらに数十万人が犠牲となると予想されたため，本土決戦を避けて原爆を投下するのは米国民および日本国民の命を守るためには合理的な判断であった。
　またこの投下によって，戦後勃発した核開発競争において，すでに開発を終えていた米国は圧倒的に有利になった。軍事面で他国の優位に立つことは，政治・経済上も他国の優位に立つことを意味する。たとえば，ソ連，中国などの共産国との外交において，核の保有は有効な切り札であった。このように，米国が現在の国力を獲得する契機となったのが，日本への原子爆弾の投下であり，正しい判断だったと評価できる。（461字）

B　日本人聴衆（読者）に対して，これを正しかったとして擁護する議論

[主張] 原子爆弾の投下は正しい決断であった。なぜなら，これにより日本は軍国主義支配から脱し，共産主義化も免れたからだ。
[根拠] 確かに原爆の投下によって日本が多数の犠牲者を出したことは，遺憾である。しかし投下の前に米国政府は終戦条件を含むポツダム宣言を発表しており，これを黙殺したのは，軍部に操られた日本政府のほうである。とするならば，原爆投下による犠牲者に対して最も責任を負うべきなのは，日本軍部である。もし原爆が投下されなかったら軍部の政治主導が続き，日本本土において米軍との戦闘になっただろう。その場合，沖縄戦のように一般市民も広範に巻き込んだ悲惨な戦闘になり，犠牲者はもっと増えていたと予想される。

また原爆投下によって日本は共産主義化も免れた。ソ連の対日参戦直後に2個目の原爆が投下されたため，米国が戦後日本統治を担うこととなったからである。そのため，日本は民主化を果たし，順調に復興を遂げ，世界第2位の経済大国にまでなった。もしソ連が北海道などに駐留したなら，日本は朝鮮半島と同じ状況になった可能性もある。その意味で，日本が当時共産主義化を避けることができたのは幸運であったとさえ言えるだろう。(500字)

C 米国人聴衆（読者）に対して，これを誤りだったとして批判する議論

[主張] 原子爆弾の投下は誤りであった。なぜなら，これは非人道的な行為であり，また不毛な核開発競争を引き起こしたからだ。
[根拠] 原子爆弾の投下により，日本では数十万人の犠牲者が出た。当時，日本政府は独自に敗戦受け入れ準備を進めており，米国もこの情報を入手していた。したがって，終戦時期を早めて日米の犠牲者数を最小限にするために投下したという説明は通らない。むしろ，米国は核爆弾の威力を確かめ，ソ連を威嚇するという2通りの意図があったと考えられる。こうした利己的な目的のために数十万人の犠牲者を出した戦略は非人道的であり，世界の信頼も失ったと言える。

さらにこの原爆投下により，各国の核開発競争が始まった。このための費用が，現在でもなお米国財政を圧迫している。核兵器は使用されてはならず，また実際に使用されてもいない。このような無用な兵器の開発のために巨費がつぎ込まれるのは無駄である。こ

の費用が福祉に回されていたら、米国はもっと住みやすい国となっていたであろう。こうした不毛な競争を引き起こしたきっかけが日本への原爆投下であり、真剣に反省されねばならない。(477字)

D　日本人聴衆（読者）に対して、これを誤りだったとして批判する議論

<u>主張</u>
<u>根拠</u>

　原子爆弾の投下は誤りであった。なぜなら日本人の生命を多数奪い、後遺症という形でも苦痛を与え、非人道的な行為であるからだ。
　原爆投下により、日本では数十万人の犠牲者が出た。しかも、そのほとんどは一般市民であり、非戦闘員が無差別大量に殺戮されたことになる。このような残虐行為は、20世紀の戦争をかつてないほど悲惨なものにした。「正義」のために市民を大量に抹殺してかまわないという思想は、カンボジアでの虐殺やソビエト連邦における粛正、あるいはユダヤ人のホロコーストと同根である。
　このような犠牲に対し、米国政府はいまだに何の謝罪も補償もしないどころか、本土決戦を回避し日米の犠牲者数を最小限に食い止めるためにやむをえなかったと正当化している。しかし歴史研究によれば、日本政府は敗戦受け入れ準備を進めており、米国もこの情報を入手していたことがわかっている。むしろ、米国は降伏してくる日本国民をあえて虐殺し、戦後の世界で有利な位置を示そうとしたらしい。このようなエゴイズムのために日本国民が犠牲になったことは不当であり、悲しむべきことでもあろう。(472字)

1　小論文の基本構造　　演習問題

> **Theme 【欠陥の公表の是非】**　　　2005　琉球大［未修］90分
>
> 　ある自動車会社の作った自動車に，設計段階においてささいな欠陥があった。しかし，その欠陥は，事故を引き起こす種類のものではなく，放置していても何の結果も引き起こさないものであった。ましてや，リコールをするほどのものではなかった。また，会社の技術陣も，公表して，回収・修理をすべきではないという意見であった。
> 　しかし，製品のささいな欠陥を公表するか否かについて，会社の首脳の間では意見が分かれた。事故も起こさず，リコールをするほどの欠陥ではないから，社会的に公表することは，企業のイメージを悪くして，会社の利益にならないとの意見が，まず主張された。これに対して，たとえ事故に結びつかないささいな欠陥といえども，公表して社会的責任を明確にするのが企業のあるべき姿であり，また，そうすることがかえって企業イメージを上げる，との主張がなされた。
>
> 　あなたが会社首脳の地位にあるとして，事故に結びつかないささいな欠陥を公表すべきか否かについて，どちらかの立場に立ち，どのようなことが問題となるかを指摘した上で，反対の立場に批判を加えつつ，自説を展開しなさい。

解答のプロセス

➡解答例は347ページ

主張	欠陥を公表すべきか否か？
▼	
理由	なぜそう判断するか？
▼	
説明	問題の本質はどこにあるか？
▼	
例示	公表するとどうなるか？　しないとどうなるか？
▼	
反対論	反対論とその根拠は何か？
▼	
批判	反対論の根拠をどう攻撃するか？

類題

05千葉大「『武士道』における義と仁愛に関する4つの議論」
04金沢大「法治主義に対する賛否と想定される反論・再反論」
04島根大「商店街に監視カメラを設置することの是非」
04駿河台大「特別入学試験制度に対する賛成／反対意見の問題点」
04学習院大「優先席増加／撤廃について，両立場からの主張・反論」
05大東文化大「凶悪犯罪の加害者である少年の実名報道の是非」
04早稲田大（面接試験）「EUの公用語を英語だけにすることの是非」
05名城大「睡眠不足による業務事故に対する3つの意見」
04甲南大「市議会議員として，ゴミ処理場建設に関する2案の選択」
05神戸学院大「中学校の従来の指導方針に関する肯定論／否定論」

###

確認したらチェックを入れよう。

問題→解決→根拠の基本構造を守る
問題は，疑問・対立・矛盾などの形で提示される
解決は，できるだけ明快に選択する
根拠には，理由・説明・例示などがある
理由＜説明＜例示というように，詳しさと具体性が増していく
根拠は，解決の正しさの証拠になる
議論の説得力は，根拠の丁寧な論述にある

Advanced View

正しさはだれのためにあるのか

■「正しい意思決定」とは何か

　会社組織でも国家でもいいのだが,「ある集団における意思決定が正しい」というとき, われわれはその決定がどのようなものであることを求めているのだろうか？

　決定の正しさを左右すると思われる要素は, 決定の「手続き」と決定の「結果」の2つであろう。この2つのうちのどちらに問題があっても, その決定は受け入れがたいものになる。たとえば, 軍隊の司令官が国王, 大統領などの元首の指示を仰げたはずなのに仰がず, 勝手に戦争を開始したとすれば, たとえその結果が大勝利であったとしても, その決定は正当であったとはみなされないだろう。また, もし集団にとって明らかにメリットのない破滅的な決定を政治指導者が下せば, だれもそれを受け入れないだろう。

■手続きの正当性

　まず, 手続きの正当性の問題のほうから見ていこう。たとえば, 家族で休日を過ごす予定を立てているときに, お父さんが「オレは釣りに行きたいから, みんなで釣りに行くんだ」と勝手に決めたらどうなるだろうか？　もし, 他の家族の要望をまったく聞いていなかったとしたら, 受け入れてもらえないだろうことは確実である。しかし, 仮に聞いていたとしても, 「他の奴の要望などまったく重要ではない。オレが釣りに行きたいのだからみんなで釣りに行くのだ」と言うならば, 家族はそれを受け入れはしないだろう。つまり, 決定によって影響を受ける人間の要望が知られているのに, そのことがどういう決定をするかに影響を及ぼさないだろう, と判断されるときには, 人はそのような決定を自発的に受け入れる気にはならないのである。

　あるいは, 仮にお父さんが家族とよく話し合って釣りに行く, と納得したうえで決めたとしても, お父さんが「実は『明日の降水確率は100％』とさっき天気予報で言っていたが, それを言ってしまえば絶対に釣りに行くのに賛成しないだろう」と考えてそのことを黙っていたり,

テレビをつければすぐにわかるのに天気予報の確認を怠っていたりすれば、どうだろうか？　やはり家族から文句が出ることは間違いない。つまり、知っている、あるいは知りうる情報を誠実に開示しないでなされた決定は、メンバーから批判されることになる。これは、実際に釣りに行ってみんなが満足するというよい結果が生じたとしても変わらない。結果がどうあろうとも、決定の手続きにおいて問題があれば、非難の対象になるのである。

　たとえば、民主主義国家における大統領は、自分を選んだ国民全体の利益に対して責任を負っており、一部の利益だけを考慮して決定することはできない。もし、そのようにして決定がなされたら、その決定は正当性を持たない。また、職務上知りえた重大な情報を公開することなく世論に訴えて支持を勝ち取ったとしても、その決定は正当性を持たないことになる。

　しかし、このような一般化は問題も含む。たとえば、50年以上前にある法律の制定が決定されたとしよう。その手続きは、その当時の人間にとっては正しかった。しかし、今の若い人々が「われわれはその決定手続きにまったく関与できていなかったから受け入れることはできない」と主張することはできるだろうか？　仮にできないとすれば、それはなぜだろうか？　これはかなり難しい問題である。

■結果の意味するもの

　さて、仮に決定の手続きが正しかったとして、「結果」の良し悪しはどのように「正しさ」に影響するだろうか？　実はこの「結果」という概念も非常にやっかいな問題を含んでいる。たとえば、ある決定が今生きている世代には多大な恩恵をもたらすけれど、200年後の世代にとっては破滅的なものだとしよう。環境問題における天然資源の浪費などはそういう問題である。そうすると、この決定の「結果」というのは、どの時点までの結果を言うのだろうか？　200年後の人間が「結局あの決定は間違っていた」と言い、今の人間が「この決定は正しい」と言うような食い違いはあっていいのだろうか？

　あるいはまた、それを行うと半々の確率で良いことと悪いことが起きるが、期待値としてはメリットのほうが勝る、というような行為を考えよう。それをする決定をした後で、実際に起きたのが悪いことのほうだったとしたら、その決定の「結果」が悪かったのだから、この決定は正

しくなかったのだ，ということになるだろうか？　いったい，決定時点での予測と現実に生じた事態のどちらが，決定の正しさを左右する「結果」なのだろうか？

■だれにとっての正しさか

「結果」や「手続き」に加えて，さらに重要なのは，「だれにとってか」である。現代の日本人にとって「ヘースティングズの戦いにおける征服王ウィリアムの決断は正しかった」と言うとき，それは何を意味するだろうか？　それは彼の目的（たとえば王位奪取）に対して合理的な手段であった，ということになるだろうし，だとしたら，その目的自体をわれわれがどうこう言うことはできない。それは，彼が何をしようが，ほとんど今のわれわれの知ったことではないからだし，その点では割り切った判断が可能になるからだ。

だが，「西郷隆盛が西南戦争に当たってした決断は正しかったか？」という問いになると，俄然われわれへの影響が大きくなってくるように感じられる。そうしたら，前のような突き放した見方は難しくなってくるだろう。もちろん，征服王ウィリアムが勝ったかどうかということは，世界史上では大きな意義を持っているのであり，それは日本にいるわれわれに対しても，もしかすると西郷隆盛より多大な影響をもたらしているにもかかわらず，である。

■特定の人にアピールする

こういった問題は，もちろん簡単に解決するものではない。しかし，「決定の正しさ」をだれか特定の人・集団にアピールする際にどう訴えればいいか，はある程度わかる。それは，その人々を含むような集団にとって，それがどの時点で正しかったのかを明らかにしつつ論じればいいのである。たとえば，米国人に訴えたければ「米国人」か「人類全体（米国人を当然含むから）」をそういう集団として想定せねばならず，それが「日本人」にとってどうかということは当面どうでもいいことである。あるいは，「今から見ればどうか？」と「当時の決定時点で最善と思われる選択だったか？」や，「結果」と「手続き」のどちらを焦点にするかも，自分の議論に有利なように選んでいってよい。

これは，そもそも決定の「正しさ」という観念が「だれにとってか？」あるいは「いつの時点のどういう範囲の人間にとってか？」という部分

を曖昧にして表現されているからである。

■普遍的な道徳は特殊な場合である

　もちろん，このような見方に対して「正しさ」とはだれか特定の人にとっての正しさではないはずだ，という批判がありうるだろう。しかし，そのとき，おそらくその人は決定の「道徳的正しさ」について語っている。だとしたら，そのときにアピールしている集団は「人類全体」である。さらに，どの時点での「正しさ」なのか，と言われれば「どの時点においても」ということになる。道徳の普遍性とはそういうことである（なお，結果と手続きのどちらが決定の「道徳的正しさ」にとって重要かは，哲学的にも根源的な対立の一つであって，どちらとも言いがたい）。それは決定の「正しさ」のうちの特殊なケースと考えてよい。いずれにせよ，「正しさ」について明瞭な議論をするためには，われわれは自分がだれにとってのどういった「正しさ」について論じているのかを，常に意識していなければならないのは確かであろう。

Chapter 2 読解と要約の方法

　よい小論文を書くには，書き方だけではなく，課題文の読み方も重要だ。理解が不十分だと，いくらよいことを書いていても評価されない。どこに焦点を置いて読むか，要約はどう作るか，基本的な方法を知って効率的に理解しよう。

Technic

❶ 課題文の読解の注意点
　話題→問題→解決の順に探していく

❷ 要約の基本解法
　問題と解決を抽出する

❸ 段落の基本構造—ポイントとサポート
　段落は主な主張と細部に分かれる

2　読解と要約の方法　　知識と講義

Step ❶　要約とは何か

　法科大学院の小論文の出題形式はほとんど課題文型である。つまり，「次の文章を読んで，後の問いに答えよ」という形式であり，しかもその文章（課題文）が極端に長い場合が多い。たとえば，2005年度の大阪大の問題は約8,000字（原稿用紙20枚分），2004年度の京都大は約6,000字，一橋大は8,000字，東北大に至っては10,000字を超える。私立大学でも同年度の慶應義塾大は12,000字弱，関西学院大は9,000字弱となっている。

　これだけの長さになると，ただ文字を追いかけていくだけでも相当の時間がかかる。時間制限のある中で，効率的に文章の内容を把握する方法を習得しておかないと，とりあえず読んだのはいいが，何を言っているのかさっぱりわからないということになりがちである。当然のことながら，解答は課題文の問題意識・主張などを理解したうえで書かねばならない。理解しないまま書いては，よい評価を得られるはずがない。

■効率的な読解の方法

　しかし，効率的に課題文を理解する方法はある。なぜなら，小論文の試験で出題される課題文のほとんどは「論文」の形式を取っているからだ。つまり，**Chapter1**で考察したように，**問題＋解決＋根拠の形**になっている。どんな文章でも，内容にかかわらず，形式だけはこの方式を遵守している。そうでなければ，論理的文章にならないからだ（ときどき，そうでないタイプの文章も出題されるが，それについては**Chapter3**以降で解説する）。

　この場合，一番大切な部分はどこにあるのだろうか？　明らかに**問題＋解決**の部分であろう。その文章の内容を一言でまとめるなら，「これこれの問題について，筆者はこのように考える」となるからである。**Chapter1**の例題で言えば，「原爆を投下するという判断は正しかったか否か」という問題に対して，

「正しかった」「正しくなかった」と立場を表明する部分である。その次に大事なのは，なぜ筆者がそのように考えたか，という理由の部分である。そこを見れば，筆者の解決が妥当かどうか，読者はだいたいの判断がつくからだ。「アメリカの兵士の犠牲が少なくてすむから」「非人道的であるから」の部分である。もちろん端的に筆者の立場を知りたいと言うだけなら，この部分は問題・解決より重要度は低い。

Point 論文の大切な内容＝問題＋解決（＋理由）

一方，**Chapter1**に述べたように，解決（主張）を支える根拠には，説明と例示もあった。しかし，この部分は大事な内容とは言えない。なぜなら，**Chapter1 Step❷**で述べたように，説明や例示は理由で述べたことの詳しい，あるいは具体的な言い換えにすぎないからである。したがって，読むときにはスピードを上げるか，だいたいのことがわかる場合は，読み飛ばしてもかまわない。

また**Chapter1**では触れなかったが，根拠には，他に**対比／比較・引用・比喩**などの方法もある。対比／比較は反対の内容のものや似たような内容のものと並べて特徴を明確にする方法だ。引用は，他者の文章などの一部分をそのまま書くこと，比喩はたとえ話である。いずれも，筆者の解決（主張）が正しい，または妥当であるということを読者に直感的に示すために使われる部分であり，その意味では説明・例示よりさらに重要度は低いと言える。

重要な部分	問題・解決
次に重要な部分	理由
重要でない部分	説明・例示・対比／比較・引用・比喩

■課題文の読み方

このように考えると，課題文は最終的に頭から読んでいかなければならないにしても，いろいろ工夫はできる。まず，課題文の冒頭か最後に書名や題名が書いてある場合は，課題文の内容を一番短く表したものだから，それを見れば内容のだいたい

の見当はつく。次に，実際に本文を読むときは，まず何について書いてあるか，**話題**（topic）を探す。これは書名や設問文に「**これは…について書かれた文章である**」などの形で示されていることも多い。これをもとにして，話題のどのような面をどう問題にしているのか，**問題**を探す。これは「**〜か**」という**疑問**，「**Aは…だが，Bは〜である**」という**対立**，「**…であるはずなのに，〜となってしまう**」**矛盾**の3つの形で現れることが多い。この「問題」の内容がサスペンスとなって，文章全体を引っ張っていくのであるから，「問題」は第1段落，あるいはイントロがある場合は，その段落（たいてい1〜2段落である）の直後に置かれる。

　問題がわかったら，次は**解決**を探す。たいていは問題の直後か，文章の最後の部分に置かれることが多い。先ほどの問題の解答になっている部分である。「**根本的（根源的）には**」「**私の考えでは**」「**そもそも**」など，重要度を示す表現と一緒に出てくる場合も多い。文末は断定が基本だが，「だろう」などの推定，「〜ではないだろうか」などの修辞疑問文になっていることもある。

> **Point**　課題文を読む焦点＝1　話題は何か？
> 　　　　　　　　　　　　　2　問題は何か？
> 　　　　　　　　　　　　　3　解決はどこにあるか？

■論理の流れ

　この2つを把握すれば，後の部分は，この問題と解決をつなぐための論理・データのチェーンと考えることができる。

問題 ➡ 根拠1 ➡ 根拠2 ➡ 根拠3 ➡ … ➡ 解決

　この場合，矢印は言い換えの印である。たとえば，**根拠1**で理由を述べた後，**根拠2**でそれを詳しく説明し，さらには**根拠3**で例示を出して，解決にスムーズにつながることを示す。論理的な証明では，これらは前が成り立つならば後ろも成り立つ関係になっていて，結局は問題に現れた条件を解決に言い換えて

いくことができることを示す。**Chapter1**で「論と例の一致」を説明したが、これもそういう言い換えの一つである。だとすれば、<u>根拠は１つわかっていれば十分</u>であるとも言える。後の根拠はその言い換えにすぎないのだから、読み飛ばすことができる。

■ポイントとサポート

　このように論文では、詩歌などの芸術的文章とは違い、一つ一つの文・表現を丁寧に読んでいくという方法は得策ではない。むしろ、たった１つのメッセージをいかに説得的に伝えるか、という文章なのだから、大事な部分は一生懸命に時間をかけて読み、そうでない部分はさっと読み飛ばしつつ理解する、というメリハリのついた読み方が必要になる。

　このとき、重要な部分は**ポイント**、それほど重要ではなく、ポイントの信頼性を高めるのが役目の部分を**サポート**と言う。つまり論文を読むとは、まずポイントとサポートの部分を区別して、それからポイントの部分をつなげて全体を理解するという順序になっていくのである。

> **Point** 　課題文の理解＝ポイントとサポートを区別→
> 　　　　　ポイントの部分をつなげる

Step ❷ 要約の作り方

　議論とは対話のようなものである、とよく言われる。対話なら、「あなたの言うことはこういうことだね」と相手の主張を理解していることを示し、そのうえで「私はこう思う」と自分の考えを述べるのが礼儀というものだろう。小論文も「論文」であるからには、同じ流儀に従う。

　課題文は議論または知的なおしゃべりの相手だと思えばよい。そうすると、きちんとしたコミュニケーションが成立するためには、まず相手の言っていることを正確に理解しなければならない。それを誤解していたら、いくら一生懸命自分の意見を言ってもすれ違いにしかならず、対話は成立しない。そのうえで、相手の根拠の不十分なところを指摘したり違った考え方

を提示したり，あるいは「それはよい考えだ」と賛成して，さらに「こんなよい考えともつなげられる」と展開の可能性を予測したりする。いずれにしても，これらすべてのベースになるのが，相手の意見の理解である。

普通の会話なら，理解しているかどうかは表情や態度でも示せる。しかし，文章の場合では顔が見えないのだから，**理解しているかどうかは，要約ができているかどうかで判断される**。実際，法科大学院の入試問題では「自分の考えを書け」という設問の前に，「筆者の主張を300字以内でまとめなさい」などの要約問題が課せられることも多い。

■ **実際にはどうすればよいか**

要約を作るのは，文章の理解と同じである。つまり，問題と解決を探し，それを根拠づける理由を見つけ，それらをつなげて書いてやればよいのである。ただし，長い文章だと全体を一気に見通すのが大変だ。実際の作業は，もとの文をいくつかのブロックに分けて行ったほうがやりやすい。その際に，一番手がかりになるのが段落（形式段落）である。

実は一つ一つの段落にも，前述したポイントとサポートの関係は成り立っている。段落の冒頭には，ポイント・センテンスと言って，その段落の中で一番重要な一文が冒頭に来て，その段落のだいたいの内容を予告・提示し，その後に，それの証拠になるような細かい情報が並ぶ。

具体的には，説明・例示・対比・引用などを表す文である。

> **Point** 段落の構成＝冒頭の一文が内容を予告→
> 　　　　証拠になる細部情報

このような大ざっぱな内容提示から細かい情報の提示へという段落の流れを**ポイント・ファースト**と言う。逆に，細かい情報を先に出し後からまとめる構造をポイント・ラストと言う。**論理的な文章の大部分は，原則的にポイント・ファーストの構成を取る**。もちろん，例外的な段落も少なくないから，その検討は慎重にすべきだが，だいたいはそうなっていると思って間違いはない。

機能	文の内容
ポイント・センテンス	その段落で一番言いたいこと（問題，解決，理由など）
サポート情報	説明，例示，対比，引用，比喩など

したがって，長い文章の要約を作るには，その段落ごとにポイント／サポートを区別してやり，最後にそのポイント部分をつなげて，適当な接続詞でつなげれば，要約が出来上がるという寸法である。

■接続詞による文章の整理

　もちろん，こうやって作った要約には無駄な部分がある。段落全体が例示になっている場合は，そのポイント・センテンスは他の部分でもっと理論的に言われているはずである。その場合は，より一般的・抽象的な部分を取って，具体例のほうは削除する。あるいは，先ほどは根拠が一直線に連なっている場合のみを考えたが，それが複線構造になっている場合もある。いわゆる「場合分け」の構造である。

▼「場合分け」になっている場合

問題 → 根拠1／根拠2／根拠3 → 解決

　この場合では，根拠は１つだけ理解すればよい，というわけにはいかない。１つでも欠ければ，解決の説得力が少なくなってしまう。だから，「まず」「第二には」「最後に」などの接続を表す表現を用いて，最後に「結局」などと付け加える。文章ではこのような構造でも，一方向の流れとして書かれているので，すっきりと要約するには，接続詞を駆使して，その構造が明確になるように工夫する必要がある。

❖ 接続詞の工夫でポイントごとの論理関係を明確に表す

2 読解と要約の方法　　例題と解法

Theme【ネットワーク社会における規制】 2004　大阪大［共通］　2問で120分

〈1〉の文章における筆者の主張を，300字以内でまとめなさい。

〈1〉❶ネットワーク社会と市場経済はパラレルな関係にある。つまり，ネットワーク社会も市場経済もいわば抽象的な社会であり，現実の多様な生活空間をつなぐ媒介として形成されてきた。また，ネットワーク社会の発想には，変化への開放性，自己責任，相互不信の中の信頼関係の観念が含まれているが，これらの観念は市場経済の発想にも含まれている。

❷市場経済は，商品の自由な交換だけでなく人的交流および思想の自由な交換によって変化を積極的に受け入れ，それによって富の増大と社会の進歩を達成してきた。そして，このような市場経済に参加する人々は，フェア・プレイの倫理を共有しつつ，自己の利益の実現をめざして互いに競い合うのであり，その勝ち負けの結果は自己の責任においてそれを享受しあるいは甘受する。さらに，市場には本来，異質な他者への不信という要素が含まれていることについては，すでにマックス・ウェーバーが指摘している。彼によれば，市場は共同体の辺境で形成され，そこで出会う人々は互いに部族の外の人，油断のならない外国人であり，彼らはこうした不信と背中合わせの交換関係を形成する。

❸このように，ネットワーク社会と市場経済の間にはパラレリズムが存在する。それだけではない。ネットワーク社会は市場経済に情報のネットワーク化を導入することによって，あらゆる情報の迅速で多様な流通を可能にし，変化への開放性をより一層推し進め，それによって市場経済の発想をより徹底化させようとする指向性を有する。ネットワーク社会の発展は，市場経済の発展とむすびつく。だが，そのことは同時に，市場経済の中で生み出されてきた問題がネットワーク社会においてより先鋭化するということも意味している。

❹もし人々がネットワーク社会に流通する情報にコントロールされることなく，新しい情報を受け入れまた発信することに前向きでありつつ，それぞれの生活空間を活性化させ充実させるための情報を取捨選択して受容するならば，ネットワーク社会はその健全な機能を果たすことができるだろう。しかし，市場経済においてマネー・ゲームや拝金主義が顕在化し貨幣が人間の価値を決定する傾向が存在しているように，ネットワーク社会に流れる大量な情報の中で人々が自分を見失ったり，意図的な情報操作によって人々が踊らされる危険，

情報が人間の価値観を支配する危険は常に存在する。

❺市場経済が「すべてを商品化しうる」という傾向を有しているように，ネットワーク社会は「すべてを情報化しうる」という傾向を有している。これを普遍的情報化と呼ぶならば，さしあたりそれは，われわれの社会生活のあらゆる事柄を情報化することができ，かつそれらの情報をネットワーク社会において誰でも自由にアクセスすることができるという考え方である。これは一見，自由で迅速な情報の交換によって利便性のある豊かな社会が実現するという主張と思われるが，そこにはすでに指摘したネットワーク社会における思考の逆転が含まれている。すなわち，ネットワーク社会は元来様々な生活空間を媒介する二次的な関係として生じたのに，すべてを情報化しうるという考え方がネットワーク社会に生じることによって，あらゆる生活が情報価値という単一の価値基準によって判断され，情報価値を有しない生活は無意味な生活であり，情報価値を有するものだけが意味のある生活であるとみなされるようになる。ネットワーク社会は生活空間を活性化するための手段であったのが，いまや，ネットワーク社会で評価されなければ生活の意味がないというように，生活空間がネットワーク社会で認められるための手段となる。

❻このような普遍的情報化という現象は，市場経済における普遍的商品化という現象とパラレルである。普遍的商品化というのは，あらゆるモノは自由市場で交換の対象となり，モノに含まれる人間的要素は貨幣的価値に換算しうるという考え方である。ここには，ネットワーク社会におけるのと同様な思考の逆転が含まれている。

❼すなわち，市場経済は元来，発生論的にもまた発生史的にも，様々な生活空間を媒介するメタ関係のネットワークである。人々は自分たちの生活空間が生み出すモノを市場経済を通じて他の生活空間が生み出すモノと交換し，それによって様々な刺激を受け，自分たちの生活空間を活性化する。この意味で市場経済は，それぞれの生活空間をより豊かにするための手段であり，相互に異質な生活空間がそれぞれの具体的価値を主張せずに一般的な価値尺度の下に参加する共通の土俵である。そしてこれが，市場経済はより抽象化されたメタ関係のネットワークであるということの意味である。

❽ところが，市場経済は生活空間を媒介する手段として貨幣を用いることによって，思考の逆転を生み出す傾向を有している。つまり，生活空間が生み出すモノが貨幣に換算しうるとすれば，貨幣によって生活空間を評価することができるのであり，貨幣価値を有しない生活は無意味な生活であり，貨幣価値を有するものだけが意味のある生活であるとみなされるようになる。市場経済は生活空間を活性化するための手段であったのが，いまや，市場経済

で評価されなければ生活の意味がないというように，生活空間が市場経済で認められるための手段となる。

❾たとえば，われわれは旅行者としていろいろな土地を自由に訪れて，その土地の風情に触れそれを楽しむことができる。確かに旅の楽しみの一つは，その土地に生きる人々の生活に触れることであろう。だが，土地の人々の生活に触れるということは，その生活の意味を理解することとはやはり違うだろう。たとえわれわれがその土地に長期間滞在したとしても，そのことは変わらないだろう。われわれは旅行者としてとどまるかぎり，貨幣を媒介にしてその土地の風情を享受する者でありつづけるのであり，それはその土地に生きて生活の意味を生み出す者であることとは違うのである。だが，われわれはときとして，貨幣によってその土地の風情をより豊かにすることができるという思考にとらわれることがある。しかも，その風情を生み出す生活者の視点からではなく，それを享受する者の視点でそう考える。そのとき，われわれには，その土地の風情（柄）の基礎にあるその土地の生活の文脈（地）が見えていない。その結果，われわれは誤って，その土地の生活をその土地の風情と取り違え，しかもそれを貨幣に換算しうると錯覚してしまうのである。

❿しかし，もしこのような思考に多くの人々がとらわれるならば，とりわけそこに生きる人々自身がそのような思考にとらわれるならば，市場経済が生活世界に過度に侵入することを許すことによって，生活空間がもっている生活の意味を生み出す活力の喪失という危険性が生じる。このことはバブル経済の時代に横行した拝金主義とそれが引き起こした数多くの乱開発によって，われわれの生活空間とその活力がいかに深く傷つけられたかという事実を思い起こせば明らかであろう。

⓫このような普遍的商品化の現象に対しては，市場の限界論が主張されてきた。すなわち，「市場経済を放置しておくとあらゆる生活関係に資本の論理が浸透し，われわれの道徳生活が破壊されお金万能の世の中になってしまうので，市場経済に任される領域と市場経済が立ち入るべきでない領域の明確な線引きをすべきであるという主張」である。

⓬しかし，市場の限界論は，市場経済がしばしば生ぜしめる思考の逆転にとらわれて，市場経済を市場資本主義としてイデオロギー的に規定し，この市場資本主義が持っている資本の論理への同質化要求あるいは貨幣価値への一元化要求を市場経済自体の本質と見誤る。

⓭確かに市場経済には貨幣一元主義を生み出す傾向が，また市場資本主義を生み出す傾向が含まれている。そして，拝金主義や市場資本主義を放置すれば，われわれのあらゆる生活に資本の論理が浸透し，お金万能の世の中になってしまうだろう。したがって，拝金主義を抑制し市場資本主義を批判する

ことはよい。しかし，それを越えて，市場経済自体を否定することは誤りである。

❶④なぜならば市場経済は，それ自体の中に，イデオロギー的な価値一元化要求や同質化要求を拒否する多元主義の要請を含んでいるからである。市場経済は，人類が生み出してきた無数の相互に異質な生活空間を結ぶメタ関係のネットワークとして形成されてきた。その意味で，市場経済には本来的に多元主義の要請と寛容の精神が含まれている。たとえ市場の限界論がわれわれの生活空間とそこにおける道徳生活を保護するために拝金主義や市場資本主義を否定したとしても，それぞれの生活空間が閉鎖的で排他的な空間へと変質するのを防止するためには，それぞれの生活空間が市場経済を媒介として開放的に刺激を与え合うことによって生活空間自体が発展してゆくことが不可欠である。そして，こうした開放的な生活空間の多様な発展こそが市場経済の活性化ということなのであり，それによって市場経済の中にある思考の逆転傾向と普遍的商品化の現象を防止することができるのである。

❶⑤以上のような市場経済と普遍的商品化現象と市場の限界論に関する議論は，基本的に，ネットワーク社会と普遍的情報化現象とネットワーク社会の限界論に関する議論として言い直すことができるだろう。

❶⑥前述したように，ネットワーク社会には「すべてを情報化する」という普遍的情報化傾向が含まれている。それが絶対化すれば，あらゆる生活が情報価値によって判断され，情報価値のない生活は無意味な生活であり，情報価値のある生活だけが意味のある生活となる。このような普遍的情報化論に対しては，当然，ネットワーク社会の限界論が生じる。すなわち，「ネットワーク社会を放置しておくとあらゆる生活に情報の論理が浸透し，われわれの日常生活のプライバシーが侵され破壊されるので，ネットワーク社会とそれが立ち入るべきでない領域の明確な線引きをすべきである」という主張である。確かにこの主張にはプライバシーの保護という重要な指摘が含まれている。だが，プライバシーはア・プリオリな概念ではなく，ネットワーク社会の発展に伴って相対的に定義されるべき概念である。また，生活空間全体をプライバシーの領域とみなすことになれば，ネットワーク社会と生活空間を分離することによって，生活空間の閉鎖化を助長することになりかねない。

❶⑦ネットワーク社会は，本来，人類の生み出した多様な生活空間を結ぶメタ関係のネットワークである。ネットワーク社会にはむしろ，多元主義の要請と寛容の精神が含まれている。ネットワーク社会の限界論が普遍的情報化論を否定するのはよい。しかし，そのためにプライバシーの領域を絶対視してネットワーク社会と生活空間を分離するならば，生活空間の閉鎖的で排他的な空間への変質を避けることはできないであろう。それを防止するためには，

それぞれの生活空間が自発的に開放性を維持し，ネットワーク社会を媒介として，相互に刺激を与え合うことが不可欠である。そして，これはネットワーク社会の本来の姿でもある。この意味で，生活空間の開放的な自発性の活性化がネットワーク社会の普遍的情報化を防止するために必要である。
〔出典：桂木隆夫「情報社会と人間」（岩波講座・現代の法10巻『情報と法』（岩波書店，1997年）所収）〕

Warming Up

1　話題・問題は何か？
2　各段落のポイントはどこか？
3　サポートを見つけて削除せよ！
4　各段落のポイントをつなげるとどうなるか？

解法

Hint
Topic・タイトルなどから問題を予想する

典型的な要約問題。このように字数以外に何の条件もついていない場合と，「…についてまとめよ」などとテーマが指定される場合がある。後者の場合，その「…」に関係あるところだけを拾ってまとめるという方法になる。

方法は**知識と講義**で述べたとおりに進めてみよう。まず，話題を見つけるために，課題文の最後の「出典」を見ると，「情報社会と人間」とある。つまり，この文章の話題は「情報社会」だ。論文集全体のタイトルは，「情報と法」だから，たぶん情報社会を法によってどのように規制していくか，などという問題が論じられているだろうと見当がつく。筆者が法哲学者だと知っていれば，実際の規制ではなく，その方法論ないし基礎づけのロジックが書いてあるだろうと予想できる。

次は「情報社会は…か？」という形の「問題」を探すわけだが，これは難しい。疑問・対立・矛盾などわかりやすい形で明示しているという形になっていないからだ。しかたがないので，段落ごとにポイントとサポートに区別して見ていこう。

法科大学院小論文　発想と展開の技術
2　読解と要約の方法　例題と解法

ポイント　　　　　　　　　　　**サポート**

ネットワーク社会と市場経済の類似性

ポイント	サポート
❶ネットワーク社会と市場経済はパラレル ‖ ❸ネットワーク社会の発展≒市場経済の発展 ↓ 市場経済の…問題がネットワーク社会においてより先鋭化	→ 説明　抽象的，媒介として形成，変化への開放性，自己責任，相互不信の中の信頼 → 比較❷　フェア・プレイ，競い合う，結果は…甘受 → 引用　マックス・ウェーバー → 例示❹　自分を見失う，情報操作，情報の価値観支配

ネットワーク社会の特徴

ポイント	サポート
❺ネットワーク社会の普遍的情報化 ↓思考の逆転 生活空間がネットワーク社会で認められるための手段	→ 説明　あらゆる事柄を情報化＋誰でもアクセス → 説明　情報価値を有しない生活＝無意味／情報価値を有する生活＝意味

市場経済の特徴

ポイント	サポート
❼市場経済＝生活空間を媒介する…ネットワーク 　↓思考の逆転 市場経済で評価されなければ生活の意味がない ❽生活空間がもつ活力の喪失 ⓫⓬市場の限界論 ↓ ⓭×市場経済自体を否定する	← 原因❻　市場経済の普遍的商品化＝人間的要素は貨幣的価値に換算しうる → 比喩❾　旅行者と生活者の違い＋貨幣に換算 → 例示❿　バブル時代の拝金主義 → 説明　市場経済が立ち入るべきでない領域 → 理由⓮　多元主義と寛容，開放的な生活空間→思考の逆転傾向と普遍的商品化…を防止

ネットワーク社会の限界論

ポイント	サポート
⓯×ネットワーク社会の限界論 ↓⓰生活空間の閉鎖化を助長 ⓱生活空間の開放的な…活性化が…普遍的情報化を防止	→ 説明　ネットワーク社会が立ち入るべきでない領域 → 説明　プライバシーの領域を絶対視→生活空間が閉鎖的排他的に変質⇔開放性を維持＋ネットワーク社会を媒介として，相互に刺激を与え合う

このように見てみると，この文章ではネットワーク社会と市場経済が類似していると述べられ，この2つを比較しつつ，「情報社会」つまりここで言う「ネットワーク社会」を論じていることがわかる。このように2つのものを比べながら論じていく方法は　対比と比較（Contrast and Comparison）の議論と呼ばれている。

■問題はどこにあるか

　問題は第3段落に「市場経済の…問題がネットワーク社会においてより先鋭化」とあるので，市場経済と共通するネットワーク社会における問題点を挙げて，それをどうしたらよいか（どう規制するか）？ということになる。実際，第4段落では「大量な情報の中で人々が自分を見失ったり…情報が人間の価値観を支配する危険」と例が挙げられ，さらに第5段落ではそれを一般化して，思考の逆転として述べられる。つまり，「ネットワーク社会は生活空間を活性化するための手段であったのが…生活空間がネットワーク社会で認められるための手段となる」というような矛盾が出てきてしまうのだ。

> ネットワーク社会は生活空間を活性化するための手段
> 　　　↕矛盾
> 生活空間がネットワーク社会で認められるための手段

　こういう矛盾が出てくる理由は，「すべてを情報化しうる」からである。「すべてを情報化しうる」から「あらゆる生活が情報価値という単一の価値基準によって判断され」，情報との関係で価値があるとか，無価値だとか判断されてしまうのである。

▼ネットワーク社会の問題
　すべてを情報化しうる
　　　↓思考の逆転
　情報価値を有しない生活は無意味な生活
　情報価値を有するものだけが意味のある生活

　ここで問題が明らかになってくる。つまり，「ネットワーク社会では何でも情報化されてしまうため，本来，目的であるは

■解決はどこにあるか

> **Hint**
> ネットワーク社会の問題点を市場経済との類比で考える

筆者は、この問題を解決するために、一つ補助線を引く。つまり、その問題を直接考えるのではなく、市場経済との類似性を手がかりにして考える。市場経済もネットワークの一つであり、「生活空間を媒介する手段として貨幣を用いることによって、<u>思考の逆転</u>を生み出す」のだ。つまり、「貨幣によって生活空間を評価することができる」から、「貨幣価値を有しない生活は無意味な生活であり、貨幣価値を有するものだけが意味のある生活であるとみなされる」ことになる。

▼市場経済の問題

> すべてのものが貨幣に換算される
> 　　　↓思考の逆転
> 貨幣価値を有しない生活は無意味な生活
> 貨幣価値を有するものだけが意味のある生活

これは情報のネットワークの場合とまったくパラレルである。したがって、「どうすればよいか?」も市場経済の場合で考えれば、何かヒントが出てくると考えられるわけだ。

■「市場の限界論」の限界

第11段落では、このような問題への解決策としてよく言われる「市場の限界論」が述べられ、批判されている。「市場の限界論」とは、「市場経済に任される領域と市場経済が立ち入るべきでない領域の明確な線引きをすべき」という主張なのだが、第13段落では、その主張が「誤りである」とされる。

その理由が第14段落にある。つまり、市場経済では「多元主義の要請と寛容の精神」「開放的な生活空間の多様な発展」があることで、「思考の逆転傾向と普遍的商品化の現象を防止することができる」と言う。つまり、<u>市場経済そのものの中に、市場経済の問題を解決する要素が存在している</u>というのだ。だとすると、問題の解決として「市場経済を規制せよ」という主

張は誤りということになる。

> 市場経済に任される領域と市場経済が立ち入るべきでない領域の明確な線引きをするのは誤った考えだ
> ↑なぜなら
> 1　多元主義の要請と寛容の精神
> 2　開放的な生活空間の多様な発展
> 3　思考の逆転傾向と普遍的商品化の現象を防止できる

■ネットワーク社会への適用

　これと同じロジックをネットワーク社会にも適用すると、次のようになるはずである。

> ネットワーク社会とそれが立ち入るべきでない領域（プライバシー）の明確な線引きをするのは誤った考えだ
> ↑なぜなら
> 1　多元主義の要請と寛容の精神
> 2　開放的な生活空間の多様な発展
> 3　思考の逆転傾向と普遍的情報化の現象を防止できる

Hint
むやみに規制すべきでない、社会の自律性に任せようという主張

　以上のようにまとめると、筆者の言いたいこと（解決）が見えてくるだろう。つまり、ネットワーク社会が抱える問題の解決策として、「生活領域をプライバシーとしてネットワーク社会が立ち入るべきでないとするのは誤り。むしろ、ネットワーク社会の特性の中に、問題を解決する仕組みがあることに期待すべきだ」ということになろうか。

■問題と解決をつなげる

　以上に基づいて、問題と解決をつなげると次ページのようになる。しかし、これでは160字程度にしかならない。指定字数の9割を満たすのが基準なので、こういう場合には、理由など根拠の部分も入れて、指定字数に近くする。「生活空間がネットワーク社会で認められるための手段になる」や「ネットワーク社会の特性」も表現が簡略すぎ、一読して内容がわからない。内容も明確になるように少し丁寧に説明を加えてやる。

法科大学院小論文　発想と展開の技術

2　読解と要約の方法　　例題と解法

問題	ネットワーク社会では何でも情報化されてしまうため，本来，目的であるはずの生活空間がネットワーク社会で認められるための手段になってしまう。これをどう解決したらいいか？
解決	生活領域をプライバシーとしてネットワーク社会が立ち入るべきでないとするのは誤りである。むしろ，ネットワーク社会の特性の中に，思考の逆転を許さない仕組みがある

Warming Upの解答

1　情報社会が発達するとすべてが情報化され，生活も情報との関係で価値が決められてしまう。どうすればよいか？
2，3　45ページの表を参照のこと。
4　ネットワーク社会の問題は，それがかかわるべきでない範囲を決めることでは解決しない。むしろ，ネットワーク社会の特徴の中にその問題を解決する要素が含まれる。

解答例

主張　ネットワーク社会では何でも情報化されてしまうため，本来，目的であったはずの生活空間がネットワーク社会で認められるための手段になる。情報価値となる生活にのみ価値があり，そうでない生活は無価値だという思考の逆転が起こってしまうのだ。しかし，これを解決するために，生活領域をプライバシーとして保護し，そこにはネットワーク社会が立ち入るべきでないと考えるのは誤りである。
根拠　これは生活空間の閉鎖化を招いてしまうからだ。
主張　むしろ，ネットワーク社会の醸成する多元主義の要請と寛容の精神，開放的な生活空間の多様な発展に頼るべきである。これらの特性こそが，思考の逆転傾向と普遍的情報化を防止できるのである。（291字）

2 読解と要約の方法　演習問題

Theme【科学エッセイの要約】　2004　島根大［共通］　2問で180分

　次の文章を読み，筆者の問題提起および「島の時代」の主張について，その論理の立て方と推論の仕方を400字以内でまとめよ。［設問の改題］

　体の小さい人の動作はきびきびと機敏で，見ていて気持ちがいい。大きな人の動作は，ゆったりと悠揚迫らぬものがある。動物の動きにしてもそうで，ネズミはちょこまかしているし，ゾウはゆっくりと足を運んでいく。

　体のサイズと時間との間に，なにか関係があるのではないかと，古来，いろいろな人が調べてきた。たとえば，心臓がドキン，ドキンと打つ時間間隔を，ネズミで測り，ネコで測り，イヌで測り，ウマで測り，ゾウで測り，と計測して，おのおのの動物の体重と時間との関係を求めてみたのである。サイズを体重で表すのは，体重なら，秤にポイとのせればすぐ測れるが，体長でサイズを表すと，しっぽは計測値に入れるのか，背伸びした長さか丸まったときの長さかなどと，むずかしい問題がいろいろ出てくるからだ。

　いろいろな哺乳類で体重と時間とを測ってみると，こんな関係が浮かび上がってきた。

　　時間 $\propto$ （体重）$^{1/4}$　　（$\propto$ は比例するという記号）
時間は体重の1/4乗に比例するのである。

　体重が増えると時間は長くなる。ただし1/4乗というのは平方根の平方根だから，体重が16倍になると時間が2倍になるという計算で，体重が16倍なら時間も16倍という単純な比例とは違い，体重の増え方に比べれば時間の長くなり方はずっとゆるやかだ。

　ずっとゆるやかではあるが，体重とともに時間は長くなっていく。つまり大きな動物ほど，何をするにも時間がかかるということだ。動物が違うと，時間の流れる速度が違ってくるものらしい。たとえば体重が10倍になると，時間は1.8（$10^{1/4}$）倍になる。時間が倍近くかかるのだから，これは動物にとって無視できない問題である。

　この1/4乗則は，時間がかかわっているいろいろな現象に非常にひろくあてはまる。たとえば動物の一生にかかわるものでは，寿命をはじめとして，おとなのサイズに成長するまでの時間，性的に成熟するのに要する時間，赤ん坊が母親の胎内に留まっている時間など，すべてこの1/4乗則にしたがう。

日常の活動の時間も，やはり体重の1/4乗に比例する。息をする時間間隔，心臓が打つ間隔，腸が1回じわっと蠕動（ぜんどう）する時間，血が体内を一巡する時間，体外から入った異物をふたたび体外へと除去するのに要する時間，タンパク質が合成されてから壊されるまでの時間，等々。
　生物の時間をこんなふうにとらえられるかもしれない。心臓の鼓動間隔は繰り返しの時間間隔である。息を出し入れする時間も腸が打つ時間もそうだ。血液内に入った異物を外に排出する時間にしても，血液の循環時間と関係するだろう。寿命にしても，個体にとっては1回限りのものではあるが，種としてながめれば，生まれて死に，また生まれて死にという，繰り返しの単位の時間である。生物においては，この時間の繰り返しの速度が，体重によって変わる。1回転してもどってくる時間が，大きいものほど長くかかり，小さいものはくるくるとすばやく回転している。
　私たちは，ふつう，時計を使って時間を測る。あの，歯車と振子の組み合わさった機械が，コチコチと時を刻み出し，時は万物を平等に，非情に駆り立てていくと，私たちは考えている。
　ところがそうでもないらしい。ゾウにはゾウの時間，イヌにはイヌの時間，ネコにはネコの時間，そして，ネズミにはネズミの時間と，それぞれ体のサイズに応じて，違う時間の単位があることを，生物学は教えてくれる。生物におけるこのような時間を，物理的な時間と区別して，生理的時間と呼ぶ。

　こんな計算をした人がいる。時間に関係のある現象がすべて体重の1/4乗に比例するのなら，どれでもいいから二つ，時間に関係するものを組み合わせて割算をすると，体重によらない数が出てくる。たとえば，息を吸って吐いて，吸って吐いて，という繰り返しの間隔の時間を心臓の鼓動の間隔時間で割ってやると，息を1回スーッと吸ってハーッと吐く間に，心臓は4回ドキンドキンと打つことが分かる。これは哺乳類ならサイズによらず，みんなそうだ。
　寿命を心臓の鼓動時間で割ってみよう。そうすると，哺乳類ではどの動物でも，一生の間に心臓は20億回打つという計算になる。
寿命を呼吸する時間で割れば，一生の間に約5億回，息をスーハーと繰り返すと計算できる。これも哺乳類なら，体のサイズによらず，ほぼ同じ値となる。
　物理的時間で測れば，ゾウはネズミより，ずっと長生きである。ネズミは数年しか生きないが，ゾウは100年近い寿命をもつ。しかし，もし心臓の拍動を時計として考えるならば，ゾウもネズミもまったく同じ長さだけ生きて死ぬことになるだろう。小さい動物では，体内で起こるよろずの現象のテンポが速いのだから，物理的な寿命が短いといったって，一生を生き切った感覚は，

存外ゾウもネズミも変わらないのではないか。
　時間とは，もっとも基本的な概念である。自分の時計は何にでもあてはまると，なにげなく信じ込んで暮らしてきた。そういう常識をくつがえしてくれるのが，サイズの生物学である。

　　　　　　　　　…（中略）…

　古生物学に関する「法則」をもう一つ。
　島に住んでいる動物と大陸に住んでいる動物とでは，サイズに違いが見られる。典型的なものはゾウで，島に隔離されたゾウは，世代を重ねるうちに，どんどん小形化していった。島というところは，大陸に比べ食物量も少ないし，そもそもの面積も狭いのだから，動物の方もそれに合わせてミニサイズになっていくのは，なんとなく分かる気がするが，話はそう単純ではない。ネズミやウサギのようなサイズの小さいものを見てみると，これらは逆に，島では大きくなっていく。
　島に隔離されると，サイズの大きい動物は小さくなり，サイズの小さい動物は大きくなる。これが古生物学で「島の規則」と呼ばれているものだ。
　このような島の動物のサイズの変化の方向性は，化石を見るとよく分かる。大氷河時代は哺乳類の時代とも呼ばれるが，時代が新しいため，化石も豊富で地史もよく分かっており，この時代の島の哺乳類の化石を時間を追って見てみると，サイズの変化がはっきりと分かる。
　大氷河時代には海面が下がり，多くの島が大陸とつながったが，深い海で隔てられていた島，たとえばセレベス島，地中海の島々，西インド諸島，カリフォルニアの沖合いの島々，などは島として残り，そこに閉じこめられたゾウやカバ，シカ，ナマケモノなどが小形化していった。
もっとも印象的なのがゾウの例だ。島ではゾウはどんどん小さくなっていき，ついに，成獣になっても肩までの高さが１メートル，ちょうど仔牛ほどしかないものが出現した。そのとき大陸では巨大なマンモスがのし歩いていたのである。また，島のネズミはというと，逆にサイズがどんどん大きくなり，ネコほどもあるものが出現した。
　島では，なぜこのようなサイズの変化が起こるのだろうか。一つは捕食者の問題だと思われる。島という環境は，捕食者の少ない環境である。大ざっぱな言い方をすれば，１匹の肉食獣を養っていくには，その餌として100匹近くの草食獣がいなければならない。ところが島は狭いから，草の量がたとえば10匹の草食獣しか養えないとすると，肉食獣の方は餌不足で生きていけないが，草食獣の方は生きていけるという状況が出現する。つまり，島には捕食者がいなくなってしまうわけだ。こういう環境下で，ゾウは小さくなり，

ネズミは大きくなる。

　ゾウはなぜ大きいのだろうか。それはたぶん，大きければ捕食者に食われにくいからだろう。ネズミはなぜあんなに小さいのだろうか。それも捕食者のせいだろう。小さくて物陰にかくれることができれば，捕食者の目を逃れられる。

　ゾウというものは見るからに偉大なものである。動物仲間でも，ゾウがくれば，どうぞどうぞと順番をあけて水を飲ませてくれる。だから大きければなんでもハッピーと，ちょっと見には見えるかもしれない。しかし，第9章で見るように，ゾウの骨格系は重い体重を支えるために，かなりの無理をしている。無理を押して捕食者に食われないよう，頑張って大きくなっているのである。捕食者がいなければ，なにもこんな無理をしてまで，大きいままでいることはない。

　大きいことにともなう犠牲はまだある。ゾウは非常に大きいことにともない1世代の時間が長く，その結果，突然変異により新しい種を生みだす可能性を犠牲にしている。非常に大きいということは非常に特殊化しているとみなせ，これは進化の袋小路に入り込んだことを意味しているだろう。事実，ゾウの仲間で現在生き残っているのはインドゾウとアフリカゾウの2種類だけで，この仲間は絶滅へと向かっているものたちである。ゾウにしてもクジラにしても，巨大なものは，人間が獲る獲らないにかかわらず，近い将来の絶滅が運命づけられているもので，そういう意味でも貴重な動物たちであろう。

　一方，ネズミにしても，好きこのんでちんまりしているわけではないだろう。非常に小さいということは，しょっちゅう餌を食い続けなければならず，餌がちょっとでも見つけられなくなったら，すぐ飢えて死ぬ危険に直面する。これは苦しい。体のつくりにしたって，小さいことからくる無理があるだろう。小さければ心臓はいつも早鐘のように打ち続けるわけで，これは心臓や血管に大きな負担をかけることかもしれない。

　偉大に見えるゾウも，できれば「普通の動物」にもどりたいのであろう。ネズミにしたってそうだ。だからこそ，捕食者という制約がなくなると，ゾウは小さくなり，ネズミは大きくなって，哺乳類として無理のないサイズに戻っていく。これが「島の規則」の一つの解釈である。

　動物には，その仲間の体のつくりや生活法から生じる制約がある。だからサイズにしても，むやみと変えられるものではなく，ある一定の適正範囲があるものと思われる。その適正範囲の両端のものは，何らかの無理がかかっていると見てよいのではないか。

　私は1986年から1988年にかけてデューク大学で2年ばかり過ごしたが，以上の「島の規則」の話は，このときにルイーズ・ロスから聞いたものである。

ルイーズはアメリカの女性科学者としては例外的におくゆかしい人で，カリフォルニア沖の島に住んでいた小形化したゾウの歯の化石を並べながら内気そうに話す彼女のやさしい顔立ちになつかしく見いっていたら，日本のことに想いが行ってしまった。

　アメリカで暮らしてみて，これは違うな，と感じたことはいろいろある。学問のことでいえば，なんといっても，やっていることのスケールがでかい。アイスランドに研究チームを組んで出かけて行ってクジラの実験をやっている人もいれば，アフリカの湖を舞台にプランクトンの研究をしている人もいる。もちろん巨額の金を動かして，遺伝子や脳をいじっている人たちもいる。学者個人をみても，よくぞここまで一人でやれるもんだなあと，おそれいるばかりの偉人がいた。後の章で名前がでてくるクヌート・シュミット－ニールセンもその一人で，このデュークの看板教授を見ていると，こんな人にはとても太刀打ちできないな，とすっかり思いしらされた。ちなみに本書の前半は，彼の著書『スケーリング――なぜ動物のサイズはこうも重要なのか？』が種本の一つになっている。ルイーズや前章で紹介した時間の話を考えたコールダーは彼の教え子であり，また，後に名前の出てくるラバーベラやヴォーゲルなど，デュークの動物教室にかかわる人たちは，大なり小なりシュミット－ニールセンの影響を受けている。そして私もごたぶんにもれず，こうしてサイズに関する本を書きはじめてしまったわけである。

　大学内にはシュミット－ニールセンをはじめとして偉人が何人かそびえ立っていて，すっかりおそれいってしまったのだが，さて，一歩大学の外に出ると，だいぶ感じが違うのである。スーパーのレジにしても，車の修理工にしても，あきれるほど対応がのろいし不適切。これでよく給料がもらえるもんだ！　とイライラするとともに，一般の日本人の有能さに，いまさらながら気づかされた。

　あ，これは「島の規則」だ！　ルイーズの話を聞きながら，そう思った。島国という環境では，エリートのサイズは小さくなり，ずばぬけた巨人と呼び得る人物は出てきにくい。逆に小さい方，つまり庶民のスケールは大きくなり，知的レベルはきわめて高い。「島の規則」は人間にもあてはまりそうだ。

　大陸に住んでいれば，とてつもないことを考えたり，常識はずれのことをやることも可能だろう。まわりから白い目で見られたら，よそに逃げていけばいいのだから。島ではそうはいかない。出る釘は，ほんのちょっと出ても，打たれてしまう。だから大陸ではとんでもない思想が生まれ，また，それらに負けない強靭な大思想が育っていく。獰猛な捕食者に比せられるさまざまな思想と戦い，鍛えぬかれた大思想を大陸の人々は生みだしてきたのである。これは偉大なこととして畏敬したい。しかし，これらの大思想はゾウのよう

なものではないか？　これらの思想は，人間が取り組んで幸福に感ずる思考の範囲をはるかに超えて，巨大なサイズになってしまっているのかもしれない。動物に無理のないサイズがあるように，思想にも人類に似合いのサイズがあるのではないのか？　こんなことを，ルイーズの話を聞きながら，アメリカ暮らしの印象と重ね合わせて考えていた。

　もちろん，こういう連想は，論理的なつながりのあるものではない。しかし，生物学というものも，人間が何かを考える際に，それなりの手がかりを与えてくれるものだと私は思っている。何億年という時間をかけて，生物たちは数え切れないほどの実験を行ってきた。その目に見える結果が，いま生きている生物であり，実験の過程は化石として残されている。これらをシミュレーション・モデルとして人間の事象に使っても悪いことはないだろう。日本という島国とアメリカという大陸国，これらの違いを考えるうえで，生物学や古生物学も参考になるのではないか。

　島の規則がそのまま人間にあてはまるかどうかはさておく。いまや，地球はだんだん狭くなり，一つの島と考えねばならない状況にたち至っている。いままでは「大陸の時代」だった。これからは，好むと好まざるにかかわらず「島の時代」になる。だから今こそ，島とはどんなところなのか，大陸とはどんな場所なのかを，生物学を含め，さまざまな角度から考えてみる必要があるだろう。

〔本川達雄『ゾウの時間　ネズミの時間』（中公新書，1992年）より〕
（注）原文は縦書きであるが，横書きにしたため，一部の漢数字をアラビア数字に変更するとともに，文中の小見出しは省略し1行あけた。また，文中の1/4は4分の1を表している。

解答のプロセス

→解答例は348ページ

作業1	問題と解決を探す
作業2	ポイントとサポートに分けてポイントをつなげる
作業3	接続詞を工夫して，論理関係を明確化する
作業4	重複を整理して，言葉遣いを整える

類題

05北海道大「『権』にまつわる外来文化の受容過程の要約」
04京都大「著者の法理解を前提とした職業的法曹の存在意義」
05岡山大「『解雇権濫用法理』『医療情報』についての文献の要約」
04岡山大「『嫌煙権と喫煙文化』についての要約」
04香川・愛媛大「『ミッキーマウスに生物学的敬意を』の要約」
05東北学院大「選挙権を登録制にする議論の要約」
04白鴎大「『倫理という力』の要約」
04学習院大「『遺伝子操作は環境保護を促進する』の要約」
05駒澤大「『勉強否定論』の要約」
04広島修道大「『内部告発制度の意義』『監視社会の現状』の要約」

Solution

確認したらチェックを入れよう。

問題と解決が要約の基本
問題は疑問・対立・矛盾の形で冒頭にあることが多い
理由以外の根拠は原則的に要約には不要
段落ごとにポイントとサポートを分ける
ポイントをつなげて，接続詞でつなぐ
最後に重複や表現を整理する

Chapter 3　課題文との対話

　議論において読者を十分に納得させるには，自分の主張と対立する反対意見に対しても，積極的に言及しなければならない。その意味を理解しつつ批判することで，自分の議論をより説得的な内容と表現にするための方法を学ぶ。

Technic

❶ 対立意見の処理
批判か包摂かの処理をしなければならない

❷ 批判の方法
相手の意見の根拠を見つけて弱点を明示する

❸ オリジナリティを確保する
課題文に賛成するときも補足・修正を入れる

3 課題文との対話　　知識と講義

Step 1 対立意見に応答する

■対立意見の批判

　議論という状況では，ほとんどの場合で対立的な意見・見方が存在する。たとえば，**Chapter1**では，知識と講義で扱った「原子力発電所建設の是非」，あるいは演習問題で扱った「欠陥の公表の是非」など，1つの問題に対して2つのまったく違った立場があり，それを比較対照させてどちらがよいかを論じなければならなかった。設問でも「反対の立場に批判を加えつつ，自説を展開」せよという明確な指定がある。

　もしも反対論に対して，このような応答をしないならば，問題のとらえ方が不十分で，議論が一方的である，という批判を受けてもしかたがない。**反対意見を対置して考察する**ことで，問題の別なとらえ方が提示されることになる。解くべき問題としてはより難化するが，その反面で「思考が深まった」という評価も受けるのである。

　しかし，もちろん反対意見を取り上げただけで評価が高くなるわけではない。それでは矛盾した立場が並置されるばかりで，文章の一貫性がなくなる。したがって，**反対意見を取り上げたら，それを批判して退けることが必要**である。

■応答の方法

　この操作は，自分の意見をより説得的にするテクニックとして重要である。なぜなら，「反対の立場」を予想して，それのまずい点を指摘することは，対立意見の信用度を下げ，結果としてその他の選択肢である自説の信頼性を高めることになるからだ。「欠陥の公表」の場合なら，「公表しても企業イメージは悪くならない」と根拠を挙げて主張するのが，その例である。

　ときには，対立する意見の一部を取り入れ，かつ自説の基本を変えないという操作ができることもある。そういう場合は，

自説をちょっと修正することで反対意見を「包摂」することになり，これも自説の信頼度を上げることになる。たとえば「**確かに**短期的には企業のイメージを下げるかもしれない。**しかし**，長期的には，逆に少しの欠陥でも許容しない企業というブランドイメージを確立することになる」などと主張できるだろう。

▼反対意見への対処

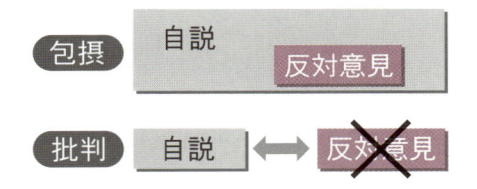

包摂　自説　反対意見

批判　自説　⇔　反対意見（×）

　いずれにしても，反対意見を予想して，それに応答していくことは，厳しい対立状況の中で自説を説得的だと感じさせるときに有効である。また丁寧に問題を追求している印象を与えるので，スペースが許すなら，なるべく使ったほうがよい。

■根拠を攻撃する

　批判する場合は，反対意見の根拠を攻撃するのが基本である。なぜなら，反対意見の妥当性を支えているのは，その根拠だからだ。たとえば，欠陥の公表をするのはよくない，企業イメージを下げるからだという主張に対しては，その「…からだ」の理由の部分を攻撃して，「長期的には誠実な企業であるというイメージを定着させ，むしろ利益になる」などと批判する。もちろん，批判するところは理由だけにとどまらない。説明や例示のところでも悪くない。説明の不備を攻撃したり例示の不適切さを指摘したりすることができれば，それでもかまわない。それは根拠の信頼性を低下させ，結局，理由を成立させないようにできるからだ。

　たとえば，原子力発電所の建設に対する反対意見の理由「危険であるから」のサポートに「ちょっとしたミスから大事故が起こる」という説明がなされ，さらにはそれの例としてチェルノブイリの爆発事故が挙げられていたとしよう。このような立

論に対しては，「チェルノブイリの爆発事故は，ソ連体制下の特殊な出来事であって，わが国では起こりえない」などと例示の不適切さを主張して反論することが可能であろう。

> **Point** 批判の方法＝主張を支える根拠（理由・説明・例示）の不備を攻撃する

　もちろんこれに対しては，原発反対の立場から再反論をすることも可能である。たとえば「原発におけるミスはわが国でも起こりうる。現に東海村の例では，作業員の信じられないような初歩的ミスから事故が起こっている。原発におけるミスはソ連体制下の特殊な事故とは言えない」などと言える。

　結局，このような批判のやり方は，適性試験の「推論・分析力編」でよく出題される「議論の導出過程の吟味」という方法とあまり変わらない。主張を支える根拠とそれを論理的に変形する過程を丁寧に検討すればよいのである。ただし，適性試験ではどちらかといえば，論理の誤り，たとえば必要条件と十分条件の混同の指摘などに力点が置かれるのに対して，小論文の場合ではそのような**論理的手続きだけでなく，具体例・データの信用性，説明の不適切さなどを指摘**することが多い。

▼それぞれの妥当性の検討

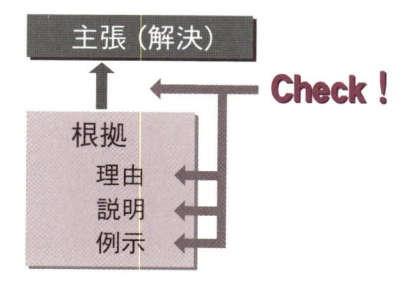

```
         主張（解決）
            ↑
    ┌─────────┐ ← Check！
    │ 根拠    │←
    │  理由   │←
    │  説明   │←
    │  例示   │←
    └─────────┘
```

■**根本の問題を考察する**

　さらに，小論文では反対論の誤りを指摘するだけでなく，反対論に対して対案を提示するなどの操作も必要になってくる場合が多い。たとえば，原子力発電所の誘致以外にも地域の経済

発展を見込める方法があるなら，それを示すことで，原発誘致に反対することが，より解決として妥当であることを示せる。

一般的に言って，何か問題が生じるには，目の前に対立として出現している**現象だけでなく，もっと深い必要性・必然性がある**ことが多い。先ほどの原発の問題にしても，原発の誘致の是非という立場の表面の対立の裏には，地域経済の沈滞をどうしたらよいか，というより切実な問題が隠れている。「原発は危険だ」などと相手の主張の不備を指摘するだけで，その根本に触れないようでは，相手に対する自分の立場の優越性を十分に示すことができない。「危険な原発に頼らずとも，こういう方法を取れば地域経済は活性化できる」というようなことが言えれば，相手の立場に対する優越性は決定的なものになるだろう。

> **Point** 批判するだけでなく，相手のよって立つ根本問題を指摘し，それを解決する提案をする

Step ❷ 賛成から出発する場合

もちろん，議論ではいつも対立しなければならないというわけでもない。**基本的には相手の主張に賛成するという方法**もある。実は，課題文で筆者が一方的に主張する場合では，この方法の有効性のほうが大きい。なぜかというと，課題文の筆者はその問題についての専門家である場合が多いからだ。いかに受験者が大学を出たとは言っても，これから法律家をめざそうという素人が社会科学や法律の専門家に対して，対等な議論ができるという場合はそう多くない。そうだとすると，真っ向から筆者の主張することに反対するのは，知識・教養の点でハンディキャップがありすぎる。趣旨には大筋で賛成するしかない，という場合が圧倒的に多い。

しかし，そういう場合でも全面賛成ではダメで，必ず自分独自の内容を付け加えなければならない。なぜなら，文章を書くうえで一番大事なのは**独創性**（originality）だからである。それがないと，主張としての価値は半減する。全面賛成ならば，そもそも自分が文章を書く理由がないからだ。したがって，ど

こかで**筆者の立論と違ったことを主張**しなければならない。しかし大筋では賛成なのだから，全面反対ではなく補足・修正という形になるわけだ。

■補足・修正とは

補足は，筆者の言っていないことで，同じ原理を適用できるものを挙げたり，筆者が述べ足りないところを補ったりすることである。これは，筆者の論を肯定して，その範囲を拡大することとなるが，もちろん筆者の述べていないことを述べるのだから自分の**originality**は確保される。

一方，**修正**とは筆者の立論の一部分を変えることだ。全体としては筆者の言うとおりだが，細部の議論に関しては異論があるとか，もっと丁寧に論証したほうがよいとか，場合分けが足りないなどと述べる方法である。これも，筆者の立論との違いを出すことができる。要するに，なんらかの形で筆者との内容の違いを作らなければならないのである。

以上をまとめると，課題文があって，それに対して自分の意見を出す場合の基本構成は次のようになるだろう。

要約 → 反対 → 根拠 → 課題文再言及 → 批判・包摂
　　 → 賛成 → 根拠（短く） → 補足・修正

「反対」のところで「課題文再言及」を行っているのは，課題文の丁寧な吟味を心がけてのことである。

■論文以外の文章の理解

ところで，今までは「問題と解決」という論文の基本構造に還元して要約すればよいと述べた。しかし，小論文の問題では論文形式の課題文だけが出題されるわけではない。たとえば，以下の**例題**や**演習問題**では，個人の発言の一部や戯曲が用いられている。このような文章のメッセージを理解することも，課題文に対する応答として大切である。

これらの文章は論文のような意見文とは違って，具体的な描

写が特徴である。したがって，その中に含まれる問題も明示的な形ではなく，せりふや行動，またはキャラクター，ストーリー，情景描写などの形で暗示されている。したがって，ただ読むだけでは十分ではなく，その中に含まれている問題をことさらに明確化するように読まれなければならない。そのためには課題文をまとめるだけでなく，それが**どういう背景・メカニズムで成立しているか**を考え，そこから問題を抽出し，それを考察する（解釈）という過程を通って，問題をどう考えたらよいか，どう行動すべきかなどの結論を導く。つまり，次のような構成を取るのである。

> **Point** 具体的文章の場合の解法＝読解→解釈→提案・批判

特に歴史に関するストーリーや個人の発言などは，その中に明示されている論理だけでは考察が不十分なことが多い。むしろ，**ストーリーや発言に影響を与えている社会のメカニズムを考える**ことで，それらの成立・根拠が分かってくることが多い。

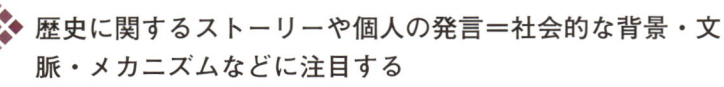

❖ **歴史に関するストーリーや個人の発言＝社会的な背景・文脈・メカニズムなどに注目する**

先に「より深い問題を考察することの重要性」について書いたが，そのような問題はそれだけで考察できるものではなく，むしろ広範な社会知識と結合されて初めてわかってくる場合も多いのだ。その意味で，具体的な現象を考察するには，課題文に書いてある範囲を超えた社会事象に関する教養が必要になってくると言えるだろう。

ただ，それに対する意見，つまり答案が小論文として書けるわけだから，課題文の中になんらかの「問題」が含まれていること自体は間違いない。それがないと，そもそも論文形式で論じることなどできないからだ。だから，社会的背景を考えて「問題」を抽出した後は，論文形式に準じて考えればよいということになる。

> **Point** 論文形式以外の文章にも，論ずることのできる「問題」が必ず含まれている→それを抽出して論ずる

3 課題文との対話　　例題と解法

Theme【法律の意義】　　2005　関西学院大［未修］90分

　ロースクールを受験しようとしている「あなた」が，親戚のおじさんと話していたところ，次のように言われたと仮定します。この発言を読んで，設問に答えなさい。

　あんた，法律家になりたいんだって。立派だねえぇ。
　でもさ，法律勉強して真に受けて馬鹿になっちゃだめだよ。法律なんてのは，適当に無視しなくちゃ生きていけないのが庶民なんだって，分かってるよね。
　売春防止法という法律があるそうだよね。売春は禁止されているそうだ。前に「うそだろ！」と思って友達に聞いたら，「何人も，売春をし，又はその相手方となってはならない」なんて条文が確かにあるそうだ。けれども，日本で売春がされてることは誰でも知っているでしょ。男性向けの雑誌をめくってみれば，売春の広告や売春体験記が花盛りだよね。つまり，禁止されている法律があるのに，売春は行われているんだよ。何兆円産業になるのかなぁぁ？
　スピード違反や駐車違反もそうで，みんなしている。制限速度で走っている方が危ないぐらいだ。スピード違反なんか，160キロとか180キロが出せる性能の自動車を売っていることがおかしいといえばおかしいよね。道路以外のところ，たとえば競技場なんかで走ればいいというのかもしれないけど，そういうのは普通は屁理屈というのであって，道路以外で100キロ出した車なんていうのはほとんどないはずだよね。まあ，いうなれば，国は，法律を作って「法律は守りましょう」なんて言っているが，実際は本気で守らせるつもりはないということなんだ。まあ，ある会社が「うちの車は法律を守るため，またあなたの生命を守るために制限時速以上は出ないような技術開発をしました」って言って売り出しても，絶対売れないからさ。国もそれを強制しないし。そういえば，カーナビとか，なんだっけETCだっけ，自動的にいろいろ車と通信して料金とか支払いできるやつ，ああいうのができるんだからさ，当然そういうこともできるよね。国は，そんな技術開発なんかさせようともしてないもんね。適度に違反をしていてもいいですよ，でもあんまり目立ちすぎないでね，という感じなんだよね。国は財政危機とか言ってるん

だから、どんどん検挙したら儲かるだろうけれどねぇぇ。ま、こちとら、厳しくしてもらうと困るけどね。

そういえば、例の新興宗教のメンバーを捕まえる時には、みんなが無視しているような法律違反をしているとして摘発してたんじゃない？　よく知らないけど。あれもおかしいよね。どうか警察ににらまれることがありませんように！　駐車違反やスピード違反なんかも、たまに捕まると、「どうして俺だけが」ということになるよね。まあ、いつどこで取り締まりをしているかの情報を集める努力をサボったことについて反省し、結局は、運が悪かったと諦めることになるけれどね。

こういうような法律はまだいいんだよね。こっちも適当にしているから。でも、困ることもある。

たとえば労働基準法なんて守られていないこともはなはだしい。サービス残業なんていうのは日常茶飯事だし、有給休暇なんか消化することも怖くてできやしない。セクハラにしてもいっぱいある。みんな知っている。建設現場だってさ、元請や下請だって、まともに仕事してたら、こんな金額でこんな工期じゃできないこと知ってて孫請に押しつけてくるんだからさ。みんな分かってるの。手抜きしてるのをさ。

金の力を使って、無理を通すなんてのは、ごろごろしてるんだよ。ただ、みんな声をあげても結局自分が損をするから泣き寝入りしているだけ。力のない人間は、力のある人間たちに踏みにじられても、自分がもっと踏みにじられる危険を冒さないと助けを求めることすらできない。そういう風に世の中はできているんだよ。

もちろん、時々あんまり踏みにじられすぎると、「一寸の虫にも五分の魂」というやつで、怖いものがなくなって、時にはがんばろうという気にもなる。大学出の奴が「権利のためには闘争が必要なんだ」なんて言ってた。そういうご立派なたいそうなことを言われなくてもそんなことは当たり前のことなんだよね。

でも、実は、そうやってがんばるためにも金がいる。弁護士なんかも、「お金がなくても」っていうようなのもごく稀にいるけれども、普通は裁判の費用が払えないような連中は相手にしたくない。大体法律家なんて金持ちの遺産相続だとか大企業の顧問弁護士とかはやりたがるからね。そういえば、国際的な商売のための法律相談なんて儲かるんだろうねえ……。私ら関係ないもんね。あ、関係あるかもしれん。どっかでっかい組織にたてついたら、そこの顧問弁護士にいじめられるかもしれん。あんた、どうせなるならそういうことができないと金儲からんよ。いらんお世話だろうけどさ。

まあ、力のない人間は二重三重に馬鹿にされるようになっているんだよ。

だいたい誰が馬鹿みたいに長い裁判している間の生活を支えてくれるんだよ。たとえ辞めさせられなくても、誰が今の職場でつまはじきにされていじめられるのを代わりに我慢してくれるんだよ。「手抜きがしたくないから工期が守れません」なんて言ってて誰が仕事くれるんだよ。そういえば例のなんとか冷蔵だって、悲惨だったじゃないか。内部告発したら結局自分に跳ね返ってくるんだよね。

　ま、そんなもんなんだよ、世の中は。時々、若いのが熱くなって、「戦え」とか、「我慢するな」とかいうけれど、ま、他人事だもんね。だから、結局のところは、黙って、黙って、まあ、偉い人には逆らわず、適当におべっかを言ってお付き合いしておいて、同じように力のない人間の間で愚痴をぶつぶつ言いながらも、あんまりものを考えずに、正義感に燃えて熱くなったりせずに、賢く生きていくのが庶民の生き方なんだよ。そういうのが賢いわけ。法律は適度に無視して、まあ警察とかお上にはあまりおおっぴらにはたてつかず（でも別に尊敬してるわけでもないけどね）、賢く生きるの。それが庶民の知恵。分かった?!

　法律勉強するのはいいけれど、あんまり真に受けちゃいけないよ。馬鹿になるからね。

〈設問〉

　こう言ってからおじさんは、「ちょっと用があるから失礼！『貧乏暇なし』っていってさ、忙しいんだよね！」と付け加えて行ってしまいました。ロースクールを受験しようとしている「あなた」は、このおじさんに対して、ちゃんと思うところを伝えたいと考え、手紙を書くことにしました。

　「あなた」が、どのようにおじさんに応答するかを想定し、下記の点に注意してこの手紙を書いてください。

〈注意〉

1．解答用紙を手紙用便箋と考えてください。
2．おじさんの名前は、必要な場合には、関　学（せきまなぶ）さんとしてください。
3．手紙の最終部分（必ずしも最後の文でなくてよい）に以下の文を必ず挿入し、下線を引いてください。
　「だから、私は、ロースクールに入学して法律を勉強し、将来は法律家になりたいと思っているのです。」
4．ただし、単なる「志望理由書」を書くのではありませんから、「おじさん」の発言の主要な論点構造をきちんと踏まえた上で、どのように応答するか

を考えてください。他方、「おじさん」が挙げている個々の事例の法律学的な分析を詳しく行ったとしてもそれ自体は加点されません。「おじさん」の基本的主張に対する応答としての説得力が重要なポイントとなります。

Warming Up

1 おじさんの主張は何か？
2 その根拠はどういう仕組みになっているか？
3 導出過程は適当か？
4 どこを攻撃するか？
5 批判のポイントは何か？

解法

〈注意〉には答案における評価ポイントが詳しく述べられている。一般に、小論文試験では設問文に「どのように書くか？」についてのヒントが述べられている。注意点を整理してみよう。

	注意	意味内容
1	解答用紙を手紙用便箋と考える	手紙の約束事を守る、敬体文（ですます調）で書く
2	おじさんの名前は…関学さんとしてください	これは明らか
3	手紙の最終部分…「だから、私は…法律家になりたい…」	おじさんに反論する、法律家の存在を肯定する
4	発言の…論点構造をきちんと踏まえ／どのように応答するか／法律学的分析…は加点されない	発言を理解したことを示す／説得的に反論する／細かい法律学的分析ではない

ここから、解答の構成はおおむね明らかとなる。まず、おじさんの発言を要約する。特に主張を支える根拠の構造に注目する。もちろん、この要約はいちいち解答の中に取り入れなくて

もよく，議論の前提になっていればよい。しかし，これがなければ議論ができないので，後で混乱しないようにメモの形でしっかり書いておくこと。

> **Hint**
> 法律の社会的機能・重要性を論証する

第二に，答案の結論は「法律家の存在を肯定する」立場で書くこと。つまり，おじさんは「法律は適当に無視しなければいけない」と言っているのだから，法律は信じるに足らず，社会的機能も弱いと主張しているのである。当然，それを扱う法律家の意義も否定しているのである。これを批判し，法律および法律家の意義を主張しなければならない。**注意3**によれば，この主張はラストにあればよい。

第三に，おじさんの挙げた論点（根拠）の主要な部分を否定しなければならない。理由・説明・例示のどのレベルでもよい。たとえば，「そういう理屈は間違っている」のなら，理由の否定。「この例はおかしい」というのなら，例示の否定になる。

第四に，それらの否定が「法律・法律家の肯定」につながる根拠を積極的に導かなければならない。単に批判するだけでは，肯定にはつながらないことに注意する。

さて，以上のことを前提にすると，解答の方針は次のように定まるだろう。

1	冒頭のあいさつ，この間の会話への謝辞（手紙なら必要な内容だろう）
2	おじさんの発言内容のまとめ
3	その論点を取り上げ批判する
4	別な考え方の提示
5	まとめとして自分の主張（法律・法律家の肯定）

■**内容の問題**

内容的に一番重要かつ難しいのは，3，4の部分だろう。ここが「応答」の部分である。

まず3におけるおじさんの主張と根拠の検討では，主張とその導出過程を吟味すればよい。彼の議論は次のような構造になっている。

> **主張**：法律を真に受けてはいけない（十分に機能していない）
>
> ↑**根拠**

> **理由**：庶民は法律を適当に無視しなければ生きていけない
> **説明**：現実には金・力があると無理も通る（金と力で物事が決する），だから上の者にはたてつかず生きるのが正しい
> **例示**：
> 1 売春防止法があるのに売春は公然と行われている
> 2 道路交通法で禁じられているのに，スピード違反や駐車違反は許されている
> 3 新興宗教メンバーの逮捕が些細な理由で行われる
> 4 労働基準法が保障しているのに，有給休暇を取ることもできない

　さて，これらを否定することができるだろうか？　吟味してみると，いろいろと問題がある。たとえば

> ❶「金と権力で物事が決定する」は正しいか？　そこをただすのが法律の意義ではないのか？
> ❷売春防止法・道路交通法は厳守するのがよいのか？
> ❸労働基準法がないと，経営側に抗議することもできないのではないか？
> ❹そもそも，法律に実質的な力を持たせるのは市民の役割ではないのか？

などの批判を考えることができるだろう。

Hint
法律の根本問題を論じる

　特に❹では，法律の根本的な問題に触れていることに注意したい。おじさんの発言はすべて法律がすでに存在していることを前提としている。しかしそもそもの成立過程を考えれば，それらはすべて市民の実力による要求の結果生まれたものである。**現在の法の効力を保証しているものも，実は市民の実力の行使**なのであるとも考えられる。そういえば「権利の上に眠る者は保護に値しない」という言い方もあったはずだ。
　書き方としては，「確かに…しかし（だが）…」などの譲歩の構文で書き出すと書きやすい。相手の論点を一応認めて，そ

の上でその不十分性を突けばよい。たとえば，上記の1と3は次のように考えることができる。

▼文例1

　確かに，社会では法律より金と力で物事が決まっていくという面はあります。たとえば，おじさんの挙げていた労働基準法が文面どおり守られない例はよく見られます。しかし，だからといって，労働基準法に意味がないと決めつけるのは適当とは思われません。なぜなら，労働基準法がなければ，そもそも超過勤務をさせられている労働者側が不服を申し立てることもできないからです。経営側と労働者の間には明らかに力の差があります。経営側は，労働者を解雇すれば問題はなくなるからです。その結果，労働者は生活の糧を失うことになります。言い換えれば経営側は，解雇をちらつかせれば，どのような要求でも労働者に受け入れさせることができます。そのようなことにならないように，労働基準法は労働者の権利の範囲を決めているわけです。もちろん，実際には経営側と労働側の力の差は大きく，その基準が文面どおり守られないことは多々ありますが，少なくとも法律があることで，経営側は無茶な要求ができないという抑止の構造にはなっていると思われます。

　この例では，労働基準法を例に取り上げて，それが実際には守られていないという現実にもかかわらず，抑止作用を持つということで，一定の社会的機能を果たしていることを説明している。さらに，これを一般化し，4のロジックを援用して，次のように論ずることもできる。

▼文例2

　そもそも，法律を国家や社会にもともとあるものだと考えることは間違っていると思います。どのような法も，常に市民の側が当時の政治権力に対抗して闘い取ってきたものばかりだからです。自由権にしても所有権にしても，絶対君主に対立して実力で獲得したものです。そういえば，

> 民法の授業で「権利の上に眠る者は保護に値しない」と言われていると習ったことがあります。
> 　事情は現在でも変わりません。現在のような社会では，経営側はなるべく利益を上げようと，労働者を効率的に働かせようとしています。その必然の結果として，長時間労働も出てくるわけです。もし，労働時間の短縮をしたいのなら，経営側に要求を出し，認めさせていかなければなりません。そのための武器として，標準の労働時間を定めた労働基準法は使うことができる。法律に実質的な力を与えるのは，それを実現させようとする一般庶民の力なのです。

　このようなロジックなら，法律の意義とさらにそれを実現する法律家の意義を強調することができ，結論の「だから，私は，ロースクールに入学して法律を勉強し，将来は法律家になりたいと思っているのです。」にスムーズにつなげることができるだろう。

Warming Upの解答

1　法律を真に受けてはいけない
2　理由と例示
　理由：庶民は法律を適当に無視しなければ生きていけない
　説明：現実には金・力があると無理も通る，上の者にはたてつかず生きるのが正しい
　例示：1 売春防止法があるのに売春は公然と行われている，
　　　　　2 道路交通法で禁じられているのに，スピード違反や駐車違反は許されている
　　　　　3 新興宗教メンバーの逮捕が些細な理由で行われる
　　　　　4 労働基準法が保障しているのに，有給休暇を取ることもできない
3　適当ではない
4　**例示**：例示1は，法律で取り締まるのが適当かどうかが問題である。**例示2**はすべてを取り締まることがコスト的には合わない。**例示4**は法律がないと，苦情を言うことすらできない。（ちなみに，**例示3**は**例示2**の逆で，日頃取り締まっていなかった微罪をことさら厳格に適用しているのである。）
5　市民が法を自ら守ろうとしなければ，法の権威は保てない。そのために，法を守るための専門家が必要である。

解答例

前略

　この間は有益なお話ありがとうございました。これからロースクールをめざそうとする私にとっては、いろいろと考えさせられることが多いお話でした。家に帰ってから、はたして法律を学ぶのがよいことなのかどうか、ずいぶん考え込んでしまいました。

　確かにおじさんのおっしゃるとおり、法律は現実の社会では大した役割を果たしていません。法律があっても有名無実に思われるからです。売春防止法がほぼ無力化していることもそうですし、道路交通法が実際の交通違反の大部分を見逃しているということも本当でしょう。またサービス残業、労働時間の延長は当たり前のようになっています。実際、私の友人は午前７時に家を出て、午前２時に帰るという生活を繰り返し、ついに体を壊してしまいました。本当に労働基準法などあってなきがごとくですね。

　しかし、だからと言って法律にまったく意味がないわけではありません。むしろ、その基本的機能はちゃんと果たしていると考えられます。たとえば、道路交通法で交通違反が見逃されるのは主にコストの問題です。一つ一つの軽い違反まで厳密に取り締まっていては、重要犯罪に振り向けられる警察官が少なくなってしまいます。そこで、特に危険で目に余る行為、および取り締まりやすいところを重点的に取り締まることで、全体的に交通事情が安定していればよい、という考えだと思われます。そもそも、法の目的は社会の秩序を全体的に守ることです。一つ一つの事例が大切なのではなく、社会全体として一定の秩序があればその目的は達せられる。その基準として、法があるわけです。その意味で言うなら、売春防止法のいいかげんさも同じでしょう。女性が女性であることで、不当な扱いを受けないこと、両性の平等という原則に反しないことが大切なのであり、一つ一つを例外なしに取り締まることが目的ではありません。

　他方で、かつてアメリカでは禁酒法という法律があったと聞きます。酒を飲むことで争いや暴力が起きるので、酒を禁止すれば社会が平和になると思って制定したわけですね。ところが、禁止しても

（要約）
（根拠）

酒の需要はなくならず，闇ルートで流通することになり，値段が急騰しました。ギャングがその利益をねらって扱うようになり，抗争を繰り返して，かえって社会秩序は乱れたと言います。法でコントロールしようとしても限界があるということのよい例だと思われます。

　ここから言えることは，社会の支持しない法は結局根付かず，法は社会が支持するバランスの中でのみ実行されるということです。その意味で，法を実効性があるものにするのは，むしろ市民の集合的な支持だということです。法があるから，それで安心なのではなく，法が有効な規制になるのは，むしろ市民の積極的なバックアップがあるからなのです。

　たとえば，労働基準法が文面どおり守られないからといって，労働基準法に意味がないとは決めつけられない。なぜなら，労働基準法がなければ，労働者側が不服を申し立てることもできないからです。経営側と労働者の間には明らかに力の差があります。経営側は，解雇をちらつかせれば，どのような要求でも労働者に受け入れさせることができます。そのようなことにならないように，労働基準法は労働者の権利の範囲を決めている。文面どおり守られないことはあるにせよ，少なくとも法律があることで，労働側は経営側に要求を突きつけることができ，経営側も無茶な要求ができないという構造にはなっていると思われます。

> 根拠

　そもそも，法律を国家や社会にもともとあるものだと考えること自体間違っています。どのような法も，常に市民の側が当時の政治権力に対抗して闘い取ってきたものばかりだからです。自由権にしても所有権にしても，絶対君主に対立して実力で獲得したものです。そういえば，大学で「権利の上に眠る者は保護に値しない」という言葉を習ったこともあります。労働者の権利も，歴史的に経営者と労働者の不平等な状況を放っておくと，社会的な不安定が醸成されるという経験から来ています。かつてイギリスでも労働者の解雇に抗議して機械打ち壊しなど，労働者の暴動がたびたび起き，それを抑えようと警察が動員され，経営側と労働側の対立は先鋭化し，社会の安定が危機に瀕しました。その経験があるからこそ，労働争議の権利を認め，労働時間の制限をするのが必要だと認識されたのです。

事情は現在でも変わりません。競争が厳しい現在、経営側はなるべく利益を上げようと、労働者を効率的に働かせようとする。その必然の結果として、長時間労働も出てくるわけです。もし、労働時間の短縮をしたいのなら、経営側に要求を出し、認めさせていかなければなりません。そういう市民の行為によって法も実効力を持つことになるのです。権利も使わなければ死文と化すばかりです。

　もちろん、市民が要求を通そうと打ち壊しなどをしたら、かえって不利になってしまう。合法的な要求の権利を使って自分たちの状態を改善していくべきです。「法は適当に無視しなければ生きていけない」どころか、法を使わなければ、自分の要求を実現することすらできない。法律とはそういう武器であり、法律家はそれを支援していく立場にあります。十分、よい社会をつくっていく役に立っている。<u>だから、私は、ロースクールに入学して法律を勉強し、将来は法律家になりたいと思っているのです。</u>

> 主張

　おじさんの感じる世の中の矛盾は、私にとっての課題でもあるのです。法律家の資格を得たなら、市民の側に立つ法律家として経験を積み成長したいと思うのです。そのとき、おじさんの感じているような矛盾を少しずつでも緩和できると思っています。

草々

　　〇年〇月〇日

署名

　関　学　様

3 課題文との対話　演習問題

> **Theme【法的概念について】**　2005　新潟大［共通］120分

　配布された資料の文章は，ウィリアム・シェイクスピア（William Shakespeare　1564-1616）の戯曲『リチャード二世』（推定1595年初演）からの引用である。イングランド国王リチャード二世（在位1377-1399）は，従弟のヘンリー・ボリングブルック（のちにヘンリー四世　在位1399-1413）が率いる叛乱軍に破れ，ついに退位を余儀なくされる。そして，第四幕第一場（ウェストミンスター大会堂）にて議論が交わされる。

　この作品に関して，思想家E.H.カントーロヴィチ（Ernst Hartwig Kantorowicz　1895-1963）は，その著『王の二つの身体』のなかで次のように述べている。

> 「王の二つの身体という法的概念が，シェイクスピアから切り離すことができない理由は，他にもいくつか存在する。というのも，近代の国制上の観念からほとんど完全に姿を消したこの奇妙な形象が，現代において依然としてきわめて現実的で人間的な意味を有しているとすれば，それは大部分シェイクスピアのおかげなのである。この隠喩を永遠のものにしたのは彼であった。彼はこれを，自分の最も偉大な戯曲の一つの本質的で核心的な主題としたのである。『リチャード二世』は，〈王の二つの身体〉の悲劇であった。」
> （E.H.カントーロヴィチ著，小林公＝訳『王の二つの身体（上）』ちくま学芸文庫，筑摩書房（2003年）56頁）

　この分析を参考にしながら，この戯曲にこめられた王の性格の二面性について，それが現代においてどのような意味を持つかについても考慮しながら，論じなさい（1500字以内）。

〈資料〉

　　　　　ヨークが侍者を従えて登場。

ヨーク　ランカスター公爵，私は，羽根をもがれたリチャードの使者としてまいった。彼はすすんであなたを王位継承者と定め，王権の象徴である王笏(おうしゃく)を，尊い血を引くあなたの手に譲り渡される。彼がおりた王座に，いまそこのぼられよ。いざ，われらが国王ヘンリー四世陛下，万歳！

ボリングブルック　では，神のみ名において，王座につくとしよう。

カーライル　いや，それはなりませぬ！　私はこの場で口を開くにはもっと
　　もふさわしからぬもの，だが真実を語るにはもっとも似つかわしいものと
　　心得ます。気高いかたがたが居並ぶこの場に，どなたかお一人でも，気高
　　いリチャードを正しく裁くにたる気高さをおもちであればと願います，そ
　　のまことの気高さがこのような不正不法をつつしむよう教えさとすよう
　　に！　臣下たるものがどうして主君に宣告をくだしえましょう？　そして
　　ここにリチャードの臣下でないかたがおられましょうか？　盗人といえど
　　　　　　　　　　　　　　　　　　　　　　　　　　　　ぬすっと
　　も，裁かれるときには必ずその場にいあわせます，いくら罪状があきらか
　　であってもです。まして，神の威厳をその身に体現しておられ，神の選び
　　たもうたその副官，執事，代理人として聖油を塗られ，王冠をいただき，
　　長年王座にあるおかたが，この場においでにならぬのに，卑しい臣下の宣
　　告によって裁かれていいものでしょうか？　ああ，禁じたまえ，神よ，キ
　　リスト教国において，清められた魂の持ち主がそのような不正，非道，邪
　　悪な行為をなすことを！　私は一臣下として，臣下であるあなたがたにた
　　いし，神に励まされ，神の定めたもうた王のために申します，あなたがた
　　が王と呼ばれるこのヘリフォード卿は，ヘリフォードの王にたいする傲慢
　　不遜な謀反人なのです。彼に王冠をいただかしむるならば，私は予言しま
　　す，イギリス人の血は流されて国土のこやしとなり，未来はこの忌まわし
　　　　　　　　　　　　　　　　　　　　　　　　　　　　　は
　　い行為のためにうめき苦しむでしょう，平和は去ってトルコ人や邪教徒の
　　胸に眠り，泰平たるべきこの国には騒然たる戦争が跳梁し，骨肉相食み，
　　　けいてい
　　兄弟相滅ぼすの悲惨が現出するでしょう，混乱，不安，恐怖，暴動が，わ
　　　　　　　　　　　　　　　　　　　　　　　　　しゃれこうべ
　　がもの顔にここに住みつき，わが国はゴルゴタの野，すなわち髑髏の原と
　　呼ばれるにいたりましょう。ああ，もしあなたがたが，この家を立ててあ
　　の家と争わせることになれば，この呪われた地にもかつてなかった無惨な
　　争いとなるは必定です。身をもって阻止なさい，そういうことにならぬよ
　　うに，子供や孫たちから恨みの声を浴びせられぬように。

ノーサンバランド　みごとに論じられた，そのおほねおりの報いに，この場
　　であなたを大逆罪のかどで逮捕する。ウェストミンスター修道院長，裁判の
　　日までこの男をしっかりおあずかり願いたい。ところで，諸卿，リチャード
　　糾弾の人民の請願を認めてよろしいかな？

ボリングブルック　リチャードを呼び出していただきたい。衆人の前で王位
　　を譲らせれば，私としても疑いをこうむらずにことを進められよう。

ヨーク　では私が案内してこよう。　　　　　　　　　　　　　　（退場）

ボリングブルック　ここに拘留されておる諸卿，いまのうちに裁判の日にそ
　　なえて保証人を見つけておくがいい。私はきみたちの友情に負うところもな

かった，したがってきみたちの助力を期待したこともなかった。

   ヨークがリチャードを連れてふたたび登場。続いて役人たちが王室の
   宝器（王冠，王笏(おうしゃく)など）を捧持して登場。

王　ああ，なんということだ，王として君臨していたときの気持を脱ぎすて
もせぬうちに王の前に呼び出されるとは。私はまだうまくとり入ったり，
お世辞を言ったり，頭をさげたり，膝を曲げたりするすべを習っておらぬ，
もう少し時間をかしてくれ，悲しみが私にそういう服従のしかたを教えて
くれるまで。だが，このかたがたの顔には見覚えがある。かつて私に「万
歳！」と叫んだ私の家臣たちではないか？　ユダもキリストにそうしたが，
彼には十二人の弟子のうち一人をのぞいてみな忠実だった，私には一万二
千の家臣のうち忠実なものは一人もおらぬ。神よ，王を守りたまえ！　だ
れもアーメンと言わぬか？　私が一人二役を演ずるのか？　では言おう，
アーメン！　神よ，王を守りたまえ！　私は王ではない，それでもアーメ
ンと言おう，天が私を王とお思いくださるならば。ここに呼び出されたの
はどんなつとめをはたすためだな？

ヨーク　王位にあることにお疲れになったと称され，ご自身で申し出られた
つとめをです。さあ，王位，王冠をお譲りなさいますよう，ここにおられ
るヘンリー・ボリングブルックへ。

王　王冠をよこせ。では，従弟，王冠を手にするがいい。さあ，従弟，こち
ら側には私の手，そちら側にはあんたの手がある。この黄金の王冠もいま
は深い井戸のようなものだ，そこにかかってかわるがわる水を汲みあげる
二つの桶は，一方はからになってつねに空中高く躍っておるが，他方は底
に沈んで人目にふれず，水がいっぱいになっておる。底に沈んで悲しみを
飲み，涙でいっぱいの桶が，私だ，そしてもちろん，高く舞いあがってい
るのが，あんただ。

ボリングブルック　喜んで王位を譲られるものと思っていたが。

王　この王冠は喜んで譲るが，この悲しみはまだ私のものだ。私の栄誉，私
の権力はあんたの自由になっても，私の悲しみはそうはいかぬ，私はまだ
私の悲しみの王だ。

ボリングブルック　あなたの心労の一部は王冠とともに私に譲られるわけで
す。

王　あんたの心労がはじまっても私の心労が終わりはせぬ，私の心労は古い心
労が終わって心労をなくしたことにある，あんたの心労は新しい心労がはじ
まって心労を得たことにある，私の譲る心労は捨ててしまったはずなのにま

だあるのだ，それは王冠にともなうはずなのにこの心に残っているのだ。

ボリングブルック　王冠譲渡に同意される気はあるのですね？

王　あると言えばない，ないと言えばある，ここにあるのはないも同然の身，だからないことはない，譲るとしよう。さあ，よく見るがいい，私が私ではなくなるさまを。私の頭から，この重い冠をとってさしあげよう，私の手から，この厄介な笏をとってさしあげよう，私の心から，王権の誇りをとってさしあげよう。私は自分の涙で，王の聖油を洗い落とそう，私は自分の手で，王の冠を譲り渡そう，私は自分の舌で，王の地位をとり消そう，私は自分の息で，王への服従の義務を吹き飛ばそう。あらゆる栄華も威厳も遠ざけることを，私は誓う，領地も地代も収入もことごとく，私は捨てる，法令も布告も法規もすべて，私は白紙にもどす。神が私への誓約を破りたるものを許したもうように！　神があんたへの誓約を破らざるものを守りたもうように！　なに一つもたぬ私になに一つ嘆きの種がありませぬように！　すべてを得たあんたにすべての喜びが与えられますように！　あんたはリチャードの座に長くとどまりますように！　リチャードは一刻も早く土のなかに横たわりますように！　王ではないリチャードは祈ります，王ハリーを守りたまえ，そして彼に，多年の輝かしい日々を送らせたまえ！　まだほかになすべきことはあるか？

ノーサンバランド　あと一つだけです。あなたご自身と，あなたに従う家来たちが，わが国の秩序と福祉に反して犯してきた嘆かわしい罪状とその弾劾文をお読みいただきたい，それを告白されることによって，人々の心にあなたの退位が当然であると納得せしめるように。

王　それをせねばならぬのか？　自分の織りあげた愚かな行為を自分で解きほぐさねばならぬのか？　ノーサンバランド，もしおまえの罪のかずかずが記録されており，それをこういうりっぱなかたがたの前で読まねばならぬとしたら，恥ずかしいとは思わぬだろうか？　そうなれば，おまえは恐ろしい一個条を読むことになるのだぞ，無法にも王を廃さしめ，臣下としての誓約を破ったという，どす黒く記された，天の記録にも堕地獄の罪と定められた一個条をだ。やい，おまえたちはみんな，手をこまねいて突っ立ち，みじめさにさいなまれている私を見ておるな，なかにはピラトのように手を洗い，うわべだけあわれみを見せかけるものもおるようだが，いいか，結局おまえたちピラトは，私をむごい十字架へ引き渡したのだ，その罪は，いくら水で洗っても落ちるものではないぞ。

ノーサンバランド　どうかいそいでこの各個条，お読み願います。

王　私の目は涙でいっぱいだ，読もうにもよく見えぬ。だが，いくら塩からい水が目を曇らせても，ここに謀反人どもの群れがいることだけは見えてお

る。いや，目を転じて自分を見れば，この私自身，ほかのものと同じく謀反人だということがわかる，なにしろ私は，栄華を極めた王のからだから王の衣を剥ぎとることに心からの同意を与え，栄光を卑賤に，主権を奴隷に，至高を下男に，威厳を下郎におとしめた張本人なのだから。

ノーサンバランド　どうか，わが君――

王　なにを言う，おまえの君などではないぞ，無礼者め，だれの君でもないのだ。私には名がない，称号もない，そう，洗礼のときつけられた名前もいまはない，それさえ奪われてしまった。なんて悲しい話だ，何十たびとなく冬をしのいできたこの身が，いまとなって呼ぶべき名前をも知らぬとは！　ああ，この身が雪だるまの王であればよかった，であれば，ボリングブルックという太陽に照らされ，溶けて流れて水しずくと消えることもできたろうに！　善良なる王よ，大いなる王よ，大いに善良なる王――とは呼ばぬが，私のことばがまだイギリスで通用するなら，ここにすぐ鏡をもってこさせてはもらえまいか，私がいまどのような顔をしておるか見たいのだ，王の威厳の破産した顔というやつをな。

ボリングブルック　だれか，鏡をもってこい。　　　　　（一人の従者退場）

（出典　ウィリアム・シェイクスピア（小田島雄志＝訳）『リチャード二世』白水Uブックス　白水社（1983年）144頁6行から154頁15行までを引用）

解答のプロセス

➡解答例は349ページ

読解	だいたいのストーリーをまとめる
解釈1	「王の二つの身体」とは何の隠喩なのか？そのメカニズム・社会的背景は何か？
解釈2	「王の二つの身体」は現代の何と対応しているか？
批判・提案	その意義とは何か？

類題

04新潟大「『戦史』メーロス対談から，メーロス側の立場での弁論」
04岡山大「芥川龍之介『手巾』から，評言が指摘する歴史的状況」
05香川・愛媛大「『アンティゴネー』から，アンティゴネーの弁護」
04九州大「体罰についての定義と作者の主張に関する意見」
04明治学院大「アインシュタイン『国連総会への公開状』の主張」
05愛知大「カウンセリングの留意点と新聞の投書への回答」
04同志社大「大岡越前守の側に立ち『三方一両得』の理論への反論」

Solution　確認したらチェックを入れよう。

反対論を取り上げて，その根拠を批判する
批判ばかりではなく，根本的に問題に対応する
対案を準備したり，さらなる展開をしたりする
賛成する場合でも，必ず補足・修正する
具体的な文章の場合は社会的背景・メカニズムを考える
読解→解釈→提案・批判の構造もある

Advanced View

正義の意味するもの

■ 正義には皆の了解がある

　法は正義を命ずるにもかかわらず、「正義」の評判は必ずしもよくない。「普遍的な正義などなく、個々人が自分に都合のよいことを『正義』として主張するだけだ」「正義とは強者の利益である」などと言う人は珍しくない。だが、そのような批判も、実は「現状は正義にかなっていない」あるいは「今の『正義』は実は不正である」を意味していることが多い。

　このように、もしどんな相手に対しても「不正である」という非難が有効ならば、そこには何か「不正」に関して暗黙の了解があるはずだ。そうでなければ、不正だと非難しても意味がないからだ。このことは、われわれが「正義」については多様な考えを持っているにもかかわらず、何が不正であるか、つまり何が正義でないかについて合意していることを示している。

■ 正義をどう定義するか

　この条件をどうしたら正確に表現できるか、古代ギリシャから何度も試みられた。その中でも「各人に彼のものを」や「等しきものを等しく」という定式化が代表的であり、現在でも広く受け入れられている。

　後者「等しきものを等しく」を例に取ろう。この定式は何が「等しさ」なのか示していない。その意味で、どんなものでも「正義」とみなせるような感じがする。だが、そうではない。この命令は法に普遍的な、つまり、いつでもだれにでも当てはまる形式を取らせ、エゴイズムを根本的に禁止するのである。

　たとえば「総理大臣は税を免除される」という法は可能だが、「小泉純一郎は税を免除される」という、個体を指示する法は不可能である。「小泉純一郎」はある特別な一存在にしか通用せず、他にそれと「等しいもの」が存在しない。したがって、定式の前提である「等しいもの」の存在が最初からなくなってしまうからだ。「私」という表現も、この「私」だけを指示し、他者が「私」だということを拒否する。「私」にそれと「等しい」私があることを否定する。だから、エゴイズムはこの正義の定義を満たすことができず、排除されるのだ。

■ エゴイズムはどうしていけないか

　エゴイズムによって何かが主張されるとき，その主張の根拠は「私が私であること」以外に何の理由もない。つまり，エゴイズムは根本的に他人の批判を受け入れず，他者に拘束されることを拒否する。しかし，法は参加するものを拘束するような合意であり，必ずしも自分の理想どおりでない法にもわれわれは従わなければならない。つまり，エゴイズムは最初から法を拒否しているのであり，法と両立しないのである。こうして，「等しきものを等しく」という定式は少なくともエゴイズムを根源的に禁ずるという点で，正義概念の表現として適切なのである。

　このような正義概念は「形式的正義」とも呼ばれる。これは一見無内容だが，実は法に普遍的な形式を取ることを要求するという点で，けっこう役に立つ。たとえば，同じような罪を犯した2人が逮捕され，一方が釈放され，他方が裁判にかけられた場合，裁判にかけられた側は「なぜ私だけが裁判にかけられるのか？」と，この正義概念に基づいて非難することができる。

■ 正義の射程

　しかし，複雑な人間相互の関係を，このような正義概念だけで測ることは不可能だ。たとえば，あなたが友人と2人で会社を作って利益を得たとしよう。2人で利益をどのように分配するか考えたとき，あなたが相手を愛しているから，相手に多すぎるほど与えたとすると，これはエゴイズムであり，正義に反している。しかし，だからといって，あなたが友人を愛していることが倫理的に不当だ，ということにはならない。

　そもそも「多すぎる」かどうかの判断はどうやって行われるか？　出資額なり頭割りなりの基準によって「等しきを等しく」扱って決められる「公正な分配」が社会的に認められている。だから，それを上回って相手に与えたときには「多すぎる」し，反対にその公正な分配に比べて「少なすぎる」程度しか相手に与えなければ，それは正義に反する。

　つまり，正義は社会関係における最低限度ラインを示すのであり，それを下回ることを禁ずるが，それを越えてどう振る舞うべきかにはかかわらないのだ。したがって，法もまた社会関係の最低限度を規律するにとどまり，それ以上の道徳主義的干渉をなすべきでないことになる。法も正義もこのように，射程の限られた存在だということは，法に携わろうとする者が常に意識すべき事柄かもしれない。

Chapter 4 複数資料と図表問題

　小論文では，複数の課題文や図表・グラフが出題されるときがある。この場合には，1つの課題文からなる設問とは違った特有の処理が必要になる。問題への焦点化，根拠への応用，図表・グラフ問題の基本構造などを扱う。

Technic

❶ 複数資料の関係
同じ問題に対する違った主張・アプローチに気づく

❷ 積極的な解釈の必要性
読み取る側が，資料のどこに注目するかを決める

❸ 図表とグラフの処理
読解→解釈→予測・批判・提案の基本構造を守る

4 複数資料と図表問題　知識と講義

Step ❶ 問題の共有と立場の違い

■複数の課題文の場合

　複数の課題文が課される場合も、1つの課題文の場合と原則は同じだ。つまり、まず課題文の議論と対話するためにその文章を要約し、そこにおける問題を抽出し、筆者の立場（解決）を明確にする。それに対して自分なりの主張・解決を述べ、根拠を出すという構造だ。ただし注意すべきなのは、1つの課題文の場合には筆者の解決に対してなんらかの異論を提出すればいいのに対して、複数の文章の場合は関連する話題・問題を扱っていても、その立場は互いに異なっているということである。

> **Point** 複数課題文＝同じ問題を扱っていても、それぞれの立場・根拠が異なる

　たとえば、福祉と個人の関係という問題を取り上げるにしても、国家が積極的に福祉政策をする大きい国家を支持するのか、それとも福祉は地域や家庭、または個人に任せて国家は基本的に関与しないという最小国家を支持するのか、見解は正反対に分かれることが多い。これらの立場は、それぞれサポートする根拠も違うし、個人と国家の役割に対する哲学・理念も対立している。さらに、その哲学に基づいてある政策を採った場合に、そこで予想される結果・得失も異なってくるだろう。

　しかも、ほとんどの社会問題は、このように明確に対立する立場だけではなく、その2つを取り入れた中間的または妥協的な立場もある。さらにその対立が生じること自体、問題のとらえ方の間違いであると批判し、もっと深い統合的な施策を提言したり、新しい思考の枠組みを提示したりする場合もある。最後の立場は、「弁証法的な解決」などとも言われる。それぞれの課題文を要約・理解するときには、それらの位置をきちんと見分ける必要がある。

▼それぞれの課題文の関係

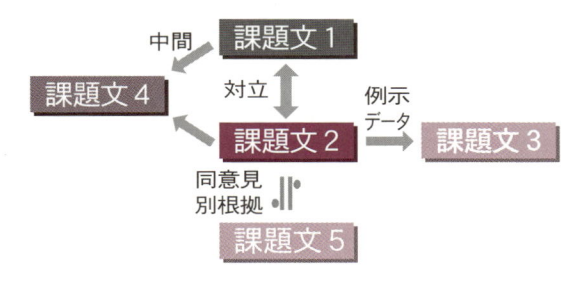

```
          中間    ┌─────┐
        ┌───────│課題文1│
┌─────┐│       └──┬──┘
│課題文4││対立       │
└─────┘↑       ↓    例示
        │   ┌─────┐  データ  ┌─────┐
        └───│課題文2│────→│課題文3│
            └──┬──┘         └─────┘
       同意見  │
       別根拠 ║
            ┌─────┐
            │課題文5│
            └─────┘
```

■ 共通する話題・問題を見つける／作る

　しかし，複数課題文を読ませて解答者に1つの文章を書かせて，それらに対する応答を作らせようと言うのだから，少なくとも，それらの文章はまず共通の話題を扱っているのは確かである。その話題を把握できないと，書き始めることはできない。たとえば，先ほどの国家と個人の問題でも，出題では，一見関係のない文章を並べる場合もある。私がかつて見た例では，福祉国家と個人の自由のどちらを優先すべきか，というよく知られた問題を論じさせるのに，わざわざ韓非子や老子など中国の古典の文章が入っていたことがあった。一見近現代の福祉とは関係がないので，読んでいてもなかなか論点がつかめずに困ったという受験生が多かったと言う。

Point　複数の資料の中に，1つの話題を探す

　こういう場合は，それぞれの資料（課題文）が共通の問題として何を扱っているのか，十分に把握する必要がある。そのためには，単に一つ一つを要約するだけでは不十分なことが多い。似たものは1つのグループに入れ，内容や主張が違うグループは対比し，ときには資料と資料の間に理論とデータの関係や，原因と結果の関係などを見いだす。**要するに，つなげたときに，全体として1つの問題を表すように工夫して読む**わけだ。つまり，いくつかの資料を総合して，1つのストーリーとして解釈・読解していかなければならないのである。

▼複数資料を1つのストーリーとして解釈する例

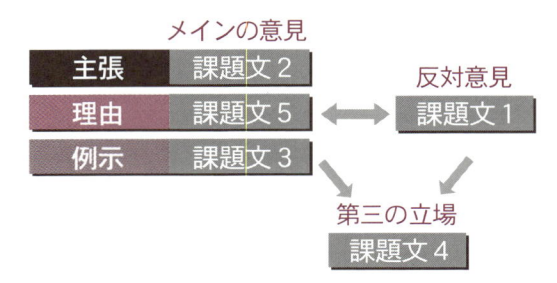

```
              メインの意見
        ┌─主張─┬─課題文2─┐        反対意見
        ├─理由─┼─課題文5─┤ ←→ ┌─課題文1─┐
        ├─例示─┼─課題文3─┤        └─────────┘
                              第三の立場
                              ┌─課題文4─┐
```

Step ❷ 積極的な解釈の必要性

　その意味で，複数課題文の問題を理解するには，読み取り側が積極的に関与する必要がある。一見，関係がなさそうなところに大胆に関係を見つけるだけでなく，もともとの資料に当面の問題と関係のない内容が含まれていたら，意識的に無視しなければならない，などという場合もあるし，逆にもとの資料に副次的にしか扱われていなかった問題に焦点を当てて要約する，などという場合も出てくる。つまり，複数課題文を要約する場合は，読み取る側の取捨選択によって，見えてくる問題が違ってくるし，積極的に問題の形成にかかわらなければいけない場合さえあるのだ。

❖ **読み取る側の取捨選択が，解答で扱える問題を変える可能性がある**

　もちろん，問題作成者がいるのだから，実際は各資料は一定の代表的な問題を表すように選択されている。「これらの資料は…について述べられたものだ」というガイドが冒頭につけられている場合も多い。しかし，それでもそれに気づくには，解答する側が「どの問題として解釈できるか？」を判断できなければならない。その意味では，代表的な社会問題について，どのような立場・論点があり，それらがどのように関係しているか基礎知識があれば，分類もしやすくなるだろう。

■資料を根拠・データとして扱う

　さらに，課題文にはさまざまな論理やデータが含まれている。もちろん，これらの内容は，自分の議論を組み立てる根拠の一部として利用できる。自分の手元にあったり覚えたりしている知識と同様に扱って，自分の主張をサポートしてよいのだ。むしろ，課題文が何個も使われている場合には，それらのロジックやデータをうまくバランスを取って，自分の議論の中に生かすことが期待されている。どれかの資料のロジックを使って理由・説明の一部にしたり，データを例示として使ったりすることはまったくかまわないし，むしろそういうデータの一部として課題文を見ることも期待されているのである。

　ただし，せっかくいろいろな資料が示されているのだから，その一部に偏って使うことはやめたほうがよい。それでは一方的な展開になりがちである。問題作成者は必要があって，これだけの数の資料・課題文を並べているのだから，なるべく満遍なく使い，問題を多面的に検討するように努力すべきであろう。対比・因果・論と例など，さまざまなテクニックを使って，それらの要素を自分の文章の中に入れ込んでみよう。

▼課題文の要素を自分の議論に利用する

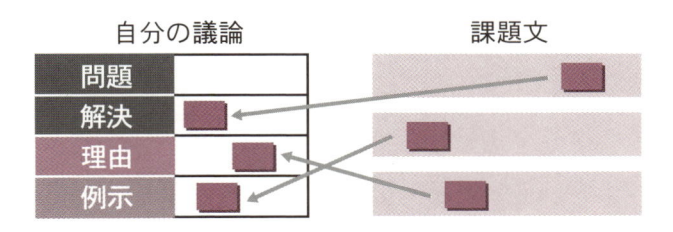

	自分の議論	課題文
問題		■
解決	■ ←	
理由	■ ←	■
例示	■ ←	■

　もちろん，どれかの資料の立場に全面的に賛成する立場を取ってもかまわないが，その立場から見たさまざまの知見の中に，他の資料の要素を生かしていかなければならない。対比・比較して批判したり，論に対する例として使ってみたり，いろいろ工夫する必要がある。

■グラフ・図表の扱い方

　2005年6月実施の日弁連適性試験「表現力を測る問題」では，グラフを使った問題が出題された。小論文試験でも，これから増加していくことが予想される。グラフは典型的には，読解→解釈→予測・批判・提案という構造で書くことができる。

Point　グラフ・図表問題の書き方＝読解→解釈→予測・批判・提案

　まず，**読解はグラフが表す大きな傾向を言語化する過程**である。グラフ・図表は細かな数値や動きが描いてあるが，その傾向・トレンドを大ざっぱに文章化して，そこで何が起こっているかを確認する。それぞれのグラフは，その形式によって表しているものが違う。棒グラフなら主に対比／比較，折れ線グラフなら時間に沿ったストーリー，円グラフでは順位と割合などが表されている。それらの特性を生かして，簡潔に文章に直すのである。ここを間違えてしまうと，後でどんなよいことを書いても，まったく無駄になってしまうので注意したい。

　次の解釈が，このタイプの問題の中心部分だ。**読解で解明された傾向・トレンドがどのような背景・原因・メカニズムによって現れているのか考える**。たとえば日本の自殺者数は平成9年以降に大きく増えているが，なぜこの時点で増えたのか？

▼日本の自殺者統計

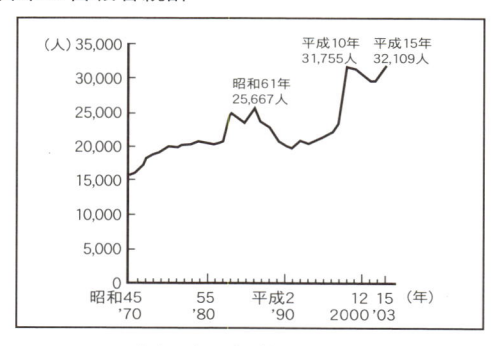

（人）35,000
平成10年 31,755人
平成15年 32,109人
昭和61年 25,667人
昭和45 '70　55 '80　平成2 '90　12 2000　15 '03（年）

　これは日本経済の急激な悪化があったからだ，などと仮説を立てるわけだ。この時点で，社会科学の知識が必要になってく

ることが多い。現代社会を記述する理論・枠組みをたくさん知っているほど，多様でおもしろい解釈ができるからだ。

　最後に，その解釈に基づいて，予測・批判・提案をする。この先どうなるのか？　どうしたらよいのか？　どこがいけないのか？　などを提示するわけである。注意しなければならないのは，この**予測・批判・提案プロセスは前の解釈に基づいて決まる**ことである。自殺の増加の原因が経済の悪化なら，インターネットの自殺サイトを批判してもしかたがないだろうし，対策も景気対策が中心になってくるはずなので，自殺予防教育を行うなどという提案はまったく的外れの対策となってしまう。

▼グラフ・図表問題の要素

機能	内容	注意点
読解	グラフの細かな情報を大ざっぱなトレンドとして文章化する	グラフの種類によって，文章化の方法が違う
解釈	読解で明らかになった傾向の原因・背景・メカニズム考える	現代社会をとらえる理論枠組みが必要になることが多い
予測 批判 提案	この先どうなるのか？ どうしたらよいのか？ どこがいけないのか？　提示	解釈に基づいて決定される

■課題文がついている場合

　課題文も一緒についている問題は，他のグラフ・図表と同じくデータの一部になっている場合もあるし，解答を書く際の条件が記されている場合もある。あるいは社会背景についての知識を補う内容の場合もある。いずれにしろ，グラフ・図表と合わせて，上の構造で書いていくのに問題はない。ただ残念なことに，ここでは原則と主な注意点を述べるスペースしかない。具体的にどのように書けるのか，細かく知りたい方は，拙著『社会人入試の小論文　思考のメソッドとまとめ方』（実務教育出版）のChapter5に詳説してあるので，参照してほしい。

4 複数資料と図表問題　例題と解法

Theme【ポルノ規制の是非】　2004　神戸大［未修］180分

　ポルノ（ポルノグラフィ，すなわち，わいせつな書籍・ビデオなど）を規制することの是非については，様々な議論があります。
　仮に，ポルノ規制反対論の立場に立ったとすれば，どのように論じますか。
【1】〜【9】の資料にあらわれている範囲で，かつ【1】〜【9】の資料の全てを用いて，ポルノ規制賛成論の論拠にも触れつつ，1400字以内で論じなさい。その際，どの資料によったのかを，資料の番号を示して，明らかにしなさい。（なお使用した資料に付記してあった注，外国語表記などは省略し，必要と思われる箇所には，注の付加，表記の変更などを行っています。）

【1】ポルノへの批判と，ポルノ批判を逆に批判・反論する立場の間のクリティカルな論点の一つは「表現の自由」をめぐってである。ポルノにおいてレイプが描かれていたり，女性が屈従させられている（しかもそれを喜んでいたりする）のは，女性に対する差別にあたるという批判派に対して，反批判派は，女性が画像や映像の中で暴力の対象になっているとしても，それは現実とは離れた二次元のファンタジーであって，これに規制や禁止をするとしたら，映像制作者の「表現の自由」の侵害にあたると論じる。（中略）
　ポルノ規制が女性たち自身にとっていかに危険なものになりうるか，表現の自由を守ることが女性の権利の擁護の上からいかに重要であるかを説得的に述べている一人が，ナディーヌ・ストローセンである。アメリカ市民自由人権協会の代表でもあるナディーヌ・ストローセンは『ポルノを擁護する――表現の自由と女性の権利』というタイトルの著書を著している。
　ストローセンは，ドウォーキンやマッキノンらの主張する検閲によるポルノ規制に反対する。彼女によれば，検閲が実施されれば，女性たちの権利のための表現も対象となり，男女の平等を達成しようとするフェミニストの力を削ぐことになるという。ケイト・ミレットの『地下室』やスーザン・ブラウンミラーの『私たちの意思に反して』のようなフェミニズムの進展にとって重要な著作の中にある，レイプや性暴力の事例，夫から妻への性的虐待などの描写や法廷での証言・論述自体も，取り締まりの対象となってしまう。ドウォーキン当人の著作すら，その多くが彼女自身の作った法令で取り締まられてしまうのだ。ドウォーキン自身は，これをポルノグラフィをなくすためには「値打ちのある

犠牲」というが、ことは彼女だけの問題ではない。アメリカでは、合法化されていても女性が妊娠中絶を受けるのが難しいが、ポルノ規制によって性的表現が規制されてしまうと、リプロダクティブ・ライツ*1を推進するためにフェミニストたちが流す中絶をおこなうクリニックの情報すら「性的表現」とみなされて検閲の対象になってしまうのだ。つまり表現の自由が守られることは女性のためにこそ必要なのだ。

　また、ポルノを規制し撤廃しようとする運動が、果たして性暴力に対抗していく女性たちの力を強めるのかという疑問もある。ポルノ批判派によると、ポルノグラフィはレイプのテキストであり、性暴力の表現が性暴力行動の引き金になる。この点に関しては、むしろポルノが「ガス抜き」となって性暴力犯罪を減少させるという対立する研究もあって、どちらが正しいかの証明は困難だ。ストローセンは、(中略) ポルノ検閲が「スケープゴート」となって女性の運動が女性差別や女性への性暴力をなくそうという建設的方向に進むことを阻害すると主張する。彼女によれば、ポルノが性暴力の原因になっているという見方はいわば「本や映像を責める」ことだ。「ポルノに刺激されて犯行に走る」の論理を認めるとすれば、それは性暴力の被害者を責めることに類似して、結局はレイピストの責任のがれを許し、性暴力の真の原因を解明し解決に向かう方向を阻害する。そして、ポルノグラフィを含めた性産業で生計を立てている女性たちの利を損なう方向に向かうのは間違いない。

　さらにストローセンが主張するのは、ポルノを含めた性表現の問題に関心を集中し、ポルノ規制をフェミニストの大義の核として位置づけて規制法の成立に力を注ぐことは、女性たちにとってポルノの問題と同様に、あるいはもっと重要な、たとえば雇用上の平等や育児休業の制度化などの政治課題から目をそらすことになりかねないという点だ。(中略)

　ポルノが女性の人格や性の自由の侵害を表象しているとすれば、それは現実の社会の女性への差別や人権侵害を反映しているからだ。現実は、実際の力関係の変革によって変わっていくのであって、流通するイメージを変えることでそれに代えるわけにはいかない。ましてやそれを、安易に、国家や行政の規制に頼るとすればそれはあまりにも危険な道だ。また女性の人権侵害のイメージであるポルノを国家や自治体の規制によって取り締まろうとするのは、法のエージェント*2によって女性を守ってもらおうということだ (中略)。それは女性を本来男性とは異なる弱い立場にあるとみなすこととコインの表裏ではないだろうか。(中略)

　ポルノをきわめて肯定的にとらえて、マッキノンやドウォーキンらの立場を批判するフェミニストたちもいる。このポルノ肯定派とでもいうべき立場に立つフェミニストたちは、女性は性にアクセスする権利、性の快楽の権利

をこれまで阻害されてきたと主張し、ポルノは奪われてきたその権利を女性たちが回復することに貢献するとする。その一例を挙げると、ウェンディ・マッケロイはタイトルもズバリ『女性のポルノ権』を著している。彼女はまず、ポルノ女優たちが、あからさまな脅迫や暴力ではないとしても、社会・経済的な弱者であるために、さまざまなかたちの「強制」を受けてビジネスに引き込まれている「被害者」であって、ポルノをはじめとする性産業の中で女性たちが搾取されあるいは虐待されているというポルノ批判派の主張を疑う。製作の現場をフィールドワークし、制作者たち・出演者たちにインタヴューしてこの種の議論に反駁した上、少なくともアメリカのポルノ映像作品の業界は、合理的企業として運営されていること、女優たちが自らの主体的選択によってその職業を選んでいることを見いだす。女優たちをポルノ産業の犠牲者と見るのは、マッケロイによると、彼女たちをおとしめる偏見だ。

マッケロイのポルノ擁護のもう一つの論点は、これまで抑圧され水面下におさえられてきた女性たちの性の欲望を開発し、女性たちがより積極的に性を楽しむためにポルノは女性にこそ必要だ、というものだ。

(出典、牟田和恵『実践するフェミニズム』岩波書店、2001年)

＊1 子供を作るか作らないかなどについて自己決定をおこなう性と生殖に関する権利。
＊2 警察官など、法の執行にあたる公務員のこと。

【2】アメリカの有力な学説（中略）によれば、判例は表現の自由について、政治的表現に代表されるような高価値（high value）の表現と低価値（low value）の表現とを分け、低価値の表現とされる猥褻、扇動、虚偽の事実の表明、児童ポルノ、喧嘩言葉、商業広告については比較的緩やかに規制を許してきた。（中略）ポルノが低価値表現とされる最大の理由は、それが理性ではなく感情に訴えるものであるとか、あるいは、無意識のレベルで作用するものであるといった事情である。言論の自由市場論によれば、言論を保護する理由は市場における理性的な討論が真理にいたる最善の道だということにあった。そこでは、言論の害悪への対応策は、言論の規制ではなく、「より多くの言論」（more speech）、つまり対抗言論の保障であり、規制が許されるのは対抗言論に待ついとまがない場合に限られるべきであるとされる。ところが、ポルノについては、理性的な討論には不向きであるし、かりにその作用領域が無意識のレベルに限られるなら、討論自体が不可能であり、言論の自由市場が成立しない。ゆえに、言論として保護すべき前提を欠く、と言うのである。

(出典、高橋和之「ポルノグラフィーと性支配」『現代の法　11　ジェンダーと法』岩波書店、1997年)

【3】多くの猥褻文書が世の趨勢を反映して男性優位の思想・趣好を反映しているのは、たしかだろうと思う。けれども、性表現文書といってもいろいろあり、それについての受けとめ方は、女性のあいだでもさまざまだと思う。そもそも性表現文書というものは、層としての女性を蔑視し、女性一般を搾取対象としている、とはなかなかいえないのではなかろうか。

　性差別が減少し女性の社会進出が高まれば、そして、性表現の自由化も同時に進行すれば、女性の特性に合わせた性表現文書が登場してくるのではなかろうか。その場合でも、性表現文書はそもそも女性蔑視的で"女性の敵"だという本質規定を、ウーマン・リブ*3の人たちは固執してゆずらないだろうか。（中略）

　なぜ猥褻文書を国家権力は取り締るべきなのかという問題は、国家権力の対極にある個人に具わっていると考えられる自主決定の権利をどう評価するかという問題と密接不可分にかかわる。文書を読んだ結果、性犯罪に走り、他人や社会に害悪を及ぼすというのでは、これはもはや、個人の自主決定の権利などを考慮する余地はない。けれども、そうでないかぎりは、個人がどんな表現物に接するのも、そのあげく、怒ったり笑ったり、泣いたり喜んだりするのも、一生懸命読みつづけたり逆に腹を立てて中途でやめてしまったりするのも、自分のビジネスではなかろうか。自分が自分流の生き方、自分流の時間の使い方をしようとするとき、国家が介入してきて、その邪魔をするときには、それなりの理由がなければならない。自主決定権をプライバシーの権利と呼ぶとすれば、理由なく国家が邪魔立てをすることは、プライバシーの侵害だといわざるをえない。（中略）

　ところが、性表現の取締りにかぎっては、プライバシーの権利問題だけに尽きるわけでないのが、そもそもの特色である。ここでは、それとは別に、表現の自由の問題がある。性表現といえども「表現」である。そうだとすると、憲法21条で保障している表現の自由がどうしてもかぶってこざるをえない。あるいは、逆にいえば、取り締るほうの側、国家権力の側が、ここには、表現の自由の憲法保障はかぶってこないのだということを国民に対してきちんと説明をしなければならないのである。（中略）

　裁判所はいう。猥褻文書を頒布販売すれば、「善良な性道徳、性風俗を害し、性秩序を乱し、ひいては、社会全体の利益を損う」結果になるからだ、と。

　しかしこれは、たいへんに問題をはらむ（中略）。「善良な性道徳」とか「性的秩序」とかは、観念の世界、イメージの世界、イデオロギーの世界に属する。なにが「善良な」のか、なにをもって「秩序」と考えるかといった問題は、それこそ思想の自由、表現の自由にまかされているのではなかろうか。（中略）裁判所は、ある者の「性道徳」観を正しいと判断し、これを基準とし

て他の者の「性道徳」観を抹殺してしまうことが，どうして許されるのだろうか。(中略)

　新規の説明は，こうである。憲法が表現の自由を保障しているのは，表現物になんらかの社会的な価値があるからであるが，猥褻文書というものには元来，なんら取るに足りる社会的な価値がない（あっても，それはきわめて乏しい），したがって，こんな表現物を禁止しても世の中はちっとも困るわけではないのであって，あえて憲法がそんなものの表現の自由を保障する必要はないのである，と。(中略)

　そこでこんどは，この「ポルノ＝社会的無価値」論なるものをどう受け止めるか，という問題になる。結論から先にいえば，これはたいへん疑わしい，容易には承服しがたい議論だと思う。(中略)

　社会は無数の人びとから成り立つ。それぞれの人びとに，それぞれに固有な「価値」観がある。ある人にとって全然無価値だと断定する物が，他の人にとってはかけがえのない価値を包蔵するかもしれないのである。このゆえに，「価値」観の世界では各人の平和的共存と自由競争が確保されていなければならない。(中略)

　「社会的無価値」論とは逆に，憲法上の表現の自由は，その内容が「社会的な価値」を有するか有しないかとまったく無関係に，あらゆる表現物に保障される，というべきだと思う。もしそうでないとすると，ひとしく表現物であるにもかかわらず，ある「価値」判断によってそれは「社会的な価値」がないと判定されることによって，伝達の機会（自由）を奪われ，そのことによって，「価値」をめぐる自由競争に参加しえないことになってしまう。ある表現物に競争の機会を与えないということは，表現の自由にとっては，自己否定にほかならない。

(出典，奥平康弘「性表現の自由になぜこだわるか」奥平康弘＝環昌一＝吉行淳之介『性表現の自由』有斐閣，1986年)

＊3 1960年代後半からアメリカなどを中心に盛んになった女性解放運動。

【4】だが，こういう疑問も出てくるだろう。「だが，なぜそんなに性にこだわるのか。そんな危険なものは扱わなくてもいいではないか。」

　答えは簡単だと思う。

　そこに性があるからだ。殺人があり，美しい純愛があると同じように，激しい性愛があり，不倫の愛がある。ある時は強姦が起り，痴漢がいる。ある場合は羨しく，ある場合は目をつむりたいようなことだ。だが作家たちはそれを文章や映像で描かずにはいられない。人間の全体像になんとかして迫ろうとしている。そこに司直の目が光ろうと，逆に資本の要請に躍らされよ

と。(中略)

警察が、まるで万引行為でも取り締まるように、性表現の分野に口を出してくることが表現者にはなんともやりきれない。それらの手にかかると、全ては負の印しをおびる。警察調書によくある「劣情を催し」のあれである。だが、そもそも人間のうちでなにが劣情であり、なにが優情か。性の欲望は劣情などというものでなく、人間の最も基本的な営みである。

まず第一に、それは走ったり逆立ちしたりするような肉体的運動だが、それだけに留まらず、もう一人の他者を欲し、そこから家庭が発生し、ひいては社会を形成することになるモメントである。人を恋し、集まりたいと思い、逆に別れを嘆くのも、みな性が根底にある。社会とつながるというところが性の根本である。そのつながりのあらわれ方が、社会的か反社会的かという違いはあろうが、だからといって性そのものを抑圧していいわけはない。

性だけ、その反社会的あらわれを描写してはならない、とは奇妙なことだ。殺人や盗みという行為は人間探究の大きなモメントであるのに。いや、殺人において合社会的側面を見つけるのは、困難だが、性では反社会的側面を見つける方が困難だ、というのに。(中略)

性のあらわれは、その人々の肉体的条件、教育、環境や遺伝の問題であり、つまり人間存在そのものの問題である。悪い性とか良い性ということはない。あるのはそのあらわれ方だけである。そのあらわれ方が現実に社会活動を妨げる場合はそれをやめてもらうか改めてもらうようになるだろう。だが性の社会的あるいは反社会的なあらわれ方を表現すること自体は、なんら社会の実生活に害を与えない。本が歩いていって人間を襲ったりはしない。

(出典、小中陽太郎＝五味正彦＝柘植光彦編『対決・刑法一七五条』亜紀書房、1977年)

【5】ポルノグラフィが繁栄することができたのは、その真の被害が法的にも社会的にも曖昧にされてきたからである。つまり、その制作と消費の過程に必然的にともなう、女性と子どもの権利侵害が曖昧にされてきたことである。これまでこの被害は看過できたし、そして実際に看過されてきた。なぜなら、現代の女衒*4であるポルノ業者がポルノグラフィに用いるのは、すでに無力である人々、最初から社会的に無力にされている人々—貧しい者、若者、無知な者、利用された者、すでに利用されつくした者、遺棄された者、女である者—だからであり、ポルノ業者がこれらの人々の不可視性と沈黙をより深くするからである。(中略)制作の過程で女性はポルノグラフィのために演じることを強制され、あたかも自分が楽しんでいるかのように演じることを強制される。その後、消費の過程でポルノグラフィは女性に押しつけられ、女性は、ポルノグラフィの中の女性が使用され提示されているとおりの行為を

するよう強要される。（中略）

　ポルノグラフィにさらされることで攻撃性や差別——とりわけ女性に対する男性のそれ——の傾向を持った態度や行動が助長されるという結論は裏づけられている。（中略）レイプを取るに足りないとみなすことがレイプの一因であり差別の一形態であることを理解するならば，この結論はなおいっそう裏づけられるだろう。ポルノグラフィにさらされることで攻撃性がどれほど増大するかは，ポルノグラフィの種類によってさまざまであるが，それはただ程度の問題にすぎない。（中略）長期間ポルノグラフィにさらされることによって，多くの読者ないし視聴者は，女性への暴力に対し——それが性的な文脈で提示されているかどうかにかかわりなく——性的な反応をするようになる。したがって，それ［女性に対する暴力］は（中略），セックスなのである。（中略）

　こうした社会的現実の分析にもとづいて，私たちは次のように結論づけた。ポルノグラフィは，何よりも女性を人間以下に扱い，犠牲にし，二級の地位に位置づけ，それを制度化するものである。ポルノグラフィだけがそうするのではないが，それが果たす役割は決定的である。

（出典，キャサリン・マッキノン＝アンドレア・ドウォーキン（中里見博＝森田成也訳）『ポルノグラフィと性差別』青木書店，2002年）

＊4　ぜげん。江戸時代に，女性を売春宿に売るのを業とした人々。

【6】［弁護人］証人は外国へ度々取材等で出かけておられるようですが，ヨーロッパのデンマークとかスウェーデンでいわゆるポルノといわれるようなものが大分出ておりまして，たとえばデンマークではそれが解禁されているということがありますが，そういうようなものを現場で，というか実地に見聞なさったということはございますか。

［開高］私はデンマーク，スウェーデンを含めてスカンジナビヤ諸国には何度も行ってるんですが，（中略）デンマーク政府が真先にポルノを解禁したという年があります。それで表現活動の自由，特にセックスについての作品それが絵画であろうと小説であるとを問わずそういうものを発表する自由と政府というものを考えますと，そのデンマーク政府が出現するまでは，かつて政府がポルノを公開し解禁したという歴史は人類史上たえて皆無であって，（中略）デンマーク政府というものは，かつて地上に存在したことがないぐらい革命的な政府だったということは言えると私は思うんです。（中略）二千年間政府を代表する指導者（中略），その指導者たちがひたすら恐れて，いかなることがあってもポルノを解禁したことはなかった。ポルノを解禁するとどうなるかわからないという恐怖におそわれてこれを弾圧し続けて来たわけです

けれども，いざこれを開いてみるとはじめの年はたまたまおとずれた日本人の小説家も含めてポルノがブームになっていった。私も実にショッキングで白昼堂々，夜になっても堂々，本屋で売られている。その表紙をみればまことに見たいところがあからさまに出ていてみごとなんで，これ以上大胆な政府というものは地上に存在しなかったという知的興奮も手伝って随分たくさんあらゆるものを買いこんだ。（中略）ところが二年たち三年たちしますと，（中略）行きつくところまで行ってしまった。そこへ行くよりすでに早く，誰も読まなくなりまして，いわゆるセックスショップはそういうポルノが買われないままに山積みになっていった。（中略）むしろデンマーク政府がしばしば言うところでは，ポルノを解禁するようになってからは性犯罪が減るようになった，ということを数字を上げて説明している。ポルノを解禁したが故に性犯罪が減ったかどうかは私はまだ若干の疑問をおぼえるんですけれども，もっと多くの要因が重なってそういうことになって来たのではないかと考えるんですけれども，押えるよりは開いた方がいい，人民の自己処理に任せた方がよろしい，いくら書いてもよろしいよ，いくら大胆な写真を印刷して公表してもよろしい売ってもよろしいよ，おとがめはこうむりません，と政府が言ってるのに，そう言われてみると，今度は人民の方が，こんなあけっぴろげなのはつまらないから着物を着せた方がいいのではないだろうかとか，あまりあけすけにやると，これは味気ないのでやっぱり隠した方がいいだろうなどと，政府が何も言ってないのにポルノ出版社の方がかえって逆に隠微なものデリケートなものを作っていくようになり発表していくようになった。
（出典，開高健「証言する」『開高健全集19』新潮社，1993年）

【7】およそ人間が人種，風土，歴史，文明の程度の差にかかわらず羞恥感情を有することは，人間を動物と区別するところの本質的特徴の一つである。（中略）

　羞恥感情の存在は性欲について顕著である。性欲はそれ自体として悪ではなく，種族の保存すなわち家族および人類社会の存続発展のために人間が備えている本能である。しかしそれは人間が他の動物と共通にもっているところの，人間の自然的面である。従って人間の中に存する精神的面即ち人間の品位がこれに対し反発を感ずる。（中略）未開社会においてすらも性器を全く露出しているような風習はきわめて稀れであり，また公然と性行為を実行したりするようなことはないのである。要するに人間に関する限り，性行為の非公然性は，人間性に由来するところの羞恥感情の当然の発露である。かような羞恥感情は尊重されなければならず，従ってこれを偽善として排斥することは人間性に反する。なお羞恥感情の存在が理性と相俟って制御の困難な

人間の性生活を放恣に陥らないように制限し、どのような未開社会においても存在するところの、性に関する道徳と秩序の維持に貢献しているのである。
　ところが猥褻文書は性欲を興奮、刺戟し、人間をしてその動物的存在の面を明瞭に意識させるから、羞恥の感情をいだかしめる。そしてそれは人間の性に関する良心を麻痺させ、理性による制限を度外視し、奔放、無制限に振舞い、性道徳、性秩序を無視することを誘発する危険を包蔵している。もちろん法はすべての道徳や善良の風俗を維持する任務を負わされているものではない。かような任務は教育や宗教の分野に属し、法は単に社会秩序の維持に関し重要な意義をもつ道徳すなわち「最小限度の道徳」だけを自己の中に取り入れ、それが実現を企図するのである。刑法各本条＊5が犯罪として掲げているところのものは要するにかような最小限度の道徳に違反した行為だと認められる種類のものである。性道徳に関しても法はその最小限度を維持することを任務とする。
（出典，最高裁判所昭和32年3月13日大法廷判決，最高裁判所刑事判例集11巻3号）
＊5　犯罪と刑罰の種類を定めた刑法の各条文のこと。

【8】この本のねらいは、いわゆる「表現」という名の下に許されている弊害の実状に人びとの注意を向けさせることである。つまり「表現」が女性と子どもにどんなことをしているのか、「表現」が抑圧されているグループの平等問題に何をしているか、また「表現」が特に女性の人権に対して何をしているかについて探ってみる。弊害の実態については、ポルノグラフィに実際に使われた女性たちが語った彼女たちの経験（長年にわたる研究と活動のなかで集められたもの）をもとにした。そこから出発して、さらに憎悪宣伝、人種ハラスメント、セクシュアル・ハラスメント、名誉毀損など、「表現」によって作られる「不平等」を、法的および社会的に定義しかつ検証してみる。そして、不平等に一役買っている表現の役割をよりよく理解し、表現における平等の果たす役割の拡大を追求したい。ようするに、今行なわれている弊害を止め、不平等な表現形式のために閉じこめられ除外されてきた、無力で従属的地位にある人たちが声をあげる場所を設けようというものである。
　好むと好まざるとにかかわらず、ポルノグラフィは「表現である」という主張についても議論しないわけにはいかない。この主張では、ポルノグラフィを政治的表現、教育的表現、芸術的表現、文学的表現とは切っても切れないもの、区別できないものとして見ており、まるで片方が危機にさらされると、もう片方も当然危機となるという立場をとっている。しかし実際にはポルノグラフィを厳密に定義するならば、その外観、作られ方、使われ方、与える影響などを考えた場合、いわゆる「保障された表現」とは簡単に区別で

きるのである。この性的侵害，性的不平等，奴隷売買の媒体物としてのポルノグラフィがまるで一つの意見であるかのように，また反論に値するほどシリアスな議論であるかのように扱うこと自体，ポルノグラフィの持つ法的および知的な欺瞞性にある程度加担してしまうことになる。つまり，実際の姿は性的搾取を正当化するカムフラージュでしかないのに，これは誠実な議論に値するのだという見せかけのわなに私たちがはまってしまうということだ。しかし，まさに「女性は性行為のために利用され傷つけられることを望み選択するのだ」というポルノグラフィの嘘と同じくらい，「ポルノグラフィは表現である」という嘘は，現在の英米法制度では実際大きな影響力を持っているのである。

(出典，C.A.マッキノン（柿木和代訳）『ポルノグラフィ』明石書店，1995年)

【9】「ポルノグラフィ」が男性の支配と女性の従属という関係の表明であるという前提を受け入れたとしても，そのような女性に対する性差を利用した搾取を構造的に制度化する描写は，「ポルノグラフィ」に該当する「あからさまな性的表現」には限定されない。男性に都合のよい，欲望の対象として使い捨てられる女性というイメージはあからさまな性に関する描写においてだけ見いだされるのではない。社会の中で女性が居心地のよくない思いをするようなという意味において「女性を貶しめる」表現は，性差別的であるとしても，性的表現である必然性はない。もし，男性の支配と女性の従属という構造を変革するためにその描写を抑圧することが「ポルノグラフィ」規制の目的であるならば，達成されるべき目標との関係において規制の対象，「あからさまな性的な女性の従属の描写」は過小包括—規制対象は目標のうちのほんの一部分を達成するにすぎない—であり，目標と規制対象とが適切に対応するためには「あからさまに性的な」という限定を外した「女性の従属の描写」を対象とすべきということになる。言い換えると，性差に基づく支配構造を変革するために，性的表現を規制することは，規制の目的と実際に規制の対象となることがらとが対応していないので，目的と手段の関連性が乏しいということになる。（中略）

　これまでの議論は，「性差に基づく支配と従属という社会構造」が現実に存在するという前提を否定してはいない。確かに，女性は女性であることを売り物にしたほうが人間として認知されるよう主張するよりも，社会において受け入れられやすいという，CDのジャケットの思わせぶりな女性の存在が，週刊誌におけるヘアー・ヌードの写真が，売り上げに貢献することが否定できないという意味において，今の社会は「性差に基づく支配と従属という構造」を前提としているといってもよいかもしれない。ドウォーキン＝マッキ

ノンのようなフェミニズムの主張は，選挙権の獲得や法的人格としての認知だけでは社会における性差に基づく偏見が消滅しないことを，「性差に基づく従属」の下では本来存在すべき選択肢がお節介な社会の視点のせいで，狭められていることを，従来，女性に対する評価との関連においては価値中立的と思われていた性的表現に対する「猥褻」の規制が，実は，性の役割分担を前提とする性道徳の実現を意味していることを，衝撃的な形で指摘している。しかし，その新しいアプロウチが古い偏見に取って代わるだけであれば，どちらも一面的な，片寄った議論でしかなく，問題を多角的に検討することで，より多くの人々の正義感に適う解決が実現できるのではないかという期待を裏切ることになる。「ポルノグラフィ」が女性一般に対して有形無形の害悪を及ぼすとしても，害悪に気がついた，意識の高い，ドウォーキンやマッキノンのような人が，「ポルノグラフィ」から快楽を得ていると思っている人，保護を求めていない人も含めて，女性一般を保護しなければならないというロマンティックなパターナリズム―十分な情報に基づいて熟慮の上で重要な問題について賢明な結論に達するわけではないから，代わりに，誰か親切な人が相手のためを思って判断をしてあげるという「大きなお世話」的発想―を正当化することにはならないのではないだろうか。性的表現に関する有責性は，具体的な状況に関して敏感に反応する，神経の繊細な人の被害に関してだけ，問われるべきではないだろうか。

(出典，紙谷雅子「性的表現と繊細な神経」長谷部恭男編『リーディングズ現代の憲法』日本評論社，1995年)

Warming Up

1 それぞれの資料の立場をまとめ，数個のグループに分けよ。
2 自分に要求されている立場は何か？　具体的には，どの資料の立場に近いか？
3 自分の立場を論ずるための根拠を挙げよ。
4 自分の立場への反対論の根拠になりそうな資料はどれか？
5 そのどこを批判すれば，否定できるか？

解法

それぞれの資料の立場・根拠を、ポイント／サポートの区別に従って整理する。賛成／反対の基本的立場に分けて列挙する。

規制	番号	地位・立場	根拠
賛成	【2】	法律論	低価値の表現は規制が許される ポルノは感情に訴え、理性的な討論は×→言論の自由市場論の前提を欠く→保護しなくていい
	【5】	フェミニスト	社会的に無力な者の権利侵害 女性はポルノの中のような行為を強要される ポルノは攻撃性や差別性を助長する 長期間ポルノグラフィにさらされると、女性への暴力に対し性的な反応をする
	【7】	最高裁	羞恥感情は人間の本質であり尊重されるべき 性に関する道徳と秩序の維持に貢献している 猥褻文書は性道徳、性秩序を無視することを誘発 性道徳の最小限度は法で維持すべき
	【8】	フェミニスト	「ポルノは表現」という主張は不平等を作り出す 性的搾取の正当化
反対	【1】	フェミニスト	女性たちの権利のための表現も検閲される 「ポルノに刺激される」はレイピストの責任逃れ 性産業で生計を立てる女性の利益を損なう 性表現は現実の女性差別や人権侵害の反映→実際の力関係を変えるべき ポルノ規制は、女性が弱い立場にあるとみなす 女性が性の快楽の権利を回復する役に立つ
	【3】	男性法律家	女性への蔑視・搾取とはいえない 自主決定の権利、プライバシーの侵害、思想・表現の自由、固有の価値観の平和的共存と自由競争
	【4】	男性評論家	性の欲望は人間の基本的営み→社会を形成、社会の実生活に害を与えない
	【6】	男性作家	ポルノ解禁から性犯罪が減った(デンマーク) 人民の自己処理に任せる
	【9】	フェミニスト	規制すべきは「女性の従属の描写」一般で、性的表現に限らない 規制は女性に対するパターナリズム

ポルノ規制に賛成／反対という基本的立場が同じであっても，根拠はそれぞれ違っていることに注意したい。この違いが自論を展開するときに問題になってくる。

■根拠の類似性・反対性

根拠の中で明らかに重複・類似するものがあることに注意する。たとえば，規制反対論の中の【3】の自主決定・プライバシーは【6】の自己処理と同じであろう。あるいは【1】の女性の性の快楽の権利，性産業の女性の権利ともつながるかもしれない。おもしろいのは，賛成論／反対論の両者に共通する根拠もあることだ。たとえば【7】の「羞恥感情は人間の本質」という表現は，【4】の「性の欲望は人間の基本的営み」という表現の裏返しになっている。

> Hint
> 賛成・反対に共通する根拠

他方で【5】【8】の女性への差別性・攻撃性あるいは搾取という論点は，【1】【3】でも取り上げられ，前者は「レイピストの正当化」，後者は「女性の自主性」であると反駁されている。あるいは【2】の「ポルノは低価値」について，【3】は「固有の価値観の平和的共存」を言う。これらは，同じ論点に対する反対の評価と言うことになる。

このように類似点・重複点を考えて，ポルノについての賛成論・反対論の論点を整理すると，だいたい次のようになる。

	規制賛成派の主張	規制反対派の主張
1	ポルノは女性差別・女性搾取	自己決定・プライバシー・自由意思・快楽の権利
2	ポルノは無価値の表現で保護しなくていい	表現の自由で保護すべき
3	ポルノは女性への攻撃性を増す	性欲を発散させて性犯罪をなくす
4	ポルノ規制は女性差別を改善させる	反映より現実の政治を優先すべき
5	法は道徳を守る・パターナリズム	規制は女性にも不利益，国家は個人の領域に干渉しない
6	羞恥心は自然の感情	性欲は自然の感情

■方針を考える

さて、ここからポルノ規制反対論を構成するわけであるが、「仮に、ポルノ規制反対論の立場に立ったとすれば」と条件が設定されているので、それに合わせて構成を考えることができる。

つまり、最初に「規制反対」の立場を明らかにしておいて、その根拠を書いていく、という構成になる。その際、「資料の全てを用いて、ポルノ規制賛成論の論拠にも触れつつ」とあるのだから、賛成論の根拠を批判し、反対論の根拠を肯定・補強していくということになる。つまり、次のようなやり方のどちらかを選ぶのがよいだろう。

> ❶前表における1〜4の論点のすべてを取り上げて列挙し、いちいち賛成側を取る理由を説明した後に、一般論である5または6の賛成側を結論にして締めくくる。
> ❷1と5は同じ論点の特殊例と一般化なので、1を主に取り上げ、5の右を結論にして締めくくる。その際、他の論点は補助的な論点として軽く取り上げるにとどめる。

どちらかといえば、❷のほうが望ましい。❶が列挙になって、論点が拡散してしまう印象を与えるのに対して、❷は全体がある一定の理論的立場によって統一され、一貫した印象を与えるからだ。実際、司法試験予備校の講座などでは、これを「パターナリズムと個人の自由」の対立として処理せよ、と教えるところも多いらしい。

■パターナリズムが統一的視点？

「パターナリズム（paternalism）」はご存じだろうか？ **当事者が愚かさや無知で行う行為については、国家や共同体が積極的に介入して、規制してよい**という考え方である。たとえば、麻薬使用を罰することなどはパターナリズムの典型として考えられる（実際、この問題は出題されている）。本人は麻薬の害を認識していないから薬を使用するのであり、その場合は国家が強制的に介入して、麻薬使用をやめさせるべきだ。そのほう

が本人のためだ、という論理である。かつての医者と患者の関係なども同様に考えられるかもしれない。患者は医学知識など何も知らないから、医者は患者にとって一番よい方法を考えて実行する。患者は、それを信頼して治療を任せるなどの関係だ。個人の選択に国家が関与してくるあり方といってもよいだろう。

それに対して、**国家が個人の決断に対して介入すべきでなく、原則的に個人の自由に任せるべき**だという立場もある。これが資料【9】パターナリズム批判の立場である。その論法を使うと、「ポルノはたとえ望ましくないものであったとしても、その選択は個人の自由であり、国家がパターナリズム的に関与することは許されない」などという主張ができる。この方法で全体を構成するのが、たしかにすっきりした解釈だろう。ただし、この観点だけから「資料の全てを用い」るのはかなり難しい。課題文は、それとは別な観点から書かれているものも多く、上の1〜4の論点をすべて「パターナリズムと個人の自由」の対立としてとらえるのは、かなりの知識と技量を要する。

> **Hint**
> パターナリズムとその批判についての知識を生かす

■ **現実的な対応は？**

それに、この出題はこの「パターナリズムと自由主義」という対立枠組みを使わなければ解けないというものでもない。答案を書く者の信条にかかわらず、「規制反対論を書け」というのだから、むしろたくさんある根拠をうまく使って、自分の議論を説得的に構成できれば十分であるし、そもそもの出題意図はそのようにも見えるからである。実際、9個もの課題文に触れながら、制限時間内に自分なりの独自の内容の議論を展開するのはかなり難しい。したがって、課題文をうまく自分の根拠の中に取り入れて、列挙形式で書いていくという方法が現実的選択かもしれない。

> **Hint**
> 時間制限を考える

しかし、解答例では、できるだけ「パターナリズム」批判という立場から整理してみた。つまり、国家が個人の決断に介入すべきではないという大筋をまず決定し、その補助になる根拠として、ポルノは法で取り締まらなければならないほど社会に害を及ぼすものではないということと、規制することがかえって社会的弱者である女性に不利益を及ぼすという流れになるよ

うにしてみたのだ。すると，基本的構成は次のようにまとめられるだろう。

機能		内容
解決		ポルノ規制には意味がない十有害である
主根拠	理由	❶女性の権利侵害【5】・性的搾取【8】を改善しない ❷ポルノも自主決定・プライバシー・自由意思である【1】【3】
	説明	近代社会の原理である多様な価値の共存【3】
	例示	無価値というが，感情に訴える【2】から保護に値しないとは言えない
補助根拠1	理由	法で取り締まるほど，社会への害ではない
	説明	女性への攻撃性を増す【5】ことはない，むしろ性欲を発散させる効果がある，ポルノは現実の反映にすぎない【1】
	例示	デンマークでは，解禁以来性犯罪が減った【6】 （反例）自分の意思で性産業に従事している女性【1】
補助根拠2	理由	規制は女性に不利益になる
	説明	反映を取り締まっても無益，むしろ政治的課題を優先させるべき【1】
	例示	女性を男性より弱いという観念，女性に必要な性表現も規制される【1】
結論		性欲は基本的営み【4】，社会秩序維持に重要な「最小限の道徳」に違反したもののみを規制【7】，国家は個人の領域に干渉しない【3】，パターナリズム批判【9】

　番号は各課題文の内容を使ったところを表す。このように，課題文の内容が，答案の理由・説明・例示のどの部分に使えるか，それを考えるのが答案作成の要点となるだろう。場合によっては，課題文の一部分だけを強調して使用する，というように，かなり強引な操作も必要になってくるかもしれない。しかしあまり強引すぎると，説得力がなくなる。そのバランスが難しい。

Warming Upの解答

1. 課題文2，5，7，8が規制賛成の立場，1，3，4，6，9が反対の立場。
2. 規制反対の立場。たとえば9など。
3. 国家はむやみに個人の領域に介入すべきではない。
4. 資料5の「ポルノは攻撃性・差別性を助長する」主張など。
5. 資料6を使い，ポルノが社会的に無害であることを具体的に示す。

解答例

主張
根拠

　ポルノを規制する意味はない。それどころか有害ですらある。なぜなら，ポルノを規制しても女性への権利侵害や差別状況の改善が望めないどころか，むしろ自己決定権や表現の自由あるいはプライバシーといった近代の基本的権利を制限する可能性が大きいからである。

理由1
自己決定権

　そもそも近代社会では，何を「善良」で「秩序」かは，思想表現の自由にゆだねられ，多様な価値の共存が認められる。他人や社会に害悪をなさない限り，性表現であっても自己決定権と表現の自由は守られなければならないのが原則だ【3】。そのために，「社会的価値」を有するか有しないかにかかわらず，表現の自由は保障されなければならない。ある特定の「価値」によって「社会的価値」が判断され，伝達の機会を奪われることは，むしろ国家による個人の領域への不当な侵入と考えられる。

　確かに，ポルノは社会的に無価値であり，表現の自由を保障するのに値しないという反対意見【3】は根強く，ポルノは理性的に討論できない低価値な表現であり，法による規制が許されるとする学説【2】や「善良な性道徳」や「性秩序」を乱すという判例【7】さえある。しかし，感情に訴えかけるから保護に値しないとは判断することはできない。

理由2
社会への害はない

　実際，ポルノは法で取り締まらねばならないほど，社会に害を及ぼしているとは言いにくい。ポルノは性犯罪を助長するという主張【5】は繰り返されるが，「ガス抜き」になって性犯罪を減少させるというデータ【1】もあるし，ポルノ解禁後に性犯罪が減少したデ

ンマークの実例【6】を見れば、この主張が根拠に乏しいことがわかる。逆に、このような主張は、性犯罪者に責任逃れさせるうえに、性暴力の原因の解明とその解決を阻害することにもなりかねない【1】。もちろん、ポルノは性的侵害、性的不平等の媒介物だというフェミニストの主張【8】は傾聴に値するが、ポルノ自体は女性差別という社会の現実を反映したイメージにすぎない。したがって、それを規制したからといって現実を改善することはできない。ポルノ規制よりも、雇用上の平等や育児休業の制度化などのもっと大事な政治目標に集中すべきである【1】。

> 理由3
> ポルノ規制の害

　むしろポルノ規制により、女性の権利がかえって損なわれる可能性にこそ留意すべきだろう。なぜなら、ポルノ規制は法のエージェントによって女性を守ることにつながり、女性を男性より弱いという観念を認めることにもなりうるからだ【1】。しかも、もし性表現に対する検閲が実施されれば、ポルノから性的な楽しみを得る、またはポルノを職業として主体的にかかわる女性の権利を奪うことになる。また、女性にとって重要な性情報すら検閲の対象になってしまう可能性も大きい【1】。

　そもそも性は人間の最も基本的な営みであり、本来悪い性、良い性というものはない。もしあると仮定しても、それを表現すること自体では社会に害を与えないので規制する理由にはならない【4】。

> 主張

国家はパターナリズムをやめ【9】、法による規制は、社会秩序維持に重要な「最小限度の道徳」に違反したもののみにとどめ【7】、ポルノのような個人的行為には干渉すべきではないのだ【3】。

（1,379字）

4 複数資料と図表問題　演習問題

Theme【グラフから経営方針を考える】 2005実施　日弁連適性試験　40分

　ある地方大都市の独立系英会話スクールでは，下記の図に見られるように，最近の少子化の影響で生徒数が減少しており，なんらかの改革をしないと経営が成り立たなくなってしまう可能性がある。そこで学校長は，今後の経営方針の立案を職員グループに委嘱した。委嘱された職員グループは，独自に実施した市場調査（その結果は**調査結果1～3参照**）をもとにして，以下に示すような2つの方針案を設定し，その利害得失を検討した。

　あなたが職員グループの一員であると仮定して，以下の2つの**方針案**の1つを選択し，それを提案する意見書を作成しなさい。

方針案1　規模の拡大による経営発展

　駅前の繁華街にスクール分室を設け，社会人や生徒の通学のアクセスを良くすることによって，より多くの生徒を集め，授業料の値上げを回避して経営環境を改善させる。

　なお，分室の開設コストは当然必要になるが，分室の規模や立地によって可変的である。

方針案2　教育の質向上による経営発展

　授業料を値上げするとともに，講師の研修と英語を母国語とする講師を新規採用して，少人数クラスによる教育の質を高め，英語能力試験での高得点獲得や留学の成功等を目指し，高い評判を得ることで発展をはかる。

　なお，授業料の値上げ幅や講師の研修・採用にかかるコストは，その内容によって可変的である。

●図　英会話スクール生徒数の推移―将来の生徒数予測

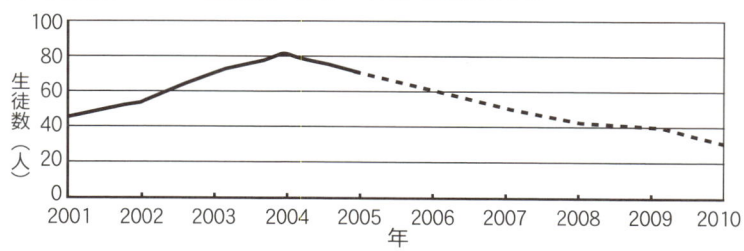

4 複数資料と図表問題　演習問題

●調査結果1　英会話スクールに通いたいと思いますか？

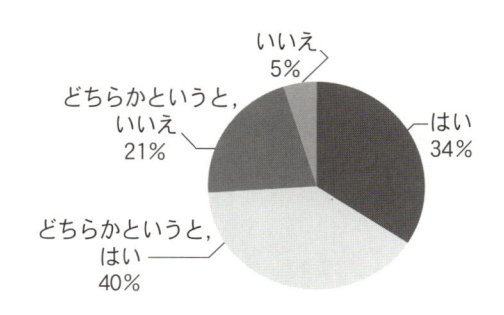

- はい　34%
- どちらかというと，はい　40%
- どちらかというと，いいえ　21%
- いいえ　5%

●調査結果2　英会話スクールに通いたいと答えた方にお聞きします。その目的はなんですか？（複数回答）

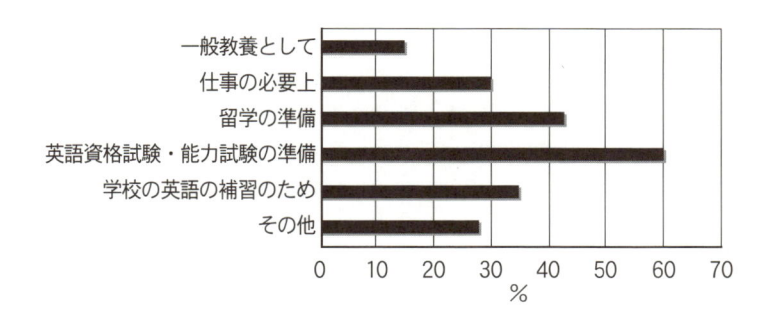

- 一般教養として
- 仕事の必要上
- 留学の準備
- 英語資格試験・能力試験の準備
- 学校の英語の補習のため
- その他

（単位：%）

●調査結果3　英会話スクールを選ぶうえで重視する点はなんですか？（複数回答）

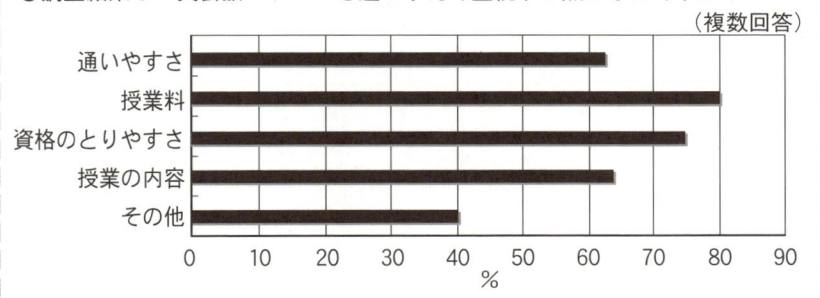

- 通いやすさ
- 授業料
- 資格のとりやすさ
- 授業の内容
- その他

（単位：%）

解答のプロセス

➡解答例は350ページ

読解	調査結果1～3の大まかな傾向を文章化する
解釈	その動機・心理パターンに影響を与えている要素を抽出する
予測	規模の拡大と質の向上のどちらがより有効か比較考量する
提案	方針案1か2を選択する

類題

04東北大「市場経済（グローバル資本主義）（資料文4個）」
05神戸大「人工妊娠中絶に関する法的規制（資料文10個）」
04広島大「構造改革とセーフティ・ネット（資料文5個）」
04獨協大「子どもの性的自己決定（資料文1個，表3個，グラフ3個）」
05青山学院大「電力自由化政策の是非（資料文1個，グラフ2個）」
04駒澤大「英語公用語化の是非（資料文4個）」
05中央大「ゆとり教育への意見（資料文5個）」
04久留米大「公立学校でのスカーフ着用・宗教の自由（資料文3個）」
04西南学院大「教育改革を巡る論点（資料文3個）」

Solution

確認したらチェックを入れよう。

各課題文の要約と分類から始める
複数の課題文に，共通する1つの話題を見つける
それぞれの課題文に，因果・論と例・対立など相互関係をつける
全体を一貫したストーリーとして理解する
読み取る側が積極的に解釈していくことで，意味も変わってくる
課題文を自分の議論の根拠・データなどとして利用する
なるべく挙げられているすべての課題文を利用する
図表問題は，読解→解釈→批判・提案の形で書く

Part 2

【問題内容からのアプローチ】

法の基本概念を知り倫理と結びつける

Introduction

Part 2　法と倫理の関係を明らかにする

Chapter 5　自由と規律

現代社会では，2つの自由観・人間観が対立している。これを混同して主張してはおかしい。

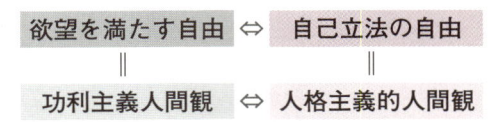

```
欲望を満たす自由    ⇔    自己立法の自由
      ‖                      ‖
   功利主義人間観   ⇔    人格主義的人間観
```

人間は利己的行動に走るから，法的・政治的規制が必要になる。ここから法と刑罰の必然が言える。

Chapter 6　人権と生命

科学技術の進展とともに，生命と人権にかかわる問題が増加している。現代の自由主義では基本的に2つの原則で対処する。これ以外の考え方もあるが，今のところ非体系的である。

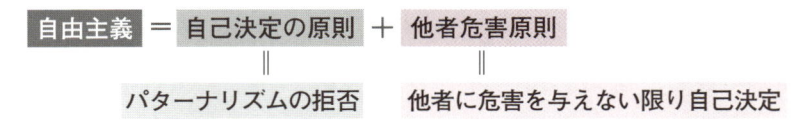

```
自由主義 ＝ 自己決定の原則  ＋  他者危害原則
              ‖                    ‖
         パターナリズムの拒否   他者に危害を与えない限り自己決定
```

Chapter 7　社会の中の法と法律家

法の原理は「正義」である。しかし，この原理は公平性を原則とし，それ以上のことは期待できない。善には多様な内容があり，相互に比較できない。その意味で倫理を他者に強制するのは危険である。

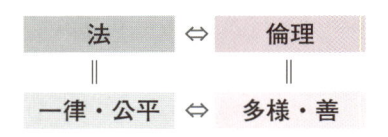

```
    法      ⇔    倫理
    ‖              ‖
 一律・公平  ⇔   多様・善
```

Chapter 5　自由と規律

　功利主義は人間を快楽を求める存在としてとらえ，社会的には最大多数の最大幸福を求める。しかし，その反面で法による制裁を必要とする。他方，現代の社会は規律の内面化を通して，管理しようとするシステムが働いている。

Technic

❶ 自由と制裁の構造
人間の自由を認めることは制裁強化とつながる

❷ 外面的な規制
現代社会では外面の結果で制裁が決まる

❸ 管理社会の規制方法
訓練の繰り返しによって内面規制を図る

5　自由と規律　　知識と講義

Step ❶　自由とは何か

　　現代社会における自由についての思想については、2つの流れがある。一つはベンサムやJ.S.ミルによる功利主義の流れ、もう一つはカントに代表される人格主義の流れである。

■功利主義の自由観

　　前者は、基本的に人間を感性的存在、つまり快楽を求め、苦痛を避けようと行動する存在としてとらえる。だから、快楽を増して苦痛を減少させる行為が善となり、逆に快楽を減少させて苦痛を増す行為が悪となる。これを**功利性（utility）の原理**と言う。快楽を求めるのは人間の自然の傾向であるし、結果が出てくる前に人間の行動する理性的基準などは存在しない。だから、**人間は利己心を満足させる快楽を求めて行動するし、それ以外に自由はない**のだ。

> **Point**　功利主義の原理＝快楽を増して苦痛を減少させる行為が善、その逆が悪

　　この行動原理は、現在の経済システムである資本主義の原理にも正確に対応していることに注意したい。資本主義では、経済に参加するプレーヤーは自分の利益を最大にするために行動するし、その行動原理を政府がコントロールしようとすると経済全体が停滞してしまうと言われている。つまり、利己心を満足させるという自由な行動が、さまざまな発明・発見を加速させ、経済を活性化させる。その結果として国民全体の幸福を実現するとされる。功利主義の原理は、18世紀イギリスで始まった産業革命を背景として生まれ、**資本主義を正当化する行動の倫理でもある**のだ。

■社会は個人の総和である

　　ベンサムは「社会は個人の総和である」と考える。したがっ

て，個人にとっての善が快楽を増すものならば，社会全体では，この快楽がたくさんあったほうがよい。一方で，人間一人ひとりは平等で，その快楽と感じる行為もさまざまだから，快楽の質には原則的に差をつけることができない。快楽を感じることが幸福だから，社会的には「最大多数の最大幸福（the greatest happiness of the greatest number）」の実現が目標となる。

Point 功利主義の社会目標＝最大多数の最大幸福をめざす

もちろん個人の幸福追求は社会全体の幸福とは矛盾することがある。人間は目先の利益にとらわれて互いに衝突するから，必然的にあちこちで苦痛を生まざるをえない。しかし，このような苦痛を避けるのが真の利己心なのだから，**目先の利己心の発露に対しては，制裁（sanction）をして正す必要がある**。これが法による政治的制裁である。法によって，真の功利性に適合するように人間は導かれる。結果として個人と社会は調和して，社会はよりよい方向に向かって発展する，と言うのである。

■**法と矯正の論理**

ベンサムは，これを具体的に実現しようと刑務所の改革案を議会に提案している。それはパノプティコンと呼ばれ，真ん中にある監視塔の周囲を取り囲むようにして独房が配置されるシステムである。独房は監視塔から強い光によって照らされ，監視塔から独房を見られるが，独房から監視塔の様子はわからない。囚人は監視塔から常に見張られていると感じ，自然に監視人の望むような行動をとるように「矯正」される。

▼パノプティコンの平面図

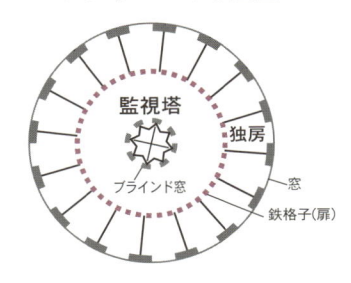

人間の自由を強調する功利主義は，逆に利己心を持つ個人を社会的にコントロールするための効率的な**法と刑罰の必要性を強調**する思想でもあるわけである。

❖ 人間の自由の強調＝法と刑罰による社会的制裁

ここまでは，ベンサムの思想を中心に説明したが，J.S.ミルはここに「人間の利他性」「快楽の質的な差異」などの概念を導入した。しかし，これはどちらかといえば功利主義の本質を不明確にしているところがある。それより，ミルの原理としては「他者危害の原則」（他者に危害を加えない限り，人間の行動は自由である）が有名であり，影響力も大きい。自分の行動は自分が決定するという「自己決定権」の原理もここから出てくる。**他者が自分の行動・処遇に対して自分よりよい判断や決定ができる，というパターナリズムを認めない**のである。もちろん，ミルは自分の判断で行動した結果がどうなろうと，それを甘受する。その意味で「自由」は「責任」の原理でもあるのである（**Chapter6**の**知識**と**講義**参照）。

■人格主義の自由観

カントは逆に，人間の内面的な動機から善悪を導き出そうとする。人間は理性的な存在として，欲望や快楽を目的としてそれらにとらわれて行動すべきではない。むしろ，理性的に考えられた道徳法則に自分から進んで従うことが真の「自由」だとされる。

つまり，功利主義と人格主義では，自由のとらえ方が対極的なのだ。功利主義では人間の自然の傾向である快楽に従うのが自由であるのに対して，人格主義では人間は自然の快楽や幸福にとらわれるままでは不自由であり，より高い理性（理想）に従って行動することが自由であるとされるのである。

▼功利主義と人格主義の自由の違い

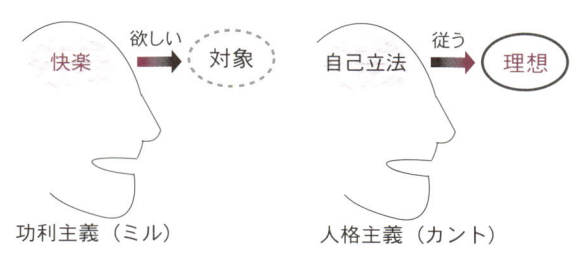

快楽 →欲しい→ 対象　　自己立法 →従う→ 理想

功利主義（ミル）　　　人格主義（カント）

人間の意思がこのような意思以外のものによって左右されている状態はむしろ不自由な状態であり，排除しなければならない。カントの道徳律は「個人が従うべき行為の原則が，いついかなるときでもだれにでも適用できるように行為すべきである」という形を取る。つまり，**自分のなす行為が普遍妥当的に成り立つ原則に従うように行為しなければならない**のである。

このような理性的な道徳法則に自分から進んで従うあり方，つまり自己立法する主体を，カントは「人格」と呼ぶ。人間の尊厳は，この人格にある。「自分の人格でも他人の人格でも，それを常に同時に目的として取り扱い，手段として取り扱うことがないように行為する」というのが，カントの倫理なのである。

> **Point** 人格主義＝理性的な道徳法則に自分から進んで従う，そういう主体を目的として取り扱う

Step ❷ 現代における監視と支配

■内面には立ち入らないと言う建前

現代社会では，カントの理想主義的な自由の思想より，ベンサム・ミルの功利主義の思想のほうが影響が大きいと言えるだろう。これは資本主義が経済システムとして成立していることが背景にあるが，法による規制としても効率的である。法は個人の内面の動機にはあえて立ち入らず，個人それぞれの行為の自由を最大限に認める。ただ，その行為の外面的な結果が社会全体の利益と矛盾するときにだけ，制裁を与える。善悪は個人の判断であるから，他人はそれを左右できない。「法は道徳ではない」とよく言われるのは，その意味である。

もし，カントのように行動の善悪が内面の動機によって判断されるとなると，逆に問題も生じる。自分の行為が「普遍妥当な法則」に従っているかどうかを自分以外の者が判断することができるとすると，個人の思想や判断のレベルまで権力を持つ立場の人間・組織によって支配されかねないからだ。実際，ヘーゲルなどはそれに近い立場を取っており，主著『法の哲学』

では国家が最高の理性であるなどという言い方さえ出てくる。人格主義は国家至上主義に通じている可能性すらあるのだ。

> **Point** 内面重視は他人による内面のチェックにつながる

■内面からの規制―管理社会

しかし、だからといって現代社会では内面からの規制がないわけではない。むしろ、内面からの規制は他の手段で巧妙に行われており、それが管理社会を作っているのである。ベンサムのパノプティコンでは、囚人は「監視されている」と思い込むことによって、監視人の意に添うような行動を自然にするに至る。つまり、監視人の是認する行動原理・行動様式を自分の身体の中に内面化することで、支配者の思いどおりの行動をするのである。フランスの思想家フーコーは、これが現代の管理社会の権力の特徴であると主張した。

彼によると、近・現代における支配とはむき出しの暴力による強制ではないという。むしろ、**権力とは教育に代表されるような身体配置と行動規制の集積**であるとする。実際、教育では、教室にじっと座っていることから始まって、教師の話を私語を交えずに聞き、ペンを正しく持って書き写すなど膨大な訓練がある。この**訓練（discipline）は「善」として内面化され**、子供はそのような基準に従って行動する存在として形成される。このような権力構造は、たとえば学校の教室の配置に実現されている。机は教壇を向き、生徒どうしの交流は禁止される。教壇は床より一段高いところに配置され、知識と真理が黒板に書かれる。さらに教室は廊下から監視できるようになっている。このような監視と訓練の構造は、実は近代的な刑務所や軍隊の兵士宿舎とほとんど同じであるとフーコーは言う。

> **Point** 管理社会の権力＝身体配置と行動規制の集積→
> 　　　　規制の内面化

その意味で言うと、自由という建前の裏で、実は内面を規制するメカニズムが働いているのだし、その側面を無視して、「自由」の原理だけを評価するのは現実に即していないと言えよう。

5 自由と規律　例題と解法

Theme【当事者の自己決定権】　2005　金沢大［共通］90分

次の文章を読み，以下の問いに解答しなさい。

問1　本書（中西正司・上野千鶴子『当事者主権』）の著者が，「当事者主権」を提唱する意図ないし目的を200字以内で説明しなさい。

問2　「当事者主権」に関するあなたの考えを，立場を明確にした上で述べなさい。字数は，800～1000字とする。

（注）
①あなたの考えに対する反論を想定して論じること。
②本文章の中で用いられている「ラディカルな民主主義」には必ず言及すること。

（前略）
2　当事者であること
（中略）

❶当事者主権の要求，「私のことは私が決める」というもっとも基本的なことを，社会的な弱者と言われる人々は奪われてきた。それらの人々とは，女性，高齢者，障害者，子ども，性的少数者，患者，精神障害者，不登校者，などなどの人々である。この社会のしくみにうまく適応できないために「問題がある」と考えられ，その処遇を自分以外の人々によって決められてきた人々が，声をあげ始めた。

❷介護保険を例にとってみよう。これまでお世話を受ける立場だった高齢者が，介護サービスの利用者となり，介護は，「恩恵から権利へ」，「措置から契約へ」と大きく変化した。どんなサービスを，いつ，どれだけ受けるかは，利用者本人が，決定することができる。他人の助けを得なければ生活できない人でも，自分のニーズを自分で決定することができ，また当然の権利として，サービスを利用できるようになった。この画期的な変化の背後には，当事者主権の考え方がある。

❸介護保険の当事者とは，要介護者本人である。ニーズを持った要介護者が利用者であり，サービスの受益者である。だが当事者は，たんなる利用者，消費者ではない。

❹私たちがあえて，当事者主権ということばを選ぶのは，何よりも受け身の「お客様」扱いに対する抵抗からである。サービスの主人公は，それを提供する側ではなく，それを受けとる側にある，という考え方は，生産優位から消費

優位への市場の構造の転換と対応しているが，同時に，「利用者本位」，「お客様本位」というフレーズが，「お客様」のどのような無理難題にも応じなさいという，サービス労働者の搾取に結びついてきたことも，考慮しなければならない。当事者主権とは，サービスという資源をめぐって，受け手と送り手のあいだの新しい相互関係を切りひらく概念でもある。

　（中略）

4　当事者になる，ということ

❶私たちは当事者を「ニーズを持った人々」と定義し，「問題をかかえた人々」とは呼ばなかった。というのも何が「問題」になるかは，社会のあり方によって変わるからである。

❷誰でもはじめから「当事者である」わけではない。この世の中では，現在の社会のしくみに合わないために「問題をかかえた」人々が，「当事者になる」。社会のしくみやルールが変われば，いま問題であることも問題でなくなる可能性があるから，問題は「ある」のではなく，「つくられる」。そう考えると，「問題をかかえた」人々とは，「問題をかかえさせられた」人々である，と言いかえてもよい。

❸例をあげて考えてみよう。脊椎損傷(せきついそんしょう)で下半身不随になり，移動のために車椅子を使っている人がいるとしよう。私たちの社会はこの人を，中途障害者と呼び，障害者手帳を交付するが，もしありとあらゆる交通機関にエレベーターのアクセスがあり，街のなかに段差がなければ，この人は移動に何の「障害」も感じないに違いない。すわったままふつうに仕事ができ，食事もレジャーも楽しめ，そのうえ車椅子サッカーやダイビングなどのスポーツを楽しむことだってできる。

❹車椅子の人がハンディを感じずにすむような都市や，建築のあり方をユニバーサル・デザインと呼び，この考え方がようやく拡がってきた。デザインとは「設計」や「計画」のことでもあるから，社会の設計をユニバーサル・デザインでおこなえば，多くの「障害」を「障害」でなくすることは可能である。私たちは社会の設計を変えるだけで，「障害者」を減らすことができる。

❺それなら「障害者」に「問題」や「障害」を抱えこませた原因は，社会のしくみの側にあるのだから，それを補填(ほてん)する責任が社会の側にあって当然だろう。そのように社会の設計を変えるということは，「障害」を持った（持たされた）人がハンディを感じずにすむだけでなく，障害のない（と見なされる）人々にとっても，住みやすい社会となるはずだ。

❻「女性問題」と呼ばれることがらを考えてみてもよい。「職業と家庭の両立」は，いつも女性にとって「問題」だ，と言われつづけてきたが，前近代までは，農家の主婦にとって「職業と家庭の両立」は問題にならなかったのだから，それは「職業と家庭の両立」がむずかしいような社会のしくみを造りあ

げてしまったことが原因である。しかも，それが「女の問題」であって，「男の問題」にならないのは，男がその「問題」を女にしわよせしてきたからである。女性解放運動は，それに対して，「問題」は女の側にではなく，社会の側にある，とパラダイム転換をおこなった。そのことで，みずからが，社会の「お客様」ではなく，主人公，つまり「当事者」になったのである。

❼「職業と家庭の両立はむずかしい」と言う代わりに，「どのような条件のもとで，だれにとって，職業と家庭の両立はむずかしいのか」と，問いを立て替えてみよう。同じことをうらがえして，「どのような条件のもとでなら，女性にとっても男性にとっても，育児が職業継続の障害とならないですむか」と，問いを立てることもできる。そうすることによって，社会の設計のうえで「ユニバーサル・デザイン」を構想することができるだろう。そういう社会は，男にとっても，女にとっても，ひとり親にとっても，子育てがハンディにならずにすむ社会のはずだ。

❽当事者主権は，こういうパラダイム転換からもたらされた。この社会で，「お客様」であり，「厄介者」であり，「お荷物」であるとは，どういうことだろう。超高齢化社会のなかで，だれもがいつかは「障害者」となり，ハンディを抱えこむことが予想されるとき，人生のうちで依存する者もおらず，人に依存する必要もない一時期にだけ合わせてつくられた社会のしくみを，根本的に考え直す時機が来ている。

5　当事者運動の合流

❶もうひとつ，当事者主権をうちたてる時機が熟していると，私たちが考える理由がある。全国各地でばらばらに動いてきた当事者運動が，ようやくひとつの流れを作ってきていると思えるからだ。

❷いまや，専門家よりも当事者が，自分自身のことをいちばんよく知っている，自分の状態や治療に対する判断を専門家という名の第三者に任せないで，自己決定権をとりもどそう，という動きが，あらゆる分野で起きてきている。これを「当事者の時代」と呼ぼう。さまざまな分野で社会的な弱者や少数者と呼ばれる人々が，「当事者」の名のもとに，同じような動きを見せ始めたのである。

❸そして当事者運動は，直面している問題の多様性にもかかわらず，おどろくほど似たような展開をたどってきたこともしだいに明らかになった。お互いの経験を参照しながら，これまでばらばらに育ってきた当事者運動が，ひとつの大きなうねりをつくりだす時代に，私たちは立ち会っている。

6　専門家主義への対抗

❶当事者が「自分のことは自分で決める」というとき，まっさきにあがるの

は「主観的」という批判である。その反対が,「客観的」であり,その判定をするのが専門家や第三者であるとされてきた。当事者主権の考え方は,何よりもこの専門家主義への対抗として成立した。

❷専門家とはだれか。専門家とは,当事者に代わって,当事者よりも本人の状態や利益について,より適切な判断を下すことができると考えられている第三者のことである。そのために専門家には,ふつうの人にはない権威や資格が与えられている。そういう専門家が「あなたのことは,あなた以上に私が知っています。あなたにとって,何がいちばんいいかを,私が代わって判断してあげましょう」という態度をとることを,パターナリズム(温情的庇護主義)と呼んできた。パターナリズムはパーター(父親)という語源から来ており,家父長的温情主義とも訳す。夫が妻に「悪いようにはしないから,黙ってオレについてこい」とか,母親が受験生の息子に「あなたは何も考えなくていいのよ,お母さんが決めてあげるから」というのも,パターナリズムの一種である。

❸パターナリズムは医療の世界でもっとも横行してきた。しかも医療の世界におけるパターナリズムは,制度と法律で守られてきた。医療行為は医師資格のある人しかおこなうことができず,看護師の看護も「医師の指示のもとで」と法律で決められている。たとえ能力があっても,資格のない人が医療をおこなえば,違法行為と見なされる。

❹医療におけるインフォームド・コンセントは,医療モデルをくつがえし,医師の専制を,医師と患者による共同の意思決定に変えてきた。さらに,医療と介護の分離をめざした介護保険は,介護の医療からの自律性を確立し,「利用者本位」をうたうことで,当事者の自己決定をうちだしてきた。

❺障害者の世界では,この専門家主義の影響はたいへん強かった。非障害者である専門家が「障害」を定義し,等級をつけ,非障害者に近づけるようにリハビリや治療方針を立て,かれらが適切と考えるライフスタイルをおしつけて施設収容を促進してきたからである。

❻これに対して障害者は,早い時期から当事者団体をつくり,専門家支配に対抗してきた。病気とちがって治療の対象とならない「障害」の場合には,何が自分のニーズか,自分にとって何が適切かをいちばんよく知っているのは当事者自身である。障害者のニーズは障害者の数ほど千差万別で標準化できない。また基準や条件がちがえば,障害は少しも障害にならないことを,障害者自身がいちばんよく知っていた。だが,一人ひとりの当事者が,専門家主義と対抗するのはむずかしい。当事者が,その多様性にもかかわらず,連帯する必要があるのは,このためでもある。当事者の時代は,当事者が連帯することによってつくりだされた。

7　当事者学の発信

❶医療の専門家主義への対抗のなかから患者の患者による，患者のための患者学という当事者学も，生まれてきた。患者学とは，患者の視点から医療を変えていくためにつくられた。

❷医者に医学という専門知があるなら，患者に患者学という当事者の知があってもよい。それどころか，経験とデータにうらづけられた専門知に対抗するためには，患者にも当事者の経験の蓄積と共有，そしてその伝達が必要となる。たいがいの患者は，自分自身のことしか知らず，また患者になるのは初体験であることが多いから，専門知に対抗するのがむずかしい。患者学は当事者経験の共有と言語化を通じて，患者のことは患者自身がいちばんよく知っている，専門家は当事者発言に耳を傾けるべきだ，というメッセージを発信してきた。

❸専門知としてのこれまでの学問と当事者学との，もっとも大きな違いは，非当事者が当事者を「客体」としてあれこれ「客観的」に論じるのではなく，当事者自身がみずからの経験を言語化し，理論化して，社会変革のための「武器」にきたえあげていく，という実践性にある。

❹同じような動きをもっと大きな規模で実現したのが，フェミニズムがもたらした女性学であった。「女とはどんな生き物か」をめぐって古来からあれこれ論じてきた男の哲学者や宗教家たちはたくさんいたが，そのどれもが「女とはどんな生き物であってほしいか」，「あるべきか」をめぐる，ごつごう主義的な論議で，女自身の声は長いあいだ，表にあらわれなかった。女が自分自身の経験を言語化したのが，女性学の成り立ちである。女性学とは「女とは何者か」を当事者自身が自己定義する試みであると言ってよい。考えてみれば，女や子ども，高齢者や障害者，性的少数者や患者などの社会的弱者とは，「自己定義権」を奪われてきた存在だった。その人たちが自分自身について語る言葉は，聞く値うちのない言葉として，専門家から耳を傾けてもらえなかったのである。

❺専門家は「客観性」の名において，当事者の「主観性」を否定してきた。当事者学があきらかにするのは，当事者でなくてはわからないこと，当事者だからこそわかることがある，という主観的な立場の主張である。したがって当事者主権とは，社会的弱者の自己定義権と自己決定権とを，第三者に決してゆだねない，という宣言である。

❻専門家が「客観性」の名においてやってきたことに対する批判が，ここにはある。というのも「客観性」や「中立性」の名のもとで，専門家は，現在ある支配的な秩序を維持することに貢献してきたからである。むしろ当事者学は，あなたはどの立場に立つのか，という問いを聞く人につきつけると言ってよい。社会的弱者にとっては，あなたが「何もしないこと」──不作為の

罪―が，差別の加害者に加担する結果になるように，当事者学は，実のところ，どんな差別問題にも，非当事者はどこにもいない，ということをも明らかにしてきた。なぜなら，差別を受ける者が当事者なら，他方で差別をつくる者も，うらがえしの意味で差別の当事者だからである。

8　「公共性」の組み替え

❶私たちの社会は民主主義の社会だということになっているが，多数決民主主義，代表制の間接民主主義の原理のもとにある。当事者主権の考え方は，この代表制・多数決民主主義に対抗する。

❷そういえば，ビックリする人もいるかもしれない。民主主義には欠陥があるが，これに代わるそれ以上の政治的制度はない，と信じている人たちが多いからである。だが，代表制の間接民主主義ばかりが民主主義ではない。民主主義には，直接民主主義や参加民主主義，そして多数決によらない合意形成のシステムもある。民主主義が多数決原理に拠っている限りは，人口の約三％と言われる障害者は決して多数派になれず，「最大多数の最大幸福」のために排除され抑圧される運命にある。また，当事者主権の考え方は，第三者や専門家に自分の利益やニーズを代弁してもらうことを拒絶する。だれかを代弁することも，だれかに代弁されることも拒否し，私のことは私が決める，という立場が当事者主権だから，代表制の民主主義にはなじまない。

❸そのためには「最大多数の最大幸福」を基準とするような「公共性」の理念を組み替えなければならない。公共性は，少数者の犠牲のもとに成り立ってはならない。ラディカルな民主主義の立場は，少数者であっても多様性を容認し，他人と違っていていい権利，違うからといって差別されない権利を擁護してきた。

❹ユニバーサル・デザインという考え方は，制度の設計にも用いられる。道具だけでなく社会の仕様を，だれもが障害を障害と感じなくてすむように設計すれば，社会が「障害者」をつくるという側面はなくなる。階段にスロープをつけ，建物をバリアフリーにすれば，ラクになるのは障害者だけではない。山登りのときには，いちばん歩みの遅い人にペースを合わせる。落伍者をひとりも出さずに，集団全体の安全を確保するためである。それと同じように，もっとも大きいニーズを持った者，「最後のひとり」に合わせて制度設計をすれば，他の人々にとっても生きやすくなる。その反対に，現実の社会は，「平均」や「標準」に合わせて設計されている。実際には，「平均」や「標準」に合う人などどこにもいないから，ほとんどの人は「平均」や「標準」と自分をくらべてストレスに苦しむことになる。

❺制度がユニバーサル（普遍）であるとは，例外がひとりもない，という意味である。当事者主権とは，あなたがたのいう普遍は，私ひとりがそれにあ

てはまらないことで挫折する，と宣言できる権利のことである。制度設計の基準を，平均にではなく「最後のひとり」に合わせる。そのためには多数決を絶対視しない。そういう合意形成を可能にするような，ラディカルな民主主義をめざしたい。

(中西正司・上野千鶴子『当事者主権』〈2003年，岩波新書〉)

Warming Up

1　「当事者主権」の意味は何か？　40字程度で要約せよ。
2　なぜ「当事者主権」であるべきなのか？　著者の挙げている根拠を列挙せよ。
3　それらの根拠の問題点を挙げよ。
4　「ラディカルな民主主義」を定義せよ。
5　「当事者主権」に対する賛否を示せ。

解法

ポイント　　　　　　　　　　**サポート**

2　当事者であること

ポイント	サポート
❶弱者は「私のことは私が決める」ことができなかった ↓ ❹サービスの主人公は受け取る側，新しい相互関係	例示 女性，高齢者，障害者etc. 説明 処遇を自分以外の人々によって決められてきた 例示❷介護保険，恩恵を受ける→利用者が決定❸要介護者が当事者

4　当事者になる，ということ

ポイント	サポート
❶何が「問題」になるか ↓ ❹ユニバーサル・デザインなら「障害者」を減らせる ❺社会が補填する責任，障害のない人にも住みよい社会 ❽人生の一時期にだけ合わせてつくられた社会のしくみを考え直す	説明❷しくみやルールが変わればよい，問題は「つくられる」「かかえさせられた」 例示❸脊椎損傷で下半身不随 例示❻女性問題＝仕事と家庭の両立がむずかしい社会のしくみ， 説明❼どのような条件，だれにとって「問題」か？

5　当事者運動の合流

❶当事者運動がひとつの流れ ↓ ❸お互いの経験を参照	← 説明❷専門家より当事者の方がよく知っている，専門家に任せないで，自己決定する

6　専門家主義への対抗

❶当事者主権は専門家の❷パターナリズムへの対抗	⇔ 対比「主観的」という批判 ➡ 説明当事者より本人について適切な判断を下せる ➡ 例示❸医療の制度と法律
❻当事者が連帯する必要	➡ 例示❹〜❻インフォームド・コンセント，障害者の当事者団体

7　当事者学の発信

❶当事者学 ∥ ❷当事者経験の共有と言語化・理論化→❸社会変革のための武器	➡ 例示患者の視点から医療を変えていく ⇔ 対比経験とデータにうらづけられた専門知に対抗
❺主観的な立場の主張＝社会的弱者の自己定義権と自己決定権	➡ 例示❹女性学＝女が自分自身の経験を言語化
❻どんな差別問題にも，非当事者はどこにもいない	⇔ 対比専門家は，現在の支配的秩序を維持することに貢献

8　「公共性」の組み替え

❶当事者主権＝代表制・多数決民主主義に対抗	⇔ 対比多数決民主主義，代表制の間接民主主義の原理 ➡ 説明❷直接民主主義，参加民主主義，多数決によらない合意形成のシステム ➡ 理由多数決原理では障害者は排除され抑圧される
❸「公共性」の理念＝ラディカルな民主主義	➡ 説明少数者でも多様性を容認
❹もっとも大きいニーズを持った者に合わせて制度設計→他の人々にも生きやすい ❺多数決を絶対視しない	➡ 例示社会が「障害者」をつくらない ➡ 比喩いちばん歩みの遅い人 ⇔ 対比「平均」や「標準」に合わせて設計する現実

5 自由と規律　例題と解法

　例示や説明が多く，途中で「当事者の結束」などという話題転換もあり，ポイントがつかみにくい。まず，話題は「社会的弱者」の「当事者主権」だろう。「社会的弱者」は「2　当事者であること」の第1段落に定義がある。「**社会のしくみにうまく適応できないために『問題がある』と考えられ，その処遇を自分以外の人々によって決められてきた人々**」である。

　一方，「主権」とは「国民主権」「国家主権」などの言葉を考えれば，**決定するときに最高の権力を持つという意味**。つまり，現在の社会制度に適応できない社会的弱者が自分自身のことを決定するときに最高の権力を持つ，つまり自己決定権を持つということだ。したがって，この文章の主張は「現在の社会制度に適応できない社会的弱者も自己決定権を持つべきだ」ということになる。その主な根拠を，著者は次のように述べている。

> 1　何が「問題（障害）」になるかは，社会のあり方によってつくられるので，社会にその補填の責任がある
> 2　社会はもっとも大きいニーズを持った者（＝もっとも弱い者）に合わせて制度設計すべきだし，そうしたほうが他の人々にも生きやすい
> 3　現在の「平均」や「標準」は人生の一時期にだけ合わせてつくられた（特殊な）しくみである

Hint 主権とはどんな概念か？

　したがって問題→解決→根拠に整理すると次のようになる。

機能	内容
問題	社会制度に適応できない社会的弱者の処遇をだれが決定すべきか
解決	当事者が自己決定すべきである
根拠	1　「問題（障害）」になるものは社会のあり方によってつくられ，社会に補填の責任があるから 2　社会はもっとも大きいニーズを持った者にあわせて制度設計すべきだし，そのほうが他の人々にも生きやすいから 3　現在の「平均」や「標準」は人生の一時期にだけ合わせてつくられたしくみで，すべての人々にストレスを与えるから

もちろん，このように主張するからには，以前は「当事者主権」ではなかったわけだ。たとえば，専門家が障害者の利益を考え，女性の本質を男たちが決める，というパターナリズムが普通だった。このように当事者以外の人が決定をすると，現在の支配的秩序を維持することに傾きがちだったと著者は批判する。これをもとに全文を要約すると以下のようになろう。

▼要約

> 社会的弱者とは「問題がある」と言われた人々だが，彼らに対してどう社会的サービスを提供するかは，当事者自身に決定させるべきである。なぜなら「問題」や「障害」は社会のあり方によってつくられ，社会に補填の責任があるからだ。現在のシステムは人生の一時期にだけ合わせてつくられ，すべての人々にストレスを与える。社会はもっとも弱い者に合わせて制度設計すべきだし，そのほうがすべての人にとっても住みよくなるだろう。（200字）

Hint
設問の条件を利用して，構成を考える

問1の答えはこれでもよいのだが，「意図ないし目的」というのだから，まず「当事者主権」の内容を説明した後で，「それは…のためである」などと書いてある文を入れたほうがより明確だろう。結果は「すべての人にとっても住みよくなる」とあるので，目的・意図も「すべての人にとっても住みよくするため」と考えられる。この「住みよい」の内容を説明し，進むべき方向への提案を入れればよい。構成は次のようになる。

	意味	内容
1	定義	当事者主権＝社会的弱者にどんな社会的サービスを提供するかは，当事者自身に決定させる
2	意図・目的	すべての人にとっても住みよくするため
3	説明	「問題」や「障害」は社会のあり方によってつくられる，現在のシステムは人生の一時期にだけ合わせてつくられ，すべての人々にストレスを与える
4	提案	もっとも弱い者に合わせて制度設計すべき

■問 2 の書き方

「立場を明確にした上で述べなさい」とあるので，著者の主張「当事者主権」に対して賛否を表明したうえで，その根拠を述べればよい。**Chapter3**にも書いたように**賛成の場合でも，補足・修正を必ずつける**こと。反対の場合ではもちろん反対意見を予想するのは当然だ。ここでは（注）①②があるので，賛成の場合でも反対意見を予想すべきだ。「確かに…。しかし…」の形を利用しよう。そうすると，以下のような構成が考えられる。

1　「当事者主権」に対する賛否
2　その根拠を述べる
　　…………
3　「確かに…。しかし…」で反対意見を予想する
4　その根拠を批判する

◆ 設問の条件をすべて満たす構成を考える

しかし，これだけでは「ラディカルな民主主義」に言及しなければならないという設問の条件は満たしていない。

■「ラディカルな民主主義」をどう入れるか

どう入れ込めばいいのかを考えるために，まず「ラディカルな民主主義」の立場を説明してあるところを本文からピックアップして並べてみよう。「8 『公共性』の組み替え」のところに2箇所出てくる。

1　少数者であっても多様性を容認し，他人と違っていていい権利，違うからといって差別されない権利を擁護（する）
2　制度設計の基準を，平均にではなく「最後のひとり」に合わせる。そのためには多数決を絶対視しない。そういう合意形成

これを1つにまとめれば，「ラディカルな民主主義」とは，次のように書けるだろう。

> 多様性を尊重し，少数者が多数者との違いで差別されないようにするとともに，社会制度を弱者に合わせて作る。したがって，多数決を絶対視しないという合意形成システムである

つまり，この**ラディカルな民主主義**は「当事者主権」の考え方による「公共性」，簡単に言えば**「当事者主権」の理想とする政治思想**ということになる。

■ 問題点はどこにあるか

さて，このようにすると，いくつか書き方の可能性が見えてくる。「当事者主権」を肯定するか否定するか，「ラディカルな民主主義」を肯定するか否定するか，とりあえず形式的には4つの場合が考えられる。

▼書き方のパターン（○は肯定，×は否定）

	パターン1	パターン2	パターン3	パターン4
当事者主権	○	○	×	×
ラディカルな民主主義	○	×	○	×

さて，これら4つのパターンのうちでどれが最も書きやすいか考えよう。

■ 当事者主権は肯定できるか

まず，「当事者主権」は「社会的弱者が自己決定する」という意味なら，問題なく肯定できる。自由主義の倫理を考えれば，成熟した判断力を持つ大人が自己決定権を持つのは当たり前だ。ただ「社会的弱者」は「女性，高齢者，障害者，子ども，性的少数者，患者，精神障害者，不登校者」と例示されているから，「子ども」や「精神障害者」が成熟した判断力を持つかどうかは問題になる。そこを突いて，課題文に反対するという手も考えられないではない。でも，「子ども」や「精神障害者」もある程度判断力を持つという立場も最近は強いから，反対論

としては有力ではない。だとすると、「当事者の自己決定」自体は肯定するほうがよい。パターン３，４はここで落ちる。

しかし、問題なのはこの「自己決定」が自分の身体を自分でどう使うかという普通の意味ではなく、**自己に対する社会からの処遇・サービスを決定するという意味**で使われていることだ。これを証明するために、著者は「『問題』や『障害』は社会のあり方によってつくられ、社会に補填の責任があるから」という理由を持ち出してくる。それは、さらに「現在のシステムは人生の一時期にだけ合わせてつくられ、すべての人々にストレスを与える」と説明されている。だから「社会はもっとも弱い者に合わせて制度設計すべきだし、そのほうがすべての人にとっても住みよくなるだろう」と予測されるわけだ。

> **Hint**
> 自己決定の意味はこれでよいか？

つまり、論証の構造は次のようになる。

機能	内容
主張	社会的弱者は、自己に対する社会からの処遇・サービスを決定すべきだ
理由	「問題」や「障害」は社会のあり方によってつくられ、社会に補填の責任があるから
説明	現在のシステムは人生の一時期にだけ合わせてつくられ、すべての人々にストレスを与える
提案・予測	社会はもっとも弱い者に合わせて制度設計すべき／すべての人にとって住みよくなる

これらの根拠をいちいち検討することで、この主張が正しいかどうかが明らかになる。つまり以下のような疑問を考えればよいことになる。

1　「問題（障害）」は社会のあり方によってつくられるか？　社会に補填の責任があるか？
2　現在のシステムは人生の一時期にだけ合わせてつくられたしくみか？　すべての人々にストレスを与えるか？
3　社会はもっとも弱い者に合わせて制度設計すべきか？　そのほうが他の人々にも生きやすいか？

■ 疑問点を検討する

　まず1については、おおむね肯定できると思われる。確かに人間はさまざまな障害・問題を抱えるが、それが社会的に「障害」「問題」であるどうかは、社会制度のあり方によって決まる。たとえば、「近視」は遠くが見えないというれっきとした障害・問題だが、眼鏡やコンタクトレンズを使うことで健常者と同じ生活ができるので、「障害者」ではない。

　同様に、聴覚障害者が遺伝的に多いアメリカ・マサチューセッツ州のマーサズ・ヴィンヤード島では聴覚障害者がまったく差別されなかったという例が報告されている。これは、島民全員が子供のときから自然に手話を覚えているために、聴覚障害者が「障害者」として意識されずに生活できていたのである。

■ 社会が補填する責任があるか

> **Hint**
> 一番弱い者を優先するのが正しいか？

　ただ、それを「社会が補填すべき」かどうかについては、かなり問題がある。なぜなら、**存在する資源（リソース）には限りがあり、それをだれに優先的に配給するかは、政治的選択の問題**だと考えられるからだ。社会で必要とされている施策はたくさんあるが、コストやタイミングの点を考えて、満たされないことも多い。それを今満たされていないから不十分だと非難するのは無理な場合もある。

　たとえば、マーサズ・ヴィンヤード島の島民のように日本人全員が手話を覚えなければならない、とは必ずしも言えないだろう。ヴィンヤード島の場合は、聴覚障害者が多いという現実に適応するためにそうなったが、日本の場合聴覚障害者は比較的少ないから、手話を習っても活用する場が少ないかもしれないからだ。

　同様に考えれば、3の「社会はもっとも弱い者に合わせて制度設計すべき」も、その社会がかなり豊かにならなければ満たされにくい。ただし日本がこれから超高齢社会になれば、「そのほうが他の人々にも生きやすいか？」はおおむね正しいと言えるだろう。自分が高齢者になれば、身体は自由に動かなくなるのは確実だからだ。したがって、2の「現在の『平均』や

『標準』は人生の一時期にだけ合わせてつくられたしくみか？」も肯定される。ただ，これも「すべての人々にストレスを与えるか？」ははっきりしない。かえって動作がのろのろした人にイライラすることはあるかもしれない。

■「ラディカルな民主主義」の問題

さて，次は「ラディカルな民主主義」である。これは「多様性を尊重し，少数者が多数者との違いで差別されないようにするとともに，社会制度を弱者に合わせて作る。したがって，多数決を絶対視しないという合意形成システム」なのだから，そこから次のような疑問が出てくる。

> 4 少数者の持つ多様性を認めるばかりだと，社会の統合性が弱まるのではないか？
> 5 多数決を絶対視しないという合意形成システム（政治思想）は社会を混乱させないか？

たとえば，4の「少数者の持つ多様性を認めるばかりだと，社会の統合性が弱まる」は一面の真理である。「社会の統合」はさまざまな方法で保たれるが，その大きな部分として「文化的一体性」がある。「あいつらとわれわれは違う」という意識で，一つの政治的共同体がまとまるのは否定できない。アメリカで1990年代以降，多民族主義から白人の伝統的文化を強調する流れが強まっているのを見ても，現在では個人の多様性が社会の不安定要素だと感じられているのがわかる。

■少数者優先の問題

5「多数決を絶対視しないという合意形成システムは政治システムを混乱させないか？」はさらに議論を呼ぶ論点だろう。多数決ではなく少数者の利益を図るという理念は悪くないが，実際にどのように決定するのか？ 少数者への特権供与になってしまう危険性はないのだろうか？

かつてアメリカでは，大学入試などにおいて**アファーマティブ・アクション**（affirmative action）という制度があった。これは社会的弱者とされる黒人などの少数派人種や女性には教育

> **Hint**
> 弱い者を優先する制度は差別がなくなっても変更しにくい

機会が少ないので，少数派の志望者を優先して入学させるという制度である。ところが，この制度も最近では多数派への「逆差別」という批判があり，廃止されるところが多くなっている。

一般的に言って，差別されている者の利益のためになされた決定は，その結果として**差別がなくなっても廃止されない傾向**がある，と言われる。少数者の側が「差別はまだなくなっていない」と主張すると，それに対して反対しにくいからだ。

さらに言えば，そもそも差別をなくそうとして，少数者の利益を図ろうという決定をできるのは多数者でしかない。だからといって，その基準をなくしてしまったら，いったいどのようにして「少数者の利益を図ろう」と社会が決定することができるのか？

■賛否の立場を考える

このように考えると，たとえ「当事者による自己決定」を認めたとしても，「社会による補填」と「少数者の尊重」および「多数決によらない」という論点はかなり問題があり，著者の挙げた論点はかなり修正を要求されそうだ。したがって，解答は「当事者主権」の一部に賛成，しかし「ラディカルな民主主義」の概念には反対という立場がよさそうだ。解答例では，この方法で書いてみた。

もちろん，著者の挙げた論点をすべて擁護することも不可能ではない。ただその場合，多数決の問題はうまくクリアしなければならない。これはかなり難しいかもしれない。「反対論を予想して」とあるので，最後に「確かに…。しかし…」の反論の構造をつけることを忘れないように。

5 自由と規律　例題と解法

Warming Upの解答

1. 社会的弱者にどんな社会的サービスを提供するかは，当事者自身に決定させるという主張。
2. 「問題」や「障害」は社会のあり方によってつくられ，社会に補填の責任があるから，現在のシステムは人生の一時期にだけ合わせてつくられ，すべての人々にストレスを与えるから，社会はもっとも弱い者に合わせて制度設計すべきで，そのほうがすべての人にとって住みよくなるから
3. 「問題」や「障害」は社会のあり方によってつくられるのか？　社会に補填の責任があるか？　現在のシステムは人生の一時期にだけ合わせてつくられているか？　すべての人々にストレスを与えるか？　社会はもっとも弱い者に合わせて制度設計すべきか？　そのほうが他の人々にも生きやすいか？など
4. 多様性を尊重し，少数者が多数者との違いで差別されないようにする。社会制度を弱者に合わせて作る。多数決を絶対視しないという合意形成システム。
5. 「当事者主権」自体には賛成だが，その方法としての「ラディカルな民主主義」には問題が多すぎる。

解答例

問1

<要約>

「当事者主権」とは，「問題がある」と言われた人々にどのように社会的サービスを提供するか，当事者自身に決定させるという考え方である。これはすべての人にとって住みよい社会を作るためだ。「問題」や「障害」は社会のあり方によってつくられる。特に現在のシステムは人生の一時期にだけ合わせているので人々にストレスを与える。住みよい社会を作るには，むしろもっとも弱い者に合わせて社会制度を設計すればよいのである。（199字）

問2

<主張>
<根拠>
自己決定権と障害

当事者主権は原則的に認められる。自由主義的な倫理では，自己の身体については自己決定権を有するからである。その意味では，専門家のパターナリズムを排して，自分がどんなニーズを持っているか決定するのは当然である。他方，何が「障害」や「問題」になるかは社会制度によって決まり，弱者は社会によって「障害」を背

負わされているという見解も妥当だ。たとえば，アメリカのある小島では，遺伝的な理由から住民に聴覚障害者が多く，島民が英語と同時に自然に手話を覚えるため，障害者が「健常者」同様に生活できた。聴覚障害者は，この島では「障害者」ではなかったわけだ。

> 主張

しかし，ここから「障害」を「社会が補塡する」責任を持ち，どんなサービスを受けるかを当事者が決定すべきだとは主張できない。

> 根拠：優先を決めるのは政治の選択

なぜなら，社会で利用できる資源には限りがあり，それを今・だれに優先的に配分するかは，政治的選択の問題だからだ。たとえ倫理的によいことでも，実行するにはコストがかかって選択できないこともある。実際，小島と同様に日本人も手話を覚えなければならない，とは言えない。聴覚障害者が多いなら住民が手話を覚えるというコストを払う意味が大きいが，日本の場合聴覚障害者は比較的少なく，手話を習うコストをかける意味は少ないからだ。結局，社会の多数派の利益が関係してくるのである。

> 主張

その意味で言えば，「当事者主権」を多数決を絶対視しない「ラディカルな民主主義」と見なす主張はおかしい。少数者が多数者との違いを理由に差別されず，社会制度を弱者に合わせて作るというが，そもそも少数者の利益を図ると決定できるのも多数者の賛同のうえでしかない。確かに著者も，少数の弱者に合わせて制度を作ることが多数者のためにもなると論じている。

> 根拠：多数者の賛同は必要

しかし，これは最終的には多数者の利益に訴える論理であり，多数決を超えるものとはなっていない。「少数者の利益を守る」という理念は重要だが，それを多数決への対抗と位置づけるのは性急だ。

> 補足：特権撤廃の難しさ

一般的に，被差別者の利益のためになされた決定は，その結果として差別がなくなっても廃止されない傾向がある。少数者が「差別はまだなくなっていない」と主張し続けるので，それに対して反対しにくいからだ。一番弱い者に合わせるという理念は，このような構造をますます強化するおそれがある。(966字)

5 自由と規律　演習問題

Theme【メールと監視社会】　2005　南山大［共通］90分

　以下に掲げる，ある企業に勤務しているAとBとの会話を読んで，検討すべきだと考えられる論点を列挙しなさい。
　次に，この企業の考え方と行動，さらにはこの会話に登場するBの考え方と行動に対するあなたの評価とその根拠を，あなたが挙げた各論点に関連づけて述べなさい。（字数は，1600〜2200字程度）

A「会社で，Eメール使っている？」
B「もちろん使っているさ。いまの時代は当然だろ。コンピューターでも携帯でも使っているよ。」
A「それは休憩時間に？」
B「そうとは限らないな。休憩中が多いけど，仕事中もしているかな。でも，仕事に支障があるわけじゃなし，それぐらいみんなしているよ。」
A「どうしてかな？」
B「それは便利だからだろ。友達に連絡をいつでもとることができるし，こちらも連絡を受けることもできる。しかも，Eメールだから電話と違って都合のいいときに読んだり返信したりできるしね。」
A「そうだね。本当に便利だね。でも，その便利さからか，変な使い方をしているときがない？」
B「どんなこと？」
A「例えば，会社ではみんなにEメールアドレスが割り当てられていて，それを使っているよね。会社で仕事をするときにEメールを使うのは当たり前だけれど，その会社でのEメールアドレスを仕事以外にも使っていないかい？」
B「もちろん使うさ。例えばデートの約束とか飲み会の約束とか。ああ，それから趣味のサッカーについてのメーリングリストにも参加しているよ。」
A「メーリングリストってなに？」
B「メーリングリストというのは，Eメールを利用して，参加者全員に同じEメールを配信する仕組みのことだよ。たとえば参加者のうちのひとりがメーリングリスト宛にEメールを出すと，参加者全員にそのEメールが配信され，だれかがそのEメールに返事を出すと，そのEメールも参加者全員に配信されることになるんだ。特定の趣味などをテーマにしたもの，さまざまな研究などをテーマにしたものによく利用されているよ。」（注）

A「ふーん，そんなのがあるんだ。便利だね。でも，そんなことをしてもいいのかな？」

B「いいんじゃないかな。みんなしていることだよ。会社の方はもちろん仕事のために我々にメールアドレスを割り振って，使ってもいいといってくれているわけだけれど，それ以外に使ってはいけないということではないと思うな。いろいろなことに使っているけれど，もちろん仕事にも使っているし，それ以外で使うといっても本来の使い方に支障が出るわけじゃない。そんなに気にするようなことじゃないと思うな。」

A「でも，中には悪いことにも使う人がいるんじゃないかな。」

B「悪いことって？」

A「例えば，いかがわしいメールを送りつけるとか，大量の宣伝メールをいろいろな人に送るとか。」

B「そんな人うちの会社にいるのかなあ。いないと思うけれど，もしそんな人がいたとしたら，そんな人には会社側が，手を打つべきだと思うなあ。例えばその人にはメールを送ることができないようにするとか，メールアドレスを使用禁止にするとか。」

A「でも，そのためには会社側がいろいろな社員のメールの内容をチェックしてもいいということになるよね。」

B「それはいやだなあ。メールだから手紙みたいなものでしょ。手紙を他人が見るのがいやなように，Eメールを他人が見ることになるのは反対だな。」

A「でも，そうしないと会社が困るんじゃないかな。さっきの，変なメールを出す人が誰だかわからないと，その人に対する対応を会社側がとれないことになるよね。」

B「うーん，確かにそれはそうだけれど。メールを覗かれるのはいやだなあ。」

A「じゃあ，インターネットでいろんなホームページを見たりすることはある。」

B「もちろんさ。仕事でしょっちゅう使っているよ。これもいまの時代は当たり前だろ。」

A「仕事以外のホームページを見たりすることはない？」

B「実はいろいろ見たりしている。大体は休憩時間に見ているけれど，仕事中も行き詰まったときなんかに見たりしているな。」

A「そんなことしていいのかな？」

B「まあ，ほめられた話じゃないけれど，これぐらいいいんじゃないかな。」

A「さっき，社内の知り合いに聞いたんだけれど，この会社は，社員のメールやホームページの閲覧について全部チェックしているらしいよ。それで，私用のメールやホームページの閲覧をしている社員に注意をして，それでも行動を改めない社員のボーナスを下げているという話だよ。」

5 自由と規律　演習問題

B「そんなことでボーナスを下げるのは，困るよ。というより，そもそも会社がそんなことをしてもいいのかなあ。ちょっと，やりすぎじゃないかなあ。」
(注) この説明は，「アスキーデジタル用語辞典」yougo.ascii24.comを参考にしている。

解答のプロセス

➡解答例は351ページ

要約	この企業の行動とBの考え方・行動をまとめる
解釈	その倫理基準，原因を考察する
批判・評価	この企業の行動とBの考え方への賛否を表明する
根拠	その理由と得失の評価
結論	規範の理念

類題

04名古屋大「戦後日本社会におけるパターナリズムとマターナリズム」
04香川・愛媛大「分配の正義と嫉妬」
05鹿児島大「重度障害者の自己決定権」
05大阪市立大「自己責任と自己決定」
04東北学院大「子どもに対する『安全第一』志向」
04駿河台大「アファーマティブ・アクションによる特別入学試験制度」
04獨協大「子どもの性的自己決定」

Solution
確認したらチェックを入れよう。

☑	功利主義の自由は，快楽を増し苦痛を減少する行為をする
☑	社会的には「最大多数の最大幸福」を実現することが目標
☑	個人の幸福追求と社会の幸福が矛盾→制裁によって是正
☑	人間の自由の強調と法と刑罰の必要は表裏一体である
☑	人格主義の自由＝理性的な道徳法則に自分から従う
☑	人間の尊厳＝道徳法則に従う主体を目的として取り扱う

Advanced View

法はすべてを解決しない

■ 法は一般的な言葉で語られる

　法は（そして法によって作られる社会制度は），常に「〜な者は…せよ」といった一般的な言葉で語られる。そこには基本的に固有名や「わたし」「あなた」といった言葉は出てこない。ある法律に，具体的な固有名が書き込まれていても，それは裁判において一般的な言葉として解釈し直される。たとえば，アメリカである鉄道会社の営業規制をする法律の合憲性が争われたとき，その訴訟を審理した裁判所は「この法律で言う○○鉄道とは，『当該地域で鉄道運送を営業する業者』という一般的名詞の簡約化された表現であり，固有名ではない」という趣旨の判決を下したぐらいである。

　裁判は社会的紛争の（国家権力によって履行を強制できる）最終的解決手段である。しかし，裁判において，当事者は法を巡って争うことしかできず，そこでは一般的な言葉しか用いることができない。そしてここにこそ，法の意義も限界も存在している。裁判によって確定される法律上の権利義務関係は，常に公共的なものである。それは第三者に対しても主張可能であり，その実効性は最終的に国家の実力機関（執行官・警察権力など）によって担保されており，その国家を維持するコストは常に裁判の当事者でない国民によっても負担されている。それゆえ，裁判は少なくとも潜在的にはいかなる国民に対しても正当化可能な言葉で語られなければならない。つまり，特定の個人の好悪や，一般化されない個人の特殊性に依存する形で語られてはいけないのだ。法哲学者の大屋雄裕はこのことをさして「法とは，意図に関する一人称特権を排除し，全てを第三者的視点から記述して行おうとする運動において現れるものである」と述べている。

■ 「人間の尊厳」と法

　日本では，戦後補償（たとえば外国人軍属や従軍慰安婦問題）を巡って提起される訴訟にこの問題の典型を見ることができる。こういった訴

訟ではしばしば「私を人間として（尊厳を）認めてほしい」といった形で原告が語り，訴えかけるのを耳にする。しかし，これこそまさに法になしえないことなのだ。「〜な者を人間として認める」という法律はない。仮にあるとすれば，それは法廷において原告足りうる，とか，権利主体でありうる，ということであって，「尊厳を承認する」ことが法廷にできるわけではない。

　もし，訴訟での勝訴＝尊厳の承認，という単純な図式を取るならば，原告のこの訴えかけは単に「私を勝たせてくれ」ということに尽きてしまい，内容がなくなる。あらゆる原告は自らの勝訴を訴えるのだから。損害賠償が尊厳の承認と同一視することができないのは言うまでもない。

　さらに，現実にはこれらの訴訟の多くは時効や除斥期間などによって退けられてしまう。たとえ判決文で裁判官が同情を示していようとも，裁判官は法のみを根拠にしなければならず，同情を理由として（つまり彼自身の好悪を理由として）判決を下すことはできない（もちろん，判決に裁判官の心情が作用しないわけがないのだが，少なくとも法的理由づけを欠くことが許されない）。仮にそのような判決が下されれば，その判決は，同情を共有しない裁判外の第三者にとって正当化の可能性すら持ちえないことになるだろう。

　このことは，法の「外面性」によってさらに深刻となる。仮に原告が「謝罪」なり「承認」なりを求めて訴訟に至ったのだとしても，法はそのような内面的事柄を扱うことができない。名誉毀損に対して，謝罪広告や訂正記事を要求することができたとしても，それは相手の内心を強制するわけではないからだ。まったく謝罪の心情を欠いたまま，謝罪広告を掲載することは実に容易である。そして，謝罪の心情を欠いた「謝罪」が原告の真に求めるものでないことは明らかである。

当事者主権論の限界

　同じ構図を，たとえば「当事者主権」といった運動にも見ることができるだろう。社会的弱者――被差別部落出身者・障害者など――の「承認」はやはり法のなしうるところではない。具体的な差別行為による損害を，差別を行った者に賠償させ，あるいは「謝罪」を命じることができたとしても（そして当然それは望ましいことなのだが），それはなおこういった運動が求めているものからは遠いだろう。法に可能なのは，法の下での平等，という形での承認のみなのである。法廷では，どんな

人間も，具体的な個人ではなく，常に一般化された「〜な者」という類型の下で語られなければならない。法が「当事者」をいかに配慮したとしてもそれは「当事者」という一般的類型として扱うのであって，具体的なＡさんやＢさんではない。

　「当事者主権」を主張する論者の，「もっとも不利な者が社会的な最終的決定権を持つべきだ」という発想は，一見魅力的に見える。しかし，そこで「もっとも不利な者」という一般名詞がＡさんやＢさんといった具体的な個人のだれに当たるのかを決定するのはどのようにしてか。「Ａさんこそがもっとも不利な者である」と認定する，という社会的決定を下すために再び「もっとも不利な者が社会的な最終的決定権を持つべきだ」という議論に訴えることはできない。それは循環論法になってしまうであろう。法には，具体的な個人の事情を持ち出すことがそこでは本質的には不可能なために，こういった決定方式を許容する余地はないのである。結局，全員一致か多数決といった決定方式に訴えるしかない。これらは，決定に参加する個人の具体的事情（たとえば「もっとも不利」かどうか）を考える必要がない，法にとって本質的な方式なのだ。それゆえ，「当事者主権」論者の主張は根本的には法や社会制度によっては実現できず，それらは法や制度ではなく，個人の倫理のレベルで語られるほかはない。（2005年度金沢大問題［**Chapter5例題**］参照）

■法は大事だがすべてを解決はしない

　このように，法には不可能なことが多く，しかもそれらは重大である。だが，法の意義を否定することもまたできない。すでに200年以上前にモンテスキューが喝破したように，法なき社会は専制と恐怖政治によってしか存続しえないのだから。法に解決できずわれわれ個人にゆだねられた問題がある，ということは同時に法が社会のすべてを覆い尽くすべくもない，ということを示している。法はすべて（**everything**）ではないが大事なもの（**something**）なのである。

Chapter 6 人権と生命

　生命倫理は「自己決定権」を基本に考える。他者に危害を加えない限り，自分の身体・生命を自由に処理できる。本人の意思を確認できれば，安楽死・尊厳死もここから肯定できる。また遺伝子診断・クローン技術なども同じ観点からとらえることができる。

Technic

❶ 他者危害の原則
他に危害を与えぬ限り自分の身体を自由に処理

❷ 自己決定権の限界
正常な判断力を持つ大人が必要条件である

❸ 自然性の問題
技術の倫理性を自然かどうかで判断できない

6　人権と生命　　　知識と講義

Step ❶　自由と人権

　すべての人間は人権を持つ，というのは近代政治哲学の基本原理と言ってもいいだろう。その中でも，特に重要なのが「自由」の権利である。近代以前では，「個人の自由」という観念は必ずしも重要ではなかった。しかし，近現代ではこの観念は，人間の行動倫理の基本になっている。日本国憲法の第13条にも「すべて国民は，個人として尊重される。生命，自由及び幸福追求に対する国民の権利については，公共の福祉に反しない限り，立法その他の国政の上で，最大の尊重を必要とする」とある。

■自由の尊重

　「自由」とは，最も簡単には「**個人の自発的な行為に対する不干渉**」と考えられる。人間は自分の生命・身体・財産などに関して，自己決定権を持つ。たとえば，**Chapter5の知識と講義**でも登場したJ.S.ミルは「いかなる人の行為でも，社会に対して責を負わねばならぬ唯一の部分は，他人に関係する部分である。たんに彼自身に関する部分については，彼の独立は絶対的である」と言う。

　つまり逆に言えば，他人に危害を加えない限りにおいて，たとえ本人に対して不利なことであろうとも，自分の好きに行動していいのである。「人に迷惑をかけなければ何をやってもいいじゃないか」という，よくある言い方は，実はこのミルの**他者危害の原則**に基づいているのである。

> **Point**　自由主義による「自由」＝他者に危害を加えない限り，たとえ本人に不利になることであっても，自己決定できる

■他者危害の原則の応用：自殺の是非

　したがって，この考えでは「愚行権」を認める。たとえば，

自殺は自分にとって途方もなく不利な決定だが，自発的に選んだのならば，他人がその決定に対してあれこれ文句をつけることはできない。自殺を決行する人々は，人生に生きる価値はないと自発的に決定して行動に移しているのだから，自殺を止める必要はないし，それを周囲が非難する権利はない。最近，インターネットが関係した集団自殺に対して，センセーショナルで感情的な報道がよく見られるが，これも「他者危害の原則」から言うとおかしな批判となる。まず自殺自体は合意または自己決定のうえなので道徳的・倫理的に問題はない。インターネットが自殺を誘発したという論調も見られるが，メディアである以上，たくさんの人を結びつけるのは当然である。

もし実際に自殺を止めよう（または減少させよう）とするのなら，自殺を引き起こす原因を突き止め，それを減少させるような方策を取らねばならないだろう。たとえば最近の日本の統計で見られるように，不況時に自殺者が増える傾向が推定されるのなら，不況にならないような経済政策を工夫すればよい。道徳的・倫理的に，自殺する者・自殺行為を非難することは意味をなさないのである。

■生命の自己決定

「他者危害の原則」から，「尊厳死」や「安楽死」が基本的に肯定されることもすぐわかる。尊厳死とは，回復の見込みのない末期患者に対して生命維持治療を中止し，人間としての尊厳を保たせつつ死を迎えさせることであり，安楽死は，死期が迫っている患者の耐え難い肉体的苦痛を緩和・除去して安らかに死を迎えさせる措置を言うが，どちらも自己決定権という意味では，当人の意思さえ確認できたらまったく問題がないことになる。

実際，「東海大安楽死事件」では，1995年の横浜地裁判決は，死期が迫る患者の「死の迎え方ないし死に至る過程についての選択権」を認めている。その種類としては「治療行為の中止」「間接的安楽死」「積極的安楽死」を挙げ，前二者については，家族の意思表示があれば十分だが，作為によって死期を早める「積極的安楽死」は，本人の意思表示がある場合に限られるとした。

積極的安楽死を認める要件は次の4つである。

1　患者が耐え難い肉体的苦痛に苦しんでいること
2　死が避けられず死期が迫っていること
3　肉体的苦痛を除去・緩和する方法を尽くし他に代替手段がないこと
4　生命の短縮を承諾する患者の明示の意思表示があること

　ただし，安楽死を一度認めてしまうと，医師が積極的に患者を死なせることに慣れてしまい，ナチスが障害者や精神病患者を安楽死させたような所行につながりかねない，という議論もよく行われている。こうした論理展開の方法を「滑り坂の理論」と言う。しかし，これは当人の意思確認もない状態での国家や社会による強制的な安楽死であり，当人の意思の確認を原則とする自由主義の議論とは問題点がずれている。

「滑り坂の理論」は安楽死を論理的に否定する根拠にはならない

　現代の倫理は，基本的にこのような「自由」の原則を基礎にしている。最高裁判所が，宗教的理由から輸血を拒んだ患者に対して，その意思を無視して生命を救うために輸血をした医師に損害賠償責任を認めたという判例から見ても，その方向は明らかである。日本国憲法第13条は，上に述べたような近代的な自由を国家も尊重しなければならないことを言っていると解釈できるかもしれない。

■自由主義倫理の限界と問題点

　しかし，このような自由主義倫理にはもちろん限界もある。一つは教育の問題である。ミルによれば，**十分な判断力を持たない人間が自己決定することは認められない**。しかし，「判断力があるかどうか」をだれが決定するのだろうか？　たとえば，幼い子供は明らかに十分な判断力がないから，親が代わりに決定することは容認される。だが，高校生ぐらいになるとどうかは微妙な問題だ。たとえば，最近では「青少年の性的自己決定」を唱えるリベラルな論者も出てきているが，これが妥当かどうかはかなり問題だろう。しかも，この論理は年齢にとどまらな

い。大人であっても、だれかに先導される、または「洗脳」されていたらどうか？　そういう人にも自己決定は認められるか？

◆ 十分に判断力があるかどうかを、だれが決定するか？

　「他者への危害」にしても、どこまでを「危害」と認めるかは難しい。「家族が悲しむ」などという情緒的な例を持ち出すまでもなく、社会的信用や人間・社会関係の破壊などを入れると「危害」の範囲はかなり広がってしまう。ただ、これをあまり広く取ると自由主義の倫理自体が成り立たない。どんな行為でも、だれかの迷惑になるなどという主張も可能だからだ。したがって、特に法的規制の場合なら、危害の範囲を狭く抑制して解釈する必要があるかもしれない。

Step ❷ 医療技術と倫理

■技術の発展と「自然」

　安楽死の問題が、これほど社会的な問題になってきたのは、医療技術の発展が関係している。つまり、人工呼吸器など生命維持装置が発達して、自発呼吸ができない患者や脳死状態の患者などが、機械のおかげで生きながらえるようになったのだ。
　アメリカにおける1976年のカレン・クインランの事例では、薬物ショックから植物状態になった患者から人工呼吸器を取り外してもよいという判断が出され、1990年のナンシー・クルーザンの場合では、自動車事故のために自発呼吸はあったが植物状態にあった女性から、栄養チューブを引き抜いて延命治療を止めることが認められている。特に後者は、ナンシー本人が生前「植物状態のままで生きてはいたくない」と語っていたと友人が証言したことが、この判断の決め手になっている。つまり、医療技術の発展の中で、**どのように自分は生きるか、という意思が重要になってくる**のである。

■「自然」とは何をさすのか

　ただし、このような治療は「自然でないからよくない」など

と単純に判断することは必ずしも当たっていない。なぜなら，「自然」という表現は，現実的にはかなり恣意的に用いられているからだ。たとえば，体外受精は今ではごく標準的な生殖医療となっているが，イギリスで初めて行われたときには「試験管ベビー」などと，いかにも試験管の中で赤ん坊が育っているようなSF的印象を強調して非難されたのである。

　代理出産で生まれた乳児が生みの母に帰属するか，それとも依頼した夫婦に帰属するか，が争われた「ベビー・M事件」にしても，実際は代理母を頼んだ側と頼まれた側の感情的な行き違いの問題にすぎなかった。代理母になった人物が貧しく，頼んだ夫婦が裕福であり，代理母を務めた女性が自分のアイデンティティあるいはプライドとして「自分が産んだ」という権利を主張したという側面が強いのである。

　最終的に裁判所の判断は，依頼した夫婦が養育権を持つというもので，結局「自然な母」であるかどうかは，大きな問題ではなくなった。この事件の後，アメリカでは代理出産契約はまったく違法ではなくなり，現在でも年間数十例がこの方法で生まれている。このような経緯を考えれば，**「自然」であるということは，人々が「自然だ」と考えているという意味**にすぎず，その意味で倫理性を判断する基準にはならない。

> **Point** 自然かどうかは，倫理性を判断する基準にならない

■遺伝子診断とクローン技術

　「自然に反する技術」という点で言えば，遺伝子診断とクローン技術も重要な問題である。最近ではヒトゲノムがほとんど解読され，遺伝子の持つ性質も解明されようとしている。その中で，致命的または重大な病気を引き起こす遺伝子の特徴もわかってきつつある。たとえば，家族性の乳ガンの遺伝子が発見されており，その遺伝子を持っている女性は発病の危険性が非常に高いので，アメリカでは発病前に乳房切除手術などを受ける事例も増えている。このとき，健康な乳房にメスを入れるという行為には眉をひそめても，「自然」に任せてガンになって生命を失うのがその人の運命だとまでとは言えないであろう。

その意味で言うと，近年話題の「クローン技術」についても，「自然に反するから」という理由で拒絶するわけにはいかず，その倫理性を冷静に検討する必要が出てくる。社会問題化しているクローンとは，生殖細胞ではなく体細胞から個体を作るほうの技術だが，羊などではもう実験が行われ，一応成功している。人間にも応用できるのは，ほぼ時間の問題だろう。

■クローン人間への反対論

人間のクローンには政治的・社会的に反対意見が根強い。今まで言われている根拠はだいたい以下のようなものである。

1　自然の生殖行為に反する
2　独裁者が自分のクローンを作れば，独裁国家ができる
3　技術が未熟で安全性が低い
4　両親から生まれないとアイデンティティが不明になる

しかし，これらはどれも根拠薄弱である。まず1は上に述べた理由から問題にならない。2は遺伝的特性が同じでも，同じ政治的信条を持つとは限らないから無効である。むしろ環境の影響のほうが強いと推測される。3はすべての技術は未熟であって危険性がある。もしクローニングがダメなら，成功率の少ないガンの手術もだめになる。それに，もし将来クローン技術の成功率が上がったら実行してもよいことになる。4はそもそも，親子関係だけがアイデンティティの源ではないから，きちんと論証できない。

結局，クローン人間を作っていけない理由はすべて反駁できることになる。実際，倫理学者・生物学者の間では，クローン人間が許されることは多数意見になりつつあるとまで言われているのである。以上の議論ををまとめると，次のようになる。

	他者危害の原則	
問題		批判
尊厳死・安楽死	✕	滑り坂の理論
遺伝子診断	？	反自然の批判
クローン人間　など	✕	判断力の限界

6 人権と生命　　例題と解法

Theme【骨髄移植目的の出産】　2004　創価大［共通］120分

　下記の**第1問**から**第3問**のすべてについて答えてください。
第1問　以下の文章に述べられていることを400字以内で要約してください。
第2問　以下の文章に述べられていることについて，検討すべき問題点をできる限り多く挙げてください。これらの問題点を検討すべきものであると考えた理由もあわせて900字以内で述べてください。
第3問　以上を踏まえて，あなたの意見を700字以内で述べてください。

❶**教員A**　ある夫婦の1人娘が，白血病になりました。

❷小児の白血病は，成人の白血病と比較しても，骨髄移植を行うことによってかなり高率に治癒できるようになりました。しかし骨髄移植のドナー（提供者）を探すことはそれほど簡単ではありません。わが国では，あらかじめ提供希望者を登録し，患者との橋渡しを行う「骨髄バンク[(1)]」がありますが，そもそもHLAという白血球の型が一致しなければ，移植をすることはできません。血液検査，およびDNAの検査により，ドナー登録を行っている各人のHLA型を調べ（HLAタイピング），その型がレシピエント（移植希望者）と非常に近い人がドナーとなります。そして，ドナーの骨髄の細胞を採取して，点滴で静脈から注入することで，骨髄細胞がレシピエントの脾臓などに定着して血球をつくり始めます。

❸ドナーの骨髄細胞が血球系の細胞に分化していくわけです。しかし，ドナーとレシピエントのHLAの型が遠いと，拒絶反応が起こる危険があります。

❹さて，この夫婦の子どもの場合，HLAが一致するドナーを見つけることはできませんでした。娘は体調もすぐれず，非常に不安な状態に陥りました。白血病は悪性の腫瘍ですから，いずれは亡くなる可能性があります。そこで，夫婦は悩んだ末に，わりと高齢だったのですが，もう1人子どもを産もうと決心したのです。

❺HLAの型は対になっており，父母それぞれから片方ずつ受け継ぎます。ですから，同じ親から生まれた兄弟，姉妹の場合，4分の1の確率で，HLAが一致するわけです。夫婦は4分の1の確率に賭けて第2子を産み，その子がある程度の年齢になったときに，その骨髄を移植することによって，長女の命を助けようと考えたのです。

❻骨髄の移植では，胸骨や骨盤の骨のなかにある骨髄液を，そのなかの細胞とともに比較的太い針で吸い出します。骨髄液のなかには脂肪組織と細胞があるわけですが，それを吸い出して，それをレシピエントの静脈のなかに入れるというわけです。

❼ドナーは骨髄採取にあたり，全身麻酔をして骨髄の1部分を取られるわけですが，それによって命を失うということはまずありません。1，2週間のうちにまた，骨髄細胞はもとのように回復してくるわけです。

❽しかし，全身麻酔による以上，事故の可能性がまったくないとはいえません[2]。

❾また，たとえ兄弟姉妹間であっても，HLAの型が合わなければ，移植することはできません。4分の3の確率で，2番目の子どもの骨髄も役に立たない可能性があるわけです。しかし，その子どものHLAに賭けて，わりと高齢ではあったけれども，もう1人子どもを産んで，第1子の治療を試みることにしました。

❿アメリカでは，以前，実際にこのような事例が報道され，大きな話題となりました。上の子が16歳になったときに白血病がわかりました。夫妻にとって，第2子の出産はいわゆる高齢出産にあたりましたが，どうしてもドナーが見つからず，上の子を助けるために，第2子に賭けたわけです。

⓫ただし，この場合も，骨髄移植はドナーである第2子が生まれてすぐにできるわけではありません。新生児からの移植は，ドナー側にとってもリスクが高いですから，成長するのを待つ必要があります。ですから，医師たちは16歳の子の白血病のコントロールに全力をあげ，第2子が1歳1カ月のときに移植が行われたのです。

⓬移植は成功に終わり，アメリカでは大きな写真入りで報道されました。家族が，第2子の果たした仕事の大きさをたたえている様子が伝えられました[3]。

⓭この場合は，たまたま4分の1の確率で適合しましたが，それよりも大きな比率，4分の3の確率でHLAの適合しない子どもが生まれる可能性もあります。

⓮このような事情を考えると，本件の事案は「子どもとはなにか」という問題と直結すると思うのです。親にとって子どもとはなにか。また，私たちは子どもとして，親にとってどういう意味をもって生まれてきたのかということについては，あまり考える機会がないと思います。ですから，ここで改めて，特別な意味をもって生まれる，あるいは特別な意味をもった子どもをつくるということはどういうことかについて考えてほしいと思います。

〔中略〕

⓯**学生** 第2子が白血病であるという可能性はないですか？

⓰**教員A** それは普通の新生児よりは高い確率であると思います。

〔中略〕

【授業を終えて】

骨髄移植推進財団（骨髄バンク）の試算では，30万人のドナー登録があれば，わが国で骨髄移植の必要な患者の90％以上に1人以上の骨髄提供者が見つかるといいます。ドナー登録の際には，年齢が20〜50歳，健康で，骨髄移植について正しい知識をもっていることが条件となりますが，現在のドナー登録者数は，目標の30万人の約半数にとどまっています。したがって，約半数の患者に提供者が見つかるという状況です。

白血病をはじめとする悪性疾患の治癒を可能とする骨髄移植は，骨髄を採取する過程において全身麻酔が必要であり，副作用が起こる可能性も多少はありますが，生体肝移植と比較しても，ドナーにとっての負担ははるかに少ないといえます。また，脳死からの臓器移植や心臓死体からの臓器移植とは，生きているうちにできるという点で異なっています。

〔後略〕

【注】

(1) 白血病の治療のために骨髄移植をするには，患者とドナー（骨髄提供希望者）の白血球の型（HLA＝ヒト白血球抗原。ヒトの主要組織適合複合体）が一致しなければならない。しかし，非血縁者間の場合，型が一致するのは，数百〜数万人に1人という低い確率である。このため，日本では1991年12月に，ドナーを登録し，患者と橋渡しをする「骨髄移植推進財団」が発足した。2003年3月現在，ドナー登録者数は，16万8413人にのぼる。

(2) わが国では，過去に，血縁者間の骨髄移植について，1件のドナーの死亡事例が報告されている。

(3) 第2子からの骨髄移植のニュースは，当時，日本でも報道された（たとえば，1991年6月6日付「朝日新聞」）。

出典　庄司進一編著『生・老・病・死を考える15章　実践・臨床人間学入門』（朝日選書）（2003年，朝日新聞社）

問題作成にあたり，出典の文章を一部変更した箇所があります。

Warming Up

1. 課題文の中の「問題」は何か？　なるべく短い形で述べよ。
2. 課題文が挙げている骨髄移植の危険性は何か？
3. 課題文の夫婦の決定を批判する論点を挙げよ。
4. あなたの評価は何か？
5. その根拠を挙げよ。

解法

　課題文の内容はごく単純で，「ある夫婦の1人娘が，白血病になったが，骨髄移植のドナーが見つからない。そこで，もう1人子どもを産み，その骨髄を移植して長女の命を助けようと考えた。子どもとは（親にとって）なにか？」というのだが，この「子どもとは（親にとって）なにか？」とは，要するに「骨髄移植するために，第2子を産むという行為は（倫理的に）許されるか？」という問いに翻訳することができる。もちろん，その問いに対する答えは書いていないので，問題はあっても解決がない文章といえよう。ポイントとサポートに分けると以下のようになる。

> **Hint**
> 問題はどこにぁるか？

ポイント		サポート
❶**発端** ある夫婦の1人娘が，白血病になった ↓	→	**説明**❷小児の白血病…高率に治癒できる，移植の方法
❹❺もう1人子どもを産み，第2子…の骨髄を移植して長女の命を助けようと考えた	→	**理由** HLAが一致するドナーを見つけられない，兄弟姉妹では，1/4の確率で一致
	→	**説明**❻～❾命を失うことはまずない，事故の可能性はある，役に立たない可能性がある
	→	**例示**❿～⓬アメリカの事例では成功，成長するのを待って手術
⓮**問題** 子どもとは（親にとって）なにか？　特別な意味をもった子どもをつくるとは？	→	**説明**⓯⓰第2子が白血病であるという可能性は普通より高い

■どう要約するか

　ほかに書いてあるのは，サポートを見れば夫婦の決断の理由と，骨髄移植手術の手順と危険性の説明，およびアメリカでの成功事例となっている。だから，**問1**の要約はとても簡単で，

以下のようになる。

▼問1の要約

> ある夫婦の1人娘が、白血病になった。骨髄移植手術をすれば助かるのだが、ドナーが見つからない。そこで、もう1人子どもを産み、その第2子の骨髄を移植して長女の命を助けようと考えた。しかし、このような特別な意味をもった子どもをつくることは倫理的に許されるのだろうか？（130字）

　もちろん、これでは400字という制限には達しない。そこで「許されるかどうか」という問題・ディレンマを強調するために、このような決断を実行したときの危険性や懸念を補足することで、制限字数を満たそう。ただし、この問いの場合、400字という字数はやや多すぎる感じがする。

■検討すべき問題点とは

　まず「問題点」として課題文に挙げられているものを考える。さらに「検討すべきものであると考えた理由」を書くことを求められているのだから、課題文に書いていない問題点を挙げることも当然期待されていると思ってよい。まず夫婦の決断がマイナスの意味を持つところをピックアップすれば、以下のように整理できる。

> 1　ドナーにとって完全に安全ではなく、全身麻酔のときに事故の可能性がある
> 2　4分の3の確率でHLAが適合しない可能性がある
> 3　第2子も白血病である可能性が普通よりは高い

　1、3は危険性の問題であり、2は有効性の問題である。2は成功する確率が低いのにわざわざ第2子をつくる意味があるのか、という問題。1、3は危害を加える可能性があることを子どもにしてもよいのか、という倫理の問題だ。

■その他の問題点を考える

　課題文の〔中略〕の前のところに、「教師」の問題提起が書い

てある。まず、それを見ると次のようになっている。

> 1 親にとって子どもとはなにか？
> 2 特別な意味をもって生まれる、あるいは特別な意味をもった子どもをつくるということはどういうことか？

　一応問題の形にはなっているが、これだけでは正確な意味はわからない。もう少しここの内容を特定してみよう。

　この場合、親は第2子の骨髄を利用するために子どもをつくろうとしているのは明らかだ。たとえそれが姉を助けるためだとはいえ、そのように子どもの身体を利用してよいものだろうか？　カントの倫理「人間性を常に目的として取り扱い、けっしてたんに手段として取り扱うことのないように行為せよ」（『道徳形而上学原論』）を応用すると、この親の行為は単に**第2子を骨髄移植をするための手段として扱っている可能性**がある。

　さらに子どもの「身体に対する所有権」や「自己決定権」を考えると、親が子どもの骨髄を利用するのは、**「自己決定権」を侵している**という**可能性**もある。J.S.ミルは「他人に害を及ぼさない限り、個性の活用は絶対的に自由である」という主張をしたが、この場合はむしろ積極的に子どもの身体を利用しているのだから、子どもが自分の身体を自由に用いるという権利を侵しているのではないか？

> 1 子どもを目的ではなく、単に手段として扱っていることの倫理的・道徳的妥当性
> 2 子どもの自己決定権を侵していることの妥当性

Hint 子どもの身体の利用は許されるか？

■副次的な論点も入れる

　なお、ここから出てくる副次的論点として、もしHLAが適合しなかったら第2子が生まれた意味がなくなる、などを挙げることもできるが、これはやや心情的な解釈であまり意味がないだろう。なぜなら、適合しないなら、高齢出産で生まれたというだけの普通の子どもになるわけだから、親が十分愛情をかけさえすれば何も問題ないからである。

　さらに、骨髄バンクに登録者が少ないことを問題化して、そ

のメカニズムを検討したり，ドナー登録を渋る社会風潮を批判したりするという手もある。しかし，どんなに同情すべき状況だったからといって殺人が完全に免罪されることはありえないと同様に，いくら登録者が少なく適合した登録者が見つからないという理由だけで夫婦の決断が容認できるという理屈は立たないだろう。

したがって，この夫婦の決断についての評価に限るなら，「人間を手段として扱う」「子どもの自己決定権を侵している」「危害を及ぼす可能性のあることを子どもに対して行う」の3点が主要な論点ということに絞られるだろう。ただし，「できる限り多く挙げて」と書いてあるので，副次的な論点を入れておいたほうがよいかもしれない。実際，**問2**も900字というやや長すぎる制限字数になっている。

■問3の考え方

問1，問2で出てきた問題点に関して，自分なりの解決を出し，それを根拠づけるのが**問3**の課題である。主なる論点は次の3つであったので，これらに答えていく。

1 子どもという他者に対して，危害を加える可能性がある行為をするのは虐待ないし保護の放棄にならないか？
2 骨髄移植は子どもの自己決定権を侵していないか？
3 姉の生命を生かすための手段とされていないか？

まず3は，カントの原則が「常に目的として取り扱い，**けっしてたんに手段として取り扱うことのないように行為せよ**」とあることに注意する。これは他者を手段として使うことを全面的に禁じているのではない。手段として**だけ**使うのはいけない，と主張しているだけだ。つまり目的として扱いつつ，手段として扱うのはとりあえず禁止されていない。つまり，生まれてきた子どもをそれ自体としてかわいがれば，子どもを手段として扱ったとしても，問題はないのだ。たとえば，「そこにある本を取ってくれ」と他人に頼むことは，他人を本を取る手段と見なしていることになるが，何の道徳的・倫理的問題もない。

2については，確かに「自己決定権」を侵していると言えよ

> **Hint**
> 手段として扱うのは全面的には禁止されていない

う。ただ、ミルによれば、**自己決定権は十分な判断力を持っている人間に限られる**。「子供や野蛮人には認められない」（『自由論』）のである。ここから、親である夫婦がまだ自己決定できない第2子に代わって、最善の判断を行ったと論じることもできる。第2子にしても、家族である姉の役に立ったとなれば、将来喜ぶかもしれない。

> **Hint**
> 子どもに自己決定権はあるか？

そもそも、子どもはさまざまな理由で生まれる。「自分の老後の面倒を見てほしい」という期待をかけて、そのために子供を産むことは道徳的に非難されないし、「赤ちゃんがかわいいから」という理由で産むのは、子どもを愛玩物とみなしていることになるが、これも道徳的に問題はない。「避妊に失敗したから産んだ」ことにも、多少眉をひそめたとしてもだれも文句は言わないだろう。だとしたら、「姉の命を救う」という目的は、家族愛という道徳的理由を前提とするだけ、これらの理由より悪いわけではないだろう。

ただ1の可能性は否定できない。子どもの生命をわざと危険にさらすことは、確かに問題だ。しかし、これも程度問題と言える。そもそもまったく安全であるということはこの世には存在しない。たとえば、子どもを車に乗せれば事故死の危険性は常にある。これが許される限り、骨髄移植の危険度が比較的に低く見積もられるのであれば、手術をするのが特に不当だとは言えないだろう。もちろん、**実際に事故が起きた場合は、明らかに親に責任があるが、事前にそれを禁止する理由はない**。第2子が白血病にかかる確率についても、同様に結果責任の問題であり、事前に禁止できるほどの理由ではないと思われる。

> **Hint**
> 安全性の確保は根拠として十分か？

■第2子をつくることに反対の場合

もちろん、上の考えに反対する意見を取ることは自由である。そのためには次の3つを証明すればよい。

> 1 子どもという他者に対して、危害を加える可能性がある行為をするのは虐待ないし保護の放棄になる
> 2 骨髄移植は子どもの自己決定権を侵している
> 3 姉の生命を生かすための手段とされている

ただし，これはかなりむずかしい。たとえば1を認めると，親が障害児の可能性がある子を産む決定をする場合も虐待ないし保護の放棄になってしまう。しかし，これは「親の自己決定権」として認められている。2は，「子どもの自己決定権」というかなり問題がある主張をせざるをえない。3は，確かに第2子が姉への骨髄移植の手段としてのみ使われ，それ自体としての愛情をかけられないという状況においては成り立つ。しかし，「愛情をかけられない」かどうかは，はっきりしないはずだ。

Warming Upの解答

1 骨髄移植するために，第2子を産むという行為は（倫理的に）許されるか？
2 完全に安全ではなく，全身麻酔のときに事故の可能性がある，4分の3の確率でHLAが適合しない可能性がある，第2子も白血病である可能性が普通よりは高い
3 子どもという他者に対して，危害を加える可能性がある行為をするのは虐待ないし保護の放棄にならないか？　骨髄移植は子供の自己決定権を侵していないか？　第2子は姉の生命を生かすための手段とされていないか？
4 骨髄移植は問題ない／すべきではない
5 目的として扱いつつ，手段として扱うのはとりあえず禁止されていない，親である夫婦がまだ自己決定できない第2子に代わって，最善の判断を行っただけ，骨髄移植の危険度が比較的に低く見積もられるのであれば，手術をするのは不当ではない／3のどれかを詳述する

解答例

問1

要約

　ある夫婦の1人娘が，白血病になった。まだ若いので骨髄移植手術をすれば助かる可能性は高いのだが，彼女の骨髄に適合したHLAを持つドナーが見つからない。そこで，夫婦はもう1人子どもを産み，その第2子の骨髄を移植して長女の命を助けようと考えた。兄弟姉妹では，4分の1の確率でHLAが同じになり，骨髄移植できる可能性が出てくるから，それに賭けようとしたのだ。
　しかし，たとえ移植できたとしても，この手術は完全に安全とい

うわけではなく，事故が起こる可能性は否定できない。そもそも4分の3の確率で移植できない場合もある。さらに，生まれた第2子が白血病である可能性も普通よりは高いというリスクもある。このような危険が存在するのにもかかわらず，親の決断だけで，骨髄移植をするために子どもをつくるということは倫理的・道徳的に許されるのだろうか？　考えてもらいたい。(378字)

問2

夫婦の行為の評価については，次の3点にまとめられるであろう。まず生まれた子どもに対して，骨髄移植に伴う生命の危険を強制していいのか，という問題である。子どもはまだ幼いので，自分なりの判断や行動は不可能である。保護・育成する立場にある親がわざわざ子どもにとって何の利益もない生命の危険にさらすのは，身体的虐待に当たる可能性がある。もし骨髄移植の段階で事故が起こったら，その責任は免れないし，第2子が白血病である危険が通常より大きいことも危害を加える可能性と考えられる。

> 論点1
> 生命の危険を与えていいか？

しかも，このような行為を子どもの同意なしに行うのは，「自己決定権」の侵害になっている。自分の身体の処理を自分が自由に決定するというのは近代的な自由の基本である。ミルは「他者に危害を加えない限り，たとえ本人に対して不利であったとしても，自己決定権を持つ」と言う。そういう意味で言えば，本人である第2子が自ら骨髄移植を望んだとすれば何の問題もないが，親が代わって骨髄移植を決定するというのは，子供の判断能力のなさにつけ込んでその身体の処理を決定したことになり，明らかにおかしい。

> 論点2
> 自己決定権の侵害？

一方で，同じ事柄を違った方向から評価することもできる。カントは人格を尊重する立場から「人間性を常に目的として取り扱い，けっしてたんに手段として取り扱うことのないように行為せよ」と言う。その意味で言っても，この夫婦は第1子の命を救うためだけの目的で第2子を産むのだから，第2を目的としてではなく，第1子を救うための手段と見なしていたことになる。これは，カントの原則にも反していることになる。

> 論点3
> 子どもを手段として扱っている？

もちろん，夫婦がこのような決定に至ったのは，そもそも他人どうしの間ではHLAが適合する確率が極端に低いことに加え，日本ではドナー登録者が低いことが背景にある。その意味で，ドナー登録

> 論点4
> ドナー不足も問題になる

者はなぜ増えないのか，その増加をどうやって図ったらいいか，という問題も論じることもできる。しかし，いくら登録者が少なく適合した登録者が見つからなくても，それだけで夫婦の決断が倫理的に容認できるわけではない。（884字）

問3

> 主張

骨髄移植を目的として子どもをつくることはなんら問題がない。なぜなら，問2で挙げた根拠はすべて否定できるからである。

> 論点1 手段として使うことを禁止していない

まず，カントは他者を手段として使うことを全面的に禁じていない。彼の主張は「けっしてたんに手段として取り扱うことのないように行為せよ」であり，これは他者を目的として扱えば，同時に手段として扱ってもいいことを意味する。つまり，生まれてきた子ども自体に愛情をかければ，それを手段として扱うときがあったとしても問題はない。「そこにある本を取ってくれ」と他人に頼むことと同様，何の道徳的・倫理的問題もない。

> 論点2 自己決定権も子どもに適用できない

「自己決定権」についても同様だ。なぜならミルによれば，自己決定権を持てるのは十分な判断力を有する人間に限られるからだ。したがって，親である夫婦が子どもに代わって，最善の判断を行ったと考えればよい。子どもにしても姉の役に立ったと知らされれば喜ぶであろうという判断だ。そもそも，子どもはさまざまな理由で生まれる。「老後の面倒を見てほしい」「赤ちゃんがかわいいから」などの利己的理由であっても非難はできない。「姉の命を救う」のは，家族愛という道徳を前提とするだけ，理由としてましだろう。

> 補足 厳密な安全はない

子どもの生命をわざと危険にさらすことは，確かに問題だが，これも程度問題だ。まったくの安全状態は存在せず，車に乗せれば子供が事故死する危険も増す。同様に，骨髄移植の危険度が比較的に低く見積もられるのであれば，手術するのは不当ではない。もちろん，実際に事故になった場合は親の責任だが，事前にそれを禁止する理由はない。白血病にかかる確率の高さについても同様だろう。（690字）

6 人権と生命　演習問題

Theme【クローン人間の是非】　2005　慶應義塾大［未修］150分

次の［A］［B］の二つの論文を読んで，以下の問に答えなさい。
（問1）　論文［A］の筆者は，クローン人間禁止論の論拠としてどのようなものを挙げ，それぞれの論拠に対してどのように論じているか。800字以上1000字以内で要約せよ。
（問2）　論文［B］を参考としつつ，論文［A］の筆者の見解に対して，600字以上800字以内で反論せよ。

［A］
　1997年2月，科学雑誌『Nature』誌に体細胞クローン羊・ドリーに関する論文が発表され，即座にドリー誕生のニュースが世界中を駆けめぐった。この時，人々の頭をよぎったのは，おそらく「クローン人間（ヒト・クローン）」の現実性だろう。実際，当時のアメリカ大統領・クリントンは即座に「クローン人間禁止」の声明を発表し，「クローン人間誕生」へ向けた研究に「倫理的規制」をかけてきた。
　しかし，98年には，韓国で「クローン人間誕生一歩手前」まで実験された。30代の女性の未受精卵から核を取り除き，同じ女性の体細胞の核を移植して，4段階まで細胞分裂させた初期胚をつくることに成功した。この胚を子宮に移植させれば，クローン人間が誕生するわけだ。つまり，基本的には，ドリーと同じ方法で「クローン人間」をつくり出せることが明らかになった。この時，「クローン人間誕生」は秒読み段階に入ったと言っていい。
　また，2000年6月にはヒトゲノム計画の第一段階がほぼ完了し，DNA30億文字の読みとりが終了した。他方，それぞれの病気や体質の原因となっている「遺伝子」を確定することも進展している。たとえば，ハンチントン舞踏病やテイ・サックス病の遺伝子が確定されたり，アルツハイマー病の遺伝子が取りざたされたりしている。今後は，ヒトゲノム計画によって読みとられた情報をもとに，それぞれの遺伝子の機能を解明し，病気や体質の遺伝子を詳細に特定していくはずだ。誰かのDNAが得られれば，その人の将来の病気などが予想されるようになる。
　このように見ると，私たちはすでに，「遺伝子改造社会」というまったく新しい社会に突入したことが分かる。（中略）　ほぼ西暦2000年を境にして，「生

命」をめぐるテクノロジーは新たな段階に達したわけだ。それに対して,「生命倫理学」は果たして有効に対応できているのだろうか。

　最近の生命倫理学の動向を見てみると,テクノロジーの飛躍的な進展に対して上手く適応できていないようだ。生命倫理学者たちは「クローン人間反対」の大合唱を行ない,「遺伝子改良」に否定的態度を表明する。誰かが「クローン人間」や「遺伝子改良」の自己決定をしようとすると,生命倫理学はパターナリスティックな「自己決定の制限」を表明するだろう。生命倫理学は保守主義へと転落してしまっている。これでいいのだろうか。

　ここで,「クローン人間と遺伝子改良」問題を検討することによって,「遺伝子改造社会」における生命倫理学の可能性を探っていこう。

　クローン人間について議論する場合,基本的には二つの場面を分けて考える必要がある。一つは「臓器バンク」としてのクローニングであり,もう一つは「クローン人間」としてのクローニングだ。

　「臓器バンク」としてのクローニングでは,必ずしも「生身の人間」を誕生させる必要はなく,一定の臓器を製造すればいい。患者と同じ遺伝情報を持った臓器が製造されれば,拒絶反応のない臓器を手に入れることができる。具体的にどうするかは別にして,臓器や組織のクローニングは今後増大するに違いない。これについて,どこか悪い点があるだろうか。

　「臓器バンク」としてのクローニングを考える場合,おそらく問題になるのは「クローン人間」を臓器バンクの目的で誕生させることだろう。臓器や組織のクローニングではなく,「クローン人間」そのものを誕生させる場合には,まったく話が変わってくる。この時は,臓器バンクとは独立に「クローン人間」そのものが問題になるのだ。そこで以下の議論では,「クローン人間」そのものについて考えることにしよう。

　さて,クローン人間が望まれるのはどんな場合なのだろうか。最初に払拭しておきたいのは,マスコミなどでしばしば言及される「クローン人間」像だ。たとえば,独裁者や天才のクローンとか,クローン人間による奴隷や軍隊というようなイメージが先行する。しかし,こうした「クローン人間」は現実的でないばかりでなく,効率という点でもあまり意味がない。そもそも,独裁者がクローン人間をつくろうと思ったならば,どんなに「倫理的規制」をかけてもつくるはずだ。

　ここで問題になるのは,一般の人々にとって「クローン人間」への願望がないかどうかだ。たとえば,結婚して10年ほど経過したカップル(ケンとメリー)がいるとしよう。二人はともに子供がほしいのだが,どうしても子供ができない。そこで,二人で病院に出かけ検査したところ,精子と卵子による人

6 人権と生命　演習問題

工授精が不可能だと分かった。それにもかかわらず、二人は子供がほしいが、少なくともどちらかの遺伝子を引き継いだ子供がほしい。その時、ケンがメリーに次のように言った。「ボクは君そっくりの女の子がほしいな。君のクローンをつくったらどうだろうか。誰か、卵子の提供者はいないだろうか。医者に相談してみよう。」

あるいは、結婚して10年たち、やっと子供（リカ）を授かったカップル（タクヤとレイコ）がいる。ところが、リカちゃんが3歳になったとき、リカちゃんはダンプカーにひかれ死んでしまった。二人の悲しみはあまりに大きく、気も狂わんばかりであった。その時、タクヤがレイコにささやいた。「リカのクローンをつくろう。ボクたちにはリカしかいない。」リカを生んだあとでレイコは不妊症になっていて、もはや子供ができなかった。そこで、タクヤは医者に相談し、何とか自分たちの希望が叶えられないかどうか相談する。

また、ナオミとヨーコというレズビアンのカップルを考えてみよう。二人は誰か他の男から精子を提供してもらってではなく、「二人の子供」がどうしてもほしい。そこでナオミは提案する。「私の卵子から核を取り除き、そこにヨーコの体細胞の核を入れて、二人の子供を作ろうよ。私は、ヨーコそっくりの女の子を是非育てたいわ。だって、今の技術では可能だそうよ。」こうして、二人は医者の所へ相談に行く。

最後に、独身主義者ヒトミの場合はどうだろうか。彼女は40歳になったとき、ふと老後のことが心配になった。「私も年老いたとき、時々は話し相手になるような子供がほしいわ。生活の面倒を見てもらう気はないけれど、心の支えとして子供がほしい。死ぬときも、子供に看取られて死にたいわ。今まで、必死になって働いてきたから、ある程度の蓄えがある。これをもとにして、私のクローンをつくったらどうかしら。自分のクローンだから、きっと子供の気持ちも分かるはずよ。」ヒトミはこう考えて、医者にどうすればいいのか相談する。

この他、いろいろな場合が想定できるが、本質的には同じだ。4つの事例で、彼らがクローン人間を望んだ場合、生命倫理学はどう答えるのだろうか。

「クローン人間」に対する反対意見として、しばしば技術的な問題が理由として述べられる。たとえば、「クローン人間は通常より短命だ」とか、「さまざまな病気や障害を持った人間が生まれる」とか、「死産する可能性が高い」とか言われている。ドリーを誕生させたウィルムット博士でさえこうした危険性を警告している。つまり、「技術的に安全性を確認できないクローニングを、人間に行なうことはできない」というわけだ。その意味で、「クローン人間の試みは人体実験だ」とも言われる。この反論は、果たしてどこまで有効なの

だろうか。

　この反論の最大の弱点は、「もしクローン技術が完全だったならば、クローン人間は容認できるか」という問いにまったく答えない点だ。「クローン人間の是非」について、問題を先送りにしているにすぎない。逆に言えば、技術的な難点がクリアできるようになったならば、「クローン人間」はどこも悪くない、ということになる。問題は、現在の技術的な水準なのか、それとも「クローン人間」そのものなのか明確ではない。技術的難点を理由にして、「クローン人間」に反対することは、論点をごまかしているだけだ。

　しかも、技術的に不完全という点で言えば、「クローン人間」だけではない。臓器移植にしても、決して完全な技術ではない。そもそも、医療そのものが確率の世界であって、100％安全ということはない。だからこそ、常にインフォームド・コンセントが必要なのだ。それなのに、なぜ「クローン人間」だけが技術的な理由で反対されるのだろうか。たとえば、数年前アメリカでヒヒの心臓を人間に移植するということが行なわれた。この手術と比べて、クローン人間の方が危険なのだろうか。

　問題はこうだ。「クローン人間は現在のところ時期尚早か。」確かに、クローン人間については現在さまざまなリスクがある。まだよくわからない部分も多い。クローン人間を実験してその結果がどうなるかは、今のところ誰も予測できない。しかし、そうだとしても、「クローン人間は絶対に禁止する」ということは言えない。

　たとえば、ある外科手術を考えてみよう。成功の可能性がきわめて低く、しかも現在の技術水準ではそれ以外に方法がないとき、どうするだろうか。「成功の可能性がきわめて低いので、手術は今後絶対に禁止する」と言うだろうか。誰かが、「それでもいいから是非手術してほしい」と申し出たとき、それでも拒否すべきなのだろうか。また、今後も絶対に禁止すべきなのだろうか。

　技術的に危険という理由でクローン人間を禁止する場合、注意しなければならない。いったい誰がこれを禁止できるのか、考える必要があるのだ。公的な保険制度など使わず、自分のお金でクローン人間をつくる場合、他人がこれを禁止する根拠はどこにあるのだろうか。しかも、技術的に危険という理由で。

　これを理解するために、もしかしたら障害児が生まれる可能性のある女性を考えてみよう。たとえば、他人が「あなたの子供はひどい障害を持って生まれるかもしれないから、子供を生むことを禁止する」と言えるだろうか。もちろん、誰もこんなことを言うことができない。これを決定するのは、あくまでもこの女性自身だ。この女性が障害の可能性を分かった上で、出産を

選択した場合，その選択に対して禁止する理由は何もない。死産かもしれないし，障害の度合いが大きいかもしれない。それでも，出産するかどうかは，女性自身の問題なのだ。この女性が，「どんな状態であれ，私は出産したい」と考えるとすれば，誰もそれに反対できないはずだ。

この女性の選択に反対する人は，きわめて差別主義的で，パターナリスティックな強制を行なっている。この人は障害を理由に反対しているのだから，露骨な差別主義者なのだ。また，女性の決定を無視して自分の判断を押しつけているから，パターナリストなのだ。障害のある子供を生むかどうかは女性本人の問題で，他人がこの決定に介入することはできない。

クローン人間を技術的な理由で禁止する場合も，これとまったく同じことだ。「クローン技術で人間を生むことは，障害を持った子供が生まれるかもしれないから禁止する」と言っていることに等しい。この表現がいかに差別主義的で，パターナリスティックであるかは，もはや明らかだろう。女性がクローン技術によって子供を生もうと選択する場合，この選択に対して外部から禁止するパターナリズムはやめた方がいい。しかも技術的な理由で禁止する場合には，差別主義であることを自覚すべきだろう。

どんな子供を生むかは，あくまでも個人の問題だ。どんな技術を使って子供を生むかも，個人の問題だろう。自分の子供を生むかどうかに関して，他人からいろいろ干渉されたくない。「正常でない子供が生まれるかもしれないから出産をやめろ！」とは，誰も言えない。それなのになぜ，関係のない他人がクローン人間に反対するのだろうか。

このように見ると，技術的な理由で「第三者」がクローン人間に反対する理由はどこにもなさそうだ。

技術的な理由ではなく，クローン人間そのものに反対する理由は何かあるのだろうか。しばしば，「クローン人間は自然に反している」という理由が語られる。すなわち，「出生には男性と女性が関与することが自然」だとされるのだ。しかし，「自然」という言葉はとてもクセ者で，注意した方がいい。

まず，「自然だ」としても，「それがいい」ということにはならない。これは通常「自然主義的誤り」と呼ばれるもので，「事実（……である）」から「価値（……がいい）」は出てこない。たとえば，「難解な講義を聴いていると眠くなるのは自然だ」からといって，「眠る方がいい」とは言えないだろう。自分でいろいろな例を考えれば，納得できるはずだ。「自然」だからといって「いい」わけではないし，「自然でない」からといって「悪い」わけでもない。

また，「自然」という言葉はきわめてアイマイで，何を「自然」と考えるか，はっきりしないのだ。体外受精はどうだろうか。両性の関与があるという点

では「自然」かもしれないが，体外で「人工授精」するという点では「不自然」かもしれない。また，夫以外の第三者から精子を提供されて，女性の「体内」で人工授精する場合はどうだろうか。あるいは，さまざまな場合を区分できるが，いったい何が「自然」なのかは恐らくはっきりしなくなるだろう。

（中略）

「自然」かどうかは，ある意味では，それが社会的に流通しているかどうかに依存している。「試験管ベビー」第1号のニュースが世界中を駆けめぐったときには，これが「自然に反している」と感じた人は多かったはずだ。ところが，その後ゾクゾクと「試験管ベビー」が誕生し，人工授精の技術がどこでも使えるようになると，「試験管ベビー」への違和感はなくなってしまう。今では，「自然な出産」のように考えられるだろう。ある技術が社会の中で流通し，どこででも使えるようになったとき，それは「自然」だと見なされるようになる。誤解を恐れずに言えば，「自然」と感じられるかどうかは，それが「多数派」になっているかどうかに依存しているのだ。

だから，「クローン人間が自然に反している」というのは，トートロジーにすぎない。現在のところ，「クローン人間」は禁止されていて，全くの少数派（あるいはゼロ）だからだ。しかし，もしクローン技術が世界的に流通し，多くの国や地域で「クローン人間」が誕生するようになると，「クローン人間はきわめて自然だ」と感じるに違いない。そこかしこにクローン人間が生活するようになるとき，「クローン人間は不自然だ」と言えば，単なる時代錯誤にすぎないのだ。このように考えると，「不自然」という理由で，クローン人間に反対することは何ら根拠がない。それでもなお，「自然」ということに固執するならば，ドーキンスの次の指摘をよく考えてみた方がいい。

「進化生物学者から見れば，ふつうの生殖よりクローニングの方が自然であるという考えもできる。」

「クローン人間」問題を考える場合，忘れてはならないのが現代のライフスタイルだ。一般に，人が子供を望むのはさまざまな理由からだが，「クローン人間」は現代のライフスタイルにぴったり適合しているように見える。現代人の生活を考えると，「クローン人間」への需要は大きいはずだ。

現代のライフスタイルの最も大きな特徴は，「一人の男性と一人の女性が結婚によっていわば半永久的に（「死が二人を分かつまで」）生活し，その中で子供を生み育てていく」，という近代的な家族制度が徐々に崩壊しつつあることだ。男性と女性のカップルでも，必ずしも一対一の関係でなかったり，永続的でなかったりする場合が多い。また，同性愛のカップルもいれば，独身主

義者もいる。異性とは楽しく遊びたいが、子供はつくりたくない、という人もいるだろう。こうした場合、従来のような形で子供をつくることは難しいだろう。

　たとえば、現在つきあっている男性（トム）がいるけれども、トムとは結婚など毛頭する気のない女性（ジャニス）を考えてみよう。今後ジャニスは、別の男性とつき合うようになるかもしれないし、トムとは別れることもあるだろう。しかし、ジャニスは今、自分の子供がほしくなった。その時、ジャニスはトムとの子供をつくろうとするだろうか。きっと、NOと言うに違いない。では、ジャニスのこの希望を満たすには、どうすればいいのだろうか。「精子バンク」だろうか。しかし、誰だかワケも分からない人の「精子」なんてほしくない、とジャニスは考えるかもしれない。その時、クローン技術はジャニスの願望をそのまま実現してくれるはずだ。ジャニスは、自分の体から卵子を取り出し、自分の体細胞のクローニングを行なえば、子供を持つことができるのだ。この時、ジャニスは何か悪いことをしているのだろうか。世界的に禁止されるほど、悪いことをするのだろうか。

　こうしたことは、レズビアンのカップルであるナオミとヨーコに関しても言えるはずだ。愛の形は決して一つではないし、レズビアンやゲイが悪いわけでもない。どんな愛の形を選択するかは、あくまでも個人の問題だ。何の関係もない第三者が、「そんなことはやめろ」という権利はどこにもない。この二人が、自分たちの子供を望んだとしても、何も不思議はないだろう。クローン技術は、彼女たちの願望を満たしてくれる。彼女たちが自分たちの考えにもとづいて、「クローン人間づくり」を選択するとき、これに反対する理由があるのだろうか。

　そもそも、こうした場合に限らず、人が子供を望むのはさまざまな理由がある。通常の出産の場合でも、各人各様の理由があると言ってもいい。ある人は跡継ぎのために子供をつくるかしれないし、避妊の失敗から子供をつくるかもしれない。望まれて生まれる子供もいれば、呪われて生まれる子供もいる。愛の結晶と考えられることもあれば、偶然の産物と見なされることもある。いずれの場合であっても、選択するのは子供を生む親であり、それとは関係のない第三者ではない。

　通常の妊娠に関してパターナリズムを認めないのであれば、クローン人間に関してもパターナリズムは拒否すべきだ。どの出産はよく、どの出産は悪いかを誰が判断できるだろうか。現代の多様なライフスタイルを認めるとすれば、クローン人間に対しても禁止する理由はないだろう。

　本当を言えば、クローン人間について多くの論者たちの意見は、「安全性と

いう理由を除けば、禁止する理由は見あたらない」という点で一致している。ところが、世界の政治家たちやマスメディア、生命倫理学者たちの間では、「クローン人間禁止」の大合唱が繰り広げられている。きわめて異様な光景だ。

この光景を目の当たりにして、「これはきっと陰謀だ！」と疑う人もいる。特別禁止する理由がないのに、あれほど大々的に「クローン人間禁止」のキャンペーンが行なわれるのだから、この疑いはもっともだ。クローン人間禁止のウラには、表面上は議論されない理由が隠されているのかもしれない。「陰謀」かどうかは別にして、果たしてそうした理由はあるのだろうか。世界的に大キャンペーンを張ってまで、クローン人間を禁止する理由は何だろうか。

それはクローン人間が「男性中心主義」を根底から解体するからだ。考えてみれば分かることだが、クローン人間が生まれるに当たって「男性」は必ずしも必要ではない。必要なのは、女性の卵子と体細胞だ。だから、女性は自分の卵子と体細胞を使って、一人だけでも子供をつくることができる。前の例では、ヒトミやジャニスの場合がそうだ。また、レズビアンのカップルにしても、男性は必要ではない。彼女たちの卵子と体細胞から子供をつくることができる。これに対して、男性が子供をつくるためには、どんな場合でも女性の卵子が必要だ。精子と卵子の受精によるにしろ、体細胞クローンにしろ、女性の卵子は不可欠なのだ。

従来の技術では、子供をつくるためには卵子だけでなく精子も不可欠だった。ところが、体細胞クローンが可能になって、状況は一変した。体細胞クローンをつくるためには、女性は卵子提供者及び子宮保持者として不可欠だが、男性は存在していなくてもかまわない。子供を生むためには、もはや精子は必ずしも必要ではないのだ。そこで、哲学的に表現すれば、女性は必然的（必要的）存在だが、男性は偶然的存在にすぎない、と言えるかもしれない。

これは「男性中心主義の歴史的な終焉」を意味していないだろうか。これを察知しているからこそ、男性中心主義の政治家やマスコミがこぞって「クローン人間禁止」の大キャンペーンを繰り広げた、と考えることができる。クローン人間とともに、男性中心主義が音を立てて崩壊し始めるのだ。こう考えると、「クローン人間禁止」は「男性中心主義の陰謀」と見なすこともできるが、「陰謀」かどうかはあまり問題ではない。確認したいのは、クローン人間によって男性中心主義が根底から崩壊する、ということだ。

そこで、クローン人間に対しては、恐らくフェミニストの側から擁護する議論が活発に提出されるに違いない。今のところ、そうした議論はあまり見かけないが、今後フェミニストとクローン人間の共闘が出来上がるはずだ。それに対して、「クローン人間禁止」を表明する人は、男性中心主義に固執する保守的な人間かもしれない。その時、生命倫理学がどちらの立場に立つの

か，とても興味深い。

[B]
　90年に始まったヒトゲノム計画は目標年を2年前倒しし，2003年4月に解読の終了を宣言した。これによって，唯一，交配実験ができなかった人間の全DNA配列が，他の生物に先んじて明らかになり，医学と医療が全面的に遺伝学からゲノム学へと引き入れられた。また97年には，クローン羊作成の論文が公表され，翌98年には，ヒトES細胞（胚性幹細胞：初期胚を分解して得られる，あらゆる組織に分化できる増殖可能の細胞）の樹立に成功し，哺乳類の発生工学で技術革新が起こった。
　このような事態は，人体という自然をどう認識し，価値づけ，管理していくか，言い換えれば，「内なる自然」のポリティックスが時代的課題となったことを意味している。この課題の転回を「20世紀バイオエシックスから21世紀バイオポリティックスへ」と表現しておく。
　「内なる自然」の価値問題を扱う学問は，バイオエシックス（以下，生命倫理とする）だと考えられてきた。しかし30年前，アメリカで産声をあげたこの学問は，思想的には自己決定という単純な概念に立脚するものであった。この単純さこそ，生命倫理的課題を扱う原理としての有用性の源であり，インフォームド・コンセント（本人同意）の確認という規制様式は，世界中に受け容れられていった。
　しかし，自己決定原理は二つの主張と連動するものであった。第1に，肉体は統合された個別の存在であり，処分権はあくまで本人にあること，第2に，第三者に害を及ぼさない限り個人の行動は制限されないとする自由主義的主張である。この点でアメリカ的色彩の強い概念であった。

出典　[A]　岡本裕一朗『異議あり！　生命・環境倫理学』121～135頁（ナカニシヤ出版，初版2002年）
　　　　　[B]　米本昌平「「生命」の取り扱いにも憲法の歯止めが必要」中央公論2004年6月号164～165頁
（なお，問題文では，原文の一部を省略し，縦書きの原文を横書きに変え，原文に付されている注，小見出しを省略している。）

解答のプロセス

➡解答例は352ページ

要約	クローン人間禁止論の論拠を列挙する（問1）
主張	クローン人間は肯定できるという筆者の主張は間違っている（問2）
理由	自己決定と他者危害という単純な原理によっており，その原理は成立しない
説明1	身体は自分の労働の産物ではないので所有権は及ばない
説明2	危害とは何か，だれが決定するのかが不明
結論	筆者の議論の批判をまとめる

類題

05東北大「出生前診断のあり方」
05神戸大「人工妊娠中絶に関する法的規制」
05白鴎大「自己決定に基づく自殺と安楽死」
05國學院大「臓器移植と死者の自己決定権」
04桐蔭横浜大「インフォームド・コンセントとパターナリズム」
05名城大「個人の生命と医療費の費用対効果」
05近畿大「医療における倫理と営利の相克」

Solution

確認したらチェックを入れよう。

- 自由＝他者に危害を加えない限り，自己決定できる
- 愚行権の保障＝自分の不利になることでも自己決定できる
- 「滑り坂の理論」は安楽死を否定する根拠にはならない
- 十分に判断力があるかどうかを，だれが決定するかが問題
- 遺伝子技術・クローン人間を積極的に否定する根拠は薄い
- 自然でないという理由だけでは，倫理的に否定できない

Advanced View

生命の価値は比較できるか

　人の生命は比較できない、とよく言われる。しかし、本当にそうなのだろうか？
　次のような事例を考えてみよう。あなたの目の前に瀕死のAとBの2人の人がいて、どちらか一方しか助けられない、という状況では、人の生命が比較できないとすれば、どちらを助けるべきかは言えず「タイ・ジャッジメント（引き分け）」になるはずである。
　だが、この状況にさらに瀕死のCを付け加えてみよう。そして、A1人だけかBとCの2人だけのどちらか一方しか助けられないものとしよう。もし、あなたがここでも生命が比較できないので、この場合でもどちらを助けるかはタイ・ジャッジメントである、と言ったとしよう。すると、困った結論が出てくることになる。

■生命が比較できる状況

　この2つ目の状況では1つ目の状況にCの生命という重要な価値の問題が加わっている。にもかかわらず、この2つの状況に対して同じ「タイ・ジャッジメント」という判断を下してしまうならば、あなたの判断にはCの生命が影響を与えていないことになる。それはあなたがCの人命をきちんと考慮に入れ損ねているからではないのか？　このままでは、同様にして、1万人の生命と1人の生命も比較できないことになるのは明らかであろう。
　確かに、ある人の生命が他の人の生命より価値を持っている、ということはできないかもしれない。しかし、そのことは、われわれが生命について比較をできないということを意味しないし、現にわれわれはそれを行っているのである。もし、比較を拒めば、あなたはCの生命を尊重していないことになるのだ。
　国家が個人の生き方（善き生の構想）に口を差し挟まなくなった近代以降の国家において、この問題は明らかになる。近代国家は、個人の生命の価値について、どんな人生を生きる生命がより価値があるかなどということを言わない（貴族という血統のゆえに貴族の生命が平民のそれ

より価値がある，とかカトリック教徒の生命はプロテスタントの生命よりも価値がある，といった主張から多くの悲劇——革命や戦争——が生じたことへの反省からである）。しかし，国家は生命の内容に対する比較はしてはならないが，比較自体はしなければならないのである（あなたは，罪のない1人の命を助けるために同じく罪のない多くの人々を犠牲にしようとする政策を採る政府に支持を与えたいと思うだろうか？）。

イギリスの哲学者ハリスは，次のような「臓器くじ」という制度を考えついた。(2004年度國學院大問題を参照)

> 臓器移植技術が大変に発達した世界を想定しなさい。この世界で次のような強制的な臓器提供義務を負わせるくじを行う制度を提案するとしよう。社会のメンバーのうち健康な人はすべてこのくじを引き，このくじによって選ばれたメンバーは強制的に臓器を提供することになる。この臓器提供によって1人の犠牲から2人以上のメンバーが助かることになるので，今よりもはるかに多くの人が助かることになる。ただし，自分の不養生によって病気になった人には提供されないものとしよう。

■数の比較は避けられない

ここでは，まさに生命に対する比較が行われている。ハリスが生命の価値を軽視しているからこういう議論が出てくるのではない。むしろ話は逆である。どんな人の生命も等しく尊重されるべきである，として生命の価値を尊重するからこそ，数の比較が避けられなくなるのである。「多数のために少数を犠牲にしている」というありがちな批判は，多数者が専制化し少数者を抑圧しがちである，という歴史的にも確認されてきた事実への警告としては正しいが，この事例に対しては的を外している。ハリスのこのくじではだれも抑圧されてなどいないし，だれもが提供者にも被提供者にもなりうるのであり，公正なものであるのだから。生存権を侵害しているというわけでもない。この制度によって望まぬ死を迎える死者の数は最小化され，生存権の実現の最大化が図られるのだから。

この議論に対し，諸個人の生命の価値が等しくないことを積極的に認めるべきだ，という批判もできよう。死にかけている人間の生命は健康な人間の生命と比べるに値しない，など。だがこうすると，たとえば，

「3歳まで生き延びることが望めない重篤な治療不可能で多大な絶えざる苦痛をもたらすような障害を負った障害児に関して、殺害（安楽死）が許されるべきだ」といった、ハリスの議論に劣らず奇妙に聞こえる話もできることになるだろう。生命の比較不能性がどうの、という議論ではどうもハリスの「臓器くじ」に対する批判としてはうまくいかないようである。

　そこで、よく持ち出されるのがカントの「他者を手段としてだけでなく目的として扱え」という有名な議論である。臓器くじにおいて人々は、病人を延命させる手段に格下げされてしまっており、一つの人格として扱われていない、というわけだ。しかし、この議論もまた失敗している。個々人の生命が単なる手段であるならば、生きのいい、病人の延命にもってこいの臓器を健康に保ってくれる人の生命こそが価値ある生命である、と言わねばならないが、ハリスもそんなことは言わない。個々人の生命を「目的」だとみなすからこそ、生命の内容についての比較ができず、それゆえ生命についての数的な比較をせざるをえないのだ。宗教やマルクシズムなどの、価値に関するドグマ（教義）が衰退した現代において、われわれにはハリスの議論を根本から退ける道はほとんど残されていないように思われる。

カントの定式も解決にならない

　もちろん、カントのこの定式は重要な指摘を含んでいる。特に「手段としてだけでなく」というところに注目せねばならない。道徳は、他者を手段として扱うこと自体を禁止するものではないのである。娘の骨髄移植のために、新たに子供を産もうと決心した両親たちの事例は、この点を実によく明らかにしてくれる。（2004年度創価大 [**Chapter6例題**]・南山大問題を参照）

　つまり、両親が、新しく生まれてきた子供に──移植の成否にかかわらず──その子がその子であるがゆえに真摯に愛情をもって接する（つまり、その子を「目的」として扱う）限りにおいて、その子が姉の骨髄移植の手段でもある、ということ自体に道徳的問題はないのである。それは、私があなたに、高いところにある本を取ってくれるよう頼むのと、本質的に差があるものではない。本を取るのに使うはしごが倒れてあなたが死ぬ危険が皆無ではない、という点においても同じである。

■複数の権利の調整をどうするか

　ハリスの議論に対抗するのは難しい。生命を「侵すべからざる権利」と読み替えてみればわかるが,「侵すべからざる権利」どうしが複数衝突し,どれかが侵害されざるをえない場合,それらをどのように調整するかについて,権利それ自体がわれわれに答えを与えてくれることはなく,結局は権利概念と相性の悪い(非権利基底的——あるいは功利主義的——な)数的比較をせざるをえない,という議論がハリスの議論の根本のモティーフである。

　そして,「多数による少数の抑圧」を防ぎ少数者を保護するために人権が必要だ,などという単純な議論ではこの問題にはかたがつかないのである。生命を巡る話題において,「人権」を持ち出すと話が無駄に錯綜してくるのは,そこがよく理解されていないからだ。ハリスの議論はもし成功していれば,権利論全体に多大な打撃を与えるのであり,権利をまじめに考える者ならば,決して迂回することのできない問いを提起しているのだ。

Chapter 7　社会の中の法と法律家

　法律家の役割は，紛争の解決とは限らない。むしろ紛争を作り出すことで，社会に自らの矛盾を自覚させることにあるかもしれない。法が実現する正義にしても，公平性の確保が主になり，必ずしも善の実現することではないことに注意したい。

Technic

❶ 紛争は社会に役立つ
　社会の矛盾と個人の権利を自覚させる

❷ 法の理念と実際には差がある
　法の内容は抽象的，現場で実質は決まる

❸ 正義は善とは違う
　本質は他人と同じ原理を自己にも適用すること

7 社会の中の法と法律家　知識と講義

Step 1 法律は万能ではない

　志望理由書の心得とも共通するが，法律および法律家は万能ではない。たとえば，法律家になって世の中をよくしたり改革しよう，などという望みは不可能とまでは言えないが，簡単には実現しにくい。どんな職業も同じだが，社会は分業で成り立ち，現状はそれらさまざまな要素の総合的なバランスの上にある。したがって，どれかを変えれば，その必然的な結果として他も変わり，そのために，よい意図が必ずしもよい結果を生むとは限らないし，むしろ逆の結果を生むこともある。

　たとえば，「法を守る」ということを厳密に行うと，かえって社会が混乱し，法を適当に無視するほうが社会システムが円滑に動くということさえある。したがって，社会の仕組みはよい意図であればそれでOKというような簡単な評価を許さない。本当に「社会をよくしたい」と思っているのなら，**法律が実際の社会の中でどのように実践され，どんな機能を果たしているかを冷静に検討**しなければならない。

■問題の解決が至上目的ではない

　2004年度の東京大の問題にも出題されているが，そもそも法律家を，社会的紛争を解決する者，たとえば「紛争という病気を救う医者」と見立てるイメージは問題があると言う。現代的な見方では，むしろ社会的紛争は個々人が自己の権利を要求し，それらが互いに矛盾している状況をあらわにする。これは，社会が諸権利を自覚し，確立していくうえで必要不可欠なプロセスと考えられる。したがって，紛争があることは，社会が自らの内部の矛盾を認識しつつ，その解決に向かって展開していくという意味でむしろ正常なあり方と言える。

　逆に社会的紛争がない社会は，問題が顕在化しにくい分だけ矛盾がより深くなっており，自力では解決ができないという危機的な状況になっているという可能性すらある。だとしたら，

法律家も「問題を解決する」役割より，むしろ「問題を引き起こす」役割のほうが大切になると言えるかもしれない。

> **Point** 法律家は問題を解決するのではなく，問題を作り出すことで社会に貢献する

■法律の適用の実際

実際，法律家の現場は「法律をそのまま適用すれば解決できる」などという簡単な状態にはない。たとえば刑法を考えても，罪を犯した人がすべて罰せられるわけではないのはよく知られた事実である。軽微な犯罪のほとんどは，適当に警察・検察段階で処理されるのであり（これを「前さばき」と言う），実際に裁判に至るのはまれなケースである。逆説的に言えば，罪を犯して刑務所に入るなどという人間は，犯罪者の中でも「エリート中のエリート」なのであって，**大部分の犯罪は起訴もされず，表に出ないように処理されている**のである。

日本では起訴して有罪になる率が諸外国に比べて極端に高率であるから治安がよいとか，逆に裁判制度が被告に不利にできているなどという議論がなされるときもあるが，これは日本の検察官が優秀だったり残酷だったりするためではない。まして や裁判官に与える影響が強いわけでもない。そもそも高い確率で有罪になるような事件を厳選して起訴しているから，こういう結果が出てくるのだ。したがって，検察官の権力は「犯罪者を起訴する」ところにあるのではなく，むしろ罪を犯した者であっても起訴しないようにできる点にこそある。

では，罪を犯した人々の大部分はどうなるのか？ ほとんどの場合では地域社会に戻されて更生が図られるのである。地域の有力者などが仕事を与えたり保護観察を受け持ったりして，罪を犯した者たちの面倒を見て，まるで「何事もなかった」ように社会に再編入させる。このような更生の構造が今までの日本の犯罪者処遇の実態であったと犯罪学者は言う。

◆ 犯罪者→起訴→刑務所というイメージは，現場での運用実態とずれている

■**法律の運用の実際**

　行政学ではよく「行政は法律の自動販売機ではない」と言われる。行政は立法の定めた法律を粛々と実行するという素朴なイメージがあるが，実態はまるで違う。むしろ，現代では時代の変化が早いので，法律はすぐ実状と合わなくなる。そのために，**立法の際には大ざっぱな規則だけを定めておいて，細かな適用については，現場に任せる**という方法が取られることが多い。そのため，行政部門が実質的な法の運用を決める機関と化す。「ストリート・レベルの機関が法の実質を決める」と言われる。当然，その組織の裁量権は肥大せざるをえず，現代の国家システムが「行政国家」になるのは避けられないのだ。

　このような事情は，法律家や法律の場合でもほぼ同じだと言ってよい。「法の厳格な適用」などということは現実的にはほとんどありえないし，かえって社会的には非効率になる場合も多い。**法律をどこまで適用するか，裁量は現場にある**のだ。

　Chapter3の例題でも述べたが，現実社会での法律の適用はかなりいいかげんに見える。法があってもほとんど適用されなかったり，微罪で別件逮捕をするときもある。しかし，このような運用にも一定の意味はある。微罪で捕らえた宗教団体のメンバーは重大な犯罪を実際に行っていたし，恒例の交通安全週間における取り締まりもドライバーにたまさか安全運転を思い出させる効果を持つ。

■**目的と手段**

　要は社会に安全がもたらされればよいのであり，その目的が達せられれば細部の不整合は見逃される。そのような法の適用における裁量が行きすぎると，冤罪事件などという不都合も起こる。しかし，そのような恣意的な運用に一定の歯止めをかけるためにも法律は必要だ。訴訟や紛争が起こされ，法が参照されて，なんらかの決着がつけられる。その繰り返しの中で，抽象的な条文に具体的な意味が備わってくる。その意味で，法律家も法を守るだけでなく，法の実質的な中身を作っていると言えるのである。

Step ❷ 法律に何ができるか

　　法律が実現しようとするのは、「正義」であると言われている。しかし、正義は「善」とは必ずしも一致しない。むしろ、法が善を実行しようとすると社会的な混乱が生ずる、というのが近代の考え方の基本だ。

　　なぜなら、「善」とは一つの価値判断であり、自由主義の原則を取る限り、価値判断はさまざまであってよく、それらの判断のどちらが正しいかは「比較不可能」であるからだ。したがって、ある「善」を社会的に強制することはその「善」を受け入れない集団の反発を招く。その極端な例が宗教戦争である。ロックが「思想・信条・信仰の自由」を主張したのは、そういう混乱を避けるためであった。したがって、法や正義の役割は**価値判断に入り込むのではなく、多様な価値判断が共存できる状態を維持**することにある。

■正義の基準とは何か

　　では、その目的のために法あるいは正義はどのような方法・手段を使うのか？　ある法哲学者は次のような例を出している。「弟は兄に従うものだ」と言って、弟からチョコレートを奪った人Aが、さらにその上の兄Bから「弟は兄に従うものだ」と言われてチョコレートを奪われた。そのときに、この真ん中のAがBに対して「チョコレートを返せ」と要求したら、Aの行為は正当ではない。しかし、下の弟に対して自分が適用したのと同じ原理を甘受して、Bにチョコレートを奪われたことに文句を言わないなら、Aは正義に反してはいない。これは「弟は兄に従うものだ」という価値判断が妥当かどうかに関係ない。

　　つまり、正義とは「自分と他人に同じ原理を適用すること」であり、「利己性」の反対概念だというのである。これを考えれば、正義とは「等しい者には等しい扱いを」という原理でしばしば言われるが、要は「公平性」のことであると言えるかもしれない。

> **Point**　法（正義）の本質は善の強制ではなく、公平性にある

■ 正義の限界

　もし，正義が公平の実現だとすると，できることも限定されている。たとえば，法は個人の「心」の救済を完全にはできない。個人が何か損害を受けたとしても，その損害のすべてをもとに戻すわけではない。損害を与えた側が賠償するか，刑に服するか，のいずれかになる。その処理が被害を受けた個人の感情を満たすかというと，そうならないことのほうが多い。

　たとえば，親族を殺された人間は加害者を「死刑にしても飽き足らない」と思うだろう。このような個人の感情に任せると残酷な復讐になりがちなので，国家が刑罰を独占する。しかし，法が個人的復讐を許さない本質は，「公平性」を保つ点にある。自分あるいは家族の命の価値は個人にとっては大きく，他の何物をもっても代えられないが，国家にとってはone of themでしかないし，それ以上の価値を認めると公平の原則に反する。したがって，結果として起こるのは，被害感情の収束というより国家・社会のレベルでの修復と安定にすぎない。

> **Point** 法で処理できるのは「公平の原則」の範囲内のことでしかない

　一方で「裁判で真実を知りたい」などという感情ももっともだが，これもだいたい期待外れに終わる。もちろん，事実のいくらかは明らかになるが，そもそも裁判の過程では「真実の探求」というより，検察側と弁護側が，あるいは民事だったら双方がある程度合意したうえで，納得できるストーリーを共有し，乱された秩序，あるいは破壊された社会的結束を回復することが主眼になるからだ。

　法律家の仕事とは，このような**個々人の心情という私的な感情の中で存在する「事件」を，法律という社会的な言語に変換**して，失われた正義を回復することにある。もちろん，この変換はかなり無理を伴う。紛争では個人の感情が錯綜し，さまざまな軋轢や衝突が生まれる。それを整理して，最終的に「信頼できる社会」を回復する。その飛躍を行うのが，法律家の専門家としての役割といえるだろう。

1 社会の中の法と法律家　例題と解法

> **Theme【弁護士の職業倫理】**　2005　大阪市立大［未修］2問で180分

　文章Ⅰ－Aおよび文章Ⅰ－Bは，いずれも二木雄策『交通死―命はあがなえるか―』（岩波書店・1997年）からの抜粋である。これらの文章を読み，次の2つの問いに答えなさい。

問1　文章Ⅰ－Aでは，交通事故で娘を失った著者が，加害者側の保険会社が依頼した弁護士と行った損害賠償交渉の経緯が述べられている。弁護士A氏に対する著者の批判を踏まえ，あなたが職業として弁護士を選ぶとすれば，この批判にどのように応えるかを600字以内で述べなさい。

問2　文章Ⅰ－Bでは，示談が成立しなかったために，著者が裁判所に提出した訴状のなかで行った主張の1つに対する弁護士A氏の反論と，それに対する著者の批判が述べられている。弁護士A氏のこの反論をあなた自身はどのように評価するかを，賛否を明確にして400字以内で述べなさい。

文章Ⅰ－A

❶保険業界と同じように，弁護士の世界にも損害賠償の「定価表」が存在していても別に驚くにはあたらない。弁護士も大量の交通事故の迅速な処理が要求される以上，賠償金額を規格化しておくことは必要だからである。まして全国で1万3000人余りいる弁護士というのは，基本的には個人営業である。だから賠償交渉で互いに大きくかけ離れない金額を持ち出すことで交渉の進捗を図ろうとすれば，自分たちの間に共通した基準を設けておかなければならない。実際，日弁連交通事故センターの編による『交通事故損害額算定基準』と東京三弁護士会交通事故処理委員会編の『民事交通事故訴訟・損害賠償額算定基準』とが「基準」の双璧として，全国の弁護士はもとより，弁護士が一定の役割を担っている交通事故紛争処理センターなどでも利用されている。

❷これらの基準の賠償金額自体は，保険会社のそれよりも相当に高い。たとえば，死亡に対する慰謝料は『交通事故損害額算定基準』では一家の支柱で2200万〜2800万円であり，保険会社の1450万円という数字よりも格段に高い。しかし，重要なのは基準の金額の多寡よりも，基準そのものをどう考えるのかという点である。すなわち「基準」というのは個々のケースを処理するための目安にしかすぎないと考えるのか，そうではなく「基準」は金科玉条であり，それ

ぞれの事故の特性を賠償金額に反映させることは極力避けるべきだと考えるのか，という問題である。

❸どちらの考えが正しいかということではなく，現にどちらの考えが採られているか，ということであれば，保険会社が後者の考えを採っていることは言うまでもない。すでに述べたように，効率を重んじる企業が大量に発生する事故を迅速に処理しようとすれば，それが被害者の精神的抵抗を呼び起こすとしても，後者の考えを採らざるをえないからである。

❹では弁護士はどちらだろうか。弁護士一般ではなく，私たちの交渉相手になったA弁護士がどうか，ということにかぎれば，彼もまた「基準」を金科玉条であると考えていたことは確かである。

❺私たちは都合2回，A弁護士と直接に交渉する機会を持った。最初に会った時―それは娘が死んでからほぼ70日後だったが―私たちは死んだ娘がそれまでどのような道を歩んできたか，事故当時どのような生活をしていたか，将来に対してどんな夢を抱いていたか，などを娘を育ててきた私たちの無念や悲哀，それに憤激の想いを交えて彼に訴えた。一言で言えば，私たちは「人間としての娘」についてA弁護士に訴えたのである。子を奪われた親としては当然のことだと思う。少なくとも表面上，彼は私たちの話を聞き，その上で次に会う時に加害者側の賠償案を提示することを約束した。

❻それから1週間後に，私たちは再びA氏に会った。その時，彼は，あくまでも話し合いの材料として，と断ったうえで私たちに「計算書」なるものを示し，その中味を簡単に説明してくれた。しかしB5判の用紙1枚にワープロで印刷されたその「計算書」から，私たちは死んだ娘の姿を垣間見ることさえできなかった。そこに並べられた数字は，19歳の女子大学生という属性だけで形づくられた抽象的なヒトをもとにして弾き出されたものであって，ほかでもない生命を奪われた娘その人に対する謝罪の気持ちから出たものではなかった。それは文字どおりの「計算書」であり，娘に対する賠償案ではなかった。

❼最初に会った時の訴えが何の意味をも持たなかったことに絶望と憤怒とを感じた私たちは，その案の受け入れを拒んだ。私たちが求めていたのは娘に対する償いであって，1枚の計算書ではない。抽象化されたヒトを対象として機械的に計算された数値を，娘の生命の代償として，どうして親の私たちが受け入れることができようか。私たちが求めていたのは単なる金銭ではなく，その背後に込められた，加害者の娘に対する謝罪の気持ちなのである。

❽しかし，このようなものを弁護士のA氏に求めるのは，もともと木に登って魚を求めるようなものであったらしい。後になって気付いたことなのだが，この計算書なるものは，私たちがA氏に最初に会った日の3日前にすでに出

来上がっていたものだったからである。事故で意識不明の状態にあった娘の顔を直接目にしていないことはもちろん，無謀な運転の犠牲になったのがどのような「人間」であったかを自分で確かめることも，また子供を奪われた親の気持ちがどのようなものであるかを聞くこともせず，ただ基準に従って機械的に作られたような案から，死んだ娘に対する配慮を汲み取ろうというのは，しょせん，ないものねだりなのだ。この日付のずれに気付いたのは，案の提示を受けた日からかなり後のことなのだが，その時私が感じたのはA氏に対する憤りよりも，自己嫌悪と徒労感とであった。弁護士といえども一つの職業であり，事故の賠償に決着をつけるのがその役目である以上，彼にとっては生命に値段をつけるのは至極当然のことであり，その金額が機械的な計算によって引き出されるのもまた当然の成り行きなのだということに，もっと早く気付くべきだったからである。私は，「弁護士」という肩書きに甘い期待を寄せすぎていた自分自身の愚かさに，今さらながら臍をかむ思いだった。

❾それと言うのも，A氏に最初に会う前に電話で交渉の日取りの打ち合わせをした時，交渉の席に加害者本人を同席させるように要求した私たちに対して，彼はそれを拒否したことがあったからである。加害者抜きの方が「話をつけやすい」というのである。娘が死んでしまった以上，事故の状況を知るのは加害者だけであり，その責任を取らなければならないのも加害者本人である以上，その人を抜きにしてどうして慰謝料の額を決め，どうして事故の賠償に片を付けることができようか，というのが私たちの考えだった。しかし，彼にとってはとにかく金額面での妥結を図ることだけが問題であり，そのためには加害者本人がいない方が話が錯綜しないということらしい。事故を起こした張本人がいないのだから，確かにそうだろう。しかしそうすれば，損害賠償から人間の心が抜け落ちてしまうのも確かである。妥結に至るまでの私たちの，そしてまた加害者本人の精神的プロセスなど，A氏にとっては始めから論外だったのである。話し合いの席に加害者本人を加えることを拒み通したことと，私たちに会う前にすでに作成済みであった「計算書」を臆面もなく提示するという態度とは，実は同根だったのである。交通事故の損害の程度を貨幣で評価し，その評価額に応じた金銭を支払うことで賠償は片付けられるとする考えは，保険会社だけではなく，弁護士にとってもまた当然のことなのである。少なくとも，私たちの交渉相手になったA氏にとってはそうである。娘の，そして娘を奪われた私たちの心の痛みやら悲しみやらは，彼には関係のない要素にしかすぎないのである。

❿もっとも，賠償とは金銭の支払いであるとする考え方を弁護士一般が持っている，と断言するのは早計かもしれない。ただ一つの経験だけから「弁護

士というのは……」という形で議論を一般化するのは論理的に正しくないからである。しかし弁護士という肩書きを持つ人々によって書かれた何冊かの本に目を通してみると，このような考え方は弁護士の間に比較的広く浸透しているのではないかと考えざるをえない。「交通事故賠償は，つまるところ「金（かね）」だけの問題」であるという文章に典型的に見られるように，それらの書物では損害賠償がもっぱら金銭の多寡の問題としてのみ論じられ，生命を金銭で評価し，金銭を支払うことで事の決着をつけるという方法自体に対する疑念は，完全に欠落してしまっているからである。賠償金の算定方法や金額を詳細に解説したハウツー的な本は多くとも，金銭で生命を評価することが残された人間の心にどのような痛手を残すのか論じ，その痛手を少しでも和らげることが賠償交渉の大切な側面だということを指摘した本は，まず皆無だからである。

❶ たとえば，ある弁護士の書いた『示談交渉の技術＊』という書物には，「そんなことを言うのなら，金はいらん。元の体にしてくれ」という被害者側の発言に対しては「無理なことは言わないで下さい。交通事故の賠償は，法律上も金銭で行われることになっています」と答えよ，と教えている（この引用文からも分かるのだが，この本では被害者がきわめて乱暴な言葉を用い，それに対して回答する方は丁寧な言葉遣いになっている）。私たちも交渉の途中で「金でなく，娘を，娘の生命を返してほしい」という類の発言を幾度かした。それが実現不能な「無理なこと」は百も承知である。しかし問題は百も承知していながら，なぜそのように言わなければならないのか，である。娘の生命を貨幣で評価し，表面的にはあたかもお金で娘の生命を売買することでしか事故に決着をつけることができないという不条理な現実に対する，そして残された親としてそうすることしかできない自分自身に対する，歯がゆさ，憤り，悲哀，諦め，等々の文字通り万感の想いがその言葉に秘められていることこそが問題なのである。そして敢えて言えば，そこに思いを馳せることにこそ，人間の死を処理する専門家としての弁護士の役割があるのではないか。損害賠償を金銭で行うことが「法律で決められている」として，そこに一片の疑いをもさしはさまないのは，法律を万能だとする形式論者の取るべき態度ではあっても「人間」のそれではない。

＊この本のタイトルは象徴的である。損害賠償は，彼らにとっては「技術」の問題である。

❷ しかし「精神的救済に終始こだわり，示談が成立してもなお精神的救済がえられない」被害者というのは「稀にみられる」タイプでしかなかったり，

「いつまでも交通事故を思い出しながら生きるより、示談が成立して賠償金をうけとったら、一日も早く事故のことは忘れたいと思うのが被害者の人情」だとするような弁護士の文章を読むと、彼らと子供を失った親である私たちとの間の心の溝は、到底埋められないほど広くかつ深いものだということを悟らざるをえない。

文章Ⅰ－B

❶次に訴訟の第二の主張点に移ろう。損害賠償は抽象的なヒトに対してではなく、私たちの娘という特定の人間に対するものでなければならず、したがってその金額は事務的・機械的に算定されるべきではない、と私たちは主張した。娘が女性だからという理由だけで機械的に女性労働者の賃金を用いるというのではなく、死んだ娘のそれまでの生き方からして、男・女労働者の平均賃金をもとにして逸失利益が算定されてしかるべきだとしたのは、その具体的な表徴である。

❷この主張にA氏は当然、反対する。彼は「逸失利益の算定は個別具体的な個人の能力を基準に判断されるべきではなく、性別、年齢、学歴などの要素を基に定立された一定の類型を基準に判断されるべき」だと主張する。要するに、逸失利益というのは性別、年齢、学歴などの属性によって規定されたヒトに対して機械的に算定されるべきものであって、被害者の個性は考慮の外に置かれて当然だ、というわけである。すでに触れたように、私たちと会う前に作成済みであった「計算書」を、直接交渉の席のみならず調停にまで持ち出すというA氏の態度からすれば、この主張は彼なりに首尾一貫していることになる。しかしこの論理は、個性を無視することで被害者をモノと同じレベルに置く、非人間的な考え方である。この考えが賠償問題を大量に処理するのに適合していることは確かだが、そうすることで交通事故という異常な問題が、正常な事象として社会システムの中に組み込まれてしまう。それでよいのだろうか。

❸さらにA氏は、もともと私たちの娘が男子労働者に勝るとも劣らぬ能力を持つという「前提事実についての証明が全くない」という理由を持ち出すことで、逸失利益を機械的に算定するという主張を補強する。確かに娘のこれからの人生を証明し、私たちの主張を正当化する証拠は存在しない。娘は死んでしまったからである。だからこそ私たちは陳述書や本人の年譜やらを訴状に付け加えたのである。それにもかかわらず、加害者はこのような事態（娘の死）をもたらした自己の責任に一切触れないばかりか、私たちの「証拠」には目もくれず、「損害については請求者に証明責任がある」として逸失利益の機械的算定を正当化する。このような論理、このようなやり方は法律の世

界では常套的なものかもしれない。しかし，これは交通事故の異常さを忘れ，人間の生命についての裁判をモノについての争いと同じに考えることにほかならない。

Warming Up

1 弁護士A氏に対する著者の批判を要約せよ。
2 弁護士という職業を擁護するにはどう論じたらいいか？
3 弁護士の専門的役割はどこにあるか？
4 文章Ⅰ-Bにおける弁護士A氏の主張とその根拠を述べよ。
5 その根拠の問題点はどこにあるか？

解法

まず，文章Ⅰ-Aの構造を解明してみよう。具体的なストーリーの中にどんなメッセージが書かれているかを見つけるのがポイント。例示・説明・対比の部分を読み飛ばして理解する。

ポイント		サポート
A氏に対する批判		
❶損害賠償の定価表（基準）がある	⇒	説明❷保険会社の賠償金額より高い，目安か金科玉条か
❹A弁護士は損害賠償の基準を絶対視→❺無念や悲哀，憤激の想いを訴えた ↓ ❻「計算書」の提示	⇔ ⇒	対比❸保険会社も同じ 説明❼機械的に計算，×娘に対する償い，加害者の…謝罪の気持ちを求める
❽弁護士は事故の賠償に決着を付ける→機械的な計算当然，弁護士に甘い期待	← ⇒ ⇒	理由❾加害者の同席要求を拒否 説明金額での妥結を図る／加害者が責任 説明心の痛み・悲しみは関係ない

弁護士一般に対する批判

❿弁護士一般の考え＝生命を金銭で評価する方法への疑念欠落→⓫人間の死を処理する専門家としての弁護士の役割？	← 理由×金銭で生命を評価することの痛手を和らげることが賠償交渉で大切だ ➡ 例示『示談交渉の技術』
⓬弁護士と被害者の心の溝	➡ 例示「精神的救済にこだわるのは稀なケース」など

　左側のポイントの内容をつなげれば、ここにあるのはＡ弁護士の対応ひいては弁護士一般に対する不満と非難であることがわかる。弁護士は日弁連や弁護士会が定めた損害賠償の基準を絶対視して、逸失利益を機械的に計算しようとする。それに対して、被害者の父である著者はそのような方法を批判し、加害者の謝罪・償いを求め、弁護士が被害者（家族）の心の痛み・悲しみを理解していないと批判する。

　さらに第10段落からは、このＡ氏の態度は弁護士一般の傾向として批判する。生命を金銭で評価するという方法への疑念が欠落し、弁護士が人間の死を処理する専門家としての役割を果たしていないというのだ。『示談交渉の技術』の精神的救済を軽視する姿勢を例に出し、弁護士と被害者の「心の溝」を指摘する。

> **Hint**
> Ａ弁護士への批判から弁護士一般の批判へ

■要約をする

　問１は「弁護士Ａ氏に対する著者の批判を踏まえ」とあるので、まず文章Ⅰ－Ａを要約すべきであろう。上の分析をもとに要約を考えると次のようになろう。

▼文章Ⅰ－Ａの要約

> 著者は娘の交通事故死に対する弁護士の対応を非難する。彼は業界で定められた損害賠償の基準を絶対視し、逸失利益を機械的に計算する。これでは加害者の謝罪・償いを求める家族の悲しみを無視することになる。弁護士は一般に生命を金銭で評価するという方法への疑念が欠落し、人間の死を処理する専門家としての役割を果たしていないと言うのだ。（160字）

上の分析に比べてずいぶん要素を削除しているが、全体が600字と短いので、要約の部分をあまり長くしないことが大事である。全体の3分の1以下にしておくこと。

■どう論じるか

問1の後半は「あなたが職業として弁護士を選ぶとすれば、この批判にどのように応えるか」である。ポイントは2つだ。

1　弁護士という職業的立場から書く
2　批判に対して応える

当然、「弁護士」という職業一般を否定するわけにはいかないので、日弁連や弁護士会の「基準」はある程度正当だと主張しなければならないだろう。しかし、A氏の対応については、個々人のことなので否定してもかまわない。

◆ 弁護士一般を肯定することを求められている→
A弁護士の対応を否定してかまわない

実際、被害者家族としての著者の主張は自然に同情できる。娘を交通事故でなくしたのだから、その怒りと悲しみは当然のことである。裁判でその怒りと悲しみを表現するのも当然のことである。それに対するA氏の対応は、その心情を表現することをひたすら避ける戦略を取っている。これでは、被害者家族の気持ちの遣りどころがなく、むしろ怒りを増すような結果になったのは当然だろう。その意味でA氏の対応は、「死を扱う専門家」として社会的紛争を平和裡に解決するという役割を果たしていないという著者の非難は当たっていると言っていいだろう。

■弁護士一般を弁護する

一方で、この対応を弁護士一般の態度と同一視する見方は、著者も言及しているように、必ずしも当たっていない。著者が挙げている『示談交渉の技術』にしても、これは一般的傾向あるいはマクロ的な傾向を述べている書物であると推測される。「精神的救済にこだわるのは稀なケース」と述べられてはいて

も，これは「精神的救済にこだわる」ケースが存在しないということを意味しないし，「精神的救済にこだわる」筆者を否定しているわけでもない。

このような経験則が専門家の実践的知識として蓄積されるのは当然だし，著者も認めるように「大量に発生する事故を迅速に処理」するには有効である。実際，弁護士が被害者家族の心情を思いやるには限界がある。ましてやA氏は加害者側の弁護士であり，被害者家族の心情を思いやるばかりでは加害者の利益にならない。A氏の態度をもって，弁護士一般が被害者の生命を軽視していると非難するのは明らかにおかしい。

■弁護士の役割とは

しかし，だからといって，著者の批判を等閑視してよいことにはならない。なぜなら，著者の主張は，弁護業務が陥りがちなルーティンへの批判としてなら十分有効性を持つからである。どんな業務でも，**日常的に繰り返されると自然にその本質は失われ，定型化・形式化する**。A氏の場合も，「業界の基準」を絶対視して賠償金額を決めようとすることが，被害という個人の事件を賠償という社会的行為につなげるプロセスを省略していると受け止められ，怒りを招くのである。

> **Hint**
> 定型化・形式化に対する批判としては有効

これは医者と患者の関係と似ているかもしれない。医者にとって，患者は多数の症例の一つにすぎないが，患者にしてみれば自分の命は唯一無二であり，他の生命と比較できない。立場が違うからと言って，その感情を無視して機械的処理をしてしまったら，両者の信頼関係は成り立たない。それと同じことがA氏と著者の間でも起こっている。もちろん，A氏は加害者側の弁護をしているのだから，受け持ちの患者に対する医師とは立場が違うが，それでも問題解決をするという意味では著者の感情をわざわざ傷つける必要はなかっただろう。

■個人の感情を社会的解決につなぐ

被害者には気の毒だが，起こってしまった事故はなんらかの形で事例の一つとして社会的に決着せねばならない。どんなに家族にとって「かけがえのない命」であっても，最終的には金

額という「かけがえのあるもの」に変換されてしまう。その変換の過程で、金額に入らないもの、たとえば感情を適切に処理しなければならない。それを当事者にとって納得できる形で処理するのも、社会への信頼を取り戻すうえで大切であり、むしろ、そこにこそ法律家の「専門性」がある。それができずに、「こういう場合はこうだ」と一定の計算式を持ち出すだけなら、法律家という人間はいらず、コンピュータにでも計算させれば済むであろう。

> **Hint**
> 法律家の専門性はどこにあるか？

■問２の考え方

　問２では「弁護士Ａ氏の反論」に対する評価を述べねばならない。「賛否を明確にして」とあるから、構造は簡単で「賛否の表明→根拠」となるだろう。ただ、弁護士Ａ氏の反論の主な内容はまとめておいたほうがよいから、構造は結局「要約→賛否の表明→根拠」となる。Ａ氏の反論を検討するためには、その主張の根拠を批判ないし補強しなければならないから、理由だけは書いておかなければならない。

　Ⅰ－Ｂの構造を図示すると、以下のようになる。

ポイント		サポート
Ａ氏に対する批判		
❷Ａ氏の主張＝逸失利益は一定の類型を基準に機械的に算定すべき、個性は考慮の外	⇔	**対比**❶私たちの主張＝損害賠償は特定の人間に対するもの、それまでの生き方からして男・女労働者の平均賃金をもとに算定すべき
↓評価 被害者をモノと同じレベルに置く非人間的な考え方 異常な問題が正常な事象として社会システムに組み込まれる	⇔	**対比**賠償問題を大量に処理するのに適している
❸「男子労働者に劣らない能力がある」に証明がない	→	**説明**陳述書・本人の年譜に目もくれない、証明責任を主張する
↓評価 人間の生命についての裁判をモノの争いと同じに考える	⇔	**対比**法律の世界では常套？

ここから著者の評価などを抜いて，A氏の主張と主な根拠をまとめると，以下のようになろう。

> 主張　：賠償金額は女性労働者の平均であるべき
> 根拠１：逸失利益は一定の類型を基準に機械的に算定すべき，個性は考慮しない
> 根拠２：「男子労働者に劣らない能力がある」という証明がない

　根拠２は具体的証明あるいはデータの問題だから何とも言えない。したがって，**根拠１**あるいはそこから**主張**を導き出す過程を検討することになる。

■根拠と導出過程の検討

　さて「逸失利益は一定の類型を基準に機械的に算定すべきで，個性は考慮すべきでない」という根拠は正しいか？　これは難しい問題だ。「人間には個性がある」のは自明としても，大局的に見れば一定の類型として分類できるのも確かだからだ。だとすると，これは程度問題であり，一定の類型を基準にしつつも，個人の個性を考慮に入れて考えざるをえない。その意味では，「機械的に算定すべき」は言いすぎということになる。

Hint
「女性労働者」という類型は妥当か？

　さらに，そのロジックを認めたとしても，被害者を「女性労働者」という類型で片づけられるかどうかも問題である。ここでは，明らかに社会における男女差別の構造が反映している。「差別」自体の是非はここで問わないにしても，男女役割分業の変化が進行している現在では，「男性労働者／女性労働者」の間の賃金格差を前提にするのはおかしいだろう。この場合は，「類型」の信用性を問うことになる。

　もちろん，このロジックをひっくり返して，A氏の反論を肯定することもできる。制限字数が400字と少ないので，**Chapter2**のように反対意見の取り上げとその批判まで書いている余裕はないだろう。その分，違う意見も簡単に書けるはずである。解答例では，A氏に賛成と反対の両方の場合を掲載している。

Warming Upの解答

1　業界で定められた損害賠償の基準を絶対視し，逸失利益を機械的に計算する，加害者の謝罪・償いを求める家族の悲しみを無視している。
2　弁護士A氏の対応と弁護士一般を切り離し，前者を否定しつつ，後者を肯定する。
3　個人の感情の問題を，公平性という基準で社会的・一般的解決につなぐ。
4　主張　：賠償金額は女性労働者の平均であるべき
　　根拠1：逸失利益は一定の類型を基準に機械的に算定すべき，個性は考慮しない
　　根拠2：「男子労働者に劣らない能力がある」という証明がない
5　一定の類型を基準にしつつも，個人の個性を考慮に入れて考えざるをえないから機械的算定は無理。「男性労働者／女性労働者」の間の賃金格差を前提にするのはおかしい。

解答例

問1

要約

　著者は娘の交通事故死に対する弁護士の対応を非難する。業界で定められた損害賠償の基準を当てはめて機械的に逸失利益を計算し，加害者の謝罪・償いを求める家族の悲しみを無視してしまう。このように，弁護士は一般に生命を金銭で評価するという矛盾への疑念が欠落していると言うのだ。

主張
根拠
著者の例は不適当

　確かに，著者の怒りは理解できる。加害者の償いを求めるのも遺族として当然だし，その心情を顧みないA弁護士の対応がその怒りを増すような結果になったのは当然だ。その意味で，彼は専門家としての役割を果たしていないという非難は当たっている。しかし，これを弁護士一般の対応とは言えないだろう。著者が挙げる例は示談における一般的傾向を述べるにすぎず，このような経験則が「大量に発生する事故を迅速に処理」するために蓄積されることは問題がない。それは被害者への同情を表すこととは別である。

補足
弁護士の専門性から批判する

　ただ，弁護士が日常的業務の中で，このような形式的処理に陥りがちなのも確かである。社会は賠償によって失われた命の埋め合わせがつくというフィクションの上に成り立つ。個別の悲しみをこのような一般的紛争処理に接合するのは容易ではない。その橋渡しを

するのが法律家である。法律を適用するだけなら、人間はいらない。その根本を無視して基準を絶対化してしまうのでは、紛争処理として粗雑と言える。法律家として自戒せねばならないところだろう。(600字)

問2

> 要約

　A氏は、被害者の賠償金額は女性労働者の平均であるべきだと主張する。なぜなら、逸失利益は個性は考慮せず、一定の類型を基準に機械的に算定すべきであるし、たとえ被害者の個性を考慮したとしても、遺族の出したデータは「男子労働者に劣らない能力」の証明になっていないからだと言うのだ。

（A氏に賛成の場合の第2段落）

> 主張
> 根拠　類型化の必要性を示す

　この主張はおおむね認められる。なぜなら、人間には一定の個性があっても、大まかに類型化はできるからである。その意味で、賠償金額も、その意味で一定の基準があるという主張は正当だ。女性労働者の賃金が低く抑えられており、被害者への賠償がその分低くなるのは残念だが、そもそもこの事故ではそのような社会的傾向があるのを批判する場ではなく、冷静かつ客観的に現状から計算すべきだ。その意味で、A氏の対応は遺族に不快感を与えたとしても、考え方としては問題がないと思われる。(378字)

（A氏に反対の場合の第2段落）

> 主張
> 根拠　類型化の信用性を崩す

　しかし、この主張は認められない。なぜなら、人間が一定の類型に分類できるとしても、その個性の違いも否定できないからである。その違いをまったく捨象して賠償金額を決めるのは妥当ではない。しかも、その基準は女性労働者の生涯賃金を低く認定するという点で男女差別的である。このような差別が存在することはあるが、それを無批判に基準とするのはおかしい。しかも、現在のような状況では、女性労働者の雇用形態は多様であり、その状況を個別に見ないと逸失利益は算定できないだろう。(377字)

7 社会の中の法と法律家　演習問題

Theme 【内部告発の方法】　　2004　関西学院大［未修］90分

次の文章を読み，設問に答えなさい。

　Ｋさんがある洋菓子製造販売会社のあるチェーン店に勤め始めてから，3ヶ月がたった。よく知られたチェーン店でその店のことは子供のころから知っており，その店に就職できたことをＫさんは誇りに思っていた。小さな店であったけれど，家族もこの就職を喜んでお祝いをしてくれたし，就職後は，時々持っていくケーキを囲んで話に花が咲いた。

　しかし，ある日Ｋさんは，とても困ったことに気がついた。ことのはじめは，お客様がやってきてショートケーキの味が変だ，と言われたことだった。そんなはずはない，と思ったが，返品されてきたケーキを食べてみて，クリームがどこかぱさついて滑らかさややわらかさがないことに気がついた。このクレームについては店長が処理したので，どのような決着がついたのかはよく分からないが，どうもたまたま技術的理由で一部に調合を間違えたものがでたようで，と話してお詫びしているのを聞いた。

　ところが，実は，事情はかなり違っていた。たくさんの種類のケーキは毎日どれか必ず売れ残った。そのケーキは，閉店後店長がやってきて運んでいく。しかし，先輩の店員に聞いてみると，そのケーキを工場に持って帰って，生クリームのところを塗り替えたりして，翌日には，新品のものと区別された印がついて戻ってきていたのだ。さすがに売れ残りのものはたいてい翌日には売れてしまっているようだったが，たまたま大量に仕入れたのに売れなかった時などには翌日にも売れ残って，最悪の場合には4日間同じ商品を出していることがあった。内部では，当日のものを，雪，二日目のものを，月，三日目のものを，花，四日目のものを，梅という隠語のようなものまであった。「今日は梅が残っているから，早く売ってくださいね。」とか「今日はモンブランは雪だけしかないということは昨日全部売切れになったということですね。仕入れを調整してちょうど売り切れるかほんの少し残るぐらいになるよう努力してください」などというようなやり取りが，普通におこなわれていたのだった。

　お客様には「生ものですから本日中にお召し上がりください」というシールを貼って売っているのに，実際には2日間，あるいはひどい場合には4日間手直ししつつではあるけれど売り続けることがあったのだ。クレームはど

うも味に敏感なお客様が生地の間にあるクリームの味に気がついて持ってきたというのが，本当のところのようだった。
　先輩に聞くと，これまでその店のケーキで食中毒が起こったということもないし，食べられるのだから，問題ないし，1日たったら棄てるなんていうのは，もったいないじゃないか，と言われてしまった。
　しかし，Kさんはこういうことを承知でお客様が買っていればいいのであろうけれど，全然知らずに買って行くのだし，味が落ちたケーキを売るのには良心がとがめた。特に子供が母親の手を引いて嬉しそうにケーキをおねだりして，親がしょうがないねえ，などといいながら，子供にどれがいい？って聞いて買って行くようなときには，特に売りたくない，売りたくない，と心が叫ぶようになってしまった。
　Kさんはそこで，なんとかこういうやり方を変えさせたいと思うようになった。しかし，せっかく手に入れた就職口なので，辞めたくもない。店長も不況で売上も落ち込んでいて楽ではないと，常々言っているので，きっと直接言っても聞いてもらえないのではないかと思う。チェーン店なので，チェーンの統括本部にとも考えた。けれど，チェーンの方の社員も，工場に戻したものを手直しして店に戻しているところを見ると，知っていて協力しているのかもしれない。
　Kさんは思い切って，どこかに意見を文書で提出して，事態を改善しようと考え，以下のような提出先を思いついた。

　　あ　そのケーキ屋のチェーンの統括本部
　　い　店長
　　う　クレームを出したお客様
　　え　消費者保護関係行政機関あるいは食品衛生関係行政機関
　　お　新聞社の社会部

〈設問〉
　あ〜おの提出先の内から必要だと考える提出先を1つ選び，その文書を作成しなさい。さらに，それに対する反応を予想し次の行動計画を提示しなさい。
解答にあたっての注意事項
1）最初に送付する文書を〔解答用紙〈1〉〕に，予想される反応と行動計画とを〔解答用紙〈2〉〕に記入すること。
2）解答用紙〈1〉の解答欄内に書かれた文書は，そのままの体裁でワープロで作成し，発送すると想定すること。
3）選んだ提出先を，あ〜お，の記号で解答用紙〈1〉の所定欄に記入すること。
4）差出人の名前を記入する場合は，Kと記入すること。Kのその他の情報が必要な場合には，問題文の記述に反しない限りで想定して記述してよい。

解答のプロセス

➡解答例は354ページ

- **作業1** 利益特質を考え，送付先を決める
- **作業2** 事実経過を説明する
- **作業3** その問題点を指摘する，反対論も考慮
- **作業4** 改善点・対策を示唆する
- **作業5** 自分が会社に敵対的関係にないことを説明する
- **作業6** 反応を予想し，送付相手の変更・対抗策などを考える

類題

04東京大「紛争は社会の病か，紛争を根絶した社会はどんな社会か」
04金沢大「『学問のすゝめ』における法治主義の勧め」
05名古屋大「裁判における『未解決の問題』と『ディアレクティク』」
05創価大「公益通報者保護法と内部告発者の保護」
04明治大「商社とジーンズ業者の輸入販売契約に関する契約書作成」
05立教大「判決による紛争解決と当事者間の和解による紛争解決」
04桐蔭横浜大「マルチメディア時代の著作権」

Solution

確認したらチェックを入れよう。

✓	法律は問題を解決する手段とは限らない
✓	紛争を起こすことのプラスの効果を考える
✓	実際の状態は，法律の字義どおりには行かない
✓	現場レベルでの判断が実際の処理を決定する
✓	恣意的な運用に歯止めをかけるにも法律は必要である
✓	正義とは「自分と他人に同じ原理を適用すること」である
✓	公平の実現でできることには限界がある
✓	個人間の紛争と社会的決着をつなげるのが法律家の専門性である

Advanced View

自己責任とはだれの責任か

　自己責任という言葉は，2004年にイラクで日本人ボランティアやジャーナリストが人質になってから，よく言われるようになった。しかし，これは「だれか他人に対して直接に負う責任ではない」という点で他の責任と区別される，やや特殊な責任である。たとえば，われわれは他人に不法に損害を与えれば損害賠償責任を負うし，親権を持つ子供に対しては保護監督責任を負う。しかし，自己責任は，直接にだれかに対してなんらかの行為をするようにわれわれに求めるわけではない。

　自己決定によって行ったことについて，人は自己責任を負わなければならない，という主張がしばしばなされる。しかし，これはそれほど自明のことなのだろうか？　確かに，他者の決定に対してわれわれは責任を負わない。しかし，そのことから，自分の決定に対して責任を負わなければならないということが言えるわけではない。

■効率性が根拠

　これについては，いくつかの説明がありうるが，最も有力な根拠として「効率性」を挙げることができるとされる（これは確かに自己責任と他の責任を隔てる大きな特徴である）。では，自己責任と効率性がどう結びつくのか？　簡単な例として保険を考えてみることにしよう。

　地震保険に私が入るかどうか迷っているとしよう。地震保険に加入するか否かは政府がわれわれに強制するものではない任意の行為だから，その決定は基本的に自己決定である。つまり，自己責任が自己決定に伴うとすれば，保険に加入して生じる損益も，加入しないで生じる損益も自己責任であり，政府が（補償などによって）介入することではない，ということになる。

　しかし，これのどのへんが効率的なのだろうか。このことを理解するには，自然災害（たとえば地震としよう）から生じた財産の損害を政府が責任にかかわりなく補償するような制度を考えてみればよい。仮に災害から生じた被害を政府に補償してもらえるならば，だれが耐震補強などの予防策を講じるだろうか？　なぜわざわざ家屋に耐震補強をしなければならないのか？　なぜ建築物に金と手間のかかる太い鉄筋を使わなければならないのか？　数百円の耐震金具を買ってきて取り付けることで地震の際に防げる被害は明らかに数百円の価値を上回るはずなのに，

それすらしなくなるのではないだろうか？　こうして，安価に防げたはずの高価な損害が防止されることなく政府が肩代わりさせられ（それは結局課税を通じてわれわれに跳ね返ってくることになる），社会全体の効率性は大きなダメージを受けることになる。このような事態を防ぐためにこそ，「自己責任」というものが存在するのである。「自己責任」を制度化することにより，自分の決定が自分の利害に直結するようにすることで，地震対策（耐震補強や地震保険）を取るインセンティブを人々に与えることができ，社会全体の効率性もそこで確保されることになるのである。

■ 自己責任論の限界

しかし，このことは同時にわれわれに自己責任の限界をも示唆してくれる。まず，ある人の自己決定の結果生じた事態に対して，政府が補償を行うなど，自己責任を問わないことが必ずしも禁じられるわけではない，ということだ。他の人々が，それを見て我も我もと追随しさえしなければ，ある特定の場合において自己責任を問わなくても，それで社会全体の効率性が大きくダメージを受けるわけではない（まったく予測が不可能なほど異常な出来事が起こった結果生じた損害を補償しても，他の人々がそのせいでモラル・ハザードを起こすとはいえないだろう）。

また，効率性以上の価値が問題になる場合には，当然に自己責任論は背後に退かざるをえない。効率性を犠牲にしてでも達成すべき価値（たとえば道義的な価値）があることは否定できず，その際に自己責任を持ち出すことはできない。たとえ，ある人が自己決定の結果，生命維持も危ういほどの貧困状態に陥ったとしても，生存の保障が社会的効率性の要求に優越するため，われわれは，生活保護など政府が給付を行うことを批判はしない。また責任を負いようもない生まれつきの障害を持つ人と，なんらかの自己決定の結果負った障害を持つ人の間で障害者福祉に差があるべきだとも考えない。イラクの人質問題にしても，日本政府が助けるべきだという論理も立てられるのである。

自己責任は，社会の効率性を確保するためのわかりやすい原則を提示してくれはするが，同時に射程の狭いものでしかないことも確かである。社会的効率性が高い＝社会の富の量が多いということがそれだけで望ましいわけではない。いくら社会の富が多かろうとも，貧富の差が極端で富が偏在している場合に，富自体の増加にほとんど価値はないであろう。効率性はすでに平等などの他の価値が存在しているところでしか意味を持たない，あくまで二次的な価値にすぎないのである。

Part 3

【問題内容からのアプローチ】
社会科学の発想を時事問題と結びつける

Introduction

Part 3 社会科学の発想と時事問題との関係を探求

Chapter 8　科学と社会

科学は，巨大プロジェクト化することで，企業・国家利益との結びつきが強くなっている。科学者・技術者の側の倫理が必要だ。

> 科学 ＝ 競争・ゲーム ➡ 巨大プロジェクト化 ➡ 倫理の必要性

Chapter 9　市場と公共性

新自由主義は，政府の非効率を批判し市場を信頼する。しかし，市場では提供できない財・サービスをだれが担うかという問題が浮上する。

> 市場の調整　⇔　政府の政策

Chapter 10　グローバル化と地域性

グローバル化は必然だが，地域や文化の違いは容易にコントロールできない。これらの葛藤をどう調整するか，理念とデータの双方を検証する。

> グローバル化の必然　⇔　地域や文化の違い

Chapter 11　雇用と生活

日本的雇用が崩壊する一方，成果主義などに対する抵抗は強い。しかし，従来の関係が労働者の階級制を維持するシステムでもあった。

> 日本的雇用の階級性 ＝ 大企業 ＋ 男性 ＋ 正社員

Chapter 12　環境問題と倫理

環境問題の本質は，未来世代の収奪である。しかし，それを防ぐには「環境全体主義」が必要になってしまう。このアプローチは正しいか？

> 環境問題 ➡ 将来の世代の資源を奪う ＋ 環境全体主義への接近

Chapter 8　科学と社会

　科学は仮説とその検証という活動だと言われているが，人間の社会活動の面を忘れてはいけない。特に科学技術という巨大プロジェクトになると，その決定にはさまざまな動機が入ってくる。科学者・技術者の倫理を構築しないと，国家や企業の正当化に終わってしまう危険がある。

Technic

① 科学の本質
論理でも実証でもなく，謎解きゲームである

② 科学技術の性格
国家や企業と結びついた巨大プロジェクトである

③ 科学者の倫理
ヒエラルキーから独立した専門家の倫理が必要

8　科学と社会　　知識と講義

Step ❶ 科学は合理的か

■論理と科学の違い

　科学というと,「合理的」というイメージがある。確かに,近代科学は中世の宗教的迷信を打ち破ったという面があるので,このイメージは強い。しかしながら,科学の実態をよく見ると,合理性とはほど遠い部分もかなりあるのである。「合理性」の「理」を論理（logic）ととらえると,科学はまるで論理的ではない,とはっきり言うことができる。なぜなら,論理の性質で最も顕著なのは,「冗長」であることだからである。

　科学哲学者の大森荘蔵は,論理とはいくつかの言葉,「かつ」「または」「でない」「である」「ならば」などの使い方の規則であると言う。適性試験でもその初歩の訓練をするが,「論理的」とは最初の前提をこれらの言葉の規則に従って言い換えていき,最後の結論が出てくることを言う。つまり,**最初の情報を与えられたら,それを規則に従って変形していくという作業**だけなのだ。この変形の途中で最初に与えられた情報以上の何かが入ってきたら,それは「論理的でない」と言われる。最初に言った内容にすべての情報は含まれている。だから,「論理的」とはくだくだしく長たらしいことなのだ。

論理性＝「かつ」「または」「でない」「である」「ならば」などの使い方の規則に従うこと

■実証性と合理性

　ところが,科学,特に自然科学の一番重要なポイントは実証性である。仮説（hypothesis）を立てて予測をする。もし,その予測どおりの現象が起こったら,その仮説はとりあえず「真理」だと認められる。ポイントは,この「とりあえず」というところにある。ニュートンの物理学も,アインシュタイン

の相対性理論も、論理と同じ意味で「正しい」のではない。論理の正しさは、最初の前提から（言語の規則を適用すれば）必ず、それが帰結することを意味しているのだが、科学の「正しさ」は**とりあえずその仮説を否定するような現象が現実には現れていない**、ということにすぎないからだ。考えたことが現実の現象と合っているかどうか（これを実証性と言う）が最も重要なことだからだ。

　実際、「合理性」ということだけから言えば、中世の形而上学のほうがずっと「合理的」だ。「神の存在証明」など見事な三段論法になっている。「神は万能である。万能とは存在することができることも含む。したがって、神は存在する」。中世の神学書には、このような存在証明がいくつも書いてあり、どれも厳密な論理に従っている。このような「合理性」をナンセンスだと批判したのが、F.ベーコンに代表される近代科学の思想なのだ。

Point　科学的＝仮説がとりあえず現象によって否定されないこと

■科学は実証的でもない

　しかし、科学が実証的だという言明も実は正確ではない。科学史家のトーマス・クーンによれば、科学の本質は「実証性」にはないと言う。たとえば地動説は、古代・中世以来の天動説に代わるモデルとしてコペルニクスが考えたものだが、その理論に従って惑星の軌道を計算してみると、まったく観測結果と合わないのだ。これは、コペルニクスが惑星軌道を円運動だと考えたためで、本当は楕円軌道になることがかなり後になってからケプラーによって示された。それまでは、観測結果と合わないのだから当然実証はされず、理論としては廃棄されてもいいのだが、そうならないで、むしろケプラー以前に定説になってしまった。実証性がまったくないのに定説になりうるのなら、科学は「実証的」ですらない。

　では科学とは何か？　クーンは「謎解きゲーム」であると言う。コペルニクスでもニュートンでも、**ある基本的な仮説を立てた人の理論的枠組みに合わせて、現象を次々に説明していく**

ことなのだ。たとえば，太陽が中心で地球が回っているという考え方に合わせて，夜空を不可思議な動きをする星たちを秩序づける。うまく説明ができれば「優秀な科学者」であると言われ，説明できなければ科学者としては失格だ。この繰り返しで，膨大な説明システムが出来上がる。それが現象と矛盾なく対応していることが観測や実験でわかれば，「科学的」ということにされるのである。ゲームだからこそ，科学者は熱中し，競争するのである。

Step ❷ プロジェクトとしての科学技術

　19世紀までは，このような科学の活動はほぼ個人の好事家の実験室の中に限られていた。ところが，19世紀末から科学の成果は企業，次いで国家が利用することで大きな利益を生むことがわかり，一挙に規模が拡大することになる。最初は化学肥料だった。土壌の成分が科学的に分析され，植物の必要とする物質を含んだ肥料が使用されることで食料生産が飛躍的に伸びた。また，科学は毒ガスや飛行機などの兵器に利用され，戦争の破壊力を一挙に高めた。

　特に第二次世界大戦中のアメリカでは，原爆製造が「マンハッタン計画」として国家の手で行われた。ナチス・ドイツが，原爆の製造を試みているのではないかと恐れたアメリカ政府は，大量の科学者を動員し，研究を急ピッチで進めた。それまでは各国の科学者の間で比較的オープンにされていた核分裂の情報が秘密にされ，兵器として製造された。その結果，原爆は敗色濃厚な日本に投下され大きな被害を出した。

　この計画の「成功」は，科学研究の進むべき方向に大きな影響を与えた。つまり，技術的な目標が定められた巨大事業として行われたことで，科学研究が飛躍的に前進し，これ以後**科学の研究は，国家や企業のプロジェクトとして位置づけられ**，巨大な技術と科学の複合体として互いに競争し発展していくことが宿命づけられたのであった。

■科学者の変質

この過程で，科学者も初期の孤立した禁欲主義的真理探究者といった性質から大きく変化した。国家や企業の資金を利用して業績を上げようと，国家や企業の要請にうまく応えられる研究を企画する力が重要になったり，共同研究が必須になって科学者間に政治的権力関係が生じたりした。さらには，真理探究より，企業や国家の利益を優先し，社会の利益を損なう現象さえ見られるようになった。

> **Point** 巨大科学プロジェクト＝科学者の行動が変質して，企業や国家の利益を優先せざるをえなくなる

そのような例の一つが，公害問題であろう。公害は産業と結びついた科学技術が社会に損害をもたらした現象である。たとえば「水俣病」では，肥料会社のチッソが垂れ流したメチル水銀が水俣湾に流れ出し，魚介類に蓄積され，それを食べた住民の神経が侵され，手足の感覚障害と運動障害，言語障害など重大な症状が出現した。

この病気は1950年代から知られていたが，国がその事実を認め，救済に乗り出すのは遅れた。それは，科学者たちがこの事実の隠蔽・ごまかしに協力したからである。水俣病が「奇病」として1956年に公式に認知されてから，熊本大学医学部は精力的に調査し，3年後には有機水銀中毒が原因であると突き止めた。チッソ付属病院の医師たちもネコを使った動物実験を繰り返し，熊本大学の調査結果が出た直後，工場排水をえさに混ぜると水俣病の症状が出ることを確認した。

ところが，会社側の科学者たちは東大医学部に協力させて有機水銀否定説を主張させた。反論を出すことで「学界の中でも意見が割れている」という状況をつくり出そうとしたのだ。実験については，チッソ内の箝口令に従い沈黙を守った。当時の病院長が証言をしたのは，彼の死の直前のことである。結局，会社側は当時の通産省と結託して，問題を10年以上も放置し，その間に被害はますます広がった。

このように企業の短期的な利益を優先させた結果，会社は真相が明らかになった後，多額の賠償金を負担せざるをえず，大損害を被った。科学者の責任は重いのである。

■さまざまな「科学」

しかし，科学は社会にとにかく大きな影響を与えたので，科学の方法論を取れば知識もパワーを持つという信念が広がった。そのため，いろいろな学問が「科学」をモデルにして考案されるようになった。特に社会科学（social sciences）は，もともと社会哲学あるいは社会構想学といった面が強かったのだが，19世紀末以来，自然科学と同じように実証性を基礎に置いた「科学」をめざすことになった。

たとえば，心理学は「人間の心」という実証できない実体を追究することをやめ，刺激と反応という単純なモデルに人間行動を還元し（behaviorismと言われる），実験によって人間行動の法則を見いだそうとした。また，社会学は統計資料やデータを駆使して，人間社会のメカニズムを明らかにしようとした。はては，歴史や文学研究など，自然科学とはまったく違った方法論を持つ人文学（humanities）も日本では人文科学などと呼ばれるようになった。学問は科学の方法論に基づいて発展すべきだという傾向になってきたのである。

しかし，これらの「科学」はその対象の性質からして，自然科学の方法論は取れない。まず，現象の反復性がない。したがって，実験や観察から法則を作り出すのが難しい。ある傾向を導き出したとしても，それを検証する方法がないのだ。したがって，そこで見いだされたパターンも法則にはならない。社会学では「理念型」という言い方が用いられるが，その理論は社会の動きを理解するための一つの考え方の提示という域を出ない。もちろん，心理学では反復実験ができるが，その結果としてめざましい法則が発見されたというわけではなく，むしろ研究法・実験法の厳密さが競われるという傾向になった。

◆ **自然科学の方法論は，そのまま社会科学や人文学には応用できない**

最近では，環境問題などの進展とともに，科学のパワーのマイナス面も気づかれ，「科学の実証性」の基準はますます揺らいでいる。科学技術はもはや実証された真理というシンプルな見方では収まらず，人間の社会活動の一つとして，そのコントロールを考えるべき時代になっているのかもしれない。

■科学技術が引き起こす問題

実際，現代では科学によって問題が解決するよりも，科学によって問題が引き起こされる場合のほうが多くなっているとも言われる。知識のエリートが集まっているのが科学者集団であるのに，なぜこんなことが起こるのか？　これは，科学が集団作業となったことと関係している。

社会心理学では，**集団愚考**という現象が知られている。これは後になってからよく考えてみれば，明らかに誤りと思われる決定が，有能なエリート集団でしばしば行われることを意味する。このようなことが起こりやすいのは，次のような集団の場合であると言われている。

1　集団のまとまりがよい
2　外部からの情報を取り入れない
3　リーダーが支配的で議論をコントロールする
4　外部からの強い圧力がある
5　メンバーの志気が落ちている

つまり，メンバーが同質的で，それぞれが自主性を発揮するよりも，集団に従ったり集団内のバランスを取ったりすることに集中している状況である。このような組織では，自分たちへの過大評価，不都合な情報の無視，反対意見の圧殺などが起こりやすいと言われる。科学者・技術者の集団は単一の目的を持つつので，まさにこのような特徴を備えている。

この場合，メンバーが積極的に組織の方針を拒否したり，抗議したりしないと事態はますます悪化する。これを**警笛行動**（whistle blowing）と言う。場合によっては，内部の問題を積極的に外部に知らせて，その変革を図らねばならない場合もあるのである。

8 科学と社会　　例題と解法

Theme【シャトル事故の原因と回避策】　2004　東京大［未修］90分

　スペースシャトル・チャレンジャー号の爆発事故についての次の文章を読んで下の問題に答えなさい。
（1）ロジャー・ボイジョリー，ロバート・ルンド，ジェラルド・メーソンのそれぞれは，この事故を回避するために，どのような行為をすることができたか，考えられるものを指摘しなさい。その上で，それらの行為が現実にはなされなかったのはなぜか，3人それぞれの立場に立って分析しなさい（600字以上1200字以内）。
（2）チャレンジャー号事故調査委員会に加わっていたノーベル物理学賞受賞者のリチャード・ファインマンは，技師と管理者との間で意思の疎通にも問題があったと考え，その原因を，シャトルを飛ばし続けるという圧力に見ていた。このような事故を回避するための方策について，法，倫理規範，組織や制度など多角的な面での対策とその有効性を論じなさい（600字以上1200字以内）。

　1986年1月27日の夜，モートン・チオコール社の技術者，ロジャー・ボイジョリーは，非常事態に直面した。スペースセンターは，翌朝の打上げに向けて秒読みを始めていた。しかしながら，スペースセンターとのテレビ会議で，彼の上司ロバート・ルンドは，打上げに反対する技術者たちの勧告を伝えたのである。この勧告は，Oリングの低温でのシール性能についての技術者たちの懸念にもとづいていた。
　ロジャー・ボイジョリーは，Oリングにともなう問題を知りすぎるほど知っていた。Oリングはブースター・ロケットの接合部のシール機構の部品である。もしその弾性をあまり失うと，シールがうまくいかなくなる。結果は，高熱ガスの漏洩であり，貯蔵タンク内の燃料への点火であり，そして，破滅的な爆発である。
　技術的な証拠は不完全だが，不吉な前兆を示している。すなわち，温度と弾性の間に相関関係があるのである。比較的高い温度でもシール周辺でいくらかの漏れはあるが，過去最悪の漏れは53°F（11.7℃）で起きていた。打上げ時の予想大気温度の26°F（マイナス3.3℃）では，Oリングの温度は29°F（マイナス1.7℃）と推定された。これは，以前のどの飛行の打上げ時の温度よりもずっと低い。

いま，スペースセンターとのテレビ会議は，一時的に中止されたままである。NASAは，チオコール社の打上げ中止勧告に疑問を呈し，チオコール社が，技術者と経営者による再検討のために，テレビ会議の中止を要請したのである。スペースセンターは，チオコール社の承認なしには飛行を決定したくないし，チオコール社の経営者は，技術者たちの同意のない勧告は出したくない。

　チオコール社の上級副社長ジェラルド・メーソンは，NASAが飛行を計画どおり成功させたがっているのを知っていた。また，チオコール社がNASAとの新しい契約を必要とし，打上げに反対する勧告がその契約獲得の見込みを大きくするはずのないことも知っていた。結局，メーソンは，その技術データが決定的なものではないことに気づいた。技術者たちは，飛行が安全でなくなる正確な温度についての確かな数値を提出できないでいた。彼らの拠りどころは，温度と弾性の間の明らかな相関関係と，Oリングの安全性という重大な争点には保守的になる傾向である。

　スペースセンターとのテレビ会議は間もなく再開されるはずで，そこで決定されなければならなかった。ジェラルド・メーソンがロバート・ルンドに言うには，「君は，技術者の帽子を脱いで，経営者の帽子をかぶりたまえ」。先刻の打上げ中止の勧告は，逆転されたのである。

　ボイジョリーは，この技術者の勧告の逆転に，激しく動転した。人間として，疑いもなく，宇宙飛行士たちの安全を気遣った。死と破壊を引き起こすようなことの一員でありたくなかった。

　しかしながら，これにはそれ以上のことが関わっていた。ロジャー・ボイジョリーは，気遣う市民というだけではすまない。彼は，技術者であった。Oリングが信頼するに足りないことは，専門職としての技術業の判断であった。彼は，公衆の健康と安全を守る専門職の責務があり，そして明らかに，その責務は宇宙飛行士たちにも及ぶと信じていた。いまや，その専門職の判断は踏みにじられつつあった。

　ジェラルド・メーソンのロバート・ルンドに対する指図に反するが，ロジャー・ボイジョリーは，自分の技術者としての帽子を脱ぐのが適切だとは思わなかった。技術者としての帽子は誇りの源であり，そしてそれは一定の義務をともなっていた。彼は思うに，1人の技術者として自分の最良の技術的判断をし，宇宙飛行士を含む公衆の安全を守る責務がある。それゆえに，チオコール社の経営陣に，低温での問題点を指摘して，打上げ中止勧告を逆転する決定に，最後の異議申立てを試みた。最初の打上げ中止勧告に戻るよう，気も狂わんばかりに経営陣の説得に努めたが，無視された。チオコール社の経営者は，最初の打上げ中止勧告の決定をくつがえしたのであった。

翌日チャレンジャー号は，発射後73秒で爆発し，6人の宇宙飛行士と高校教師クリスタ・マコーリフの命を奪った。痛ましい人命の損失に加えて，この惨事は何百万ドル相当の装置を破壊し，そしてまた，NASAの評判を劇的に落とした。

Warming Up

1. ボイジョリー，ルンド，メーソンのそれぞれの立場とその職責を整理せよ。
2. その責任が果たされなかったとしたら，その背景・原因を挙げよ。
3. ファインマンの言葉は何を意味しているか？
4. 対策のポイントはどこにあるか？

解法

組織または交渉にかかわる現実的な問題解決では，利害関係者（ステイク・ホルダー）の立場を整理しておく必要があろう。

名前	地位	行動	根拠
ロジャー・ボイジョリー	技術者	・打上げに反対する ・異議申立て	・専門職としての責務 ・Oリングへの懸念 ・温度と弾性の相関関係
ロバート・ルンド	技術者の上司（技術担当重役）	・反対する技術者たちの勧告を伝える ・「技術者の帽子を脱いで経営者の帽子をかぶれ」という言葉に従う	・技術者と経営者との中間的で曖昧な立場（受動的態度／行動）
ジェラルド・メーソン	上級副社長	・NASAの意向どおりにする ・打上げ中止を勧告しない	・NASAが飛行を計画どおり成功させたがっている ・勧告が契約獲得の見込みを大きくしない ・技術データが決定的なものではないことに気づいた ・技術者は保守的になる

その意味で，ロジャー・ボイジョリー，ロバート・ルンド，ジェラルド・メーソンの立場と行動を，課題文に従ってまず明確化しておこう。前ページの表の赤字で書いた部分は，課題文には直接書いていないが，課題文から当然推定できることである。

■ロバート・ルンドの立場と行動

ルンドは技術者たちの懸念を経営陣に伝えたが，結局「打上げ中止を勧告しない」あるいは「打上げに反対しない」という態度を取った。そのきっかけとなったのは，メーソンの「君は，技術者の帽子を脱いで，経営者の帽子をかぶりたまえ」という言葉である。これは比喩になっている。「帽子」は「頭脳」を表す換喩（近接するもので表す方法：例「赤ずきん」＝赤いフードをかぶった女の子）になっている。しかも，この「頭脳」も「思考（判断）」を表す換喩になっている。

つまり，ルンドが行動を変化させたのは，技術者の代弁者ではなく，経営者としての判断をするようにとメーソンに求められたことに基づいている。こういうことになったのは，彼が技術者のリーダーあるいは統括者であるとともに，会社の経営陣の一人でもあったという両義的なあるいは曖昧な立場にあったことと関係している。しかし，彼がこの立場を超えて積極的・主体的な行動を取ったということは，どこにも書かれていない。

■ジェラルド・メーソンの立場と行動

メーソンの行動もあまり書かれていない。ルンドに上記の「帽子」について言った言葉だけである。ただし，第5段落を見れば，彼の考えていたことは明らかだ。

> 1　NASAが飛行を計画どおり成功させたがっているのを知っていた
> 2　チオコール社がNASAとの新しい契約を必要とし，打上げに反対する勧告がその契約獲得の見込みを大きくするはずのないことも知っていた
> 3　技術データが決定的なものではないことに気づいた
> 4　彼ら…安全性という重大な争点には保守的になる傾向である

これらを整理すれば，1は取引先の意向の尊重，2は自社の利益の考慮であり，彼の関心は主に経営・利益にあることがわかる。一方で3は技術者のデータに対する批判，4は技術者の心的な傾向に対する批判である。これらの判断に基づき，彼はNASAに打上げ中止を勧告しないことを決定したわけだ。

■ロジャー・ボイジョリーの立場と行動

ボイジョリーは「Oリングにともなう問題を知りすぎるほど知っていた」ので，その部分の技術責任者の地位にあるのだろう。第1～4段落から見ると，打上げ中止の根拠となるデータを持っていて，経営陣にNASAに打上げ中止の勧告をするように進言している。「スペースセンターは，チオコール社の承認なしには飛行を決定したくないし，チオコール社の経営者は，技術者たちの同意のない勧告は出したくない」とあるので，本来この技術者からの勧告があれば打上げは中止されたはずだ。

しかし，経営陣はその勧告を受け入れず，NASAに打上げ中止の勧告をしなかった。これに対してボイジョリーは「経営陣に，低温での問題点を指摘して…最初の打上げ中止勧告に戻るよう，気も狂わんばかりに経営陣の説得に努めた」とあるから，必死で異議申立てをしたが，決定を覆せなかったのだ。

■解答の方向を決める

解答を書くには，設問の文章がヒントになる場合が多い。ここでは「この事故を回避するために，どのような行為をすることが**できたか**」となっている点に注目する。つまり，「本来できるはずのことをしなかった」という含意がここには含まれているわけだ。したがって，この3人，つまり技術者と技術担当重役，経営者の立場にある人間として本来できるはずのこと，ないしはなすべきことを考え，彼らはそれを怠って現実にはそこから外れた行動をしたために失敗につながった，と考えよと指示しているわけである。

❖ 技術者・技術担当重役・経営者のすべきこと→怠る→失敗

したがって，解答の方向は，それぞれの本来の職責を明らか

にすること,および現実の行動がそこからどう外れていたのか,ということである。

■技術者のなすべきこと

　技術者がある決定に参与するのは,まずデータを出して結果の予測をすることだろう。その点で言えば,ボイジョリーはOリングの低温時での弾性に関する問題というデータを出し,そこから人命を危険にさらすという結果を予測し,それに基づき経営陣を説得しようと試みている。

　もちろん,このデータは「技術的な証拠は不完全」であり,結果的に経営陣たちを十分説得できるだけの決定的なものではなかったという批判も可能だが,そもそも**データは100%確実なものはない**。明日に打上げが迫っており,これ以上正確なものにする時間もないだろう。「温度と弾性の間の明らかな相関関係」だけで予測には十分だと判断したのかもしれない。その意味でなら,なすべきことはすべてやったといえるだろう。

> **Hint**
> データに完全を求めることは意味がない

　一方で,技術は実際に物事を動かして社会に影響を及ぼす行為なのだから,失敗したり判断を誤ったりすると,社会に大きな害毒をもたらす。技術者は特に会社の下で働くのだから,会社の利益を守るという全体構造に組み込まれやすい傾向がある。組織と対立しても専門職としての立場を守るという態度を貫かないと,チッソの科学者のように企業の過失や犯罪を隠蔽する結果になってしまう。

> **Point**　技術者のなすべきこと=データの明示,それに基づく予測,組織と対立しても専門職としての倫理を守る

　その意味で言うなら,ボイジョリーの場合は,専門家としてOリングの安全性に責任が持てないと判断するなら,経営陣に無視された時点で,その危険性を外部に発表するという手段があったかもしれない。ただ,これもチャレンジャー号などの失敗を経験した現在だから言えることで,86年当時では一般的な行動とは言えない。ボイジョリーが内部告発しなかったからと言って,「倫理的ではない」とは言えないだろう。さらに打上げまでの時間が限られていたことを考えると,この時点での内

部告発はあまり効果がなかったとも考えられる。

■技術担当重役のなすべきこと

この立場は曖昧である。一方では技術者の代弁者でありながら，他方では会社に経営陣の一員と考えることができる。しかし，だからといってそれらの中間的立場を取ればいいと言うのではない。むしろ，現場から上がる重要な情報を上層部に効果的に伝え，逆に上層部からの指令を実行可能な形にして現場に伝えねばならない。そのプロセスにおいては，自主的な判断も要求されるし，自分の意見も持たねばならない。

Hint 経営陣の中の技術担当という特異な職責

しかし，この場合はルンドが自主的に判断して行動したと思われる記述はない。技術者から打上げ中止の勧告を受けたときには，それを経営陣に伝えただけのようだし，逆にメーソンに「君は，技術者の帽子を脱いで，経営者の帽子をかぶりたまえ」と言われたときにも，ただ態度を変えただけで，葛藤があったという記述もない。要するに，まったく**自主的な判断・行動がうかがえず，自らの意志が薄弱**なのである。

Point 技術担当重役のなすべきこと＝
　　　　現場の判断を整理して経営陣に効果的に伝える
　　　　経営側の要求を実行可能な形にして現場に伝える
　　　　自主的な判断

■経営者のなすべきこと

経営者は，まず会社の利益と存続を考えるべきだが，社会に対する責任もある。2005年4月に起きたJR西日本の大規模な脱線事故の例を見るまでもなく，効率や利益ばかりを追求すると，安全性が軽視される。もちろん事故を直接に起こすのは現場の人間だが，経営者は従業員が働く環境をコントロールできる立場にいるという点で，責任はより重大である。

今回の場合では，メーソンは会社の利益を優先して，現場の技術者の勧告に耳を傾けようとしていないのが特徴的だ。それどころか，技術者を「安全性という重大な争点には保守的になる」と否定的に評価している。もちろん，技術者の提出したデ

ータは曖昧だったかもしれないが，よく言われるように「予測は正確であろうとすればするほど曖昧になる」。そのような事情を斟酌せず，データの不備に注目して会社の利益に都合のいい決定に持ち込もうとする態度は，正しいとは言えないだろう。

> **Point** 情報評価のポイント＝予測は正確であろうとすればするほど曖昧になる

　それだけではない。会社の利益という点から見ても，この態度は近視眼的である。もし，技術者の予言どおり事故が起こったとしたなら，どういう事態になるかは容易に予測できたはずだし，彼も考えたはずだ。しかし，この課題文を読む限り，彼の心を占めるのは取引先であるNASAの意向と，自社の契約の継続である。このような関心は経営者として当然だが，反面，短期的利益にとらわれて長期的利益を無視していると考えることができる。いったん社会の信頼を失うと，その損失は計り知れない。そのような観点が薄いことについては，経営責任を問われて当然だろう。

> **Point** 経営者の責任＝利益と安全のバランスを取る，情報の評価に対して公平である，長期的利益を考える

■背景・原因を考える

　さて，このような事態に陥った各人の背景・原因も考えられる。技術者の場合は倫理的な誤りはなく，むしろ決定に影響を与えようと努力を払っているので，個人的には問題がない。ただ，技術者の勧告が意志薄弱な技術担当重役を通してしか経営陣に伝えられないという会社の意思決定システムの問題がある。一般に上下関係があるヒエラルキー型の組織では，下からの情報が上に伝わりにくいという欠陥があると言われている。特に上層部の意向に反するような情報は伝わりにくい。よく言われるように「悪い知らせをもたらした使者は殺す」という構造になっているわけである。

　また，技術担当重役の場合は，自主的な態度が取れないことが背景にあろう。もともとこの地位は難しいが，それだけに自

Hint
ヒエラルキー型組織の情報の伝わり方

分が確信を得たときには，明確な行動が必要になる。あるいは，明確にするために自ら技術者に指示を与えたり，曖昧な情報でも経営者に積極的に注意を促す自主性が必要だ。それができなければ，技術者と経営陣をつなぐというポストの意味はない。

経営者の場合は，上にも述べたように，短期的利益にとらわれて情報を公平に判断できなかったことと，社会への責任を考慮しなかったことが挙げられる。

以上の考察をまとめると，以下の表となる。

地位	なすべきこと	実際にしたこと	背景・原因
技術者	データの確定と予測，専門職としての立場を主張	経営陣を説得できなかった	ヒエラルキー構造の中で上層部に都合の悪い情報が無視された
技術担当重役	現場の判断を経営陣に理解させる，経営側の要求を効果的に現場に伝える	技術者からの勧告を経営陣に伝えただけ，経営陣からの命令に従うだけ	自主的な判断・行動ができない
経営者	利益と安全のバランスを取る，情報の評価に対して公平である	現場の勧告に耳を傾けない，データの不備を都合のいいように解釈	短期的利益にとらわれて，公平な情報の評価ができない，社会への責任を考慮しなかった

もう一つ条件がある。それは「3人それぞれの立場に立って分析」することである。したがって，個人的な欠陥というより，その立場特有の事情を配慮しなければならないだろう。

■事故回避の方策

(2)において，ファインマンの意見は「その原因を，シャトルを飛ばし続けるという圧力に見ていた」とあるので，プロジェクト全体を進行させるという意志が，技術者の個々の安全判断よりも優先されていたことがわかる。

Point　プロジェクト全体の進行＞技術者の個々の安全判断

先に述べたように，このような上下関係があるときには，上

の妨げになるような情報は流れなくなる傾向がある。したがって，必要なのはこのような上下関係の影響が及ばないようにする方法だろう。「法，倫理規範，組織や制度など多角的な面での対策とその有効性」を論ぜよとあるので，それぞれの領域で何が可能か，一つ一つ検討してみればよい。

▼対策とその有効性

> 1　法＝安全性についてチェックする義務を定めた法を考えることができる。しかし，これは現行の法律でも管理責任を追及できる。それより大事なのは，社会的に損害があるかもしれない情報を外部に提供した従業員の身分・地位を保障する規定だ。自らの地位を賭けてまで内部告発するのは容易ではない。したがって，そういう行為があっても企業が報復できないようにすれば，企業に都合の悪い情報が外に出やすいだろう。実際，ロジャー・ボイジョリーはチャレンジャー号爆発事故の後，政府の調査委員会で会社に不利な証言をしたということで，会社から差別待遇を受け，退職を余儀なくされたという。このようなことでは，内部告発をする従業員は出にくい。身分保障をすれば，もっと従業員も自分の地位を気にかけることなく告発できる。
>
> 2　倫理規範＝企業の社会的責任という倫理を発達させることが考えられる。企業の決断は基本的に利己主義に基づくため，外部が被る被害に対しては，必ずしも敏感とは言えない。しかし，企業が社会的信用をなくすことは致命的な結果も生む。それを認識できていれば，企業内に社会的責任の概念も育つだろう。
>
> 3　組織・制度＝プロジェクト全体の進行が，技術者の個々の安全判断に優先しているのが問題なのだから，安全性についての情報が客観的に判断できる組織を設計することもできる。たとえば，安全については外部の人間を入れた監視委員会のような組織を作り，進行や能率が優先しないようにチェックすれば，情報が無視される危険は少ない。しかしその際，企業内部の情報が外に漏れる心配があるので，守秘義務をかける必要があるだろう。

Hint
内部告発者の身分保障

これらを適当な接続詞でつなげば，解答の原型ができる。つまり，最初にファインマンの言っていることをわかりやすく言い直し，問題がヒエラルキー構造にあることをはっきりさせる。次に，そのヒエラルキー構造を是正ないし補完する構造になるように，法・倫理規範・組織や制度の３点における対策を提示すればよい。つまり，（２）の解答の構造は以下のようになる。後はこの図式に従って書いていく。

▼解答の構造

	機能	内容
1	要約	ファインマンの言葉の意味＝プロジェクト全体の進行が，技術者の安全判断よりも優先
2	解釈	背景・原因は企業のヒエラルキー構造＝都合の悪い情報が上に伝わりにくい→集団愚考
3	論点1	内部告発者の身分を保障する法律を制定する→内部情報が外に出やすくなる
4	論点2	企業の社会的責任の観念を徹底する
5	論点3	上層部に都合の悪い情報の意味を客観的に判断する→外部からの視点を入れた組織を作る

Warming Upの解答

1 **技術者**：データの確定と予測，専門職としての立場を主張
技術担当重役：現場の判断を経営陣に理解させる，経営側の要求を効果的に現場に伝える
経営者：利益と安全のバランスを取る，情報の評価に対して公平である
2 **技術者**：経営陣に直接都合の悪い情報でも検討する組織がなかった
技術担当重役：自主的な判断・行動ができなかった
経営者：短期的利益にとらわれて，公平な情報の判断ができなかった，社会への責任を考慮しなかった
3 外部からの圧力のために，集団愚考が起こりやすい状況にあった
4 上層部に都合の悪い情報であっても，公平に評価できる機関を作る，組織に外部からの観点を入れる，内部の問題を積極的に外部に知らせることのできるシステムを作る

解答例

(1)

[主張 ボイジョリーの行動]
ロジャー・ボイジョリーは，課題文から見る限り，技術者の職責としてできることはほぼすべて実行したと思われる。温度と弾性の間の相関関係のデータを示し，起こりうる重大事故を予測し，打上げ中止の勧告を経営陣に提案したからだ。しかも，その勧告を受け入れない経営陣を説得しようと全力を振るっている。現在なら，メディアに知らせるなど外部への告発の方法も考えられるが，打上げまでの時間がなかったことを考えると，それほど効果がなかったとも思われる。

[主張 ルンドの行動]
一方，ロバート・ルンドは技術担当重役として，現場の技術者たちの懸念の大きさを経営陣に効果的に伝えるのが職責であったろう。その際，重要なデータだと自らが判断すれば，経営陣を積極的に説得するのも責任のうちであったと思われる。経営陣には他に技術を理解する人間がいないようだから，このような役割はむしろ期待されているはずだ。しかし，彼は現場の勧告を上層部に伝えるだけで，自主的な判断・行動をしていない。議論の過程で経営陣から「経営者として判断せよ」と言われると，簡単にそれまでの立場を変えてしまう。これでは技術担当の意味がない。

[主張 メーソンの行動]
それに対して，ジェラルド・メーソンは経営者の一人として，利益と安全のバランスを取り，そのためには情報に対して公平に評価することができたはずだし，それが彼の職責でもあったはずだ。しかし，現実にはNASAと自社の経済的利益が彼の主な関心事であり，現場の勧告もその観点から評価してしまう。特に，そのデータが不完全であることを自己に都合よく解釈し，現場の判断をことさら軽視するのは，データの本来持っている不確実性を無視している。

[解釈 失敗の背景・原因]
このような結果に陥ったのには，それぞれが職責を全うしていなかった，または職責を果たしてもそれが受け入れられる構造になっていなかったからだと考えられる。ボイジョリーが技術者としてできる限りのことをしたのは確かだが，その重大性を正しく経営陣に伝えるシステムに不備があった。経営の利益や効率と反する情報はそもそも受け入れられにくいが，それを是正する構造になっていな

かったのである。本来その役を果たすべきルンドは、会社のヒエラルキーに従うだけで、危険情報を上に伝える責任を果たすことができず、結果として利益追求という会社の判断に追従する。これに対して、メーソンは当時利用できる情報をすべて手にしていながら、自社の短期的利益にとらわれて、公平な判断ができず、結局会社の長期的利益を大きく損なった。これらの原因が複合することで、悲劇的事故が起こるままに放置されてしまったのである。(1,105字)

(2)

> 要約

ファインマンは意思の疎通がうまくいかなかった「原因を、シャトルを飛ばし続けるという圧力に見ていた」と言う。これは、プロジェクト全体を進行させねばならないという意志ないし義務感が経営陣を駆り立て、技術者の安全判断がうまく伝わらない状況であったことを示している。

> 解釈
> ヒエラルキー構造の欠陥

会社のようなヒエラルキー構造の組織では、一般的に上の関心事項に反する情報を下の者が持っていても、決定権を持つ上層部には流れにくくなる傾向がある。実際、この事故が起こったのは技術者の懸念という組織の末端の情報が経営陣の判断に影響を与えられず、集団愚考してしまったのが原因だ。したがって、このヒエラルキーが情報の流れを阻害しないような対策を立てるのが基本だろう。

> 論点1
> 法的な対策は何か？

まず、安全性についてチェックする義務を直接法で定めることが考えられる。しかし、これは現行の業務上過失罪などという概念でも十分その機能は果たせるし、企業の努力が先だろう。むしろ、会社の内部の人間が外部に向かって告発した場合に、その地位を守るという保障が法的に必要だ。実際、ロジャー・ボイジョリーはチャレンジャー号爆発の後、政府の調査委員会で不利な証言をしたという理由で会社から冷遇され、退職を余儀なくされたという。このような扱いを会社からされるようでは、技術者は組織に従うという行動に誘導されてしまう。社会全体の安全を守るためにも、会社に都合の悪い情報を開示しやすいシステムにすべきだ。

> 論点2
> 倫理規範の改善

一方、倫理規範では、企業の社会的責任という倫理を発達させる必要がある。そもそも、企業の決断は利己主義に基づいているので、自己の利益が優先順位の最初に来る。そのため、外部に与える被害に対しては、必ずしも敏感とは言えない傾向がある。このような構

造は，かつては公害を引き起こした企業にも見られ，大きな社会問題となった。しかし，その後，社会的信用をなくすと致命的な損害を被ることがわかり，企業の社会的責任の重要性は浸透している。ただし，この認識は企業の得失に直結しなければ強い動機にならないので，社会による実力を伴った制裁が確実に行われる必要がある。

　もちろん，このような外部からの強制的な対策だけでなく，組織・制度の手直しによってもさまざまな改善ができる。プロジェクト全体の進行が，技術者の個々の安全判断に優先しているのが問題なのだから，安全性についての情報が客観的に判断できる組織を設け，そこで公平に情報を判断する，という方法を取ればよい。特に，会社組織外の人間を入れた安全監視委員会のような組織が必要だ。組織内の論理や効率への配慮が優先しないようにチェックするためである。そうすれば，重要な情報が，経営判断に差し支えがあるという理由で無視される危険は少なくなるだろう。(1,162字)

論点3 組織の改編

8 科学と社会　演習問題

Theme【社会科学における科学性】　2004　九州大［共通］150分

問1　2の英文において著者は，科学者の研究方法も歴史家の研究方法も根本的に違うとは思えないと述べているが，これは具体的にはどういうことか，本文中の言葉を使って説明しなさい（200字以内）。

問2　1の和文ならびに2の英文で主張されている著者の科学観に対して，それぞれ論評を行ったうえで，社会科学という学問分野における科学性について，各自，自由に論述しなさい（1600字以上2000字以内）。

1

　さて，「内容のあらまし」の冒頭に，「社会科学における人間の問題」などという表題を掲げまして，これからお話ししようと思うことのだいたいの内容や方向を暗示しておいたつもりなのですが，問題のいとぐちになるのはこういうことです。自然現象を対象として科学的認識，つまり自然科学が成立するということに根本的な疑念をもつ人はあまりいないだろうと思うのですが，ことが，いわば人間の営みにほかならぬ社会現象を対象として，自然科学のばあいと同じように，語の厳密な意味における科学的認識，つまり社会科学というべきものがいったい成り立つのか，どうか，という点になりますと，すぐご想像がつくように，問題ははるかに複雑でして，自然科学のばあいにはみられないような難問に遭遇しなければならなくなります。が，それは，どういうことなのか。

　この聴衆のなかには学識の高い方もおいでになるように見受けられますので恐縮なんですが，ひじょうに卑近な事実から少しずつ説明をはじめていきたいと思います。何年かまえに，岩波新書の一冊に『昭和史』という本が出まして，そのあと，主として文学者の方々からだったと思いますが，「あの歴史叙述のなかには人間がない」という批判が出たことを憶えていらっしゃるだろうと思います。このことは今日お話しする中心問題ではないので，その批判が当たっているか，いないかということにはふれないでおきますが，じつはこの論争の余波として私なども少々とばっちりを受けました。私の専門は経済史ですけれども，私の経済史叙述にも人間がないという議論がでてきたわけなんです。正直なことを申しますと，昭和22，3年あたりには，私の経

済史研究には人間がありすぎるという批判を受けましたが，こんどは逆に人間がないという批判を受けたわけです。このばあい，私の経済史の見方はそれほど変ってきたわけではありませんから，論者の用いる人間という語の意味内容が，前と後でだいぶ違っていることが容易に推測されます。そして，これはなかなか重要な意味をもっているように思うのです。

　ところで，私はそうした批判に答えるつもりはなかったのですが，偶然，東大の学生新聞からなにか書けという依頼があり，ひじょうに短い文章を載せたことがあります。それはこういうことでした。ちょうど，そのころは暑中休暇中で，私は沓掛，いまの中軽井沢，あの辺にいって仕事をしておりまして，しかも前の日の夕方碓氷峠に行って，あの美しい夕映えのなかの浅間山やそれに連なる山並みを見てきたところだったのです。私のような足の悪い人間がたまに山上の景色を見ると，足の達者な方々よりもだいぶ感動が大きいようです。その感動が残っていたものですから，こういうことを書きました。碓氷峠からみた浅間山の雄大な姿，そのまわりに群がり連なっている山並み，夕映えにかがやくそうした山々はすばらしい景色です。ところが，この浅間山やそれに連なる山々を地図のうえで見ますと，そこには，あの夕映えの美しさはおろか，浅間山や連なる山並みの雄大さはぜんぜん現われておりません。それは単なる平面のうえに，ただ白と黒の線がさまざまに入りまじって描かれているだけなんです。それによって，あの感動を新たにすることなど，とうていできないことです。ところで，それだからこの地図はまちがっているだとか，無意味なものだとか，そういうことが言えますか，といったことを私は書いたのです。もしも，われわれにあの感動をさそうような浅間山やそれに連なる山並みの雄大さ，美しさを表現しようと思ったら，カラースライドはおろか，おそらくすぐれた画家の手をまつよりほかないでしょう。そんな仕事を地図に要求するのは，はじめから間違っています。しかし，また，逆に，どんなにすばらしい芸術作品であっても，画家の描いた絵では浅間山に登るのに役立ちません。そのためには，どうしても浅間山の地図がいるわけです。そして，地図を作るには，どうしても，現実の浅間山からあの雄大さやあの夕映えの美しさなどを全部捨象して，すべてを単なる平面上に描かれた白と黒の線に還元してしまわなければならないのです。ともかく，このような特定の観点から作られた地図に浅間山の雄大さや山並みの美しさを要求するのは，そもそも無理でしょう。経済史のばあいも，それと同じことです。少なくともわれわれのやっている経済史という学問は社会科学の一部門であり，人間の営みを対象とするといっても，ある特定の観点からの認識にすぎません。そのことを看過して，経済史の叙述のなかに，古今のすぐれた作家が描き出しているような人間性の機微というものがみいだ

されないから，だから学問的な価値がないなどというのは，価値判断の基準がはじめから間違っていると思うのです。経済史が芸術的作品として評価されるのなら，私の著書など落第であることは，とっくに分かっておりますし，そういう意味で人間を描こうなどということは，私ははじめから断念していた。むしろ，断念しなければ，独自な認識目的をもつ社会科学なるものは成り立ちえないと考えていたのです。

ところで，それにもかかわらず，社会科学の認識対象は自然現象ではなくて，社会現象であり，その社会現象はもちろん生きた具体的な人間の営みであって，自然とは根本的にちがったものを含んでおります。そこで，ただ，自然科学は自然現象を対象とするところの科学的認識であり，これに対して社会科学は社会現象を対象とする科学的認識だ，そういう簡単なことではすまされない。私はいま社会科学的認識を地図の作成に類比してみたのですが，しかし，じつは，そこにはそう簡単でない問題が含まれているわけなのであります。

いったい人間の営みを，人間の行動やその成果を，認識対象として，自然科学と並べて，これもまた十分に科学であるといえるような科学的認識は，どうして成立しうるのか。じつは，これはなかなかの問題なのです。というのは，科学的認識である以上，それは因果性の範疇の使用ということと，どうしても関連をもたざるをえない。ところが，そこですぐ問題が起こってくるわけです。人間というものは意志の自由をもつために，その行為は非合理的なものを含み，したがってその営みには本来的に計測不可能性が付着している。こうして，人間の営みである社会現象は，非合理的なものを含んでいるために，目的―手段の目的論的な関連は辿れるかもしれないが，因果性の範疇を適用して原因―結果の関連をたどることは，自然現象のばあいとちがって，なかなかできにくい。そこで，科学的認識としては，社会科学は自然科学に比べて，程度の低いものとならざるをえない。こうした考えが，われわれの常識のなかには深く根を下しているように思われます。それどころか，そうした非合理性と計測不可能性を含むからこそ，人間は自然と違っているのだ，いや，自然よりもより偉大なのだとさえ考えられているわけですね。

ところで，こういうふうに考えるとしますと，社会現象を対象としたばあい，一方では歴史学が，他方では倫理学とか，法学とか，そういった規範の学というか，悪い意味ではないドクマティーク（教義学）か，せいぜいのところ政策学といったような学問が成り立つだけで，因果性の範疇を用いて行われるような厳密な意味での科学的認識は，かりに成立するにしてもきわめて程度の低い，常識に近いものになってしまうほかはないわけです。ところがまた，たとえば経済学にみられるように，社会現象を対象として，因果性

の範疇を使用する厳密な意味での科学が，現実に立派に成り立っているということも，もうすでに紛れもない事実であります。そうだとしますと，人間の営みにほかならぬ社会現象を対象としたばあい，自然科学と同じような意味において科学的という言葉を使ってさしつかえないような認識は，いったい，どのようにして成立することになるのだろうか。こういうことが，どうしても，まずもってわれわれの問題となってくるわけです。そして，これは社会科学のどの部門であるかを問わず，その底にいつも秘められている問題だといってよいでしょう。こうした問題について，これから，皆さんと考えていきたいと思うのでありますが，そのさい，この問題を正面から取り上げた二つの典型的な事例として，カール・マルクスの経済学（というより，ほんとうは経済学批判といったほうがいいのだろうと思いますが，ふつう，マルクス経済学といいますから経済学と申しておきます），それからマックス・ヴェーバーの社会学（これも現在ふつうに社会学とよばれているものとちょっと内容が違うかも知れませんが，ヴェーバーがいうところの社会学），この二つのばあいをとってみたいと思います。もちろん，こういう問題に正面から取り組んでいるのは，なにもこの二人のばあいだけに限りません。最近においてはもっと違った立場からのものもありますが，私はやはりこの二つのなかにある原型が見られるように思いますので，とりあえず，この二人のばあいを取り上げて考えていきたいと思うのです。

出典：大塚久雄「社会科学の方法」『大塚久雄著作集　第9巻』岩波書店，1969年，5〜9頁。

2

　　The status of the hypotheses used by the historian in the process of his enquiry seems remarkably similar to that of the hypotheses used by the scientist. Take, for example, Max Weber's famous diagnosis of a relation between Protestantism and capitalism. Nobody today would call this a law, though it might have been hailed as such in an earlier period. It is a hypothesis which, though modified to some extent in the course of the enquiries which it inspired, has beyond doubt enlarged our understanding of both these movements. Or take a statement like that of Marx: 'The hand-mill gives us a society with a feudal lord: the steam-mill gives us a society with an industrial capitalist'. This is not in modern terminology a law, though Marx would probably have claimed it as such, but a fruitful hypothesis pointing the way to further enquiry and fresh understanding. Such hypotheses are indispensable tools of thought. The well-known German economist of the early 1900s, Werner Sombart, confessed to a 'troubled feeling' which overtook those who had abandoned Marxism.

When [he wrote] we lose the comfortable formulas that have hitherto been our guides amid the complexities of existence... we feel like drowning in the ocean of facts until we find a new foothold or learn to swim.

The controversy about periodization in history falls into this category. The division of history into periods is not a fact, but a necessary hypothesis or tool of thought, valid in so far as it is illuminating, and dependent for its validity on interpretation. Historians who differ on the question when the Middle Ages ended differ in their interpretation of certain events. The question is not a question of fact; but it is also not meaningless. The division of history into geographical sectors is equally not a fact, but a hypothesis; to speak of European history may be a valid and fruitful hypothesis in some contexts, misleading and mischievous in others. Most historians assume that Russia is part of Europe; some passionately deny it. The bias of the historian can be judged by the hypothesis which he adopts. I must quote one general pronouncement on the methods of social scientist who was trained as a physical scientist. Georges Sorel, who practiced as an engineer before he began in his forties to write about the problems of society emphasized the need to isolate particular elements in a situation even at the risk of over-simplifying.

One should proceed [he wrote] by feeling one's way, one should try out probable and partial hypotheses, and be satisfied with provisional approximations so as always to leave the door open to progressive correction.

This is a far cry from the nineteenth century, when scientists, and historians like Acton, looked forward to one day establishing, through the accumulation of well-attested facts, a comprehensive body of knowledge which would settle all disputed issues once for all. Nowadays both scientists and historians entertain the more modest hope of advancing progressively from one fragmentary hypothesis to another, isolating their facts through the medium of their interpretations, and testing their interpretations by the facts; and ways in which they go about it do not seem to me essentially different. In my first lecture I quoted a remark of Professor Barraclough that history was 'not factual at all, but a series of accepted judgments'. While I was preparing these lectures, a physicist from this university, in a B.B.C. broadcast, defined a scientific truth as 'a statement which has been publicly accepted by the experts'. Neither of these formulas is entirely satisfactory ——for reasons which will appear when I come to discuss the question of objectivity. But it was striking to find a historian and a physicist independently formulating the same problem in almost exactly the same words.

出典：Edward Hallett Carr, *What is History?* The George Macaulay Trevelyan Lectures delivered in the University of Cambridge January-March 1961, London 1961, pp.54-56.

注：
enquiry＝研究
diagnose＝診断
steam-mill＝蒸気製粉機
overtake＝襲いかかる
amid＝〜のまん中で
periodization＝時期区分
valid＝有効な
mischievous＝有害な
provisional＝暫定的な
entertain＝いだく
fragmentary＝断片的な

解答のプロセス

➡解答例は356ページ

- **要約1** 2の文章を「仮説」の視点からまとめる（問1）
- **要約2** 1，2の科学観をまとめる（問2）
- **対比・比較** 両者の違いはどこにあるか，抽象化する
- **主張** どちらの立場に近いか選択する，あるいは総合する
- **根拠** 理由・説明など

類題

05京都大「科学者の真理境界と社会的合理性のシステム構築」
05大阪大「科学者が権威をもつことと専門家として教育を行うこと」
04熊本大「科学や技術の客観性と公共性・公益性」
04首都大東京「歴史的真実は存在するか」
04東海大「科学的思考と総合的思考」
05甲南大「技術決定論と技術の社会構成主義」

Solution

確認したらチェックを入れよう。

科学は合理的ではない，実証的ですらない
科学は仮説に基づく謎解きゲームである
現代の科学は国家・企業のプロジェクトである
科学者の行動も，国家・企業の正当化へと向かいがちだ
自然科学の方法は他の学問に必ずしも適用できない
科学技術集団は集団愚考を起こしやすい構造を持つ
実証性・合理性の観点より社会行動・倫理として理解すべき

Chapter 9　市場と公共性

　国家によるサービスの提供が非効率的であることが明らかになり，さまざまな政府機関が民営企業化された。しかし，サービスの中には市場システムではうまく提供できないものがある。このような公共性を担う組織として，ボランタリーな団体も期待されている。

Technic

❶ 新自由主義の原理
　「私」の利益を追求すると，社会に活力が出る

❷ 公共性の必要
　市場システムでは提供できない財・サービスがある

❸ 中間領域の必要性
　個人の自発性を生かしつつコストを削減する

9 市場と公共性　知識と講義

Step ❶　「公」の原理と「私」の原理

　日本では，1980年代の終わり頃からさまざまな国有・国営の企業が民営化されてきた。かつての「国鉄」「専売公社」「電電公社」などが，それぞれJR・JT・NTTなどの民間企業に生まれ変わった。「郵政」「道路公団」などの民営化も進行中である。国立大学や博物館などの文化施設も「独立行政法人」となった。

　これらの「民営化」が推進されてきたのは，主にその非効率性が明らかになったからである。たとえば旧国鉄は毎年膨大な赤字を出していたが，一向に改革が進まなかった。これを地域別の会社に分割して，経営陣に責任を負わせるとともに，コスト・利益意識を徹底させた。おかげで毎年の赤字は少なくなって黒字に転じるところも現れ，サービスも向上した。

■公的機関の無駄

　国家によるサービスには矛盾がある。国家は国民のすべてに均一なサービスを提供する。全国民が平等に享受できるのはよいのだが，そのために，サービスの内容が固定化・画一化しやすい。また，赤字が出ても国が負担するので，現場や経営におけるコスト意識が次第に弱くなる。逆に利益が出ても国庫に入るだけで，個人の収入には反映しない。だから利益を出そうと努力・工夫することもなくなる。これが膨大な赤字の原因である。

> **Point**　国家の行うサービス＝平等・公平だが非効率

　このような傾向は，企業体に限らず個人レベルでも見られる。日本は経済成長とともに，「福祉国家」の道を突き進んできた。これは，憲法にある「健康的で文化的な最低限度の生活」の権利を国民に保障する方向であったが，その最低限度がだんだんと引き上げられ，福祉予算が充実してきたからである。ところが，福祉の充実は，モラル・ハザードという現象も生んだ。たとえば，失業保険の支給額が高くなると，失職しても保険に頼

って新しい就職口を熱心に探さない，などという人が出てくる。あるいは，母子家庭だと福祉のお金が入るのでわざと結婚しないでいるなどの例もあった。福祉の充実が，個人の経済的自立を支援するどころか，阻害するのである。

他方，福祉を充実させるには膨大な国家予算がいる。それを税金で賄うとなると，一生懸命働いて収入が多かった人から多くの税金を取り，これを貧しい人に再分配することになる。これでは，努力しても収入が高まらないので，労働しようという動機を弱める。

■ **政策の転換と市場の原理**

このような事態を打開するために，新自由主義という経済的主張がなされるようになった。つまり，国家が行う事業には経済的なインセンティブがないから，高コスト体質になる。個人も経済的に安定すると労働への意欲がなくなってしまう。したがって，国家が経営する企業を民営化することでコストを減らすとともに，複数の企業で競合させて，経営意識とサービスの質を高める。

個人に対しても，税金を削減すると同時に個人への生活保障を減らすことで，人々に危機感を持たせ，労働への意欲を高める。他方で頑張った者には正当な利益を与えよと言うのである。つまり，**社会の活力は個々人が「私」の利益を追求することで創出できる**という主張なのである。

> **Point** 新自由主義の主張＝個々人が「私」の利益を追求することが社会の活力を生む

このような主張は「国鉄の解体＝民営化」の成功によって，ある程度裏付けられた格好になった。以後，日本は「民営化」「競争原理の導入」を繰り返し，社会に競争性を積極的に導入することで個人および会社の意欲を高め，経済を浮揚させようという政策が続くようになったのであった。個人の所得税率の上限がかつての70％から37％へと段階的に引き下げられたのも，その施策の一つであろう。

Step ❷ 公共性をだれが担うか

しかし民間の競争が社会の活力を生むのが確かだとしても，問題なのは社会の公共的なニーズをだれが提供するか，ということである。社会の中には，市場システムではうまく提供できないものもあるからだ。これを「公共財」と言う。公共財とは

> 1 集団によって共同に使用される
> 2 だれかが消費しても，その供給量は減少しない
> 3 消費の対価を払わない人を排除できない

などの特徴を持つ財・サービスである。その典型例は国防や警察だが，それ以外にも，たとえば河川の洪水対策などがある。

これを市場システムで賄うとすると，だれか利益を受ける人が費用を支払って堤防を造ることになる。その結果，その周辺の人も自動的に洪水の危険から免れる。これらの人々は費用を払わずして洪水から逃れられる。つまり便益を受けても費用を支払わない「フリーライダー」たちが出てくるわけだ。しかし，もしフリーライダーが存在可能なら，費用を支払うことは無駄である。したがって，最初に費用を支払った人も金を払わなくなり，次々にフリーライダー化するので，結果として必要な洪水対策ができなくなる。このような分野は他にも多々あり，政府の活動をすべて民営化できるなどというのは幻想にすぎないのだ。

| 公共財は市場システムでは供給できない | 矛盾をどうするか | 国家・政府の非効率性 |

■利益が出ないところでの公共性

これは「純粋公共財」と呼ばれる極端な場合だが，そもそも民間企業は利益の確保を第一の目的とするので，利益が見込めないところではたとえ社会的ニーズがあっても，基本的に活動しない。「企業の社会的責任」などという言葉があるが，原理

を考えれば，企業が喜んでそんな活動をするはずがない。

たとえば，最近，地方経済の悪化が激しく，地方都市の商店街は「シャッター通り」といわれるほど閉店が多い。「規制緩和」が進んで車で行くような大型店舗が郊外に乱立し，駅前の狭い敷地で商売していた商店街が競争に敗れた結果だ。この「自由な競争」のために，自前の交通手段を持たない高齢者は日常の買い物をする機会を奪われてしまった。しかし，企業は高齢者の生活インフラを確保しようと商店街保護に乗り出したりはしない。むしろ，郊外の店舗を拡大し，若い消費者を集めて利益を確保しようとする。もちろん地方公共団体や国も優遇税制や商業施設の建設などの支援はしているが，利益が出にくいのだから成果が上がらない。

❖ 公共的ニーズがあっても利益が出なければ企業は担当しない

■中間領域の必要性

このように「純粋公共財」以外でも，地域社会の共通のニーズは存在するのだが，企業はそれを十分に満たせない。国や自治体も非効率性や無駄を恐れて手を出せない。その間で公共的なニーズが満たされないままに放置されるという事態が起きているのである。

かつての国の事業は採算が取れなくても，地方の生活インフラを整える役割をも果たしていた。たとえば，道路の建設は主に農閑期に行われ，冬期に収入がない農家の人々を雇うことで，彼らの生活を保障する役割を果たしていた。これがなくなると，当然地方では雇用・収入が減少し経済も停滞する。国鉄の民営化でも不採算路線を次々に廃線にした結果，地方の交通手段が貧困化した。もちろん，第三セクターなどの形で存続を図っているところもあるが，赤字は累積し，その多くは経営的に成り立たない状態に追い込まれている。

「民営化」を進めた結果，確かに全体的な効率は増したかもしれないが，公共的なニーズを担う主体がなくなった。もはや国や自治体が事業に乗り出すことはできない。かといって利益を追求する私企業がそれを担うことは不可能だ，というディレ

ンマ状況になっている。効率的であるとともに公共性を担う主体が必要になってくるのだ。

そういう意味で，最近注目されているのが**地域住民のボランタリーな活動**である。官僚機構という非効率・画一的なシステムに頼らず，自発的・直接的に多様な個人・地域のニーズを吸い上げ実現を図る。たとえば，イギリスでは「グランド・ワーク」という環境問題のNPO団体があり，地域における環境整備の要望をコーディネーターがボトム・アップ方式で吸い上げ，それを政府や企業に提案し，実現可能な方法を共同で探るという方法を取っている。

■ボランタリーな活動と行政との連携

このようなボランタリーな活動は，**企業とは違った意味でコストの削減に役立つ**。これらの活動は住民の自発性によって地域のニーズに即して行われるからだ。そのため，住民の共同意識と当事者意識を高める。当然，維持・管理などに住民が参加する比率が高くなる。このような意識が高まると，組織のコストや無駄に対しても敏感になる。ときには，自主管理などの形態を取ることにもなり，人件費の圧縮にもつながる。つまり公共性と効率性の両立が成り立つのである。

ただし，このような活動と行政の連携は容易なことではない。国や自治体はこのような活動をコントロール・支配したがるからである。しかしボランタリーな活動は直接性と当事者性がポイントであり，他の法律や組織との整合性を優先しすぎると自発性が削がれてうまくいかない。国や自治体は，自らの機構の不完全性を認識して，むしろ積極的に住民の自発を取り込む必要がある。これは肥大した近代の行政機構を，もう一度住民の自治という本来の民主主義的な理念と結合させることでもある。

9 市場と公共性　例題と解法

Theme【公共性とボランティア】　2004　北海道大［共通］120分

問題1　著者は，国民国家が行なう公共的行為とボランティアが行なう公共的行為とは，どこに違いがあり，なぜそのような違いが生ずると考えているか。（600字以内）

問題2　今後，「公共性の実現」にむけて国民国家とボランタリーセクターの関係はどうあるべきか，あなたの考えを述べなさい。（1200字以内）

❶公共性の実現，すなわち社会的福利（私的利益ではない）の実現は，理念的には国民国家が行うべきものである。これは，我々が国民国家を敢えて作って何故それを認めているのかということと関わってくる。すなわち理念的には，公共性の実現は国民国家が行うべきものである。しかし経験的にはそれが十全に実現されたことはなく，それに換わるボランタリーな行為が不可欠であった。ただ，ボランティアが行う行為と国民国家が行う行為とは同じ対象と同じ効果がある場合でも，その行為の性格は根本的に異なるものである。すなわち，国民国家が行う行為は「サービス」（service）と表現すべきものであって，そこには命令的，義務的側面が常に伴っている。ボランタリーな行為はそれとは違って自由意志だと言われている。ただし「自由意志」という表現が必ずしも当たらないような面もあると思う。そのことは後ほど話をしたい。

❷しかし，この「サービス」というものは不可欠である。この「不可欠」であるということを今日は強調しておきたい。もし全部が自由意志に基づく柔らかい組織になってしまったら大変なことになってしまう。「水」，「消防」，「教育」の問題にしても，命令的・義務的側面が常に伴わないと恒常的実現が不可能である。…

❸今，具体的に活動しているのは基礎的自治体である市町村あるいはそれより一つ上の都道府県である。それに対し，21世紀型の公共性という面から見る場合，国は十分な指針がだせていないところがある。そこで，現在どのような動きになっているかということの一例をあげてみよう。私は「町役場が面白い」という文章を最近幾つか書いた。というのは，「公共的」なるものの内容が変わってきているということを，市町村役場や地方行政の職員が知りはじめているからなのだ。

❹私の世代はだらしがなくて，公務員を就職先として選ぶ人のかなりは一生身

分が保証されているからという理由を大きい動機としていた。しかし今の若い人たちは「公共サービス」の意義についてよく考えてそういう仕事を選択している。そういう層は課長補佐以下が多い。こういう人たちが仕事中もそして仕事を終えてからさえも集まって，「うちの町はどうしていったらいいのか」という議論をするようになった。そういう自治体はたしかに現実には一割あるかないかでまだ数は少ないが，結構あちこちで起こりはじめている。それを私は「役場青年団」と呼んでいる。

❺「青年団」と呼ぶのは何故か。昔，村の中で青年団（若者組）が生まれると，大人はそれらの若者をしばらく自由にさせる。それで，「あいつらも失敗するかもしれないけれど，させてみようか」などと言いながら，結構自由に泳がせる伝統があった。役場の職員は大体が高卒だが（目安として三分の一ほどが大卒），そのように若い課長補佐や係長ぐらいの人たちを，今，上司が結構あちこちで自由に泳がせている。

❻極端なところでは役場の若い職員にかれらのアイデアの実行をしばらくは辞令を出さずに自由にやらせてみることもある。辞令を出さないとは形式的には公務員としては動いていないということだ。そのときに事故が起これば市町村長の責任問題になる。それでも泳がせる。これは「青年団」的発想だ。役所の部局にとらわれずに集まって「うちの町を何とかしていこうや」と役場の勤務時間内で考えている。課長はその課本来の仕事以外のことをしている彼らを「しょうがないな」と思ってさせている。そういうやり方が増えてきたのは，町役場・市役所の幹部同士で他のところでうまくいった事例の情報交換をしているうちに，「ああそうか，この段階では辞令を出すべきではない，むしろ泳がせるべきだ」と判断することを学んだわけだ。

❼こういう辞令のない仕事をする国家の末端部分は，…中間集団あるいはある種のアソシエーションと呼べる動きになっている。そして，これが地元住民と結託することになる。例えば兵庫県生野町。昔は生野銀山で栄えていた。今はもうそれほど銀が取れない。大きな会社の工場だけは残っているが，人口が減っていき，どうしようもない。放っておけば町が衰退する。どういう手を打てばいいのか。そこで，地元に住んでいる彼ら「役場青年団」が動き出す…。つまり私が「国民国家」と呼んだ現在の行政機構は，このような動きの中に存在しているということを，一つ言っておきたい。こういう事例は今たくさんある。

❽ボランタリーな行為とは何か。私的なことになりすぎるが，私の個人的な罹災の経験をお話しておきたい。

　　　　　　…（中略）…

❾そのときの私の経験を振り返って，今も何度も思い出すのは，私どもの大

学と提携している京都の大学の先生方が、ようやく西宮北口まで電車が通じたころに歩いて来られたときのことだ。彼らは「どうですか」と横に立った。いろいろなボランティアが入って来ていたが、被災地の外から最初に来てくださった大学関係者だった。横に立ってくれただけなのに、私どもはこの歳で涙を流すのは格好悪いので、涙を抑えるのに本当に苦労した。

❿ボランティアは（経験がないからという理由などで）、役に立つとか、立たないとかという議論があるかもしれないが、それよりも、「来た」ということ、つまり「横に立つ」ということだけでボランティアなのだ。これほど重いボランティアはないな、と痛感したし、ボランティアのある種の本質を、好意を受ける側として教わった。

⓫これを言い換えると、私は、ボランタリーな行為の本質は「自由意志」という言い方は表面的であって、「止むに止まれぬ」ということ、これだと思う。「止むに止まれぬ」という気持ちを抜いたボランティアは、もちろんあってもいいが、少なくとも私がボランティア論を考えるときには、それぞれの動機において、「止むに止まれぬ」ということが本質であることをキチンと認識しておくべきだと考えている。先ほど言った「役場青年団」の人たちも、過疎やなにかの深刻な問題のなかにいて、本来の役職を越えて（辞令外のこととして）「止むに止まれぬ」気持ちから、活動をはじめているのを彼らと話をしていて実感した。

⓬これを社会学的に見ると難しくなってくる。「止むに止まれぬ」というのは「目的」がない。例えば里山を守るためという目的のあるボランティアとは違う、その「目的」以前のところから始まるボランティア。私は「ボランタリーな行為」というものをこの「止むに止まれぬ」というところから考えたいと思う。

　　　　　　　　… （中略） …

⓭さて話を次にすすめよう。「ボランタリーな行為」は何に向かって行われているのか。それは'this place'（私的／公共的場、現場）に向けられる。…「そこだ！」と信じた'place'に入り込んでいくわけだ。そこは公共的な場だけではなく私的な場であったりして、個人の世界にもどかどかと入り込んでいくことがないわけではない。それは肩が凝った人のツボのようなところで、実際はそれがどこなのか現場に行かないと詳しくは分からないということもたびたびある。

⓮ここのところで「ボランタリーな行為」といわゆる普通の「お手伝い」行為との違いを指摘しておく必要があろう。'this place'に向かった人たちのボランティアな行為は、公共的な言い分（正当化の論理）によって私的な場にも入り込み、その場を必ず公共化していくことだ。しかし、公共化に失敗する

と，単なる私的なお手伝いになってしまう。私的なお手伝いになるとNPOの動きでもなく，ボランティア的行為としての意味もなくなってしまう。だからボランタリーな行為は常に公共的な言い分を形成していくことが必要とされる。

…（中略）…

❶❺ こういうことがボランタリーな行為であると踏まえたうえで，将来に向けての話をしたい。フランスやドイツなどでは「公的セクター」，「私的セクター」のほかに「ボランタリーセクター」（社会経済セクター）という言葉をよく使う。国民国家を超えるボランタリーセクター成立の意味ということで，実例を紹介したい。

❶❻ 所は岐阜県郡上八幡。町内には大きな平行した道が二つあって，ひとつの通りに商店街がある。また，二つの道を結ぶ裏道があり，それはときたまビールなどを載せた小さなトラックが通るような道だ。横にはどぶ川が流れている。はっきり言って汚くて魅力のない裏道だった。

❶❼ さて，行政の立場からすれば，住民はときたま無茶なことを言う。何が無茶かというと，「この周辺には公園がない。空間はどこにもない。では道路（裏道）を公園にしたらいいではないか」と言った。これを聞いた行政は，言葉に詰まったと思う。しかし住民は，その道路を，道路でありながら実際に公園にしてしまった。このようなアイデアは行政からは絶対に出てこない。ではなぜ公園が出来てしまったのだろうか。それは「住民が言ったから」である。では何故このような発想をもてたのか。それは住民だからこそなのだ。

❶❽ どのような公園を造ったかというと，ベンチを置いて，川をきれいにして，太鼓橋のような橋を架けた。ベンチの横には柳の木を植えた。これは地元の住民が計画して，行政が紹介したコンサルタントに頼んでやったのである。道路にあたるところは少しでこぼこのある石がアスファルトで固められて敷いてある。見ていると，ベンチにお年寄りが座られたり犬を連れた若い娘さんなどが立っていたりと，結構くつろげる場所になっている。その横を相変わらず小さな酒屋などの軽トラが通過していくが，でこぼこ道なのでトコトコとゆっくりしか走れず，危険ではない。そのようにして車も人も通る公園が出来てしまったというわけだ。つまり法的には道路のままであるが，公園の機能が大きく加味されてしまったのである。大事なことは，このような発想が市民計画の段階でとどまっているのではなく，実際に各地で実現していることだ。いわばガバメントの発想による地域計画を超えたボランタリーな発想による地域計画の実現と言えるだろう。

…（中略）…

❶❾ 郡上八幡の公園道路の掃除は，できあがった以降は地元の人たちがやって

いる。普通，公園や道路は行政が掃除などの管理をするが，地元の人たちが自分たちで計画をした公園だから自分たちでやっている。彼らも「ここはみんなのものだ」という言い方をする。このような'this place'の側面をもって実現されたボランティア活動が現実化すると，どこでも「みんなのものだ」という言い方をしている。ここが注目すべきポイントだと思うのだが，「みんなのもの」というのは何なのだろう？ この「みんな」というのはわかったようでわからない概念だ。

出典：鳥越皓之「ボランタリーな行為と社会秩序」（『公共哲学7 中間集団が開く公共性』，東京大学出版会，2002年）。ただし，一部体裁を変えたところがある。

Warming Up

1 「国民国家の公共的行為」と「ボランティアの公共的行為」の内容の違いが書いてある段落を挙げ，その内容を段落ごとに要約せよ。
2 国家・私企業と比べて，ボランタリーセクターの特徴は何か？
3 ボランティアの弱点はどこにあるか？
4 国民国家とボランタリーセクターの協働の可能性はあるか？ あるとしたら，どこか？

解法

この課題文は例示の部分が多くわかりやすいが，著者の言いたいことはもちろん例示そのものではなく，それを通して明らかになる社会の原理である。したがって，読むときには例示とそうでない部分を区別し，そこから原理を抽出する必要がある。まず，課題文全体の理解を容易にするために，いつものように課題文をポイントとサポートに分けてみよう。

次ページの表左側のポイントの内容をつなげていけば，課題文の内容はすぐわかるだろう。右側には主に対比や例示が来ている。

Hint ポイントとサポートを区別して，内容を理解する

ポイント		サポート
ボランタリーな行為とは？		
❶ボランタリーな行為が不可欠 ↓ ボランタリーな行為は自由意志？ ❷サービスも不可欠	⇔ ⇔ ➡	対比 国民国家による公共性の実現，理念○／現実× 対比 サービス，命令・義務 例示❷水・消防・教育など命令的・義務的側面
中間集団／アソシエーションの役割		
❸市町村・都道府県が具体的に活動→「町役場が面白い」	⇔	対比 国は不十分
❹課長補佐以下の若い職員が公共サービスの意味を考える	➡ ➡ ➡	例示 議論をする 比喩 役場青年団 例示❺❻若い人々を自由に泳がせる＝×辞令／×部局
❼中間集団／アソシエーション→地元住民と結託	➡	例示 兵庫県生野町
止むに止まれぬ行為，公共性		
⓫ボランタリーな行為の本質＝「止むに止まれぬ」 ⓬目的以前のところから始まる	⬅	❾❿罹災の体験→横に立ってくれたことに涙→×役に立つ
⓭現場に向けて行われる ＋ ⓮公共的な言い分を形成していく	➡ ➡ ⇔	説明 「そこだ！」と信じたplaceに入り込む 比喩 肩が凝った人のツボ 対比 私的なお手伝い行為
国家を超える可能性		
⓯ボランタリーセクターは国民国家を超える ↓ ⓲ガバメントの発想を超えた…発想による地域計画 ⓳「みんなのもの」？	⇔ ➡ ➡	対比 公的セクター，私的セクター 例示⓰⓱⓲岐阜県郡上八幡道路を公園にする→道路のままで公園の機能が加味 例示 清掃は住民がやる

まず話題 (topic) は第1段落にある「ボランタリーな行為」である。「ボランタリー (voluntary)」とは，名詞形の「ボランティア (volunteer)」でおなじみのとおり「自主的な」「自発的な」という意味である。ただし，これを普通よく言われるように「自由意志」とすることには問題があると著者は言う。

■ボランティアの本質とは

では，いったい「ボランタリーな行為」とは何か？ この問題に対する解決を出すのが，この課題文の目的だ。まず，第1段落では，そこには自由意志とともにサービス（命令・義務）の側面も必要だとされている。第2段落以降では，具体例を出しながら，その意味・意義について細かく考察している。それらを順に列挙すれば以下のようになる。

▼ ボランタリーな行為の意義・意味

> 1　中間集団またはアソシエーション
> 2　目的より止むに止まれぬ気持ちの重視
> 3　現場 (this place) に向けて行われる
> 4　公共的な言い分を形成していく
> 5　国民国家を超える発想
> 6　「みんなのもの」

1は国家を超える可能性も「私」でもない集団だということだろう。2はコスト・効果より気持ちの重視ということか。3は全体ではなく，必要なところに行うということ。しかし，それでも4のようにある種の「公共性」がなければならない。5はそれを「国民国家を超える」と位置づけ，6は比喩的な言い方なのでちょっと難しいが，その基礎となる集団性・共同性をさしているのであろう。当然，自分がその一員であるという責任も生じるはずだ。

■国民国家との対比

問題1では，これを国民国家と対比する。第1段落によれば，国民国家が行う行為はサービスであり命令的・義務的であると

言う。これがボランティアとの一番大きな「違い」であるが、上の1〜6の要素についても、それぞれ対比的に反対語・対義表現を考えればよいだろう。

▼国民国家の意義・意味

1　完全に公的なシステム
2　目的と効果が中心に評価される
3　普遍性・一般性・公平性の原理の重視
4　（公共的であることは同じ）
5　国民国家そのもの
6　自分とは無関係のだれかのもの、責任がないもの

Hint
国民国家の特徴をつかむ

　これらの性格は抽象的なのでイメージがつかみにくいかもしれない。しかし、たとえば3については、阪神・淡路大震災のときに神戸市のある区役所が取った行動が参考になろう。そこでは災害に備えて、約5,000枚の毛布が備蓄されていた。それを聞いた住民やボランティアが毛布を出すように要求したところ、その区役所では断ってきた。その理由は、被災者は5,000人をはるかに超えるので、毛布をもらえない人が出て、不公平になるからというのだ。

　区役所はいわば国民国家の末端だから、これは国民国家が「普遍性・一般性・公平性」を追求する性質がよく表している。当然、このような傾向は自分たちの現実の必要性に対処しない国家というイメージをつくることになる。

■問題1の解答を作るには

　これらの要素を「国民国家が行う公共行為とは…である。**それに対して**、ボランティアが行う公共行為とは…である」という対比の形式に入れればよい。もちろん、入れる順序は国民国家とボランティアで対応が簡単にわかるように入れるべきである。重複を整理し、接続詞を入れるが、ところどころわかりやすいように「**…より**」「**…なく**」などの対象性を表す表現を入れること。また字数が600字以内と多いので、いくつかに段落を切ったほうがよいだろう。

■2つの関係はどうなるか

さて、このようにまとめれば、国民国家とボランタリーセクターの関係はほぼ見えてくる。なぜなら、どちらもそれだけでは不完全なものであるからだ。前にも述べたとおり、社会現象ではトレード・オフの関係を常に意識しなければならない。何かをよくしようと思うと、その反面で必ず具合の悪いことも起こってくる。たとえば、自由競争の面を高めれば、競争に敗れる者が増えてくる。かといって、そういう人を公的に助けようとすると、競争原理が曖昧になり、敗者が自力で復活しようという意欲をそぐことにもなりかねない。

Point 社会現象では必ずトレード・オフの関係で考える

逆に、何か悪いところがあるということで、それを即座に是正しようとすると、その悪いところが持っていたよいところまでなくしてしまう結果になる。ボランタリーセクターも課題文ではよい面を強調して書いているが、逆に考えるとそれらは悪い面としても解釈できるのである。たとえば、次のように整理できる。

▼ ボランタリーな行為のプラスとマイナス

	プラス面	マイナス面
	自発性	恣意的・他の組織との対立
1	中間集団またはアソシエーション	責任の所在、行動原理が不明確、専門性の不足
2	目的より止むに止まれぬ気持ちの重視	善意の動機があれば結果や効率は無視
3	現場（this place）に向けて行われる	不公平で偏った対策
4	公共的な言い分を形成していく	私的な利益のためが実状である
5	国民国家を超える発想	国民国家に対立する発想・組織
6	「みんなのもの」	異物・他者の排除、閉鎖的集団

■ボランティアにおけるトレード・オフ

　ボランティアの問題点については，拙著『地方上級・国家Ⅱ種・市役所上・中級　論文試験頻出テーマのまとめ方』（実務教育出版）にも詳述したが，行動・組織原理が従来の集団とまったく違うためにその評価が難しいというところがある。たとえば「自発性」を最大の原理にすると，「やりたい者が勝手にやる」ということになるのだが，そうすると意欲がある者が一人で引っ張っていくという独裁的な集団になる。また，善意を評価の基準にすれば，その結果がどうなろうとかまわないという**効率や結果無視の態度**にもなる。

　これらの問題については，経営学者のドラッカーが「ボランティアにも経営効率の考え方を導入しよう」というアイディアを出しており，NPOなどはその原理を取り入れる形で組織されているが，原理的に考えると企業のような経済合理性は働きにくいのは明らかである。

> **Hint**
> 現場性と公平性はしばしば矛盾する

　また，現場（**this place**）に向けて行われるため，緊急事態や地域のニーズに対応できる反面，その**公平性は必ずしも確保できない**し，他の法律・規範との整合性も十分には検討されない。もっとも，そういう整合性・公平性のみを重視すれば，官僚的な対応になり，前述した神戸市の区役所のようにいささか不条理な事態も出てきてしまう。

　さらに，ボランタリーな行為は必ずしも**専門性がない**ので，現場では有効でないという場合さえ考えられるだろう。医療行為など，高度の専門性が要求される場合には，どんなに善意があっても知識や経験がなければ，補助的な役割しか果たせないだろう。しかし，もちろんボランティアには，さまざまなバック・グラウンドを持つ人々が集まるので，実社会では必ずしも生かせない技能を生かせる場合もある。

■協働または相互補完は可能か

　このように国民国家とボランティアは，それぞれよい面と悪い面を持つ。したがって，たやすく考えられる解決法は，それぞれがそれぞれの得意分野に特化しつつ，協働あるいは相互補

完の関係を取るということである。しかし，これはある意味で当然な解決であり，新味が薄い。とは言っても，それ以外の解決は考えにくい。こういう場合には，その**解決に至る途中にある困難を指摘する**という方法がある。つまり，どこかで見たような解決なのだが，それでも自分はより深い認識をしている，ということをアピールするのである。

> **Point** 解決に新味がない場合は，その成立条件の深い認識を示す

たとえばこの問題なら，協働・相互補完と言っても**どちらがイニシアティブを握るか，という点で対立する**可能性があることを指摘する。実際，国民国家側では，市民の自発的な組織を国家の組織の末端として利用したいという傾向が強い。また組織間では面倒なことは相手に押しつけ，自分たちが簡単で外からの評価の高いことをするという傾向もよく見受けられる。相互補完すれば何でもうまくいくというような結論はやや楽観的にすぎるのだ。

実際，阪神・淡路大震災のときには復興計画を巡って，地域全体の産業復興・開発を重視する神戸市とコミュニティのまとまりを重視するボランティア団体の間で，深刻な対立が表面化する，などという事態もあったという。互いによい部分を出し合うという折衷案は一般にうまく機能しない場合が多いので，その条件を厳しく考える必要がある。

◆ 折衷案は一般にうまく機能しない⇒条件を厳しく吟味する

■可能性を探る方向

ただ，ボランティアまたはボランタリーな行為が，従来の国民国家や民間企業がうまくカバーできなかった分野を担当できることも確かであるから，最終的な結論は変わらない。国民国家は公平性を重視するため，画一的な対策しかできない。一方で，民間企業は多様なニーズに答えることができるが，採算が取れるものしか実行できない。ボランティアはちょうどその中

間領域にあって，公共性はあってもある狭い範囲に存在しており，そのために十分な利益も上げにくいという問題を解決するのに向いているからだ。

課題文にもあるように，ボランタリーな行為は地域の人々の需要と密着しているために，結託・協働ができやすい。また，そういう人々が積極的に参加することで，例にもあるように維持を地域ぐるみでやり，維持費の削減ができるなどということもある。利益第一主義でなければ，十分に運営できる可能性は大きい。

課題文に「若い人々を泳がせる」地方自治体の上司の例が書いてあるが，そのように**国民国家側が自らの制度機構の不十分さを自覚**して，何でも国家が担おうとせず，いくつかの問題についてはボランティア団体に任せるという発想の転換も必要であろう。

Warming Upの解答

1　第1段落と第13段落。❶国家のサービスは命令的・義務的。ボランティアは自発的な行為。⓭現場に向けて介入する。
2　ボランタリーセクターは地域の公共的ニーズに応える。利益よりも，ニーズが中心。地域住民の当事者意識・共同性を高める。
3　普遍性・一般性に欠け，偏った行為になる可能性。非専門的で結果を問わない独善性のおそれ。
4　地域のきめ細かいニーズをすくい上げ，国民国家の政策との媒介を図る。画一化・官僚化した政策を住民に密着したものにする。

解答例

問題1

主張
国民国家の公共行為

国民国家が行う公共行為とはサービスであり，命令的・義務的な性格が強い。なぜなら，国家は完全に公的なシステムであるからだ。その行為では，普遍性・一般性・公平性などの原理が重視され，目的と効果という観点から評価される。

しかし問題なのは，現場の具体的な必要性から離れても，普遍性・一般性・公平性の原理を優先する傾向が強いことだ。したがって，その行為の対象である地域住民にとっては，国民国家とは自分とは無関係のだれかのもの，自分たちはそこに責任がないシステムだと意識されてしまう。

　それに対して，ボランティアは自発的な行為を基本とする。それは公的でも私的でもない中間集団またはアソシエーションを母体とし，目的と効果という観点よりも，参加するメンバーの「止むに止まれぬ気持ち」を重視する。

　したがって，一般性・公平性よりも現場の必要性に向けて行われ，その過程においては私的な場や個人の場にも入り込んでいく可能性を持つ。このような行為の結果，地域住民との結託や協働がしやすく，その結果に対しても「みんなのもの」という共同性の感情を高めることになる。これは国民国家を超える公共性を形成する可能性を持つのだ。（546字）

| 主張 | ボランティアの公共行為 |

問題2

　国民国家とボランタリーセクターは，協働または相互補完の関係を作るべきだろう。なぜなら，片方だけでは国民・住民の幸福を達成できないからである。国民国家は強大な権力を持ち，国民のすべてが享受する権利を保障する。これは，普遍性・一般性・公平性という原理から当然のことだろう。他方で，広範囲の人々に同じサービスを提供するには，膨大な施設費・維持費が必要になるし，コスト意識も働かない。また公平性にこだわると地域や個人の多様なニーズに応えられない。

　従来，多様なニーズへの対応は企業に任せられてきた。価格を通して個人は自分の需要を表し，企業は対価を受け取りそれを実現する。高い価格を払えば，それだけさまざまなニーズを実現させられる。反面，企業は利益の見込めるところでしか活動しないので，ニーズがあっても満たせない分野は多い。たとえば，地方都市の商店街がさびれ，高齢者が買い物ができなくなっても，企業は商店街を復興させない。商店街は効率が悪く高齢者の購買意欲は低いので利益が薄いからだ。それより，郊外に大きなショッピングセンターを造り，若い消費者を引きつけるだろう。しかし，国家や地方自治体

| 主張 |
| 理由1 | 国民国家の欠点 |
| 理由2 | 私企業もできない |

| 理由2 |
| ボランタリーセクターの可能性 |

が補助金などを出しても，そもそも利益が薄いのだから民間企業が積極的になるわけがない。

このような場合には，ボランタリーセクターが機能する。たとえ狭い地域でも，公共的なニーズを的確に把握し実現しようとする。その際に，利益だけでなく地域住民の幸福度を基準にして行動するので住民の協働も容易だ。ニーズに直結した自発的な行為なので当事者意識を持てるからだ。住民参加が費用を削減させる効果もある。もちろん，自発性だけでは不十分な分野も多い。恒常的に供給されねばならない財は命令的・義務的サービスも必要だ。また現場にこだわるボランティアでは厳密な公平性は期待できないし，他の政策との整合性も難しい。

| 主張 |
| 問題の指摘を付け加える |

したがって，国民国家とボランタリーセクターは協働して公共性の必要を満たすことが望ましい。恒常的・画一的なサービスや莫大な施設・機構を必要とする分野では国民国家が，住民や地域の福利厚生など多様あるいは特殊な対応を必要とする分野ではボランタリーセクターが担当すべきである。もちろん協働には問題も大きい。どちらがイニシアティブを取るかで対立が発生するからだ。阪神・淡路大震災では，地域の復興を巡って自治体・国と地域住民・ボランティア団体が対立したと言う。

しかし，巨大化・官僚化した国家の対応は必然的に画一化する。専門性や役割を超えたボランティアの活躍する範囲も増えるだろう。国民国家側が自らの制度機構の不十分さを自覚して，ボランティア団体に積極的に任せるという発想の転換が必要であろう。

(1,198字)

9　市場と公共性　演習問題

Theme　【電力自由化】　　　2005　青山学院大［共通］90分

　以下の「電力自由化」に関する文章を参照することにより，設問の指示に従って論述しなさい。

設問：いまや，「電力自由化」の問題は，我が国の根幹的な経済政策の一つとして推進されているが，この政策の推進派もしくは推進反対派の立場に立ち，その理論的根拠を明らかにするとともに，今後の問題点を整理して明示的に論述しなさい。

(1)　日本の電力市場では，「発電」「送電」「配電」のすべてを「東京電力」や「関西電力」などの大手電力会社10社が統括的に運営・管理することを認める「地域独占」が確立され，企業や一般家庭など電気の利用者は一定地域の特定電力会社からしか供給を受けることができないシステムが維持されてきた。しかし，国際的な動きとしては，1990年代以降のイギリスやアメリカ・カリフォルニア州の例でも見られるように，電気の利用者が新規事業者や地域外の大手電力会社からも電力を購入しえるようにすべきであるとする「規制緩和」の考え方が政策的に取り入れられることになった。この考え方は，従来から硬直的な公共サービス部門の「自由化」が重要課題とされていた我が国においても，「電力自由化」の問題として本格的に取り入れられることになったのである。

(2)　我が国において電力自由化政策が導入される契機になった主な点は，我が国の電気は諸外国と比較しても極めて質が高い一方で，料金が割高であり（図表1参照），そのために我が国企業の国際競争を極めて不利なものにし，結果的に産業の空洞化を招くことが心配されたことである。そこで，電気料金を引き下げるためには，従来の電力会社10社による地域独占体制を改めて，新規事業者や他地域の電力会社の参入を認めることにより，競争原理を働かせることが必要であるとされたのである。すなわち，大規模事業者が支払う電気料金は年間数億円にも達すると言われており，たとえ数パーセント程度の引下げがなされたとしても，企業の収益改善のために大きく貢献することが予想されるのである。さらに，電力自由化のメリットとされるのは価格を低下させることにとどまらず，①新規参入を計画している大手ガス会社のコ

ージェネレーション（熱電併給）や燃料電池をセットにしたサービスの提供などが行われることとなり，利用者が電力の供給源を選択することを可能にすること，②大手電力会社の経営効率化のための努力などが期待できるのである。

(3) 我が国における電力自由化のための第一歩は，1995年の「電気事業法」の改正により踏み出された。すなわち，1965年に施行された「電気事業法」は，一般電気事業者に関して厳格な認可基準を設定して通商産業大臣の認可を必要とすることで，事実上の地域独占を認めていた。①約30年ぶりの改正となった1995年の同法改正では，従来の電力会社以外の独立系発電事業者（IPP）の参入を認めることにより，これらが作った電気を既存の電力会社に卸し売りすることを認めたのである。この改正の結果として，鉄鋼メーカーなど大きな発電設備を持つ事業者が余った電力を電力会社に売ることが可能となったのである。②電力を利用者に直接販売する小売分野では，2000年から段階的に自由化が進展しており，2000年3月の自由化では，大型の工場やオフィスビル（電力需要規模2000キロワット以上）が新規事業者や他地域の電力会社から電力を購入できるようになり，③2004年4月から，500キロワット以上の分野も新規事業者などに解放され，④2005年4月には自由化の対象が50キロワット以上にまで拡大される予定である。以上のような自由化計画が進展するなら，市場全体の6割以上が電力の供給元を自由に選択できることになるのである。

(4) 我が国の電力自由化政策は，具体的なルール整備を待たずに前倒しで進められたために，今後，早急な整備を必要とする課題も極めて多いのである。すなわち，①新規事業者と既存の電力会社間の電力取引を円滑にするための仕組み，②新規事業者が既存の電力会社によって所有・管理されている送配電網を利用し易くするためのルール造り，③既存の電力会社が新規事業者の事業活動を意図的に妨害することがないように監視するための中立機関の設置，④電力会社間で，余剰電力を調整し合うための市場の形成などの諸問題が未解決のままである。

(5) この電力自由化政策は，これまでにどのような成果を挙げているのか，また，今後いかなる重要問題を抱えているのかについて考えてみる必要があろう。まず，成果の点については，新規事業者によるシェアは数パーセントに過ぎないが，競争原理が導入された結果として，産業用電気料金が数パーセントの低下を見たばかりでなく，一般家庭用電気料金の低下傾向も指摘されている。今後に残された大きな課題の一つは，全需要の3割強を占める家庭向け市場の自由化をいかに進めるべきかである。政府は，2007年以降に家庭向け市場を含めた全面自由化の検討を開始する計画を発表しているが（図表2参照），詳細については未定のままである。最後に，この電力自由化政策

法科大学院小論文　発想と展開の技術
9　市場と公共性　演習問題

を推進する過程において、原子力発電を将来的にどのような位置づけをして、いかに効率的な運営・管理をするべきかということも検討を要する重要な課題であるといえよう（日本経済新聞、2004年4月18日朝刊「視点」参照）。

▼図表1　電気料金の国際比較
　　　　（1キロワット当たり・2001年）

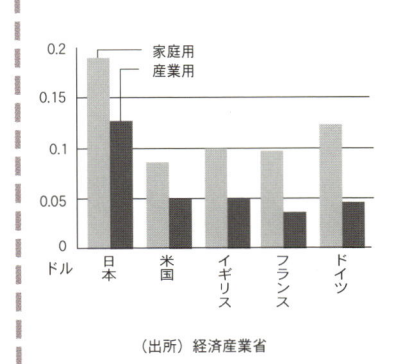

（縦軸：ドル、0〜0.2）
家庭用／産業用
日本：約0.19／0.125
米国：約0.09／0.05
イギリス：約0.10／0.05
フランス：約0.10／0.04
ドイツ：約0.125／0.05
（出所）経済産業省

▼図表2　自由化される市場の割合
　　　　（電力量ベース）

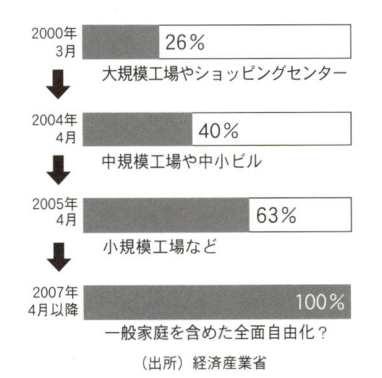

- 2000年3月：26％　大規模工場やショッピングセンター
- 2004年4月：40％　中規模工場や中小ビル
- 2005年4月：63％　小規模工場など
- 2007年4月以降：100％　一般家庭を含めた全面自由化？

（出所）経済産業省

解答のプロセス　　　→解答例は359ページ

主張	電力自由化に賛成／反対
理由	電力価格が下がる／安定的供給ができなくなる
説明	競争による効率化／電力事業の投機化・効率と安全のディレンマ
例示	諸外国の例、アメリカにおける電力の自由化の結果
反対意見	反対／賛成の別な根拠を資料から探す
批判	その根拠を反駁

類題

04東北大「市場経済（グローバル資本主義）の利点・難点」
04広島大「構造改革とセーフティ・ネット」
05駿河台大「『ザ・フェデラリスト』における抑制均衡の理論」
05東海大「公共性と所有的個人主義」
05日本大「産業革命と情報（技術）革命の相違点・類似点」
04神戸学院大「国家が行う再分配政策への消極論と積極論」
05広島修道大「規制緩和改革による公共サービスへの民間参入」
04福岡大「株式会社の病院経営参入は構造改革として意義があるか」

Solution

確認したらチェックを入れよう。

国家・自治体の事業は競争が働かず，高コスト・非効率である
福祉国家はモラル・ハザードを生み，経済を衰退させる
私企業は効率的だが，公共財を供給することはできない
国家・自治体でもなく私企業でもない組織が必要とされている
ボランタリーな活動が社会の公共性の担い手となるかもしれない
国家・自治体とボランタリーな活動との協働が重要になる

Chapter 10　グローバル化と地域性

　民族国家が国際関係を形成するというイメージは近代の偏った見方だ。むしろ，国際化・グローバル化が基本的な状態と考えたほうがよい。しかし，それでも外国人との交流は難しい。相手事情に合わせた施策がかえって外国人の孤立を促進する場合さえある。文化に過度に影響されず，共通のルールを作るべきだ。

Technic

❶ 民族国家の幻想
　20世紀になってからの特殊なイメージである

❷ 外国人の受け入れ問題
　社会の活性化と居住コストの増加のディレンマ

❸ スティグマとルール
　外国人というスティグマは共通ルールを阻害

10 グローバル化と地域性　知識と講義

Step ❶　グローバリゼーションとは何か

■国家と国際関係の成立

　まず「民族国家」があり、それらが寄り集まって「国際関係」を取り結ぶというイメージがあるが、その成立は意外に新しい。実際、20世紀に至るまで、国家が人的・物的交流をコントロールするなどという事態は珍しかった。たとえば、ヨーロッパでは第一次世界大戦に至るまで、移動にパスポートは必要でなかった。また、現在インドネシア共和国として知られる地域は、マレー語が商用語として用いられた共通の経済圏であった。人々は海上交通を利用して互いに交易し合いながら、それぞれが独立した言語・文化を発展させ、緩やかな連合体をなしていた。オランダの植民地になる前は、インドネシアという国家的アイデンティティはなかったのである。

　近代に入っても「帝国」と言われる国家では、多様な民族が統治組織の中に入り込み、民族によらない共通のルールに基づく国家運営を行っていた。たとえば、オスマン帝国では、外務大臣にフランス人が起用され、フランスの官僚を相手にオスマン帝国の代表として外交交渉を行った例もある。

■日本は「島国」ではない

　日本も海に囲まれて孤立した「島国」だとよく言われている。しかし、かつては船は最速の交通手段であり、日本海を通して中国大陸からさまざまな文物・人間が渡ってきたのである。海は日本を世界から隔てると同時に、結びつける役目も果たしたのだ。

　その意味で言えば、グローバリゼーションや国際化は日本の国の成立の時点から存在したのであり、「孤立した島国」というイメージは、20世紀以来のナショナリズムの言説が生み出した偏ったイメージだとも言えるだろう。実際、世界地図をひ

っくり返して見てみれば，日本海はほとんどユーラシア大陸の内海のように見えるだろう。

▼ 日本と日本海

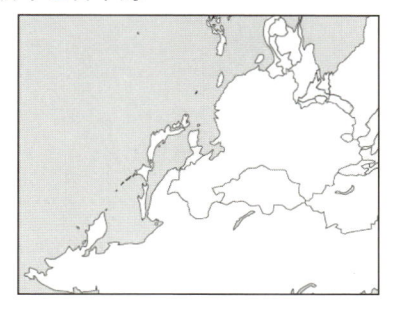

このような見方を応用すれば，現在では太平洋が内海化して，アメリカ大陸とつながっているという見方もできよう。その意味から言えば，「国際化」「グローバリゼーション」のほうがノーマルで，国家のほうが特殊な状態と考えることもできる。

■国際化の問題点

とはいっても，実際に外国人が日本社会に入ってくると短期的にさまざまな問題が生じてくる。**国際化とは，このような過程で，日本社会と外国社会が否応なしに出会ってさまざまな問題が生じてくることを言う**。特に1980年代以降，日本の経済的地位が世界的に高まると，多数の外国人労働者が日本にチャンスを求めて流入してくることになった。日本の制度はそれまで閉鎖的傾向が強かったため，外国人との間で摩擦や誤解が起きることになった。

もちろん，これは望ましくない面ばかりではない。むしろ，経済的発展のためには必要なことだ。少子・高齢化が進み，生産人口が減少する中では，労働力不足は深刻だ。特に低賃金の汚れ仕事には生活が向上した日本人は就きたがらず，人手不足が続いている。外国人労働者は，これらの労働力不足を補う手段としても，期待されているのである。

Point 外国人労働者受入れのディレンマ＝
　　　　労働力としての期待⇔日本社会との摩擦や誤解

つまり，外国人労働者に代表される国際化は，**経済的なメリットと社会・政治的なデメリットのディレンマ**の中にあるのである。人的交流を促進し，社会を活性化させる反面，異文化が入り込むことで社会的緊張が増したり，経済格差から犯罪が増加したりすることが予想される。さらに，いったん外国人を受け入れれば，どんなに規制しても定住する。そうすると，それらの人々に住宅を提供したり，医療システムを完備したり，教育を与えたりする行政コストが増加する。

■ヨーロッパの例

　特に，教育は，帰属集団の文化習得の意味もあるので深刻である。フランスの例では，国内にイスラム教の信者が多くなったことで，宗教を排除する国家による教育と宗教教育を求めるムスリム共同体との間で対立が生じている。最近でも，チャドル（髪を覆うスカーフ）を学校で脱ぐようにと言われて，訴訟を起こされた。結果的には，その生徒は学校の規則を破ったということで退学させられた。しかし，このようなことが頻発すると，社会の**統合性**（solidarity）が失われる結果にもなる。

　ドイツでも，労働力不足を補うため，1960年代からトルコを中心に労働者を大量に受け入れた。それらの労働者は，初めは短期契約であったが，次第に定住するようになった。彼らは主にドイツ人がやりたがらない肉体労働に従事したが，ドイツの経済が停滞するとともに，その存在は「ドイツ人の仕事を奪う」と受け取られ，激しい排斥運動が起こるようになった。

　もちろん，このようなことにならないように，行政ではさまざまな施策が行われた。しかし，それが必ずしも十分な結果を挙げていないことも多い。**外国人移民のための施策が，かえって既存の社会との溝を深めている**などということもあるのである。

■太田市の例

　たとえば，群馬県太田市では，1990年に出入国管理法が改正されてから，家族を伴った日系ブラジル人が急増した。この地区の企業団体が以下のような指針の下で，ブラジル人の直接雇用に乗り出したからである。

> 1　人間愛を基盤とし，被雇用者の人格を尊重すること
> 2　日伯親善に役立つこと
> 3　単なる人手不足解消法と考えず，将来を展望して，雇用の継続ができるように努力すること

　特に2は，かつてブラジルが日本からたくさんの移民を受け入れたことを，ブラジルに感謝し貢献するという思想の下に，「町の一員」として働きやすい環境を確保するための福利厚生に取り組んだのである。具体的な施策は以下のようになる。

> 1　日本語学習機会の提供
> 2　小中学校での日本語学級の設置
> 3　生活相談の対応
> 4　パンフレットなどの広報活動
> 5　外国人への市営・町営住宅の提供

　1はまず市が講座を開き，そのボランティア講師が市の講座がない期間に自主講座を開いた。2は小中学校で，外国人子女教育に対応するために日本語指導教室を開設し，ポルトガル語のできる教員助手を配置した。3の生活相談も，バイリンガル職員が担当して，住宅の申込み，在留資格の変更・更新手続きなどの相談に乗った。市職員の採用条件からも国籍条項が外され，新しく来た人々も採用されるようになった。

　しかし，このような施策は，一方で予期せぬ結果も招いた。外国人用の施設やサービスが充実した結果，「日本語を使う必要がほとんどなくなる」「日本人とつきあわなくても生活できる」という事態が出現したからである。ある調査では，平成2年に「日本語の読み書きができる」と回答した人は17％だったが，平成6年には10％と減少，逆に「ほとんどできない」が9％から13％に増加している。また地域社会での日本人とのつきあいも，「とても活発」「ときどき」を合わせた比率が，64％から53％に減少した。支援の結果，図らずも日本人とブラジル人の分離と住み分けが進んでいるのである。

Point　支援策がかえって分離と住み分けを促進する

Step ❷ 解決の方法はあるか

■制度の意味は文化によって変わる

　このように，国際化・グローバリゼーションがノーマルな状態だとはいっても，現場ではさまざまな問題が生じてくるし，それを解決しようとする努力がまた別な問題を生むという構造になっている。これは，形式や制度だけ国際化・グローバリゼーションが進んでも，文化や生活の深い層では，実体がなかなか変わらないということが関係していそうだ。

　たとえば，日本では19世紀後半以来，西欧の社会制度・政治制度を全面的に取り入れたが，その結果生活意識の西欧化が進んだかというと，心もとないところがある。むしろ，日本社会には，**生活意識を規定する「古層」があり，それが外面的に入ってきた制度・文物の意味を変えてしまう**という説さえ唱えられている。

　このような傾向は，実は古代から一貫して変わらない。たとえば，日本の仏教はインドから中国を渡ってきたのだが，その社会的意味は本来のインド仏教から遠く隔たっているのみならず，中国大陸の仏教とも異質である。妻帯を許し子孫に寺を相続させる。墓を造って先祖供養をする。このような形態は「すべての形態が幻想にすぎない」という原理を唱える本来の仏教とは対極の姿になっている。古代から取り入れられたものがこれだけ変形しているのだから，西欧の社会制度・政治制度が実質的にはどのように日本社会で働いているのか，かなり問題がある。つまり，明示的な制度とは別に，無意識や身体行動に働きかける文化の規定性はかなり強いのである。

> **Point** 文化の規定性＝無意識や身体行動に働きかける

　したがって，その文化が異なる中での共生は摩擦なしには済まないとも言える。「外国人との共生」などという抽象的な理想だけでは片づかないのであり，簡単な解決策は存在しない。

■外国人というスティグマ

外国人との共生に当たっては，本質的には，理解できないところには触れず，逆に共通のルールが作れるところでは，明示的なルールで双方が合意していくという手段を用いるほかないのかもしれない。

その際に，「外国人は何を考えているのかわからない」とか「しょせん外国人は日本人と違う」などと，自分と相手とのコミュニケーションの実質的な不足を，過剰に文化や国の違いのせいにしているという傾向が，共生を妨げているという面は大きい。「よそ者」「あいつらとおれたち」という区別は「老人」や「障害者」と同じように，意思疎通がうまくいかないときは，「老人だから」「障害者だから」「外国人だから」とその存在のせいにされる。これを**スティグマ**（stigma）と言う。しかし，これは不当なレッテルであるばかりでなく，共通のルール作りというプロセスにも有害である。

外国人というスティグマ＝共通のルール作りに有害

パレスチナ生まれの思想家E.サイードは，西欧社会が中東に対して圧制・放縦・快楽などのマイナスイメージを歴史的に張りつけてきた，と告発している。これは中東の現実の姿というより，西欧人の自由・統治・節制などという自己イメージの反転にすぎない。このような幻想的イメージが流布していたことが，パレスチナ問題が複雑化する背景にあるというのである。

警察が「不法滞在者が犯罪に関係する」という趣旨のビラを配ったことが，最近各地で問題になっているが，このような行政側の画一的な外国人観が，一般の外国人への偏見を強めている可能性もある。「国際化」とは，国や文化の違いに過剰に反応することをやめ，個人として共通の明示的なルールに守って接することなのだが，その方向にはなかなか進まず，暗黙の一体感にアイデンティティを持つ人が相変わらず多いのである。

Point 外国人＝自分たちの反転としてのイメージで見がち

10　グローバル化と地域性　　例題と解法

Theme【外国人労働者問題】　2004　中央大［未修］2問で120分

　次の二つの意見（【Ⅰ】・【Ⅱ】）を参考にして，日本への外国人労働者受け入れ問題について，賛否を明らかにした上で，あなたの意見を以下のキーワードを用いて論じなさい。すべてのキーワードを使用する必要はなく，また，使用の順序，回数についても条件はありません。キーワードの観点以外の観点から論ずることも自由です。

　なお，賛否いずれの立場をとってもそのこと自体は点数評価とは関係ありません。

キーワード
　同じ日本人，治安の悪化，義務教育の対象，人権の国際化，社会の活性化，単一民族国家

【Ⅰ】
❶（略）80年代後半から，当時の日本のバブル景気に誘われて，多くの日系人が日本に渡った。現在，かつてブラジルに移住した日本人とほぼ同数の26万人に達している。これほど多くの日系ブラジル人とその配偶者，その子どもらの日本定住は，だれも想像できなかった未曾有のできごとである。
　　（略）
❷ブラジル人は，群馬や栃木，長野各県や首都圏，静岡県を始めとする東海地方に多く居住している。彼らが直面している問題は雇用や保険などの問題だけではない。子弟の教育と，それが不十分な結果として発生している非行が，もっとも頭の痛い問題である。
❸日本在住の義務教育段階にあるブラジル人の子どもは，3万人以上という。公的資料などによれば，公立学校に通っているのは，わずか7500人前後，私立のブラジル学校を加えても1万人程度にすぎない。約2万人が不登校となっている計算だ。
❹理由は，親が教育に無関心だったり，ブラジル学校の月謝を払うだけの経済力がなかったり，子どもが学校に適応できなかったり，とさまざまだ。
❺不登校が，そのまま非行に結びつくわけではない。ただ，両親が一日中仕事に出て目が届かない場合が多く，仲間と町に出歩くようになるなど，非行につ

ながりやすい。00年に少年鑑別所に新たに収容されたブラジル国籍の少年は，140人を超える。年々増えて4年前の4倍近い。もちろん，鑑別所に収容されるのは氷山の一角だ。

❻（略）ブラジル人子弟の不登校対策について文部科学省は，最近，公立小中学校の校長の権限で，日本語を理解できない子供たちを2年下の学年にまで編入できるように認めている。また，母国語のポルトガル語の専門家を公立学校に配置したり，通訳を巡回させたりする地方自治体も出てきた。一歩前進であるが，まだ解決にはほど遠い。

❼そこで，日本にいるブラジル人に公立学校で母国語教育をさせたらどうだろうか。ブラジルで教員資格をとった就労者がたくさん来日しているのだ。日本語を理解できない子どもにも学校への関心を高めて，学習の目的意識を目覚めさせることになる。少なくとも不登校の抜本的な解決にはつながるだろう。（略）
（二宮正人［サンパウロ市国外就労者情報援護センター理事長・弁護士（在ブラジル）］「私の視点」朝日新聞・平成14年3月21日朝刊15頁）

【Ⅱ】
外国人就労解放派vs.制限派（対立ニッポン問われる座標軸：6）

❶厚生労働省「人の健康，安全にかかわる問題だ。日本の資格を取得してもらう必要がある」

　経済産業省「日本語研修を義務付けた上で就労を認めるべきだ」

❷フィリピンとタイからの看護師，マッサージ師の受け入れをめぐって，政府内で対立が続いている。両国との自由貿易協定（FTA）交渉入りにあたって，農産物の市場開放以上に難航しているのが労働市場の開放問題だ。

■経産vs.厚労

❸フィリピン政府は，高齢化が進む日本に貢献できるとして，日本語を理解し，日本の看護水準を満たすという条件でフィリピン人の看護師の就労を求めている。フィリピンでは，看護師資格を取ると8割が欧州など国外に出る。外資の貴重な稼ぎ手だ。

❹厚労省によると，日本の就業看護職員数は05年末には約130万1千人と，01年当初より14万9千人増える見通し。ただ，05年の需要は約130万6千人と推計され，5千人の看護師が不足する計算だ。経産省は「外国人看護師の受け入れは時代の流れ」と主張する。

❺これに対し，日本看護協会の岡谷恵子専務理事は「看護師不足は結婚や子育てなどで離職した看護師を復帰させることで十分に対応できる」と反論。厚労省などは，安易な受け入れが看護の質を落とし，外国人を含む看護師全

体の雇用環境の悪化を招きかねないとの懸念を抱く。

❻タイも，伝統的なタイ式マッサージ師の資格で日本でサービスが提供できるように求めており，やはり経産省と厚労省が対立する構図だ。

■慎重な政府

❼日本の外国人労働者数は増加傾向をたどっている。90年に日系人の就労が制度化され，南米などから技術的・専門的労働者以外の「単純労働者」の入国が急増。国内の外国人は登録者数だけでも02年末に185万人と，10年前より44.5％増えた。

❽ただ，少子高齢化による労働者不足に危機感を抱く産業界は，単純労働者の受け入れ拡大の検討も政府に求めている。日本経団連は1月の報告書で「透明で安定した制度のもとで受け入れるシステムを設計すること」を主張。日本商工会議所は建設分野などにも受け入れることを検討すべきだと提案する。

❾こうした声に，政府は慎重だ。治安悪化への懸念に加え，住宅，教育，医療といった費用負担を警戒。すでに，受け入れた外国人労働者への対策でも後手に回っているのが実態だ。

❿日系人労働者が多い静岡県浜松市や愛知県豊田市，群馬県太田市など13市町は01年5月，「外国人集住都市会議」（現在15市町）を結成。同年10月に「浜松宣言」を発表し，国に医療保険制度の見直しや教育対策などを求めた。日本語も母国語も十分に習得できない子どもが増えているほか，外国人が治療費を払えず病気を悪化させたり，医療機関が診療を嫌がったりというケースがあるためだ。

⓫その後，中央省庁との意見交換の場などが設けられたが，具体的な改善策は示されていない。

■海外に後れ

⓬一方で，世界はハイテク分野を中心に優秀な人材の獲得競争に突入。日本はIT（情報技術）分野に限定してアジア各国の資格が日本でも通用する相互認証を実施しているが，米国などには大きく後れをとる。

⓭「必要な分野は外国の要望を聞きながら対処しなければならないが，治安に影響がでてくることも考えないといけない」（小泉首相），「なかなか難しい問題だ」（土井社民党党首）。日本記者クラブが主催した10月27日の6党首討論会。外国人労働者問題で党首の歯切れは悪かった。

⓮どんな条件でどのくらい外国人労働者を受け入れるのか。現状維持でいくのか。総合的な戦略が求められている。

（朝日新聞・平成15年11月6日朝刊11頁）

Warming Up

1　それぞれの資料が示している問題は何か？
2　キーワードを適用したロジックを考えよ。
3　あなたの立場は全面賛成／全面反対／条件付き賛成のどれか？
4　その根拠は何か？
5　予想される反対意見とその根拠は何か？

解法

　　いずれの意見も新聞紙上に掲載された文章なので，内容は難しくない。読解するにしても問題はないだろう。一応，整理をしておくと次ページのようになる。

■2つの課題文の内容

　【Ⅰ】は，主に日系人の子弟教育が問題になっていることを述べる。データを挙げながら，不登校の人数・非行に走る人数が多くなっていると指摘する。現在行われている政府の対策に加えて，筆者は在日ブラジル人による公立学校での母国語教育を提案する。

　一方，【Ⅱ】は外国人看護師の受け入れ問題を巡って対立があることを述べる。産業界では労働力不足が言われているが，政府は治安悪化・住宅・教育・医療などのコストを恐れて慎重な態度を取っている。しかし，日本は優秀な人材の獲得競争に後れを取っており，総合的な戦略（この中身はわからないが…）が必要だと主張する。

Hint
問題は何か？
2つの関係は何か？

　つまり，【Ⅱ】のほうが外国人労働者を受け入れるべきかどうか，という問題を扱っており，【Ⅰ】は受け入れた後に出てきた問題点について述べている。設問では「日本への外国人労働者受け入れ問題について，賛否を明らかに」せよと言っているのだから，【Ⅱ】がその問題の一例を直接に扱っており，【Ⅰ】は受け入れた後に予想される問題の例になっている。

ポイント	サポート
【Ⅰ】	
❶日本に渡った日系人26万人	➡ 感想未曾有のできごと
❷ブラジル人の子弟教育問題 ↓	➡ 説明❸約2万人が不登校
	➡ ❹理由親の無関心，経済力不足，学校への不適応
❺非行につながりやすい ↓	➡ 例示少年鑑別所に新たに収容されたのは140人以上
❻文部科学省・地方自治体の対策	➡ 評価一歩前進だが解決にはほど遠い
❼提案公立学校で在日ブラジル人に母国語教育をさせる ↓ 不登校の抜本的な解決	➡ 理由ブラジルで教員資格をとった就労者が多い，学校への関心を高めて，学習の目的意識を目覚めさせる
【Ⅱ】	
❷労働市場の開放問題で政府内で対立が続いている	➡ 説明❶解放派経産（日本語研修）vs.制限派厚労（日本の資格）
	➡ データ❸フィリピン政府の要望，❹看護師5000人が不足，経産省＝受け入れは時代の流れ
	➡ 議論❺日本看護協会＝日本の資格者で対応，厚労省＝看護の質劣化，雇用環境の悪化
	➡ 例示❻タイのマッサージ師受け入れ要求
❼日本の外国人労働者数は増加傾向 ↓ ❾政府は慎重	➡ データ185万人，10年前より44.5％増
	➡ 議論❽産業界＝単純労働者の受け入れ拡大を求める
	➡ 理由治安悪化・住宅・教育・医療など
	➡ 例示❿外国人集住都市会議の浜松宣言⓫×具体的改善策
⓬日本は優秀な人材の獲得競争に後れ→⓮総合的戦略の必要	➡ 引用⓭党首の発言

■解答の手順

まず「外国人労働者を受け入れるべきか？」という問題に対して，賛否の表明をする。全面賛成，全面反対のほかに条件付き賛成（あるいは条件付き反対）のどれかになるだろう。ただし，キーワードを使わねばならないから，その使用法についてはあらかじめ考えておく必要がある。

キーワード	論理
同じ日本人	日系人移民の場合に使える。「民族的には同じ日本人とは言っても，文化的には違う」
治安の悪化	これは外国人が日本社会に来ることで直接的に心配されることだろう
義務教育の対象	外国人子弟教育の問題であるから，移民の定着に言及するときに使える
人権の国際化	外国人労働者の人権に言及するときに使える
社会の活性化	外国人が日本社会に来る直接的メリット
単一民族国家	日本についての一般的イメージ。しかし現実的には他民族が共生しているし，これからはさらにその傾向が進むはず

これらのストーリーを積極的に使って，議論を組み立てる。

■賛成の場合の進め方

受け入れ賛成の場合は，意見【Ⅰ】・【Ⅱ】で述べられた問題点3つをすべて解決できることを示さねばならない。

1　子弟の教育問題
2　治安悪化の心配
3　住宅・教育・医療などのコスト増

もちろん，自分の意見をサポートする根拠として【Ⅱ】の「労働力不足」は使えるはずだ。またキーワード「社会の活性化」も使える。これらから得られる利益が，損失よりも大きいと証明する。たとえば，アメリカ社会の経済の強さは移民から来ているという説がある。移民たちが豊かになって，住宅など

を活発に買うため,消費が落ち込まず,経済的にデフレにならないで済む。このように外国人でも社会の中の一員として貢献しているのだから,彼らの人権にも配慮するのは当然だろう。

	機能	内容
1	主張	外国人労働者を受け入れるべきだ
	理由	労働力不足,社会の活性化
2	説明	少子化,異文化の取り入れ,外国人の人権
	例示	アメリカの社会
3	反対意見	治安悪化,住宅・教育・医療などのコスト増
	批判	経済的利益のほうが大きい

■反対する場合

　外国人労働者受け入れに反対する場合は,その逆を書けばよい。まず反対を表明し,治安悪化,住宅・教育・医療などのコスト増が大きいことを述べる。例示としては,ドイツの例が使える。トルコ人移民を受け入れたために,イスラム教育の是非,住宅不足,医療保険の危機の問題が発生した。

Hint
反対意見を予測し,批判する

　これらは,もちろんプラス面も持つ。たとえば,住宅不足などは上に述べたように経済活性化にも通じるが,結局そのメリットよりデメリットが大きいことを示せばよい。「同じ日本人」などは予測される反対意見として使えるだろう。たとえば「文化が近い日系移民なら認めてもよいはずだ」など。これを【Ⅰ】から否定するのだ。したがって,構成は以下のようになる。

	機能	内容
1	主張	外国人労働者を受け入れるべきでない
	理由	治安悪化,住宅・教育・医療などのコスト増
2	説明	他者・異文化との社会・文化摩擦
	例示	ドイツのトルコ移民
3	反対意見	労働力不足,社会の活性化,日系移民なら認めてもよい
	批判	効率を高める,文化が違うと社会の統合性が低下,民族的に同じでも文化は違う

■条件付き賛成／反対の場合

これは，たとえば単純労働者は認めないが，特殊なあるいは専門的な技術を持った労働者の受け入れは認めるという場合である。【Ⅱ】の第12段落で述べられているようなIT技術者に限って認める，などの場合である。この場合なら，受け入れる人数も多くないので，住宅・教育・医療などのコスト増は大したことはない。さらに教育程度も高いだろうから，治安悪化などの問題も少ないだろう。

ただし，専門性の認定基準をどうするか，という問題が残る。書類や審査をごまかす，などという事態もあるかもしれないし，たとえ専門家として認められたとしても【Ⅱ】のように国内の専門家との競争を引き起こし，反対が出る場合もあるだろう。余人をもって代え難いというほどの高度の「専門性」は，そもそも非常に少ないので，個別の例ごとに審査すればよい，という反論も成り立つだろう。

これらの反論には，たとえば多少の漏れはあるかもしれないが，何もないよりは規制になるし，国内の専門家も競争にさらされて，初めて質の向上が望める，などという再反論が成り立つだろう。

> **Hint**
> 条件付き賛成のメリットは何か？

	機能	内容
1	主張	専門的な職種に限って認めるべきだ
	理由	治安悪化，住宅・教育・医療などのコスト増などは少ない，日本経済の強化に役立つ
2	説明	少人数＝住宅・教育・医療などのコスト増が少ない，教育程度が高い＝×治安悪化
	例示	ヨーロッパ出身科学者のアメリカにおける貢献など
3	反対意見	専門家の認定基準？，国内の専門家からの反対（質の低下？）
	批判	基準がないよりはよい，競争にさらされて初めて質が向上

Warming Upの解答

1. 【Ⅰ】日系人の子弟には，不登校の人数・非行に走る人数が多い。在日ブラジル人による公立学校での母国語教育が必要だ。
   【Ⅱ】は外国人労働者の受け入れについての対立を述べる。
2. **同じ日本人**＝日系人移民の場合に「民族的には同じ日本人とは言っても，文化的には違う」などと使える。**治安の悪化**＝外国人居住地域の形成，貧富の差などで悪化する。**義務教育の対象**＝移民の定着に言及するときに使える。**人権の国際化**＝外国人労働者の人権に言及するときに使える。**社会の活性化**＝外国人が日本社会に来ることのメリット。**単一民族国家**＝日本についての一般的イメージ。しかし現実的には他民族が共生している。
3. どれでも成立する
4. **賛成**＝労働力不足，社会の活性化／**反対**＝治安悪化，住宅・教育・医療などのコスト増／**条件付き賛成**＝治安悪化，住宅・教育・医療などのコスト増は少ない，日本経済の強化にも役立つ
5. 賛成の場合は，上の反対の根拠が反対意見として予測され，反対の場合は，その逆である。条件付き賛成の場合は，国内の専門職団体からの反対。

解答例

賛成の立場

主張 受け入れ賛成の立場

　外国人労働者は基本的に受け入れるべきだ。なぜなら，将来の日本の労働力不足を解決し，社会の活性化のための役目を果たすからである。日本では少子化・高齢化が進み，近い将来に生産人口が大幅に減少すると予想される。このような状態を放置すると，GDPの減少が予想され，日本経済の国際的地位は低下が避けられないし，国民の生活水準の低下もありうる。さらに高齢化が進むと，文化や趣味が固定化し，社会全体が不活発になる，という懸念もある。

根拠 経済の活性化の実態

　実際に，現在のアメリカの経済的好況はかなりの部分が移民に支えられているという説がある。アメリカ社会に根付くにしたがって豊かになった移民たちおよびその第二世代たちが，住宅や消費財を積極的に購入し出し，それが消費全体を押し上げている。また，彼らの間では出生率も高いので，少子化にも一定の歯止めがかかる。他方で，移民たちの持ち込んださまざまな異文化は，アメリカの風土に取り込まれて新しいスタイルを生み出す宝庫になっている。もし移民の存在がなかったとしたら，現在のアメリカ文化の魅力は大

部分は失われてしまうだろう。このように外国人でも日本社会に貢献しているのだから、差別的な扱いをすることは許されず、人権にも十分配慮して社会の一員として取り扱うべきである。これは人権の国際化という最近の動きにもかなう。

|反論| さまざまなコストの予想

　確かに、治安の悪化や住宅・教育・医療などのコスト増は予想される。外国人たちは独自の宗教や生活習慣を持ち、そのために従来の住民たちとの間に摩擦を引き起こす。逆にその摩擦を避けようとして一地域に寄り集まって居住し、周囲と対立する場合もある。特に外国人移民の二世たちが義務教育の対象になると、ヨーロッパで典型的に見られるように、彼らの宗教文化と公教育の理念が対立して、秩序を乱す可能性もある。しかし、そういう懸念があるとしても、それらの他者性が文化や生活に新しい刺激を与えることは確かであり、移民たちの存在がもたらす利益は大きい。

|批判| コストよりメリットが大きい

|主張| まとめと繰り返し

　そもそも、文明は周辺から持ち込まれる異質な要素との対応によって、より発展すると言われている。日本は古代から中国大陸を初めとして外国からたくさんの人々を受け入れることで、日本社会と文化の発展を図ってきた。「単一民族国家」などというイメージは幻想にすぎない。この傾向はグローバリゼーションの時代でもまったく同じであろう。(999字)

反対の立場

|主張| 受け入れ反対の立場

　外国人労働者はこれ以上受け入れるべきでない。なぜならば、治安の悪化や、住宅・教育・医療などのコストが大幅に上がることが確実に予想されるからだ。

|根拠| 受け入れのコストの指摘

　外国人たちは独自の宗教や生活習慣を持ち、そのために周囲との間に摩擦を引き起こす。多民族が寄り集まった社会では、人種対立の調整のコストが大きく、社会全体の緊張度が高まる。逆にその摩擦を避けようとして一地域に寄り集まって居住する場合もある。経済的には周囲と結びついても、文化的なアイデンティティはなくならないので、対立・摩擦は増加する。特に外国人移民の二世たちが義務教育の対象になると、彼らの宗教文化的な主張と公教育の理念が対立して、秩序を乱す可能性もある。

|例示| ドイツでの困難

　実際、ドイツでは1960年代に労働力不足を補うためにトルコから大量の移民を期限付きで受け入れた。しかし、その期限が終わって

も移民たちは帰ろうとせず、ドイツ社会の中で大きな問題になっている。彼らは肉体労働などドイツ人がいやがる低賃金の労働に従事するので、労働と民族がはっきりと対応し、階級社会が顕在化した。一方で仲間どうし固まる傾向があるので、トルコ人居住地域が形成され、そこからはドイツ人がいなくなってしまった。その地域の学校では、義務教育の中で宗教教育を要求し、宗教の自由を主張する学校当局と対立した。しかも移民の存在が大きくなると、従来の住民たちの低所得者層からは「仕事を取られた」とうらみを持つ者も出てきて、ネオナチなど過激な反対運動も出てきている。労働力不足、社会の活性化というメリットだけに目を奪われて、社会の統合の低下というデメリットを無視してはならない。

|反論|

|批判|
ブラジル人移民の困難

これは民族・宗教が大きく違っているのが原因だから、文化的背景が似ている人々を受け入れればよいと言う意見もある。しかし、資料にもあるように日本で受け入れたブラジル日系移民たちにも大きな問題が生じている。言語や習慣が少し異なっただけでも、地域社会への統合は難しい。そうかといって、【Ⅰ】の筆者が主張するように日本の中で母国語教育を行えば、孤立化が進行するばかりである。実際、群馬県の太田市では、行政がポルトガル語で対応することによって、かえって日本語を覚えなくてもよい、という状況が出てきてしまったという。同じ日本人だからといって、日本社会にすぐ同化すると考えるのは誤りである。

|主張|
まとめと繰り返し

国際化・グローバリゼーションなどというと、世界が一つになるような印象があるが、多民族の共生はむしろそれぞれが存在を主張し合ったまま、緊張する形を取りやすい。安易に制限を緩めるべきではないのである。(1,119字)

条件付き賛成（反対）の立場

|主張|
条件を提示する

外国人移民の受け入れは、専門的職種に限って認めるべきだ。なぜなら、単純労働者まで受け入れると、治安の悪化や住宅・教育・医療などのコストが大幅に上がることが確実に予想され、労働力の増加や社会の活性化というメリットを相殺するからである。

|根拠|
専門職労働者受け入れのメリット

そもそも【Ⅱ】で言うように、移民を受け入れる理由が、現在の経済活動レベルの維持ならば、優秀な人間を少数入れて技術の発展を図れば、効率性も向上して、十分その目的は達せられる。逆に単

純労働者を入れると，彼らが面倒な手仕事を担当するので，人手不足が解消し，それを補おうとする技術，たとえばロボット技術などの必要がなくなってしまう。これではかえって技術発展を阻害し，日本が経済的に発展していくための芽を摘むことにつながる。一方で，専門的職種に就くほどの人間なら教育程度も高く，国際的なコミュニケーション力も大きいだろう。従来の日本文化との摩擦も少なくなる。また専門能力があることで，生活能力も高く，貧しさを原因とする犯罪なども少なくなる。

このような状況にするには，日本における専門家の処遇を引き上げなければならない。たとえば最近まで，大学の教員は圧倒的に日本人が多かったが，このような状態は諸外国では珍しい。アメリカの高等教育機関や研究機関は，世界中から国籍を問わず破格の条件で優秀な頭脳を集めて，高度な研究・教育を行っている。そのことがさまざまな発明を生み，アメリカ経済を牽引する力となっている。日本も経済や社会の活性化を図るのなら，このような知的レベルの高い人々にとって魅力ある場所にすべきである。

> 反論
> 批判
> 専門化への限定と競争の必要性

確かに，専門性の認定基準が不明確だと，このような状態にはならないし，多少のごまかしは避けられないかもしれない。しかし，それでも規制があれば十分移民のコントロールはできる。他方，【Ⅱ】のように国内の専門家団体からの反対も予想されるが，そもそも専門職は国際的な競争にさらされても十分対応ができるからこそ専門職としての資格があるので，規制に守られる専門家集団など何の値打ちもなく，保護する対象にはならない。むしろ，外国の技術が入ることで，技術の向上を図るのが，専門職としてのプライドだし，その努力があってこそ好待遇で迎えられるのである。

> 主張
> まとめと繰り返し

労働力と言っても，経済発展への貢献度という視点から見るなら，一律にはとらえられない。デメリットをできるだけなくし，経済発展に役立つ人的交流を中心に考えるべきである。（1,042字）

10　グローバル化と地域性　演習問題

Theme 【「世間」と「法」】　2004　慶應義塾大［未修］150分

　以下の文章を読み，著者の示す「世間」観と，引用されている江戸時代の農民に関する文章から理解される「世間」観とを踏まえた上で，あなたの考える，「世間」と「法」とのあるべきかかわり方について論じなさい。

　「世間無常」という言葉がしばしば用いられたように，わが国の「世間」という言葉は常に現世否定的な意味で用いられてきた。それはこの言葉が仏教用語であり，仏教においてはこの世は「穢土」として表現されていたからである。

　この点でヨーロッパのキリスト教における「現世否定」との違いに注目する必要があるだろう。13世紀に出されたカエサリウス・フォン・ハイステルバッハの『奇跡をめぐる対話』の中に，現世とあの世との関係について興味深い話が載っている。たとえば一人の修道士が渡し船の船頭に渡し賃を借りたまま，長年の間に忘れてしまい，死の床に伏せることになった。修道士は死去し，その魂は天国に昇っていった。しかし昇る途中で大きな1プフェニッヒ硬貨が道を遮り，天国が見えなくなってしまうのである。修道士はそれが船頭から借りた1プフェニッヒであることを悟り，急いで修道院に戻り生き返った。院長にその話をして使いの者が船頭に1プフェニッヒを返しに行くと，そこで修道士は安心して死に，天国に入ることができたというのである。

　この種の話は『奇跡をめぐる対話』には多く，ヨーロッパでは天国に入るための条件として現世の掟を守ることが求められていたことがわかる。わが国の仏教においては厭離穢土という言葉はしばしば聞かれるが，そのための条件あるいは前提として現世の法を守るといった掟はほとんど聞かない。ここにキリスト教社会としてのヨーロッパとわが国の社会との違いの原因の一つがある。しかしこの話はそれだけでは終わらない。ヨーロッパにおいてはキリスト教の影響下で現世とあの世との関係が深く，現世の秩序を守ることがあの世に行く条件とされていたということは，現世の秩序や法に対して宗教的な観点からも関心が寄せられるようになることを意味している。その際に現世とあの世との関係について議論が深まっていった。

　それはやがて主観と客観という形で社会科学的な視点を用意することにもなった。他方で，わが国では現世とあの世との関係は比較しうるものではなく，この世を嫌ってあの世に行くという姿勢が生まれた。そのために現世を

現世として客観的に観察する姿勢が生まれにくかった。ところがそれゆえに現世（世間）は，人々の想いや希望，願いを託す場として意識され，人々の情動と深い関係をもつ言葉として位置づけられていった。いわば，ヨーロッパと違って〈生活世界〉として「世間」は生き残り，日常会話の世界では今でもしばしば使われる言葉となっているのである。

　私たちは明治以来学校教育の中で欧米流の個人の生き方を学び，あたかも欧米の個人がわが国にも存在しているかのように教えられてきた。その意味で学校教育は建前的であり，現実には存在していない西欧型の個人が存在しているという前提のもとで教育が行われてきた。たとえば差別問題は何も解決していなかったのに，学校では明治以来被差別部落の子弟も他の子弟と並んで教育を受けることができた。それは確かに近代化の一つの成果ではあった。しかし学校の外では差別は現実の問題であったにもかかわらず，学校教育の中でその問題が取り上げられることも戦前にはなかったのである。

　被差別部落に対する差別は「世間」と無関係に存在していたのではない。なぜなら「世間」それ自体が差別的体系であり，閉鎖的性格をもっているからである。私たちは日々の日常生活の中で「世間」からはみ出さないように細心の注意を払って暮らしている。「世間」が差別的体系であることをよく知っているからである。毎日このような差別的体系の中で暮らしている私たちはその外に被差別民を設定し，そこに差別の視線を向けることによって自分たち自身が差別者であると同時に差別されているという事実を隠そうとしている。私たちは常に「世間」の監視の下で生きている。会社にあっても，官庁にあっても，わが国の人間集団にはどこでも「世間」が形成されており，自分がどのような「世間」に属しているのかを知らなければ，わが国で大人として暮らすことはできないのである。「世間」には三つの掟がある。贈与・互酬の関係と長幼の序，それに共通の時間意識である。贈与・互酬の関係と長幼の序については説明の必要はないであろう。ここでは共通の時間意識について説明しておきたい。日本語の挨拶に「今後ともよろしくお願いします」と「先日は有難うございました」という言葉があり，常に使われている。しかしこの二つの挨拶は欧米には存在しないのである。欧米の個人はそれぞれ自分の時間を生きており，その時の相手と常に同じ時間の中で暮らしているとは思っていない。しかし，日本人は「世間」という共通の時間の中ですべての人が生きていると考えているから，このような挨拶が生まれるのである。「世間」には会員名簿も，会則もない。しかし大人になれば自分がどの「世間」にいるかは皆知っているのである。特に同じ「世間」に属する者の葬式に出席することは義務であり，それを怠った場合には非難を浴びることになる。

所属する集団において何らかの決定をする際には，自分が属する「世間」との間で何らかの形で了解を得ていなければならない。それをしないで自分一人で決断したりすると，その結果が裏目に出た場合に周囲から何の援護も得られないことになる。しかし前もって周囲と相談した結果の決断であったとしても，その結果がよくない場合に「世間」が共同責任を取ってくれるわけではない。それどころか，「世間」の常識に反する行為をした場合には，「世間」はよってたかってあげつらうであろう。「世間」の常識といわれるものも極めて曖昧なものであるが，隣人訴訟に示されているように大きな権力として現れることがある。その権力は普段は直接に姿を見せないが，人々の結びつきの中で排除や嫌がらせという形でしばしばその片鱗を見せている。
　しかもこの「世間」は，明治以降は近代化と結びついて現れた。近代化はヨーロッパ伝来の価値を基にしており，主観を基礎にして生まれたものである。それは文字と数字を使って伝播していった。明治以降，わが国では何らかの事業を起こす場合に欧米の事情が常に参照され，それが承認される際には必要な手続きとなっていた。実際にはそれらの新しい事業は，常にもう一つの歴史的・伝統的なシステムによって承認されなければ実現しないことは明らかであった。しかし対外的な必要性やその他の理由で，歴史的・伝統的なシステムの承認を受けないことが明らかな事業でも，計画し，提案されなければならなかった。それは計画書として提出されても，誰もが実現されないことを知っているようなものであった。そうした計画は「建前」として扱われた。新しい提案であっても歴史的・伝統的なシステムによって承認されることが明らかな場合は，「本音」として扱われた。こうしてわが国には「建前」と「本音」の区別が現れたのである。
　「世間」の中では個人は常に「世間」の規範に縛られており，自分の夢や希望を語ることはできない。自分の夢それ自体を語ることはできても，周囲はそれに共感せず，かえって周囲とのズレを意識せざるをえないであろう。「世間」は本来は来世にまで広がる絆であったが，葬式への列席を除いて来世との関係は近代になって薄れており，ほぼ世俗的な絆となっている。政党の派閥，学校，同窓会などが「世間」の典型であるが，その中でたとえば政治家たちは決まりきった形でしか自分の夢を語ることはできない。「世間」としての派閥の目的は仲間を多く大臣にし，党首が政権を握ることであるから，個人の夢などは問題にされないし，派閥の目的の障害とさえ感じられるからである。同様にわが国の政治家たちにユーモアが欠けていると思われるのも「世間」のためである。ユーモアは個人の生き方と集団の生き方のズレから生ずるものであるが，「世間」としての派閥は集団の生き方に個人を結び付けようとしているから，ユーモアの生まれる場がないのである。

　［※一部省略］

このような「世間」の内部では意思疎通はどのようにして行われているのだろうか。「世間」は歴史的・伝統的なシステムであり，文字や数字はそこでは近代的システムの場合のような大きな役割はもっていない。宴会や会食，言葉，身ぶりと態度，眼差し，儀礼などが「世間」における意思疎通の主たる手段であり，いわば「世間」は非言語系の知ともいうべき世界である。そこでは理性は従属的な位置しかもっていない。というよりも理性は西欧から輸入された孤立した形で位置づけられているのではなく，生活の中に埋め込まれており，「理屈ではない」という形で納得されているのである。いわば「世間」は情動や感情を満足させるシステムとなっており，個人ではなく，常に全体が問題となる。明治以降，西欧から近代的な個人観念やさまざまな思想が入ってきたとき，人々はその思想に酔い，「世間」をうっとうしく思った。そこで近代文学のさまざまな作品が生まれていったのだが，いずれも歴史的・伝統的システムとしての「世間」と近代的システムとの狭間に生きる個人の苦闘を描いたものであった。

　　[※一部省略]

　「世間」と社会の違いは，「世間」が日本人にとっては変えられないものとされ，所与とされている点である。社会は改革が可能であり，変革しうるものとされているが，「世間」を変えるという発想はない。近代的システムのもとでは社会改革の思想が語られるが，他方で「なにも変わりはしない」という諦念が人々を支配しているのは，歴史的・伝統的システムのもとで変えられないものとしての「世間」が支配しているためである。

　「世間」が日本人にとってもっている意味は以上で尽きるわけではない。「世間」は日本人にとってある意味で所与と考えられていたから，「世間」を変えるという発想は全く見られなかった。明治以降わが国に導入された社会という概念においては，西欧ですでに個人との関係が確立されていたから，個人の意志が結集されれば社会を変えることができるという道筋は示されていた。しかし「世間」については，そのような道筋は全く示されたことがなく，「世間」は天から与えられたもののごとく個人の意志ではどうにもならないものと受けとめられていた。

　したがって「世間」を変えるという発想は生まれず，改革や革命という発想も生まれえなかった。日本人が社会科学的思考を長い間もてなかった背景にはこのような「世間」意識が働いていたからなのであり，わが国の社会科学の歴史を描くにはこの「世間」意識の影響を無視してはならない。日本の歴史の中で，大化の改新と明治維新，そして第二次世界大戦の敗北とその後の改革は，すべて外圧から始まった改革であり，自ら社会改革の理想に燃えた努力の結果ではなかった。わが国の社会科学が自らの明治以降の展開を十分に描くことができなかったのは，まさに歴史的・伝統的なシステムを無視

して近代史を描こうとしたところから生じている。
　《中略》
　参考までに江戸時代の「世間」における農民の教養を見てみよう。「日本農書全集」第16巻に作者不詳，江戸時代前期の成立とみなされる『百姓伝記』がある。そこでは「人間が常に守るべき五つの道」として，初めに「五常とは何か」が語られている（以下，引用は現代語訳）。

　五常とは仁義礼智信のことである。五常の道が一つでも欠ければ人間とはいえず，畜生と同様である。（中略）仁とは次のようなことである。殿様に対して私心なしに年貢や夫役などの義務を果たし，奉行衆へ柔順につかえ，武士であれば，どのような人であってもこれをうやまい，自分より年下の者を軽くあつかうことなく，貧しい老女や婦人を憐れんで情けをかけ，村中に災難が起これば何をおいても救いの手をさしのべ，両親に日夜孝行をし，兄をうやまい，弟をわが子のように愛し，妻子とは仲よくして両親，兄弟によくつかえるように教え，子には幼いころから素直であるようにいいきかせ，身分に応じて手習いやそろばんの稽古をさせ，耕作にはげませることである。さらにまた，村の若い者が家業を放り出して遊んで世を渡るのは，高札の趣旨にそむく悪事だから，これを見逃すのは心得ちがいで，仁愛の薄い者というべきである。したがって，よくいいきかせて善人に引きもどさなければならない。一族に対して仲よく何事もわが身のようにし，親切にあつかい，奉公人であっても身内の者のようにかわいがり，衣食ともに気を配って，寒さ暑さの苦労がないように情けをほどこす。見ず知らずの他国の人でも，自分の村のあたりに来て病気にかかるか，路上で嘆き悲しんでいる姿を見かけたら助ける。このように，利己的なふるまいやいじわるなことをせずに，他人に思いやりや愛情をかける人を仁ある者という。[※一部省略]
　義とは義理のことである。人々の上に立つ方々が義理を欠くようなことをすれば，悪い評判を立てられ，この世のどこにも身の置きどころがなくなり，子々孫々まで滅びてしまう。たとえば，武士が戦場で命惜しさにその場を逃げ去り，当面は命が助かったとしても，そのあやまちはかくしようもなく，ついに死罪に処されて，妻子までついには乞食や非人に落ちぶれさせる。義理を重んずる武士は死ぬほどの危険をおかしても主君のために戦い，その名をとどろかせ，領地を広げ，子孫まで永く栄えなさる。これを義士といって，人の上に立てば義をもって自分の役目を果たされる。
　事情や地位が違うとはいえ，百姓たる者も，そのあたりの心がまえを誤ると，家を失うことになる。たとえば，一族のうちに悪事を働く者があれば，一所懸命に発見すべきなのに，これを見逃し，村の同じ仲間である百姓の難儀を見捨て，お役所の目をかすめて隠し田をこしらえ，隣の田畑のあぜを削

りとり，他人の田のあぜを切って水を自分の田に引き込み，妻子を飢えさせ，荒子や家の子に対して不人情なあつかいをし，他人のものを欲ばって自分のものとし，自分のものを惜しんで人に与えない。こういう百姓は畜生と同じで，ついには先祖から譲り受けた田地を失い，行く先もなく，路頭に迷って飢え死する。義理がたい百姓は，自分のことでなくても幕府や殿様に大きな難儀があるときは，妻子や家の子もろともに，命の限りに務めを果たし，一族の難儀を救い村内近隣の者との約束ごとを少しもたがえない。また，他人の田畑のあぜを削らず，人から受けた恩を忘れず，妻子らにも常に露ちりほどの嘘いつわりがない。荒子や家の子どもにものをいいつけたり，小言をいったりする場合に筋の通らないことは少しもいわず，ものをもらったところにはそれぞれお返しをし，金，銀，米，銭を使うべきところには惜しまず使い，使うべきでないところには一銭も無駄をしない。用事で見回るべきところには無沙汰のないようにし，またいうこととすることが少しも違わないように努力する。こういう者を義理がたい者という。

　礼とは礼拝のことである。上に立つ方々は，初春からはじまって，元日の朝のいろいろな儀式，年に5回の節句，毎月の1日，15日，28日の行事，月々のいろいろな行事，神仏の御祭礼などを欠かすことはない。これは，身分の上下にかかわらず万民が務めなければならないことがらである。礼拝をしない者は鳥やけものと同じである。百姓はまず前日にさかやきをそり，行水をして，翌朝早くから髪を結い，祖先の霊を拝み，村民の氏神様にお参りをし，父母，兄弟，妻，わが子にまで，それぞれ言葉をかわし，なお村役人相互に，また五人組は組員相互にめでたいといって礼をかわす。これが百姓の役目である。また，百姓であっても，服装はともかくとして，髪やさかやきをはじめとして身を清めるのが父祖への孝行である。[※一部省略]

　智とは人間にそなわる知恵のことである。どの生きものも，それぞれに知恵がないということはない。人は本来，知恵深く素直に生まれつくものであるが，悪友になじんでしまえば，知恵深い素直な者でも悪知恵がつきやすいのである。今川氏の家訓に，「水は方円の器に従い，人は善悪の友による」と書かれている。[※一部省略] 人の上に立つ方々は，御幼少のころから「いろは」をお習いになり，知者を師匠として，中国や日本の書物をお読みになり，本来もっておられる知恵が少しも失われないように，さらに御知恵のつくように修業をなさる。

　百姓であっても，他村や自村に住む素直な知恵者と交われば，悪事に心がひかれることはあるまい。年をとっているからといって知恵があるとはかぎらない。「百歳の童，十歳の翁」といって，心がけのよい者は十歳でも学問を身につけ，百歳の年寄りよりも分別や考え方のすぐれた者が多い。自分の住むところに，書物をよく読む確かな人を招き寄せ，共同で報酬を出し合って，

幼い子どもにはまず「いろは」を習わせ、知恵のつく昔の短い文章を読ませるとよい。これは全く親としての慈悲である。[※**一部省略**]金銀を使って身分相応に学問をし、なお農業にはげむのが本当の道である。

　信とは、物事に真心をつくし、少しもいつわりなく、変わらないということである。「天子の言は取り消し難い」といって、国王様がいったんいわれたことは、どんなことでも変えることはできない。人のからだから出る汗は、内に引っこむということはない。それと同じで、お上やお役人からいわれることは、少しも変更されることはない。善きにつけ悪しきにつけ少しも邪悪なお心がなく、真実誠の道にかなったことをいわれるものである。一度でもいつわりがあれば、人々は何かにつけ信用せず、お上は軽んぜられ、御家中は統制がとれなくなる。[※**一部省略**]親、兄弟には信実をつくし、妻子、奉公人に至るまでわが身よりかわいがり、誠意をもって接し、仏や神を信じ、悪い心は毛すじほどもない人を信者という。

　私は無学文盲だが、右のような五常の趣旨のあれこれを書き集めて『百姓伝記』の一つの巻としたしだいである。人の一生はわずか50年ではあるが、その間に悪名をはせた者は家屋敷や家督ばかりでなく、子孫までも失う。手さぐりながらにせよ、仁義礼智を重んずる百姓は自分の村までも豊かにして、お上からもほめられる。すべての悪事は、飲、食、色、欲からはじまる。飲食とは飲み食うこと、色とは男女のかたらいのことである。この四つは身分の高い者も賤しい者も行なうことで、捨てることができない。したがって、飲、食、色、欲の中にも仁義礼智信を守り、お上の御指示に少しも反することのないように身をつつしむことが五常を守ることである。お上の御指示に少しでも反する人は、畜生と同じである。上も下も欲というものがあるからこそ、人はみな仕事をするのである。あれも欲しい、これも惜しいとか、物見遊山をしたいとか、あるいは充分飲み食いしたいとか、いい着物を着たいとかいうことは誰しもが願うことである。これが欲心である。悪い欲を起こさず、不道徳な行ないをせず、仏や神を信じ、お上をうやまい、父母兄弟に孝行をつくし慈悲心を第一にして、人には憐れみをかけること。そうすれば一生は安泰で、しかも子孫は豊かになるのである。（後略）

　また、「人間一生間違いなく暮らす方法」として、次のようにも述べられている。

　人として生まれたからには7歳から15歳まで手習いをし、いろいろな学問をしなければ、壮年になってからよい仕事ができない。一年中にすることは、初春のうちに予定を立て工夫をしなければ、年末になって何もかもさしせまって苦労する。一か月中にするべきことは一日(ついたち)に考え、段どりをしておかな

ければ，月末になってすべてうまくいかない。一日（いちにち）にすべきことは，鶏が鳴きはじめるころから起きてしなければ，仕事の能率があがらず，夕方になって多忙になる。片時でも無駄に手を休めれば，一生貧苦をのがれられまい。大黒天神の槌，えびすの釣針を思いおこして働くことを忘れてはならない。特に百姓がぶらぶらと遊んでいたのでは，秋には何も収穫できない。白楽天の言葉にも「人は子の刻（午前零時）に床に入り，寅（とら）の刻（午前4時）に起きて働くべきものである」とある。

　このほかに，田畑や樹木，農具，さらには不浄集として下水や肥やしゴミの処理，治水工事などの叙述がある。およそ農民として暮らす上での必要な事項が網羅されている。お上や幕府，奉行などとの関係は現代との違いを際だたせているが，それを別にすれば現代でも十分通用する教養のあり方が述べられている。というよりは現代では忘れられつつある本質的な人間関係のあり方が述べられているといってもよいであろう。ここで述べられているような人を教養ある人といわないで，どのような人を教養ある人というのだろう。

　都会の住民の場合はどうだろう。現在のサラリーマンの世界は〈生活世界〉といえるだろうか。それは近代化のシステムと歴史的・伝統的なシステムの二つのシステムが交差する世界である。最近では近代化のシステムは高度資本主義＝高度消費社会のシステムに転化しつつある状況である。そのような世界においては，人々は二つのシステムの間で翻弄されている。〈生活世界〉は辛うじて夜遅く帰るわが家に残されているかどうかといった状況であろう。そのようなサラリーマンの世界に〈生活世界〉を取り戻すことは容易ではない。
　私はそこではゲリラ的な集まりが必要だと考えている。そしてその集まりにおける主題は「死」である。私たちは皆，必ず死ぬ。その死は皆に共通のものであり，人によって早いことも遅いこともあるが，すべての人の運命である。その死について考える集まりが〈生活世界〉の扉を開くであろう。自分たちで営む葬儀の相談あるいは準備がそこで行われる。死の話題を中心として生の話題が展開される。それは私たちの「世間」がもっている相対的な姿勢を打ち破るであろう。私たち日本人に足りないものは原理主義的な考え方である。皆の共通の問題としての死から生に話題が広がっていくとき，生の相対性は変わっていく可能性がある。葬儀のあり方を考えることは「世間」を意識することであり，そこから「世間」を変えていくきっかけがつかめるからである。

（出典　阿部謹也『学問と「世間」』岩波新書・2001年。なお問題文では，縦書きの原文を横書きに変え，原文に付されている小見出しを省略している。）

［※**一部省略**］の箇所は，編集の都合上，課題文の一部を省略している。

解答のプロセス

➡解答例は362ページ

- **要約1** 著者の示す「世間」観
- **要約2** 引用文に現れる「世間」観
- **対比・比較** 違い・異同の確認
- **解釈** 家族制度との関係
- **批判・提案** 世間と法のあるべき関係

類題

04駒澤大「英語公用語化の是非」
05上智大「『菊と刀』が考察する日本人の『恩』」
05専修大「英語の第二公用語化」
04日本大「グローバリゼーションが途上国に与える影響」
05山梨学院大「日本社会における『世間』」
04立命館大「外国人労働者の受け入れの是非」
04関西大「多文化主義社会と社会構築主義的文化観」
05西南学院大「幼少年期からの英語教育」

Solution

確認したらチェックを入れよう。

☑ 民族国家の成立は意外に新しい
☑ 国際化・グローバリゼーションが歴史的にはノーマルである
☑ 日本の「孤立した島国」というイメージは間違いである
☑ 労働力としての期待と日本社会との摩擦とのディレンマ
☑ 外国人のための施策が日本人社会との溝を深める例もある
☑ 文化は無意識や身体行動に働きかけ，個人を規定する
☑ 外国人というスティグマが共通のルールづくりを阻害する

Advanced View

平等を忘れていいのか

■ 平等には種類がある

この頃,「平等」の地位が低下している。「戦後の平等教育が日本をダメにした」といった政治家の言を新聞報道などでも目にする。「自由と平等は衝突する」など,「自由」が「平等」に優越するとされることもある。「悪平等」という言葉まであるのだから,「平等」は「自由」ほど価値があるとはみなされていないのかもしれない。とはいえ,「平等」という理念がまったく望ましくない,と主張する人々はごく少数だ。

こんなふうに,平等を巡って議論が曖昧かつ錯綜したものになるのは,議論している者たち自身が「平等」とは一体どういう理念かについて共通了解がなく,何に関しての「平等」か,という点ですれ違いを続けているのが原因だ。

実は平等にはいくつかの種類があり,その区別をすることで議論の見通しがよくなる。その第1段階として,形式的平等と実質的平等を区別しよう。形式的平等は平等概念のこと,実質的平等は「機会の平等／結果の平等」や「所得の平等」のように「〜についての」という具体的な基準を平等概念に補ったものと考えればよい。

■ 形式的平等は常に望ましい

形式的平等は「異なるものをも等しく」と定式化することができる。たとえば「法の下の平等」という理念を考えてみればいい。法は,それぞれまったく異なる人々を等しく配慮し扱わなければならない。

国家や法は,このような形式的平等を最低限満たすべきである。形式的平等を満たさない法や国家に対してわれわれは正統性を認めるはずがない。政治的自由の平等などは,この形式的平等によって保障される。したがって,「形式的な平等は望ましいか」という問いかけに対しては,常に「望ましい」と言えるのである。

それなのに,平等についての議論が錯綜するのは,平等についての問題の核心が,実は実質的平等にあるからにほかならない。つまり,「〜についての」の部分こそ平等の中心的問題なのであり,形式的平等があるから十分だとは言えないのである。特にその中心は,課税を通じて財

や所得をどのように再分配すべきか，あるいはそもそも再分配すべきではないのか，という問題なのだ。

■実質的平等とは

これについては，「機会の平等」と「結果の平等」という表現をよく耳にする。機会の平等とは，資本主義社会におけるように競争条件を等しくしたうえで，個人の意欲や才覚の違いによって生じる所得の格差を是認するという立場である。それに対して結果の平等は，共産主義社会のように，所得や財の均等な再分配だと考えられている。

社会が保障すべきは機会の平等であって結果の平等ではない，とよく言われる。結果の平等は，生産をしない「怠け者」にも意欲ある勤勉な者と同じ量の分配を与えるからよくない，というのだ。確かに，旧社会主義諸国に見られたように，一生懸命働いた人も怠けた人も分配されるものが同じならば，人々は生産への意欲を失ってしまう。実際，社会主義体制が崩壊した今，このような分配制度を支持する平等主義者はほとんど存在しない。

■機会の平等の問題点

だから，個人の能力や意欲の差異によって生じる所得の格差は認められる。このような能力の差異は自然に持って生まれた先天的才能で「どうにもならないこと」だ。したがって，その結果としての差異はあきらめなければならないし，高額所得者も生まれつき能力があったのだからお金をもうけることができたのであり，うらやましいと思ってもしかたない，ということになる。

しかし，ここまで考えてみるとわかるが，この「機会の平等」論もどこかおかしい。なぜなら，人々の生産能力は先天的に決定されるより，後天的に獲得されるものが多いからだ。たとえば，高等教育の有無は個人の生産能力に決定的な影響を与える。しかもこれは，本人の能力より養育者の所得差という，「自己責任」の取りようのない事情によって決定されることが多い。親の所得が低いと，子供が高等教育を受ける機会は極端に狭められる。そうすると，教育は個人の意欲を反映するものではなく，むしろ親の状況を反映していることになる。個人の資質と意欲を反映する教育をするためには，所得の再分配をする必要が出てくるのだ。

■先天的資質の差も受け入れなくていい

それどころか、そもそも自然による先天的資質も個人の選択や努力とは無関係だから、差異を受け入れるべき「責任」などないとさえ言える。たとえ、自分の資質が優れていても、その資質は自分の功績ではないのだから、そこから作られた物が自分のものだとは言えない。「機会の平等」の魅力は、かつての身分制社会のようにたまたま生まれた状況ではなく、個人の自由な選択と努力によって運命を決めることができる、というところにあったはずだ。それなのに、もし個人の選択に由来しない生来の資質の格差が個人の運命を決定するなら、何の魅力があろうか？ むしろ、必要なのは「資質の格差を吸収し、意欲だけを反映する」平等の構想ではないのだろうか？

結局、機会の平等も結果の平等もそれだけでは平等の構想としては不十分なのだ。実際、この両者の一方のみを追求している国家など存在しない。人々の意欲を確保しない制度は成立しないし、かといって、財の再分配を行わない制度もまた受け入れられない。これらをどう組み合わせるべきかが問題なので、「機会／結果」のどちらを取るかということではない！

■厚生（幸福）の平等

このような不十分な分類に代わって近年採用されつつあるのが「厚生の平等と資源の平等」という考え方だ。財や所得の再分配が必要であることを正面から認めたうえで、「何が平等になれば、ある所得の再分配方式が適切なのか」を考えようとする。

厚生の平等では、人々の厚生（≒幸福welfare）を平等にするように財・所得の再分配をしよう、と考える。これは、障害者などに対する福祉をうまく説明できるという利点がある。障害者に健常者と同量の所得分配を行っても、障害のせいで厚生が健常者よりも低くなるので、それを補うためにさらなる分配を行うことができるからである。

結果として分配される財の量は不平等になるが、人々がそれらから得る厚生は平等になればいい。人々が平等の厚生（幸福）を得ているならば、仮に財の分配量が不平等でも、他者に対する嫉妬・羨望は起こらないからだ。また、大きな意欲を持って生産活動に多くのコストを投入した人は、生産活動に少なくコストを投入した人とのコスト差を、より多い分配量で埋め合わせられる。分配量が大きければ、より自由に財を処分する余地が生じるので、多くの人はこれを好むだろうし、意欲の問題

も解決される。

しかし、厚生の平等にも、「高価な嗜好」という問題がある。たとえば、美食に慣れた人は粗食に慣れた人よりも、味覚の厚生を味わうコストが高い。したがって、食の嗜好だけが異なる2人の個人に対して、厚生の平等のためには美食に慣れている人に多くの財を分配することになる。美食がたたって痛風にでもなればさらに分配がいるだろう。だが、本人の自由意思で形成された「高コスト体質」を理由になぜ多くを分配しなければならないのか。自業自得ではないか？

■資源の平等

これに対して資源の平等は、人々が厚生を得る手段としての資源を平等に分配する方法だ。与えられた資源でどれほどの量の幸福を実現するかは個人の裁量の範囲であり、その結果生じる厚生の不平等は是認する。この立場では上で述べた「高価な嗜好」の問題は存在していない。人々は手持ちの資源でより大なる厚生（幸福）を手に入れようとするので、意欲も確保される。この資源には、貨幣はもちろん、教育機会なども含まれる。

だが、この資源の平等には、障害者にも同量の資源を割り当てるだけで結局彼らを不幸に陥れる、という批判もある。これには、身体能力もわれわれが幸福を獲得するための資源であり、資源には身体的能力なども含める、と考えれば解決できる。障害者の身体能力という資源不足を貨幣などで補う福祉政策も正当化される。

これらの平等構想のうち、どれが最も説得的かについてここでは立ち入らないが、どれも完全な解答を与えてくれるわけではないことは知っておくべきだろう。

Chapter 11 雇用と生活

　終身雇用と年功序列の「日本的」雇用はバブル崩壊後に解体が進み，中途採用・実力主義・成果主義になったと言われている。しかし，このようなステレオタイプの認識では日本の労働状況は把握できない。現代経済史の知識をもとに，変化とそのメカニズムの本質を探り，家族形態への影響を述べる。

Technic

❶ 「日本的」雇用の本質
高度成長の一時期に適合した特殊な労働慣行

❷ 成果主義の失敗
個人を評価するために明確な基準がない

❸ 家族形態への影響
核家族から個人中心へ，諸制度も変わるべき

11　雇用と生活　　知識と講義

Step ❶　労働実態の推移

■日本的雇用は一時的現象

　日本の労働状況は，ここ10年の間に，かつての終身雇用と年功序列のシステムから，中途採用・転職と実力主義・成果主義のシステムに変化したと言われる。終身雇用とは，新卒として採用され，定年まで同一の会社で勤務し，身分・生活を保障される制度だ。年功序列とは，賃金や退職金の支払額，昇進などが各人の年齢・在籍年数によって決まる制度である。

　しかし，この雇用構造が日本文化に基づいている，という認識は間違っている。戦前の日本では，むしろ労働者の移動性は諸外国より高く，解雇・転職は普通に行われていた。特に工場労働者では，中途採用・解雇は当たり前で終身雇用などなかった。**終身雇用が始まったのは，昭和30年代**に労働組合が結成されて解雇が組合と会社の合意事項となってからである。

> **Point**　日本的雇用は，日本文化の特質ではない

　実際，年齢階級別人口構成を見てみると，高度成長前は人口構成が若い年代に偏っている。会社や工場の現場でも，高度成長前では若い世代が多く，年取った世代は少なかったので，高齢の従業員に厚い賃金体制を採用することは，賃金コストを抑えるうえでも有効だったのだ。

▼日本の人口ピラミッド

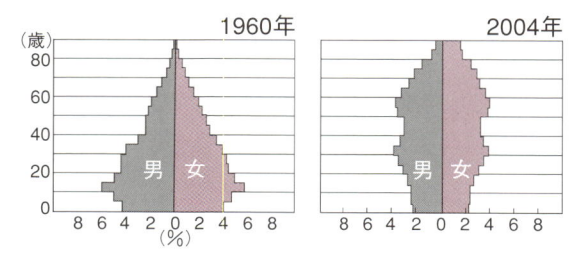

■慢性的人手不足

　さらに，高度成長期の失業率は完全雇用である３％を下回り，慢性的な人手不足であった。都会へ急激に人口が流入していたのに，企業活動が急速に拡大したため，新しい労働力が常に必要とされていたのだ。このような状況で，従来の従業員を解雇するのは，熟練労働者を失うだけでなく，新しい労働者に教育や訓練を施すコストがかかる。解雇を避けて，労働者の定着を図るのは，経営上も合理的な選択だった。実際，経営が危機的な状況になったときは，日本企業もちゅうちょなく解雇を行った。たとえば，1959年の三井三池炭鉱争議では整理解雇を行ったために，会社と組合が激しく対立し，死者まで出ている。ただ，これらの経験から企業も整理解雇を行うコストを学習し，以後は解雇を乱発するようなことは避けたのである。

　資本主義とは市場において敗者と勝者を生み出す過酷な競争制度であり，成功や繁栄の一方で，失敗や倒産は避けられない。したがって，会社が危機的状況に陥ったときに従業員を解雇するのは，当然の選択といえよう。他方，絶え間なく技術革新が行われるので，かつての技術はすぐに陳腐化し，発展の妨げになることも多い。新しい技術・知識を常に吸収し，それを仕事の現場に生かす若さとエネルギーが評価される。このように考えれば，**終身雇用と年功序列は，資本主義の基本性格と矛盾**しており，戦後の高度経済成長状況の中で起こった例外的な現象にすぎないともいえる。

> **Point** 「日本的」雇用は，経済発展の一時的な結果にすぎない

■日本的雇用のメリット

　ただ，その副産物として日本型雇用が企業に有利に働いたという主張もなされている。技術や経験の蓄積が若い世代に伝わり，生産の効率が高まったというのである。また終身雇用であるために，生活の不安が少なく会社への忠誠心も高まった。職場の一体感が保たれ，志気が高かったわけだ。

　このような主張には，一定の正しさを認めねばならないだろ

う。アメリカなどでは，工場労働者のもらう給料は週払いの**wage**と呼ばれ，ホワイトカラー労働者がもらう**salary**とは区別される。**wage**は同一労働の場合一生変わらず，経験を積むとともに次第に上がっていく**salary**とは対照をなす。このような賃金体系が，生産システムのトップダウン方式と相まって現場の労働者の工夫ややる気をそいでいる可能性はある。

■**グローバリゼーションと成果主義**

しかし，こうした日本型雇用システムは，バブル崩壊以降の日本経済の停滞とともに，解体を余儀なくされた。企業の資金的余裕がなくなるとともに，まず終身雇用が崩された。早期退職制度や出向制度，分社化などで企業は積極的に既存の余剰労働力を整理する一方で，従業員の新規採用を減らし，人員削減を行った。他方で，年功序列の賃金システムを是正しようと**成果主義・実力主義などを名目に個々の賃金の削減・抑制を図った**。その結果，実力があり，大幅に成果を上げた従業員は一定の賃金上昇があったが，ほとんどの場合は賃金が下がるという結果になった。

それだけではない。終身雇用・年功序列に慣れた日本型の人事システムは，成果・実力を適切に評価するシステムを持つことができず，結果として恣意的な評価システムがまかり通り，従業員の志気を低下させ，大幅に業績を下げた企業が多かったという。日本有数のIT企業である富士通は「成果主義」を標榜して，賃金体系の見直しを図ったが，その結果，大幅な業績悪化という失敗を招いたことは，特に話題になった。

❖ **成果主義は，評価方法の運用の点で失敗することが多かった**

Step ❷ 日本的雇用と家族制度の関係

実を言うと，終身雇用と年功序列は，日本の労働者全体ではなく，その一部に適用されたにすぎない。終身雇用は大企業の従業員に限られ，中小企業では必ずしも採用されなかったからだ。中小企業は下請けとして，景気の変動に合わせて解雇・倒

産するのが普通であった。また大企業も終身雇用は正社員に限られ，パート従業員の雇用は景気の変化とともに調整された。不況の際に人員整理されるのは，まずパートタイマーや嘱託社員であった。終身雇用は，正社員とパートタイマーという一種の身分制として働いていたのだ。

　もちろん，これは男女差別も生み出している。パート従業員は女性が多かったから，パートが解雇されるということは，女性が解雇されることを意味する。その意味で，**日本的雇用は労働者間の差別的な対応**であり，**大企業・正社員・男性という特権階級**が，労働者の中に作り出されたのである。

■年功賃金は生活保障のためか

　特に，年功賃金は差別を作り出している。かつては従業員の生活を会社が保障するためだという説明がなされていた。つまり，中年になると家族も増え，生活費用も多くなるから高賃金を払うというのだ。しかし，この説明は疑問だ。中途採用者の賃金は必ずしも年齢によって上昇しないからである。むしろ，年功賃金は「途中で会社を移ることへの懲罰」，あるいは熟練労働者を離職させないための「後払い賃金」と考えたほうがよいと言われる。

▼女性の年齢階級別労働力率の国際比較

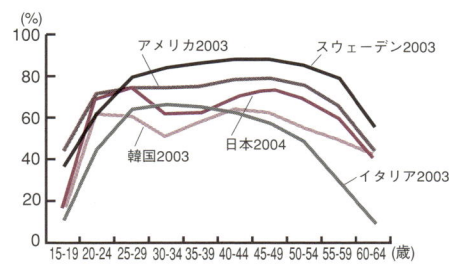

　このシステムは，女性に対しては特に差別的に働く。女性には，出産・子育てなどで仕事に集中できない期間がある。かつてはその時期に会社を離れ，それが終わったときに別の仕事に復帰することが奨励された。この現象を反映した**女性の年齢階級別労働力率の推移は，M字型カーブ**と呼ばれている（上図）。

ところが，年功賃金システムにおいては，新しく就職しても勤続年数が少ないので，同年代の男性に比べ賃金が極端に低く抑えられてしまう。男性の正社員と女性のパート従業員では，たとえ仕事の内容がほとんど同じでも，3倍近くの給与の差があることが珍しくない。

■家族形態と経済

家族形態も，このような経済システムと対応している。たとえば，「男性が外で働き，女性が主婦として家庭を守る」というイメージが確立したのは比較的新しく，日本型雇用システムが形成された時期とほぼ同じ頃である。そもそも第二次大戦前までは，サラリーマンという階層は少なく，職人・農民・商人などの庶民層では女性も労働力の一部と考えられた。その意味で男女の性の違いによる役割分業も，庶民の間では比較的少なかったと言われている。しかし，日本型雇用システムが浸透するとともに，男性は企業へ，女性は家庭へと囲い込まれる。女性が働くのは例外とされ，夫や父親などの男性が経済を支えるイメージが定着するのである。

❖ **性別役割分業が定着＝日本的雇用の成立と一緒**

経済学も，このイメージを強化するのに一役買った。経済学は，市場だけを分析対象とするので，社会を存続させるために有用な活動であっても無視する。たとえば，料理や子育てなどの労働は，家政婦や保育士が行えば賃金が発生するから生産的労働になるが，主婦あるいは妻がすると賃金が支払われないので，経済統計には含まれない。**家事や育児は，アンペイドワーク（不払い労働）として，経済的に評価されない**のだ。しかし，食事をすることで仕事への意欲が生まれ，子育てをして将来の労働力供給の準備をすると考えるなら，家事や育児が生産システムを支えているのは間違いない。それなのに，これらの労働が正当に評価されないのはおかしいだろう。

> **Point** 経済学の不合理性＝女性の家庭内労働の大部分は，経済活動とみなされない

このアンペイドワークを測定するには,「第三者基準」による時間利用調査を使う。世帯内で行われる活動のうち第三者に代わってもらえる活動を生産的労働と見なす方法だ。たとえば,自分に代わって食事をすることは他人に頼めないが,食事を作ることは他人に委託できる。したがって食事をするのは消費だが作るのは生産である。このように測ったアンペイドワークとペイドワークを合計すると,女性は男性より2時間以上長く働いているという結果になる。また女性の労働時間の半分以上はアンペイドワークだが,男性では7％にすぎず,女性は7倍以上もの時間をアンペイドワークにあてている。つまり日本は極端な性別役割分業の国なのである。

■労働からの／への疎外

このような状況は,**女性が労働から疎外され,男性が労働へと疎外されている状況**を表している。つまり,女性は仕事を達成するという喜びから締め出され,男性は子供を育てたり家事をしたりするという人間的活動から締め出される。この状態は,男性の側にとっても幸福な事態とは言えまい。男性は,企業の論理に従って自分の時間と関心を捧げたあげく,家庭の人間関係からも疎外されるのである。

> **Point** 女性＝労働からの疎外,男性＝労働への疎外

この状態を改善しようとして,女性の社会参画,男性の家庭参画の両面が進められている。特に,アンペイドワークに男性が参加できるような体制を整えることの必要性が言われている。たとえばスウェーデンでは,育児休暇は女性だけでなく,男性でも取らないと不利になっている。両親が合計して取れる480日の出産・育児休暇として父の月が2月,母の月が2月となっていて,必ず双方が取らねばならない。さもないとその分の休暇の権利を喪失する（パパ・クオータ制）。

日本では,育児休暇が設けられるようになっても,男性で活用する人は少ない。依然として性別役割分業の思い込みが強く,利用すると昇進や給与で差別されるという恐怖もある。しかし,現在のように極端な性別分業と不平等に企業が依存したことで

「少子化」が進行したことも確かだ。性別分業を利用した雇用体系が，女性の職業と家庭生活の矛盾を生じさせ，子供を持つという動機を減退させたのである。その結果，家庭を持つという動機を失われつつあり，首都圏では**両親と子供2人**などという「標準家庭」はもはや少数派になりつつある。

■年金制度・配偶者控除

このような現実の進行に対して，税制や年金制度も性別役割分担を維持・固定化する機能を持っているので，見直しが進められている。たとえば，主婦・パート労働の女性も公的年金に強制加入となっているが，保険料を免除されているため，その保険料は夫が加入する保険の加入者が共同で負担している。この結果，共働きする労働者の払う保険金が，働かずに生活できる専業主婦の基礎年金に回り，貧しい者から豊かな者への所得移転が起こりかねない。

しかも，パートでも年収が130万円を超えると，保険料を負担しなければならなくなり，所得の逆転現象が起こる。そこでパートの女性の多くが，130万円以下に所得を抑えるようにする。もちろんこの金額では自活するのは困難であり，夫の給与の補助に甘んじることになる。これでは**中立的であるべき年金が，性別分業を強化する役割を果たしている**と言って差し支えない。

このように家族形態が変わりつつある時代には，かつての性別役割分業による家庭のモデルはもはや不合理になっている。このような優遇策を廃止し，個人を単位として年金・税・手当などの制度を組み直すべき時期が来ているのかもしれない。

> **Point** 日本型雇用の崩壊とともに，家族の実態も変わりつつあり，現実の変化に即した社会制度が求められている

11 雇用と生活　例題と解法

Theme【成果主義の失敗】　2005　熊本大［共通］120分

次の文章をよく読み，問1～問3に答えなさい。なお，いずれの設問も法的な知識を問うものではありません。

問1　点線内のⅠおよびⅡに適切な小見出しをつけなさい。
問2　著者の主張を200字以内にまとめなさい。
問3　著者の主張に対するあなたの見解を600字以上800字以内にまとめなさい。

働いても働かなくても同じだと揶揄されてきた年功序列制。しかし，そもそも，先達が築きあげてきた日本型の人事システムを「年功序列」などとステレオタイプに理解していること自体，企業人としての常識が疑われる。私が『虚妄の成果主義』（2004年）でしたかったことは，まずは，その事実確認だった。

```
                          Ⅰ
```

❶ここであらためて「日本型年功制」についてまとめておくと，ある程度の歴史をもった（つまり，生き延びてきた）日本企業の人事システムは次のような特徴を持っていた。

①本質的に，給料で報いるシステムではなく，次の仕事の内容で報いるシステムだった（つまり，仕事の報酬は次の仕事）。
②賃金制度は，動機づけのためというよりは，生活費を保障するという観点から「年齢別生活費保障給型」の賃金カーブがベース・ライン（平均値）として設計されてきた。

❷それは従業員が日々の生活の不安に脅えることなく仕事に没頭し，仕事の内容そのものによって動機づけられるというもので，内発的動機づけの理論からすると最も自然なモデルでもあった。
❸1つの仕事を達成したら，より大きな仕事が，それを達成したら，さらに大きな仕事が与えられることで，やる気も出る。ここで「大きな仕事」というのは予算的にも人員的にも大きな仕事という意味である。つまり，売上げであれ利益であれ，より大きな数字になって現れるし，当然のことながら部下の数も

増えて昇進する。こうして，仕事の報酬が次の仕事なので，仕事の内容自体に加速度的に差がつき，それに引きずられる格好で，昇進・昇格・昇給のスピードにも差が開いてくることになる。したがって，長期的にはポジションや金銭的報酬にも個人差がつくのは当たり前であって，実際，賃金カーブは平均値の話にすぎず，ほとんどの企業で賃金の個人差は歴然と存在していた。少なくとも，生え抜きの社長がいるような会社では，その社長は何代か上の代を追い抜かないと，定年前の年齢で社長になれるわけがない。

❹これは「年功序列」ではない。あくまでも「日本型年功制」と呼ぶべきものなのである。日本型年功制では，仕事の成果は短期的・直接的には金銭的報酬に連動しない。あくまでも「次の仕事の内容」が報酬なのである。この①と②の両輪が日本企業の成長を支えてきたのである。ただし，日本型年功制は企業が成長したり競争に勝ち残ったりするための必要条件であったが，十分条件ではない。当たり前の話だが，日本型年功制で成功するためには，個々の企業の実態・個性に合った適切な運用が必要なのである。従来，日本企業で問題とされてきたものの多くは，実は，制度の問題ではなく，運用の問題であった。したがって，制度をいじっても，問題解決にはならないのである。そして，さらに重要なことは，成果主義は，その必要条件にもなりえない，ということなのである。だからこそ，成果主義を捨てて日本型年功制を採用した方がいい，そのうえで運用を改善すべきであるというのが，私の主張のより正確な意味なのだ。

Ⅱ

❶『虚妄の成果主義』で批判している「成果主義」は，実に幅広い。

　①できるだけ客観的にこれまでの成果を測ろうと努め
　②成果のようなものに連動した賃金体系で動機づけを図ろうとするすべての考え方

である。しかも①と②はandではない。orである。①と②の両方を満たせば成果主義なのではなく，どちらか１つでも満たせば，私が批判している成果主義なのである。

❷働いても働かなくても同じだと揶揄されてきた年功序列と比べれば，一見はるかに正当そうなので，成果主義はこれまでなかなか正面切って批判されてこなかった。ところが，この成果主義のもとでは必ずやシステムに起因した弊害が発生する。それは学問的に予測可能な話なのであって，過去１世紀にわたる経営学の歴史の中で，ある程度科学的に立証された事実なのである。

……要するに巷で「成果主義」と称されるシステムはみなダメなのである。

❸にもかかわらず，金銭の報酬による動機づけの幻想を捨てられないのは，金銭的報酬のインパクトが，あまりにも強すぎるからである，本来「仕事それ自体が報酬」状態で，もともと仕事と満足はくっついているはずのものである。ところが，そこに金銭的報酬が投げ込まれると，金銭的報酬が仕事と満足の間に割り込んで両者を引き離し，満足を報酬の後に追いやってしまい，「仕事→報酬→満足」と分離させてしまう効果がある。心理学者デシが引用している次の話は印象的だ。

❹ユダヤ人排斥の空気が強い米国南部の小さな町で，1人のユダヤ人が目抜き通りに小さな洋服仕立屋を開いた。すると嫌がらせをするためにボロ服をまとった少年たちが店先に立って「ユダヤ人！ ユダヤ人！」とやじるようになってしまった。困った彼は，ある日「私をユダヤ人と呼ぶ少年には10セント硬貨をあげよう」と言って，少年たち1人ずつに硬貨を与えた。戦利品に大喜びした少年たちは，次の日もやってきて「ユダヤ人！ ユダヤ人！」と叫び始めたので，彼は「今日は5セント硬貨しかあげられない」といって，再び少年たちに硬貨を与えた。その次の日も少年たちがやってきて，またやじったので，「これが精一杯だ」といって今度は1セント硬貨を与えた。すると少年たちは，「それじゃあ，あんまりだ」と言ってもう二度と来なくなった。

❺つまり，金銭的報酬を与えたことで，仕事と満足は分離してしまったのである。こうして金銭の報酬のために，仕事をするようになってしまった以上，金銭的報酬が与えられなくなると，満足も得られなくなり，仕事をする気もまたしなくなったのである。金銭的報酬は危険である。早く成果主義をやめる必要がある。

❻そういう話をすると，成果主義にして成功している会社もあるではないかとコメントする人が必ずいるが，私が知っている範囲では存在しない。ベンチャー企業や進出したての外資系企業が年俸制や成果主義であることは，別に不思議ではない。誕生してまだ間もなく，中途採用の社員が主力で，生え抜きの社員が育ってきていない新興企業では，年功制などとりようもないからである。しかし，会社が成功して生き延びて，新卒の従業員を定期採用して育てることができるようになると，たとえ形式的には年俸制・成果主義を名乗っていたとしても，実質的には限りなく年功制に近づいてくることになる。

❼実際，外資系企業も日本に進出してからの歴史が長くなると，次第に年功的な色彩が強くなってくるし，そのほとんどが淘汰されてしまうベンチャー

企業でも，生き残れた企業は同様に年功的になるのである。これは当然のことなのだ。現存するベンチャー企業の平均像は，失敗する企業の平均像に過ぎない。歴史ある大企業がそんな駆け出しの会社の真似をしてどうするのだ。

❽多分，成果主義に切り替えて成功した会社は，どこにも存在しないのだろう。科学は正しいのである。実は，『虚妄の成果主義』の出版以来，数十件の取材を受けてきたが，そのうちのかなりの人が，「成功している成果主義の会社を教えてくれ」と，こともあろうに私に聞くのである。みなさん異口同音に，取材しても取材しても出てこないといわれる。

❾さらに驚いたのは，コンサルタントの指導を受けて成果主義を導入しようとしている会社の人から問い合わせがあり，折角導入するのだから成功させたい。成功例と成功の条件を教えてくれと私に聞くのである。私があきれて，「それはお金を払っているコンサルタントに教えてもらうのが筋でしょう。彼らには，その義務があるはずです」と答えると，なんと教えてくれないというのである。コンサルタントが成功例を教えてくれないという不満は，ほかにも何件も耳にした。

常識が問われる

❶そもそも，お金がなくて昇給の原資にも困っている会社が，どうしてお金をインセンティブに使えるのだろう。そんな状態で，成果を上げた人を昇給させたら，会社はすぐに資金不足になってしまう。それではといって，ほとんどの人の給料を下げてしまえば，成果を出しても報われないと感じるはずである。そして現実に，多くの企業でそうした事態が進行している。本当に苦しい会社は，お金をインセンティブに使ってはいけないのである。苦しい会社であればあるほど，成果主義は禁じ手なのだ。いかに金銭的報酬を使わずに，従業員をモチベートするのか。それが経営者の腕の見せ所なのである。

❷私の知っている限り，何社もの企業が成果主義を導入した後，かなり早い時点で失敗したと判断している。成果主義を導入して，いざ評価が始まると，みんな不思議な違和感に襲われるのだ。客観的な手続通りに評価をしてみると一番成果を上げたことになる人間が，実は社内評価のあまり高くない人間だったりするのである。あんな奴を取り立てるために成果主義を導入したのかと怒る人まで出てくる始末である。

❸そして怪我の功名的な発見をする。今まで主観的な評価だということで自信がなかったのだが，実は，エース級社員やダメ社員に対する社内評価は一致していたことが分かったのである。同時に，こうした社内評価の良し悪しのはっきりした人以外の普通の人，つまりグレーゾーンについては，そもそも細かく評価に差をつける必要もないことにも気がつく。こうした「どんぐ

りの背比べ」的な普通の人々に対しても，成果を細かく査定して差をつけることに腐心していると，社内評価が一致していたはずの肝心のエース級社員，ダメ社員に対する評価の方がずれたり，不安定になったりするのである。

❹ある会社では，現場からの不満に対応して，ABCDEの各評価にそれまでA10%，B20%，……とはめていた枠を撤廃して，現場の判断に任せることにしたという。その結果，真ん中のCが80％以上になってしまったらしい。これは当たり前のことなのだ。もともと日本の一流企業では，大卒採用の際には，選びに選んで採用している。そのため，ほぼ全員が課長クラスにまでは昇進できるという夢のような人材のクオリティーを維持しているだけなのである。

❺成果主義が流行り始めた頃，何人かの専門家が「差をつけないと」と発言するのを聞いたことがある。そこで，「なぜ差をつけなければいけないのですか？　根拠を教えてください」と聞いてみたのだが，誰からも明快な解答は得られなかった。一般の人は驚くかもしれないが，給料の差がモチベーションにつながるからだ，などと答えた人も１人もいなかった。

❻給料がモチベーションにつながらないことは，少なくとも心理学系の知識を持った専門家には周知の事実だからである。

❼成果主義を導入する人事の人の中には，これまで差をつけるのに自信がもてなかったが，これで差をつけられると喜んでいた人がいた。まったくもって本末転倒である。そもそもエース級社員とダメ社員を除けば，ほとんど差がないから，差をつけるのに自信がもてないのであろう。成果主義にすれば，自信のない人が，マニュアル片手に不慣れな手つきでつけた点数差を根拠に給料を下げられてしまう。これではあまりにも理不尽だ。

（出典：高橋伸夫「視点・虚妄の成果主義」（ジュリスト1270号，2004年）。なお，一部省略している部分がある。）

Warming Up

1　Ⅰ，Ⅱの部分の要約をせよ。
2　著者が挙げている成果主義の失敗の理由を列挙せよ。
3　2の理由の中で，異論が予想されるものはどれか？
4　解答の構成を考えよ。

解法

まず，全体の構造を分析しよう。話題はもちろん「成果主義」である。日本企業は90年代初めのバブル崩壊後，生産の効率化と人件費の抑制のために，終身雇用と年功賃金を急激に見直した。著者はその動きを厳しく批判する論者として有名である。

ポイント		サポート
イントロダクション		
日本型の人事システム＝年功序列はステレオタイプ	⇔	対比 働いても働かなくても同じだと揶揄
Ⅰ		
❶日本型の年功制＝次の仕事で報いる，賃金は生活保障型 ‖	→	説明❷生活の不安に脅えず仕事に没頭，内発的動機づけからも自然
❸より大きな（売上げ，利益，部下）仕事が与えられる→賃金の個人差が出る	→	説明❷「日本型年功制」と呼ぶべき，成長を支えてきた必要条件
❹問題は運用→日本型年功制を採用＋運用を改善すべき	→	説明 制度をいじっても解決にならない，×成果主義
Ⅱ		
❶「成果主義」＝1　客観的に成果を測る　2　成果に連動した賃金体系で動機づけを図る	→	説明 どちらか1つでも満たす
❷システムに起因した弊害，科学的に立証された事実→ダメ ↓	⇔	対比❸金銭的報酬による動機づけの幻想が強い
	→	理由 報酬が仕事と満足を分離
❺×金銭的報酬→×満足→×仕事早く成果主義をやめるべき	→	引用❹ユダヤ人差別解消
❻成功している会社は知る限りない	→	例示❼ベンチャー・外資系企業が成功すると年功制に近づく
	→	例示❽❾成功例がない，コンサルタントが例を教えない

常識が問われる

❶お金がない会社は成果主義は使えない ↓ 金銭的報酬を使わずに従業員をモチベートする	⇒ 理由 昇給させたらお金はなくなる，下げたら成果を出しても報われないと感じる
❸エース級やダメ社員に対する社内評価は一致していた，普通の人に対しては差をつける必要はない	⇒ 例示❷不思議な違和感，社内評価と一致しない ⇒ 例示❹評価の枠を撤廃→真ん中が多くなる
❺×給料の差がモチベーションにつながる ↓ ❼成果主義の評価＝理不尽	⇒ 理由❻心理学系の専門家は周知 ⇒ エース級とダメ社員以外ほとんど差がない

■小見出しの付け方

　小見出しは，その部分の簡潔な要約になっていなければならない。Ⅰの小見出しを見つけるには，課題文の構造のポイント部分をつなげて，文章化すればよい。次のようになろう。

> 定義：日本型年功制は次の仕事で報いるシステムである
> 説明：仕事で成功するごとに，より大きな仕事が与えられ，それに対応して賃金の個人差も出てくる。問題点は制度ではなく，むしろその運用にある
> 提案：だから，日本企業は年功制を採用して，その運用を改善すべきだ

　小見出しだから，この内容を一言で表さなくてはならない。Ⅰの冒頭で「ここであらためて『日本型年功制』についてまとめておく」とあるので，1つだけ選ぶとなったら，上の定義の部分であろう。したがって，考えられる小見出しは次のようになる。前者は述語部分，後者は主語の部分を取っている。

●次の仕事で報いるシステム
●日本型年功制の本質

■Ⅱの考え方

これも同じようにすると，内容は次のようにまとめられる。

> 定義：「成果主義」とは，客観的に成果を測ったり，成果に連動した賃金体系で動機づけを図るシステムだ
> 予測：「成果主義」は必ずシステムに起因した弊害が起こり，失敗する
> 理由：金銭的報酬が仕事と満足を切り離すからである

この著者の立場は成果主義批判なので，それが出ているのは上記の予測の部分だろう。あるいは理由の部分を入れてもよいかもしれない。

●成果主義は必ず失敗する
●成果主義は仕事と満足を切り離す

■要約をする

問2は要約である。やり方はいつもと同じ。課題文も長くないので，それほど難しくない。問1以外の部分は「常識が問われる」のところだけだから，課題文の構造をもとにしてポイントをまとめると以下の3点のようになる。

> 1　お金がない会社では成果に報いると資金不足になるので，成果主義は使えない。むしろ，金銭的報酬を使わずに従業員をモチベートするのが経営手腕なのだ。
> 2　「成果主義」を導入すると，主観的だと思われていた社内評価が一致しており，それに対して普通の人に対しては差をつける必要はないことがわかる。
> 3　給料の差がモチベーションにつながらないのは，専門家の間では知られている。結果として，成果主義の評価はいつも理不尽になる。

これらをⅠ，Ⅱでまとめたことと合わせると要約になる。ただし，このままでは字数が多すぎるのでかなりカットしないといけないだろう。評価の部分，修飾句の部分など削るべきとこ

ろはカッコに入れてある。

> 　日本型年功制は次の仕事で報いるシステムである。つまり，仕事で成功するごとにより大きな仕事が与えられ，それに対応して賃金の個人差も出てくる。（このシステムの問題点は制度ではなく，むしろその運用にある。だから，日本企業は年功制を採用して，その運用を改善すべきだ。）
> 　他方で，「成果主義」とは，（客観的に成果を測ったり，）成果に連動した賃金体系で動機づけを図るシステムだ。しかし，これは必ず（システムに起因した弊害が起こり，）失敗する。なぜなら，金銭的報酬が仕事と満足を切り離すからである。
> （そもそも，お金がない会社では成果に報いると資金不足になるので，成果主義は使えない。むしろ，金銭的報酬を使わずに従業員をモチベートするのが経営手腕なのだ。「成果主義」を導入すると，）主観的だと思われていた社内評価が一致しており，それに対して普通の人に対しては差をつける必要はないことがわかる。給料の差がモチベーションにつながらない（のは，専門家の間でも知られている。結果として，成果主義の評価はいつも理不尽になる）。

■著者に対する応答

　問3は，このような著者の意見・主張に対する論評ということになる。もう一度，著者の議論を基本構造に従って整理すると，以下のようになる。

機能	内容
問題	成果主義はうまくいくか？
解決	必ず失敗する
根拠（理由）	日本型年功制でも賃金差は出てくる 金銭的報酬が仕事と満足を切り離す 社内評価は一致，普通の人には差をつける必要はない 給料の差はモチベーションにつながらない
提案	日本的年功制を採用して，運用を改善すべき 金銭的報酬を使わずに従業員をモチベートせよ

さて，著者の主張を論評するには，まず自分の立場が賛成／反対のどちらになるかを決定すべきである。**Chapter3** にも書いたように，次のように場合が分かれる。

| 賛成 | ➡ | 根拠 | ➡ | 補足・修正 |

| 反対 | ➡ | 根拠 | ➡ | 課題文再言及 | ➡ | 批判・包摂 |

しかし，もちろんこの課題文を見たとたんに，すぐ賛否を決められるというわけにはいかない。まずは，著者が挙げた根拠を1つずつ検討しよう。それが疑わしかったら反対すればよいのだし，妥当だと思ったなら賛成に回ればよい。

■根拠・理由の検討

まず，「日本型年功制でも賃金差は出てくる」のは間違いないだろう。高度成長期の場合は，ある年齢になるとそれなりの地位が用意されたとはいっても，すべての人が社長になれるわけではないから，賃金・待遇に差が出てくるのは当然だ。

> **Hint**
> 金銭報酬とは無縁な満足はありうるか？

次に，「金銭的報酬が仕事と満足を切り離す」は一面の真実だろう。確かに，熱中して活動できれば充実感もあり，仕事自体の満足は得られるかもしれない。ただ，「本来仕事と満足が結びついているとまで断言できるのか」は問題にできるかもしれない。

3番目の「社内評価は一致，普通の人には差をつける必要はない」はおおむね肯定できる。ただし，これは会社に派閥など偏った評価システムが存在していない，または弱いときに限られるだろう。

4番目の「給料の差はモチベーションにつながらない」は心理学系の専門家にとって周知の事実だと言うが，これは専門家でない者にとっては，正しいかどうか判断することができない。

■肯定の方向を取る

以上より，著者が挙げた根拠は4番目を除いて，おおむね肯定できそうなので，解答例でもそちらの方向を取ろう。問題なのは，その後である。一般に賛成の意見を書くのはよいのだが，その後の展開が難しい。下手をすると，著者の書いたことの繰

り返しになってしまうので，補足・修正の部分が大切になる。

実際，「金銭的報酬が仕事と満足を切り離す」とはいっても，完成した仕事がもたらした利益に対してあまりにも金銭的報酬が低ければ，満足度は低下するだろう。たとえば，青色発光ダイオードを発明した中村修二氏（カリフォルニア大学サンタバーバラ校教授）の場合を考えてみればよい。

> **Hint**
> 妥当な金銭的報酬を求めた例を出す

彼の発明で当時の勤務先である日亜化学工業は巨額の利益を出したが，発明者の中村氏には少額の金銭的報酬しか出さなかった。その結果，中村氏から利益の配分を求めて訴訟が起こされた。このような事件は頻発しているので，「仕事と満足が結びついている」という命題は多少修正が必要だろう。

このようなケースは，グローバリゼーションが進めば，さらに問題化する。個人に対する適正な報酬がどれくらいなのか，少なくとも日本企業は妥当な基準を示さねばならなくなるだろう。以上の考察をもとに，構成を考えると以下のようになる。

1. **主張**：成果主義が失敗するという著者の意見はおおむね正しい
2. **理由**：なぜなら，日本型年功制でも賃金差は出てくる，金銭的報酬が仕事と満足を切り離す，優れた人に対する社内評価は一致し，普通の人には差をつける必要はないなどの指摘は日本の会社の実状に合っているからだ
3. **例示**：実際，著者の言うように成果主義を導入した会社はほぼ失敗している。富士通における人事評価の失敗，業績の低迷
4. **補足・修正**：ただし，この行動原理が，グローバリゼーションが進む中で維持されるかどうかは定かではない，優れた能力を持つ人間の海外流出，中村教授の訴訟
5. **結論**：個人に対する適正な報酬がどれくらいなのか，企業は妥当な基準を示さねばならない

Warming Upの解答

1. Ⅰ：日本型年功制は次の仕事で報いるシステムである。そこでは，仕事で成功するごとに，より大きな仕事が与えられ，それに対応して賃金の個人差も出てくる。問題点は制度ではなく，むしろその運用にある。だから，日本企業は年功制を採用して，その運用を改善すべきだ。
   Ⅱ：「成果主義」とは，客観的に成果を測り，成果に連動した賃金体系で動機づけを図るシステムである。しかし，「成果主義」は必ずシステムに起因した弊害が起こり，失敗する。なぜなら，金銭的報酬が仕事と満足を切り離すからである。
2. 日本型年功制でも賃金差は出てくる，金銭的報酬が仕事と満足を切り離す，優れた人への社内評価は一致する，普通の人には差をつける必要はない，給料の差はモチベーションにつながらない
3. 金銭的報酬が仕事と満足を切り離す
4. 賛成→根拠（例示を付け加える）→補足・修正（金銭的報酬の基準が必要，例示を付け加える）

解答例

問1
　Ⅰ：次の仕事で報いるシステム／日本型年功制の本質
　Ⅱ：成果主義は必ず失敗する／成果主義は仕事と満足を切り離す

問2

〔要約〕

日本型年功制とは，次の仕事で報いるシステムである。仕事で成功するごとにより大きな仕事が与えられ，それによって賃金の個人差も出てくる。他方「成果主義」では，成果に連動した賃金体系で動機づけを図る。しかし，これは金銭的報酬が仕事と満足を切り離し，必ず失敗する。主観的だと思われていた社内評価も実は一致しており，普通の人に対しては差をつける必要はない。結局，給料ではモチベーションを左右できないのだ。（196字）

問3

〔主張〕
成果主義の肯定

　成果主義は日本企業では失敗するという著者の意見は，基本的に正しいと言えるだろう。なぜなら，日本型年功制でも賃金差は出てくるから待遇には差が出てくる，金銭的報酬が仕事と満足を切り離してやる気をなくす，優れた人に対する社内評価は一致しており普

通の人には差をつける必要はない，などの指摘は，日本の会社の実状におおむね適合しているからだ。

　逆に成果主義を導入した会社は失敗したところが多い。たとえば，富士通などは成果主義を取り入れたために大きく業績を落とした。特に，評価基準が客観的・合理的でなかったために，社員のやる気を失わせたことは大きい。著者も指摘するように，客観的評価はほとんど不可能ですらある。従業員自らが出した目標に対して達成度を評価して，賃金を決めるのだが，最初の目標を低くして達成度を上げたり，リストラの一環として成果主義が採用されたりしたため，成果を出しても報われない，などの現象が頻発したからである。

　ただし，著者の主張するような行動原理がこれからも維持されるかどうかは定かではない。グローバリゼーションが進む中では，個人を適切に評価しないと企業の弱体化が生ずる可能性が大きいからだ。たとえば，青色発光ダイオードを発明した中村修二教授の場合では，彼の発明で会社は巨額の利益を出したが，中村氏には少額の金銭的報酬しか出さなかった。その結果，利益の配分を求めて訴訟が起こされてしまった。このような事件は頻発しており，「仕事と満足が結びつく」原理に頼って，個人への金銭的報酬が少ないと，優れた技術者が居着かなくなる。技術とアイディアが利益を決定する現状では，こういう事態は企業の存亡にかかわる。個人に対する適正な報酬がどれくらいか，少なくとも日本企業は妥当な基準を示さねばならないところに追い込まれているのである。(770字)

|例示| 富士通の成果主義の失敗

|補足| グローバル化との関係

|例示| 中村氏の訴訟の例

11 雇用と生活　演習問題

Theme 【年金改革と家族】　2005　久留米大［共通］100分

　「年金改革」の大きな論争点に，第3号被保険者問題がある。以下の資料A・B・Cを読んで，現行年金制度において，第3号被保険者が不当に有利に扱われているかどうかについて，肯定と否定のいずれの立場に立つかを明らかにし，反対説を批判しながら，1000字以内で自説を展開しなさい。

【資料A】

　年金制度改革の関連法案が国会に提出された。しかし，懸案となっている会社員や公務員の妻である専業主婦が加入する3号被保険者制度の問題は，ほとんど手つかずのまま残された。保険料を払わずに国民年金（基礎年金）を受け取ることができる仕組みについては，働く女性や自営業者の妻などから不公平との不満が強く，年金不信の要因の一つとなっている。解決の糸口はあるのか。読者からの投書をもとに考える。

　「なぜ国がここまで専業主婦を優遇し続けるのか，受益者負担の原則を守らなければ，不公平感はぬぐえない」（41歳，会社員・女性）

　「自営業者の妻や学生も払うのに，どうしてサラリーマンの妻の専業主婦だけは払わなくてもいいのか。まるで年金泥棒ではないか」（47歳，スーパー従業員・女性）

　くらし面などで女性と年金の問題を取り上げるたび，3号制度に対する厳しい意見が寄せられる。働く女性や自営業者の妻の意見は「負担なき給付」への不満だ。

　これに対する反論もまた，「専業主婦は『ただ働きの労働者』。夫が会社の仕事に集中できるよう貢献しており，夫の給与の中から自分の分の保険料を支払っている」（36歳，主婦）といった意見に集約される。

　投書欄にこうした声が載っても，二つの意見は平行線のままで，相手の立場を理解したり，議論が発展していったりすることはほとんどない。その大きな理由は，年金に対する基本的スタンスが違うためだ。同じ土俵に立っていないから，意見も交わらない。

　公的年金制度を考えるうえで，縦軸になるのが「世帯単位」か「個人単位」かだ。個人単位で年金を考えれば，「専業主婦が保険料を負担せずに国民年金を受給できるのは不平等」という声が出てくるのもうなずける。

しかし，会社員が加入する厚生年金は世帯単位で設計されている。夫婦とも会社員の場合でも，夫が会社員で妻が専業主婦の場合でも，世帯で支払う保険料の総額が同じなら，受け取る年金の総額も同じだ（下記の計算例参照）。「夫の収入から自分の保険料も支払われている」という専業主婦の主張は，世帯単位という考え方がベースになっている。

厚生年金が世帯単位になっているのは，「公的年金制度は社会保障の一環でもある」という考え方に基づいている。夫婦２人の暮らしに最低限必要な生活費は，一人暮らしの生活費より多いが，単身者の２人分よりは少ない。だから，同額の厚生年金保険料を払っても，夫婦２人の世帯が受給する年金額は，独身世帯が受け取る額より多くなっている。３号制度は「世帯単位で負担と給付のバランスをとるための便宜的な制度」とみることもできる。

【計算例】世帯単位でみた厚生年金の負担と給付
▼厚生労働省の計算に基づく。数字は万円。100円単位は四捨五入

	専業主婦世帯			共働き世帯		
	夫	妻	世帯	夫	妻	世帯
収入	50.0 ＋	0.0 ＝	50.0	25.0 ＋	25.0 ＝	50.0
保険料負担	6.8 ＋	0.0 ＝	6.8	3.4 ＋	3.4 ＝	6.8
年金額	17.5[※a] ＋	6.6 ＝	24.1	12.1[※b] ＋	12.1[※b] ＝	24.1

※a 夫の年金　17.5＝（基礎年金6.6＋厚生年金10.9）
※b 夫・妻の年金　12.1＝（基礎年金6.6＋厚生年金5.4）

公的年金制度の横軸は，能力に応じて保険料を払う「応能負担」か，受け取りに応じて払う「応益負担」かだ。

冒頭の41歳会社員女性が主張する「受益者負担」とは，応益負担の考え方とほぼ同じだ。しかし，厚生年金は「社会的弱者のセイフティネット」の役割を果たすため，完全に応益負担にせず，給付は低所得者に手厚い応能負担の考えが取り入れられている。

厚生年金は，支払う保険料に応じて年金額が増える報酬比例部分と，一定額を保障する基礎年金部分の２階建てだ。収入が増えると保険料負担も増す。しかし，年金額が現役世代の手取り年収の何％になるかをみた場合，夫婦で月収20万円の世帯では86.3％なのに，60万円の世帯は45.9％と約半分になる。

世帯単位を基本にして応能負担を組み合わせているのは，公務員らが加入する共済年金も同じだ。二つの年金制度の枠内だけで見る限り，３号制度は必ずしも不公平とはいえない。

ただ，国民年金と比べると矛盾は明らかだ。

国民年金に加入している自営業者の専業主婦や学生は，3号の専業主婦と同じように保険料の負担能力はないのに，月額1万3300円の保険料を納めなければならない。基本的には所得に関係なく，負担は一律だ。給付も40年加入で，月額約6万6千円と一律。国民年金は個人単位で応益負担という民間の個人年金に近い形になっている。

　建前上は厚生年金の基礎年金部分と国民年金は同じものであり，支給額も同一だ。しかし，個人年金的な国民年金に対して，厚生年金の基礎年金部分は「世帯単位で応能負担」という社会保障的な性格が強い。

　国民年金で，収入がない専業主婦に保険料負担を求めているのは，応能負担という社会保障の原則に反する。「（サラリーマンの妻の）専業主婦が保険料を負担しないのがおかしいのではなく，負担能力がない自営業者の専業主婦や学生から保険料を取る方がおかしいのでは」という29歳の専業主婦の投稿は，この矛盾を鋭くついている。

　国民年金が個人単位，応益負担となっている背景には，自営業者の所得を把握することが難しいという現実的な問題がある。しかし，生活最低保障の性格が強い国民年金こそ世帯単位，応能負担にすべきではないか，と指摘する専門家もいる。

【資料B】
　現行の年金制度は専業主婦世帯を優遇しているかという意見に対して，やや超越的な批判があることを紹介しておこう。その批判は井堀利宏氏によってなされた。すなわち女性がフルタイムで働くか，パートで働くか。それとも専業主婦となるか。その選択にかなりの自由度がある場合，公的年金の成果で専業主婦の立場だけを優遇しようとしても，それは結果的に成功しないおそれが強い。なぜか。専業主婦世帯や年収130万円以下のパート労働者がふえると，その分だけフルタイムで働く女性労働者の供給が減ることになる。その結果，フルタイムで働く就業女性の賃金が（専業主婦などを優遇しないよりも）高くなるからである。専業主婦優遇策はめぐりめぐってフルタイムで働く女性の賃金を押しあげる効果があり，専業主婦だけがトクをするわけではない。マーケットにおけるこのような調整は両者の利益が無差別になるまでつづくだろう。それが無差別になれば，フルタイムで就業する女性と専業主婦の間に不公平があるとは言えなくなる。それゆえ専業主婦優遇政策は成立しないというのが井堀氏の結論である。

　ここで指摘しておきたいのは，専業主婦を優遇するということが，公平性というよりも社会全体の経済効率性にかかわる問題であるということである。専業主婦を優遇することで，むしろ女性の社会進出にブレーキをかけ，女性

のもつ能力を十分に発揮する機会をうばって，本人だけでなく社会全体としても不利益をこうむることに問題があるのである。「専業主婦がトクかソンか」の議論に目をうばわれすぎてはいけない。むしろ経済の担い手としての女性の役割に注目する必要がある。女性のライフスタイルは従来とはずいぶんとちがってきている。女性の就業選択から中立的な年金制度に改める必要性は今日きわめて大きい。

以上の議論は，いずれも現行の年金制度を前提にしている。基礎年金の財源を税方式で調達する，あるいは基礎年金の保険料徴収ベースを消費支出に切り替える場合はどうか。その場合，第1号・第2号・第3号の区分はなくなってしまう。片働き世帯も共働き世帯も，またシングルもカップルも年金目的消費税を応分に負担する。そして定額の基礎年金を個人単位で受けることになる。

このように税方式に切り替えれば，専業主婦がトクかソンかで言いあらそう必要はなくなってしまう。税方式化の威力は，この点でも発揮されるのである。

【資料C】

第3号被保険者制度は被用者の専業主婦を一律的に保険料の負担能力がない者とみなしている。これは，あまりにも擬制的に過ぎると思われる。1986年改正前の国民年金の任意加入制度に約7割の専業主婦が加入していた事実からもこれは裏付けられよう。

また，第3号被保険者制度は，性による役割分担を固定化する効果を事実上有しており，その点においても好ましくない制度である。同制度では，応能負担の原理が貫徹されておらず，被用者の被扶養配偶者が優遇されているために，専業主婦でいた方がよいという事実上のバイアスが女性のライフスタイルの決定にかかることになるからである。

基本的には，専業主婦も含めてすべての国民が基礎年金制度に応能負担を行うという方向性で改革がなされるべきであろう。個々の専業主婦が事実上負担を免除されることがあっても，それは，応能負担の考えを個別ケースに当てはめた結果としてのみ認められるべきであり，被用者の妻であるということのみで一律的になされるべき性格の事柄ではない。

ただし，応能負担原則を徹底させるための制度修正には，専業主婦問題への対応という面のみならず，基礎年金制度の根本的改革という側面が出てくる。

まず，基礎年金についても，厚生年金とは別に独自の保険料率を設定し，専業主婦にもこの保険料率に応じた拠出を義務づけるというのが基本となろう。そして，基礎年金についての保険料率は，すべての被保険者に共通して

設定されるべきである。

　では，専業主婦の場合，基礎年金制度における応能負担とはどのようなものであるべきであろうか。一番現実的なのは，夫の稼働所得に妻分の保険料率を上乗せして徴収する方法であろう。ちなみに，1998年3月の年金審議会に提示された厚生省試算によると，この方法では，専業主婦をもっている被用者とそうでない被用者とでは，3.3%の差が保険料率に設定される形になると推定されている。ただし，この推定値は，第1号被保険者については定額保険料の制度を維持するという前提のもとで試算されたものである。したがって，すべての被保険者について共通な保険料率を設定することになれば，異なった数値が出てくる可能性が高い。

(注1)　国民年金の被保険者は次の3つの種類がある。
　①第1号被保険者＝自営業者等（非被用者で，学生，自営業者の妻，無職の者を含む）。
　②第2号被保険者＝厚生年金の被保険者（民間企業等のサラリーマン）と各種共済組合の組合員（公務員，私学教職員など）
　③第3号被保険者＝第2号被保険者の被扶養配偶者（いわゆる専業主婦で年収130万円未満の者）

(注2)　国民年金の保険料
　①第1号被保険者の保険料は月額13,300円の定額
　②第2号被保険者の被用者年金保険料は賃金×保険料率で計算され，被用者と事業主（使用者）が折半して納入する。
　③第2号被保険者と第3号被保険者の国民年金保険料は，被用者年金の保険者（政府・共済組合）が集めた保険料の中から国民年金保険料相当額（13,300円×第2号被保険者と第3号被保険者の合計数）を一括して国民年金会計に拠出する。したがって，第3号被保険者自身は直接的には保険料負担はない。

(注3)　年金制度の仕組み

	厚生年金	共済年金
国民年金（基礎年金）		
非被用者等（自営者等・学生・無職・専業主婦）	民間被用者	公務員等

(注4)　資料A・B・Cは次の文献から引用した。
　資料A：朝日新聞（2004年3月2日朝刊）
　資料B：高山憲之『年金の教室』（2000年，PHP研究所）
　資料C：竹中康之「公的年金と女性」『講座・社会保障法』第2巻所収（2000年，法律文化社）

11 雇用と生活　演習問題

解答のプロセス

➡解答例は364ページ

主張	肯定（不当に有利）／否定（不当に有利とは言えない）
理由	国民年金制度との比較／性別役割分業
説明	家族制度との関係を考察する
例示	現行年金制度における第3号被保険者の状態（資料より）
反対意見	応能負担であるべき／国民年金制度との比較
批判	反対意見の根拠を論駁する

類題

05岡山大「解雇権濫用法理に基づく解雇規制」
05九州大「例外的夫婦別姓制」
04駿河台大「終身雇用制」「年金制度」
04成蹊大「少子・高齢化社会に対する楽観的見解」
05中京大「男性の育児休業取得の障壁と社会的・企業経営的メリット」
05同志社大「ニートの増加理由と予防策」
04関西大「選択的夫婦別氏制度と労働環境の整備」

Solution

確認したらチェックを入れよう。

- ✓ 終身雇用・年功序列は日本経済の一時的現象である
- ✓ 日本型雇用では技術や経験が伝達され，生産効率が高まった
- ✓ 成果主義・実力主義を名目に賃金の削減・抑制を図った
- ✓ 日本的雇用は正社員／パート・男性／女性の身分制
- ✓ 女性が労働から疎外され男性が労働へと疎外されている状況
- ✓ 両親と子供2人の「標準家庭」は少数派になりつつある
- ✓ 個人を単位として年金・税・手当の制度を組み直す

Advanced View

人権は広がりすぎか

■マジックワードとしての人権

　「これは人権を侵害している」という議論をよく耳にする。しかし，どのようなものがなぜ人権として守られるべきなのか，まともに議論されることはほとんどない。むしろ「人権」は，議論抜きに自分の主張を正当化するためのマジックワードとなっている。しかし，現代では，人権という概念そのものに疑念を突きつけられる場面に直面することが多い。人権についてきちんと考えを巡らせないと，それに応えることは困難だ。

■自然権という虚構

　まず「人権の根拠は何か」と問いかけてみよう。よくあるように「人間が生まれながらにして自然に持つ権利」として人権を考えることは困難である。人権は，それを保護する国家がなければ，ほとんど無意味だからだ。たとえば，強者が弱者の財産を暴力的に強奪したとしたら，明らかに弱者の「権利」に対する侵害になる。だが，国家以外にそれを防げるものはない。林檎は「自然に」木から落ちるが，人権は「自然に」は実現しない。実現されない「権利」には何の意味もない。

　だいたい自然が権利を生み出すなら，人間以外の生物にも「生まれながらにして自然に持つ権利」が出てくるはずだ。だが，仮に他の生物に権利を認めるとして，それが人権とまったく同じ内容にはなるとは考えられない。もし生物種の差異によって権利の内容に差異が生じうるならば，個体間の差異によっても権利の内容に差異が生じうることを認めざるをえない。これでは「平等な人権」という観念は不可能であり，ナチスのように，ユダヤ人や障害者であるといった個体間の違いによって権利に違いがあるのを認めることになる。「生まれながらにして自然に持つ権利」を素朴に信仰するのは危険なのだ。

■幸福のためのルール

　自然権という考え方に対して，人権を，人々の幸福の増大に役立つ一

定のルールと見る考え方もある。スポーツが単なる乱闘にならないためにはルールが必要であるのと同様に、社会を破滅させず存続させるためには人権というルールが必要だと考えるのである。人権の根拠をこのように、人々の幸福を実現するためのルールとしての価値だと考えるとすれば、次のような２つの対照的な考えが生まれるだろう。「人々の幸福という目的のために、人権は柔軟に状況に応じて設定されるべきだ」という考えと「人権がルールである以上、多少非効率であろうともそれを遵守することに意味がある」という考えである。

■浅く広く考える

「人々の幸福という目的のために、人権は柔軟に状況に応じて設定されるべきだ」と考えるなら、絶対的な人権というものは認められない。どんな人権であろうとも人々の幸福の増大にじゃまであれば、人権としての地位を失わせなくてはいけないからだ。このように考えると、人権とは、人々の幸福を増大させるための効率的な手段となるだろう。

だが、現実はそううまくはいかない。社会状況は目まぐるしく変わるから、事前に人権として扱われる可能性のあるものを網羅しておき、具体的な状況に応じてそれらのうちのどれが権利として今認められるべきかを決定しなくてはいけない。これはかなり煩雑な手続きである。しかも、その決定の役割は司法（裁判所）と立法（国会）にゆだねられる。

ところが、この二者は必ずしも信頼できない。裁判官が公平無私で不偏不党であると考えるのはナイーブに過ぎる。それに、裁判官は民主的過程を通じて選ばれているわけではない。では、民主的立法過程に判断を任せればよいか、といえばそうとも言えない。ナチスドイツの支配体制が、基本的に民主的な過程を経て成立したことを考えなくてはいけない。

この状況は、ルールが複雑になりすぎて審判しかルールを把握しておらず、しかも審判の公正さが疑わしいスポーツに似ている。

■深く狭く考える

これとは対照的に、「人権がルールである以上、多少非効率であろうともそれを遵守することに意味がある」という考えは、いわば絶対的な人権とでも言うべきものを認めるものだ。この考えによれば、民主的立法過程によっても変更できないルールとして人権をとらえる。しかも、変更できない、ということから必然的に生じてくる非効率を最小限に抑

えるために，人権を深く狭く設定し，いわゆる「権利のインフレ」を回避しなくてはならないと主張するのだ。(たとえば，「喫煙権」を絶対的人権としてしまうと，ガソリンスタンドなどの非常に危険な場所でもそれを拒否することができなくなってしまう）。

　このような考え方の下での人権は「切り札としての権利」と呼ばれる。たとえ，それを行使することで当面は他のすべての人間の状況が悪化したとしても，個人に認められなければならない最低条件として人権を考えるのである。現在は社会の幸福が悪化するとしても，最終的にはそのようなルールの存在自体が人々の幸福の増大をもたらす，と考えるのだ。もちろん，この考え方に問題がないわけではない。思想・信条の自由や参政権といった，政治的に重要な諸権利が念頭に置かれているので，環境権や禁煙権などの，政治から遠く，周辺的な権利とは結びつきにくいのである。

■先立つ議論を知る

　人権という概念に決定的な解答は存在しない。自分で議論を展開するには，先立つさまざまな議論の長所と短所をしっかり認識しておく必要がある。ここでは「自然権」という発想をごくあっさりと退けたが，実際にはそれを支持するもっと精緻な議論も存在する。ただ「切り札としての権利」という考え方は知っておいて損はない。ドゥウォーキンという法哲学者の提唱になる概念である。もっとも，彼自身の人権の根拠についての考えは上に述べたようなものとは違った独特のものだが。詳しくは『権利論』第11章「どのような権利を我々は有しているか」(ロナルド・ドゥウォーキン，木下毅他訳，木鐸社，2001年）を参照してほしい。

Chapter 12 環境問題と倫理

　環境問題のとらえ方は，最近変化している。かつてのように「地球の危機」を声高に警告する言説よりも，冷静で客観的なデータやメカニズムの分析が進行しつつある。その中で，環境問題の持っている政治性への反省や検討も始まっている。

Technic

❶ 環境問題の原点を検討する

資源浪費と排出物処理の現状を確かめる

❷ 環境保護運動の言説を鵜呑みにしない

危機をあおるシステムではないか検証する

❸ 環境問題への対策の方向は何か

経済システムと両立する解決法をめざす

12 環境問題と倫理　知識と講義

Step ❶ 標準的な環境問題のとらえ方

　環境問題とは，経済や生活などの人間の活動が，自然環境を変化させ，汚染や破壊，枯渇など取り返しのつかない損失を与えるようになった状態をいう。自然と人間の関係は，以下の1～3のように分類できる。したがって，環境問題もそれに対応して1＊～3＊のように現れる。

1　人間活動に必要な資源の供給
2　人間活動によって発生する廃棄物の同化と吸収
3　心地よさ，快適さの供給
⬇
1＊　大量利用による資源の枯渇（石油，森林など）
2＊　環境汚染（公害，生態系の破壊など）
3＊　景観・環境の荒廃（都市化，人工化）

■環境問題の発生

　農業でも自然を改変するが，ここではまだ自然の力が強く，自然のリズムに従って経済活動をするしかない。農業社会では天候によって豊作や不作があり，人口もあまり変化しない。
　しかし18世紀後半から西ヨーロッパに起きた産業革命の影響で，生産力は格段に増大した。しかも，工業生産は自然の気候に影響されず，年々拡大する。また原料・エネルギー資源を求めてアジア・アフリカを開発し，西欧を中心に世界が一つの経済として結びつけられた。人間が活用する資源も増え，いっそう生産は拡大した。それにつれて人口も爆発的に増えた。これを支えるために，さらに資源を使って自然を人間の都合のよい環境にする必要が生じた。

Point　生産の拡大⇒人口の増加⇒生産のさらなる拡大

　これが産業革命以後の大量生産と大量消費のメカニズムであ

る。このような運動は**資本主義の経済システムの必然**だと言ってもよい。資本主義は資金を投資して製品を生産し，それを売ってより多くの資金を手にし，さらにそれを投資してもっと大規模に生産を行い利益を得る。それゆえこのシステムでは，製品が売れ続けなければ困る。売れればそれだけ多く生産し，利益を増やす。これがうまくいかないと，景気が悪くなり企業が倒産し失業者も増える。したがって消費者の欲望を刺激して，次々に製品が消費されるようにする。

　しかし大量生産と大量消費は，自然に対して回復不可能な影響を与える。人間は自然から資源を持ち出し，それに労働を加えて改変する。それを消費する過程で廃棄物を出す。つまり，生産・消費のサイクルは，自然の資源を猛烈なスピードで廃棄物に変えていくのだ。その速度は年々早くなるため，自然は廃棄物を吸収して，もとの状態に戻すことができなくなる。これが環境「問題」の本質である。

> **Point** 産業化⇒人口増加⇒大量生産・大量消費⇒環境問題

■温暖化の問題

　空気中の温室効果ガス濃度の上昇による「地球温暖化」現象について見てみよう。石油・石炭など化石燃料を使用するとCO_2は増える。それが「温室効果」によって，太陽熱を蓄積し大気の温度を上げていく。その影響は「海水面の上昇」「洪水の増加」「砂漠化の進行」「生物種の絶滅」などが挙げられている。特に海水面が上昇すると，バングラデシュや島嶼国など標高の低い国々では，国土が海面下に沈む危険性がある。さらに生物では有用種が絶滅し，マラリア蚊などの熱帯の有害種が爆発的に発生する危険がある。農業生産の低下や難民の増加など経済面の影響も大きい。

　CO_2の排出を削減すれば，温度の上昇は避けられるが，CO_2は石油，石炭など現在の工業を支えるエネルギー源を使用することで増える。これらは現在有力な代替物がない。したがってそれを削減するということは，工業生産の切下げになり，経済発展ができなくなる。また，温室効果ガスは農業活動によって

も排出される。たとえばメタンは，肥料など有機物の廃棄などでも生じる。人口が増大し，食料の増産が望まれるのに，農業活動を抑えることは，食糧危機を招きかねない。

◆ **温室効果ガスの排出量の削減＝工業生産＋農業生産の削減**

この影響は地球全体に広がる。だから特定の企業・地域に対する対策だけでは十分ではなく，世界全体で対策を立てなければ，状況は改善しない。さらに複雑なのは，対策に反対する国が出てきても，その国を排除できないことだ。排除すると，その国だけお金のかかる環境対策をしなくてよくなり，得をするからだ。だからどうしても国際会議において全会一致で決定し，対策を実行しなければならない。しかし意思の一致は，集団が大きくなればなるほど難しい。地球温暖化防止京都会議において議論が紛糾したのは，当然のことである。

Point 環境問題の対策⇒地球規模⇒各国の利害が対立

■ **未来への責任**

一方で，環境問題は現在世代による将来世代の収奪とも考えられる。たとえば，現在世代が石油などの資源を消費し尽くしてしまえば，将来世代はそれを使用できなくなり，現在世代が享受しているような「豊かな生活」ができなくなり，貧しい生活を強制される。つまり，現代世代が利益を追求した結果，将来世代が犠牲になり，自分の行為の後始末を未来世代に負担させることになるわけだ。

これは，倫理・道徳的にも許されない。しかしそれを是正するのは難しい。なぜなら，将来世代はまだ生まれておらず，現在の環境政策について発言権を持てない。つまり自分たちの利益を主張できないからだ。当然，将来世代の利害を現在の政策に反映させる機構は成立しない。たとえ未来世代の権利を保障しようと法的システムを作ろうとしても，現在世代のだれかがそれを代理しなければならない。では，だれがその利害を代理できるのか？

これは，近年話題になった「自然物の権利」などという概念

についても同じである。環境倫理学では「環境破壊された動物の権利」を考えたりするが，その実現は容易ではないのである。

Step ❷ 環境問題についての別な考え方

しかし，このような環境問題のとらえ方に対して，最近有力な反論が次々に現れてきた。「環境問題は言われるほど深刻ではないし，その危機をあおり立ててはいけない」というのである。これはデンマークの統計学者ロンボルグの主張だが，とりあえず以下の４つにまとめられる。

1　酸性雨・温暖化・環境ホルモンなどで宣伝された地球の危機は根拠が薄いし，実際起こっているかどうか怪しい
2　ゴミ問題も，30km四方の穴に埋めれば簡単に処理できる
3　資源の枯渇は実証されていないし，食料増産も続いている
4　環境問題は問題を大きくしすぎている

もちろん，これに対しては「環境運動に反対する陰謀である」などという批判もあるが，実証的なデータに基づいているだけにかなりの説得力を持つ。

実際，現在は地球温暖化が言われるが，1970年代には気象学者の間では，むしろ「氷河期の再来」がまじめに論じられていたのである。また，酸性雨による森林の被害や，環境ホルモンによる種の絶滅などは，データを取ってみると必ずしも実証できないことが明らかになった。環境学者の中西準子は，「多摩川の鯉にメスが多いのは，養殖場で人工的にメスを作る操作がなされたからだ」と言っている。最近では，焼却炉から出るダイオキシンの害についても，否定的な結果がデータとして出されている（中西準子『環境リスク学』）。

一方で，資源の枯渇も現実化しない。「石油は毎年あと30年」と揶揄されるように，石油の埋蔵量は年々増えている。どうしてこんなおかしなことが起こるかというと，油田を見つける技術が進歩しているせいである。また，かつてなら掘り尽くしたとして見捨てていた油田からさらに原油を抽出する技術が発達したのである。農業技術の発達により，食料生産も増え続けて

おり，一時期心配されたような食料危機は起こりそうにない。結局，環境問題は専門家が危機をあおり立て，自分の研究予算を増大させるために作り上げたシステムと化している，という批判まで出てきているのである。

❖ 環境問題＝専門家が危機をあおり立てるシステム？

■先進国と途上国

一方で，環境問題の強調は結果的に先進国の既得権益の保護になっている，という批判も根強い。温暖化問題でも，先進国は産業革命以来，化石燃料を多用して現在の経済を発展させた。これが現在の地球温暖化の主たる原因である。ただ，先進諸国は70年代から環境問題に気づき，さまざまな対策を講じてきている。したがって技術の急激な進歩がない限り，現在の経済水準を下げずにCO_2排出量を減らすのはかなり難しい。

他方，発展途上国は，急速に経済発展し，CO_2排出量が急激に伸びている。その総量は先進諸国には及ばないものの，伸びの比率は大きく先進国を上回っている。このままの比率で行けば，将来地球環境に与える影響は大きい。しかも経済発展が国家目標なので規制できない。経済発展するとともに，排出量は増加するということになる。

したがって，先進国側が排出規制を主張することは，発展途上国の経済発展を抑制せよという主張になりがちであり，途上国側からの不満が大きい。環境問題でよく使われる「持続可能な成長」などという標語は，このような先進国と途上国の対立の妥協から生まれたものなのである。

■根本的な対策は何か

もし，環境問題が本当に地球の危機をもたらすなら，現在の大量生産・大量消費の経済構造を変化させるほかない。自然から取ったものは，自然に戻し，現在の状態をこれ以上悪化させない循環型で持続可能な社会システムである。具体的にはリサイクル可能で環境に「やさしい」商品を適度に生産・消費する。しかしこれを本当に実現するのは困難だ。前述したように，高

度生産・高度消費は現代の経済の必然的な結果だからだ。

よく「環境に対する意識を高めよ」とか「地球の運命を考えよ」というステレオタイプの言い方があるが，人間の良心や気持ちに期待する主張は不十分である。資本主義経済は，利己心を基本に組み込んだシステムである。それを否定するような対策は，経済的・物質的基盤が貧弱になり，結局存続できない。もちろん良心や善意は一定の役割は果たすが，モノの流通や生産を決定する**経済システムと両立して初めて，社会に影響力を持つ**。良心や善意を，経済的利益として具体化するシステムの提言が必要となる。

Point　人間の良心や気持ちに期待する対策は効力がない

最近，CO_2排出削減策として，「炭素税」や「排出権取引」が構想されている。排出量に応じて税金を取り立てるのだ。だれも多額の税金を払いたくはないから，排出量を減らすという考えである。これは経済的な動機づけによる規制方法と言えよう。その税金の一部を支出して，国際的な対策基金を作り，途上国の排出削減費用に回す。もちろん先進国にばかり有利ではいけないから，経済活動の規模に応じて税額を加減する。

■規制とイノベーション

また資本主義のシステムは，規制や障害をきっかけにして，新たな利益を得ることができるシステムでもある。新しい規制は，新製品を開発する条件を生むからだ。かつてアメリカで自動車の排ガスによる大気汚染が問題になり，厳しい法的基準ができたとき，アメリカ企業は規制に反対したが，日本企業はいち早く基準をクリアした車を開発してアメリカ市場を支配した。これも規制があることで，かえって経済活動が活性化した好例である。こういう**利益のシステムを利用したほうが，環境問題についての有効な対策**になる場合が多いと言われている。

リサイクルなども，その方法の開発・システム構築など新しいアイデアが入り込む余地は多い。既得権保護のため政治的圧力を強めるより，そのチャンスを活用したほうが環境問題をコントロールする可能性が大きいかもしれない。

12　環境問題と倫理　　例題と解法

Theme【環境倫理の問題点】　　2005　一橋大［未修］150分

問1　以下の文章を読んだ上で，なおカーソンとローマ・クラブの議論を擁護しようとすれば，どのような議論ができるか。

問2　「われわれの社会はもう十分豊かなのだから，これ以上の経済成長を求めるべきではない」という考え方について，この文章の著者の立場からどんなことが言えるか。

（各問1,000字以内）

❶環境問題について世界で最も大きな衝撃を与えた本は何かと問われたら，大方の人は『沈黙の春』と『成長の限界』を挙げるだろう。この二つの本は，今の状態が続けば地球の危機と人類の破滅も間近だ，という暗いイメージを人々に植え付けた。この終末論的なイメージを前提にして，環境倫理学は展開されている。その意味では，環境倫理学の原点と呼んでいいだろう。それぞれ問題は違っているが，それが引き起こした効果という点では似通っている。

❷『沈黙の春』は，海洋学者で作家のレイチェル・カーソンが1962年に発表した本だ。最初は雑誌『ニューヨーカー』に連載され，大きな反響を呼んで単行本として出版された。当時アメリカでは，有機塩素系農薬や殺虫剤が大量に使われていて，自然環境を汚染し始めていた。環境保護団体である「全米オーデュボン協会」は第2次大戦後に農薬公害のキャンペーンを張っていたが，カーソンはそれと連携して農薬調査を行ない，『沈黙の春』を出版したのだ。『沈黙の春』が出版されたとき，化学産業界はカーソンを「ヒステリー女」などと罵りながら批判と非難を繰り返した。しかし，結局こうした反論は消え去り，政府機関を動かして危険な農薬は禁止されるようになった。こうして，『沈黙の春』は「アメリカを変えた本」と呼ばれるほど，社会に大きな影響を与えたのだ。

❸もう一つの『成長の限界』は，「人類の危機についてのローマ・クラブ報告」という副題が付いているように，先進諸国の「経済界とその知的ブレーン」から構成された「ローマ・クラブ」がMIT（マサチューセッツ工科大学）チームに研究依頼し，それに対する報告書になっている。MITのメドウズらは当時最先端の大型コンピューターを駆使して，未来社会のシミュレーションを描き出した。1972年にニューヨークで出版されると同時に，その衝撃的な内容に世界は騒然とした。地球の破滅というシナリオが，科学的に論証されたように思われたのだ。あるフランスの農学者は当時次のように言った。「もし現在の

ような人口と工業生産の級数的な増加がつづけば，次世紀にはわれわれの文明は不可避的に全面的に崩壊する。いま平均寿命は75歳だから，1975年に生まれたフランス人の多くがその崩壊を目のあたりにみることになる。」

❹それぞれの本が出版されてから，すでに三，四十年ほどたっている現在，地球の破滅というシナリオはどうなっているのだろうか。確かに，シナリオの中身は少しずつ変化している。しかし，「地球の破滅」という枠組みは今でもしっかり保持されている。終末論はまだ健在なのだ。しかし，こうした終末論に問題はないのだろうか。もう一度原点に立ち返って，考え直してみることにしよう。

★『沈黙の春』の恐怖

❶『沈黙の春』の積極的な意義については，すでに多くの人が語っている。それについて，改めて言及する必要はないだろう。ここで問題にしたいのは，『沈黙の春』の根本的なモティーフであり，その倫理学的な検討だ。その検討を行なえば，もしかしたら環境汚染について別の視点が可能になるかもしれない。

❷『沈黙の春』の根本的なモティーフを確認しておこう。「明日のための寓話」と題された最初の部分を見ると，カーソンの意図がよく分かる。

> ❸アメリカの奥深く分け入ったところに，ある町があった。生命あるものはみな，自然と一つだった。（………）春が来ると，緑の野原のかなたに，白い花の霞がたなびき，秋になれば，カシやカエデやカバが燃えるような紅葉のあやを織りなし，松の緑に映えて目に痛い。丘の森からキツネの吠え声がきこえ，シカが野原のもやの中を見え隠れつ音もなく駆け抜けた。（………）たくさんの鳥がやってきた。いろんな鳥が数え切れないほど来るので有名だった。（………）山から流れる川は冷たく澄んで，ところどころに淵をつくり，マスが卵を産んだ。（………）ところが，ある時どういう呪いを受けたのか，暗い影があたりにしのびよった。今まで見たことも，聞いたこともないことが起こりだした。若鶏はわけの分からぬ病気にかかり，牛も羊も病気になって死んだ。どこへ行っても，死の影。（………）そのうち，突然死ぬ人も出てきた。何が原因か分からない。（………）自然は沈黙した。うす気味悪い。鳥たちはどこへ行ってしまったのか。（………）春が来たが，沈黙の春だった。（………）いつもだったら，いろいろな鳥の鳴き声がひびきわたる。だが，いまはもの音一つしない。野原，森，沼地──みな黙りこくっている。

❹ここで描かれているのは，現実の町ではなく「寓話」だ。「そんなのは空想の物語さ，とみんな言うかもしれない。だが，これらの禍がいつ現実となっ

て，私たちに襲いかかるか———思い知らされる日が来るだろう。」現実ではないが，現実がそこへと向かっている世界の終局，それをカーソンは描いている。それは，春が来ても自然が沈黙している「病める世界」だ。これに類した町や村が，アメリカではたくさん生じつつあった。それに対する警告を込めて，カーソンは『沈黙の春』を書いた。

❺これに対して，カーソンは何が原因だと考えているのだろうか。直接的な原因と，その背後にある根本的な原因を理解する必要がある。カーソンの場合，この二つがしばしば混同され，必ずしも明確に区別されていない。そのため，『沈黙の春』の主張が非常に曖昧になってしまうのだ。

❻直接的な原因というのは，言うまでもなく有機塩素系の農薬や殺虫剤だ。これが沈黙の春を生み出した。DDTやBHCなどの化学薬品を過剰に使用し，それによって害虫だけでなく，鳥や他の動物も死にたえ，川や土壌などの汚染が進行した。ところが，カーソンの憤慨はこれにとどまらない。彼女はさらに，「人間による自然支配」を告発するのだ。この本の中心的な一つの章で次のように語っている。

❼自然を征服するのだ，としゃにむに進んできた私たち人間，進んできたあとを振り返って見れば，見るも無残な破壊のあとばかり。自分たちが住んでいるこの大地を壊しているだけではない。私たちの仲間———いっしょに暮らしている他の生命にも，破壊の鉾先を向けてきた。過去二，三百年の歴史は，暗黒の数章そのもの。合衆国西部の高原では野牛の殺戮，鳥を撃って市場に売り出す商売人が河口や海岸に住む鳥を根絶に近いまで大虐殺し，オオシラサギをとりまくって羽をはぎ取った，など。そしていまた，新しいやり口を考え出しては，大破壊，大虐殺の新しい章を歴史に書き加えてゆく。あたり一面殺虫剤をばらまいて鳥を殺す，ホ乳類を殺す，魚を殺す。そして野生の生命という生命を殺している。私たち現代の世界観では，スプレー・ガンを手にした人間は絶対なのだ。邪魔することは許されない。昆虫駆除大運動のまきぞえをくうものは，コマドリ，キジ，アライグマ，猫，家畜でも差別なく，雨あられと殺虫剤の毒は降り注ぐ。誰も反対することはまかりならぬ。

❽ちょっと長いが，カーソンの立場がよく出ている文章なので，注意して読んでほしい。環境汚染を引き起こしたのは，一方で化学薬品の過剰な使用だが，他方では人間による自然支配でもある。何百年にもわたる人間の自然支配に基づいて，今回新たに化学薬品によって自然を破壊し尽くす，というわけだ。しかし，化学薬品による環境汚染を，人間による自然支配と単純に結びつけることができるのだろうか。それはむしろ，問題を紛糾させるだけで

はないだろうか。

★牧歌的な自然崇拝と人間中心主義

❶カーソンの『沈黙の春』は，一方で牧歌的で自然崇拝的な本だ。引用したこの本の冒頭部分に，牧歌的自然と「沈黙の春」の対比がよくでている。カーソンは生態学的知識に基づいて，「自然」が「完全な均衡（バランス）」・「多様性の維持」を保つ，と考えている。彼女は「自然の美しさ，自然の秩序ある世界」に感動し，この自然と調和して生きることを願っている。それに対して，人間は「狭いエゴイズムの立場」から自然を踏みにじり，自然のバランスを破壊してしまう。自然界の生命体を人間という野蛮人が殺戮・殲滅する，というイメージだ。

❷牧歌的な自然崇拝という特徴は，カーソンがシュバイツァーを尊敬する点にはっきりと現われている。『沈黙の春』はシュバイツァーに捧げられ，「未来を見る目を失い，現実に先んずるすべを忘れた人間。そのゆきつく先は，自然の破壊だ」という彼の言葉を引用している。人間もまた自然界の一員であるのに，恐るべき力を手に入れて，自然を破壊していく。つまり，「人間中心主義」によって，自然の生命が破壊されてしまう，といったところだろうか。

❸だから，大切なのは，人間による自然支配をできるだけ排除し，自然界の過程に委ねることだ。自然界の害虫を駆除するためには，人間による化学薬品の使用ではなく，自然界に備わっている生態系を利用する方が効果的だし，望ましいだろう。

> ❹化学薬品を撒布するよりも，自然の寄生虫を利用した方がトウノヒノムシ防除に効果があることが，記録にも残っている。こうした自然そのものに備わっている防除力こそ，十分に活用されなければならない。
>
> 人間ではなくて，自然そのものの行なうコントロールこそ，害虫防除に本当に効果がある。

❺このように見てくると，カーソンの議論は「生命の神聖」を唱え，「鳥が鳴かない沈黙の春」を憂え，どちらかといえば「生命中心主義」を主張しているように見えるだろう。しかし，かなり曖昧にしているとはいえ，実際にはカーソンが人間中心主義に立つことは疑いない。それはなぜだろうか。

❻『沈黙の春』のポイントは，人間による環境汚染が結局は人間自身に返ってくる，という点だ。人間が作り出したものによって，人間が復讐されてしまうという構図が基本だ。

> ❼環境汚染から発生する病気と殺虫剤の関係は？　土壌，水，食糧の汚染

については，今まで書いてきた。川からは魚が姿を消し，森や庭先では鳥の鳴き声もきかれない。だが，人間は？　人間は自然界の動物と違う，といくら言い張ってみても，人間も自然の一部にすぎない。私たちの世界は，すみずみまで汚染している。人間だけが安全地帯へ逃げこめるだろうか。

❽化学薬品によって，人間の体がガンや神経系統の疾患におかされてしまう。さらに，人間の遺伝子までも，化学薬品によって歪められてしまうのだ。自然界への汚染は，結局は人間自身への汚染につながる。環境汚染は人間の破滅への道なのだ。化学薬品の使用は，人間にとって有害であるからこそ，禁止されなければならないわけだ。

❾この人間中心主義という点は，カーソンが「害虫」について語っていることでも明らかだ。たとえ生態系を利用して害虫を駆除するとしても，「害虫」が「害虫」であるのはあくまでも人間にとってだ。人間の立場を除外して「害虫」という概念は成り立たない。人間の利益に反する「害虫」であるからこそ，生態系を利用して駆除するのだ。人間の利益を守る，ということに関してカーソンが反対しているわけではない。その「害虫」を駆除する化学薬品による方法が，人間にとって効果的でないばかりか，さらに有害でもある，と批判しているだけだ。これは典型的な人間中心主義と考えていいだろう。

❿さらに，化学薬品の使用が逆に，害虫の抵抗力を増大させ，「自然の逆襲」を引き起こす，とカーソンは考えている。「自然は，人間が勝手に考えるほどたやすくは改造できない。昆虫は昆虫で人間の化学薬品による攻撃を出し抜く方法をあみ出しているのだ。」しかし，「自然の逆襲」が強調されるのは，人間の利益を守るためだ，という点に注意したい。人間が害虫を効果的に駆除するにはどうしたらいいか，という関心から「自然の逆襲」が語られるのだ。「人間」の立場に立つのでなければ，自然が「逆襲」することなどあり得ないはずだ。

⓫このように考えると，『沈黙の春』には相異なる二つの立場が，明確に自覚されないで混在しているのが分かるだろう。しかし，生命中心主義と人間中心主義は，問題設定も解決法もそれぞれ違っている。『沈黙の春』はこの対立する立場を，曖昧なまま放置してしまっているように思われる。そのため，『沈黙の春』の主張には，しばしば混乱が生じてしまうのだ。

★トレード・オフ問題

❶『沈黙の春』は環境汚染の実態を報告し，人間による自然破壊の悲惨さを告発する。では，いったいどうしたらいいのだろうか。化学薬品の全廃だろうか。『沈黙の春』の激しい主張からすれば，私たちはそれを期待していいかもしれない。

❷しかし，カーソンは必ずしも農薬や殺虫剤の全廃を意図しているわけではない。化学薬品の部分的な使用を認めるのだ。

❸殺虫剤の使用は厳禁だ，などと言うつもりはない。毒のある，生物学的に悪影響を及ぼす化学薬品を，だれそれかまわずやたらと使わせているのはよくない，と言いたいのだ。

❹たとえば，化学薬品をいっさい使わなければ，マラリア，ペスト，チフスなどの病気が発生し，食糧生産は激減するだろう。こんなことは，どう考えても現実的ではない。だから，問題は化学薬品を使うか使わないか，つまりオール・オア・ナッシングではなく，それをどう使うかだ。

❺これについて，『沈黙の春』は何か情報を与えているだろうか。残念ながら，『沈黙の春』は化学薬品による汚染を告発することに終始し，それをどう使うかに関しては何も語っていない。彼女の本は，化学薬品の全廃を意図していなくとも，結局そうした印象を与えてしまうのだ。

❻この問題は，もっと大きな問題を含んでいる。それは「トレード・オフ問題」と呼ばれるもので，関係する事柄の利益と損失を比較検討し，どの方針が最適かを決定するのだ。環境問題に限らず，この方法は現実的な問題を考えるとき必ず考慮しなければならない。たとえば，『沈黙の春』に関しては，次のようなトレード・オフ関係があるだろう。

❼　(1)　生活の快適性と生命の危険性
　　(2)　化学薬品使用による農業の効率性と使用しない場合の非効率性
　　(3)　化学薬品による被害と，使わないことによる別の被害
　　(4)　経済的な利益と環境的な損失

❽これらは，全てを網羅しているわけではない。「化学薬品を使うことで得られる利益と損失」，また「化学薬品を使わないことで得られる利益と損失」，これらのものを比較検討して，最終的にどんな薬品を・どんな方法で・どの程度まで使うか決定すべきだろう。大切なことは「オール・オア・ナッシング」ではない，ということだ。

❾この点に関しては，パスモアの次の指摘に着目しておきたい。それを「汚染ゼロはあり得ない」と表現しておこう。

❿一般に汚染の追放を要求することは，おそらく手の届かない，自滅的でもあるような一つの理想をかかげることになるのである。なぜなら，社会的問題はどれをとってみても，完全に払拭されたためしはないからである。

そしてこの事実を認めまいとする拒絶感が，しばしばそうした問題の発生と被害の減少をはかる完全に満足すべき方法から注意をそらせてしまうのである。ある点では，それは費用の問題に解消される。不愉快ではあっても，このことは容認されなければならない。

❶ 『沈黙の春』においてカーソンが示したのは，過剰な化学薬品の使用によって環境が汚染されることだ。この告発によって，確かにDDTやBHCなどの農薬は使用が禁止されるようになった。しかし，言うまでもなくあらゆる農薬や殺虫剤が禁止されるわけではない。いっさいの化学薬品の使用禁止は，「自滅的」に違いない。いったいどうやって，現在必要とされる食糧を賄っていくのだろうか。病気の発生をいかに抑えるのだろうか。生態系を利用する方法はどこまで有効なのだろうか。カーソンの議論からは，全く手がかりがつかめないのだ。

★ 『成長の限界』の衝撃

❶ カーソンが『沈黙の春』によって「環境汚染の恐怖」を描いてから十年後，世界を震撼させる本が出版された。『成長の限界』と題された一つの「報告書」が，1972年に発表されたのだ。「2100年までに大惨事が訪れる──ある研究報告」とか，「科学者による地球破滅への警告」というような新聞の見出しが走った。ある意味で，いわゆる地球環境問題の基本的な枠組みは，この本によって作られたと言っていい。世界と人類の未来像を描き，地球の危機を警告する手法は，その後さまざまに行なわれているが，『成長の限界』こそは私たちが踏まえるべき原点だ。

❷ この本は，「世界各国の科学者・経済学者・プランナー・教育者・経営者などから構成」されたローマ・クラブの依頼を受けて，MITの研究グループがまとめた報告書だ。この報告書の内容に入る前に，ローマ・クラブそのものを理解しておくことが重要だ。ローマ・クラブの方針が，報告書の内容に大きな影響を与えているからだ。ローマ・クラブの方針を正当化するために，この研究報告書が作成されたと言ってもいいかもしれない。ローマ・クラブの日本会員の一人はこのクラブについて次のように説明している。

❸ 本クラブは最近にいたって急速に深刻な問題となりつつある天然資源の枯渇化，公害による環境汚染の進行，発展途上国における爆発的な人口の増加，軍事技術の進歩による大規模な破壊力の脅威などによる人類の危機の接近に対し，人類として可能な回避の道を真剣に探索することを目的としている。1968年4月，ローマで最初の会合を開催したことにちなみ，ローマ・クラブと名づけられている。

❹つまり,「このままの勢いで経済が成長し,資源が消費され,環境が汚染されていった場合に,はたして地球がいつまで人間の棲息を保証しうるだろうかという問題意識」から,誕生した団体だ。MITに研究を依頼したのは,これを科学的な形で正当化するためだ,答えはすでに出ていた,と言ってもいい。では,この委嘱を受けて,MITの研究者たちはどんな未来予測をしたのだろうか。彼らが提出した結論は次のものだ。

❺世界人口,工業化,汚染,食糧生産,および資源の使用の現在の成長率が不変のまま続くならば,来るべき百年以内に地球上の成長は限界点に到達するであろう。もっとも起こる見込みの強い結末は人口と工業力のかなり突然の,制御不可能な減少であろう。

❻この結論は,かなり控えめな表現で,本論の中ではもっと過激な予測が繰り広げられている。たとえば,食糧に関しては,現在の人口増加率が続けば,「楽観的仮定に立ったとしても,西暦2000年を待たずして絶望的な土地不足がやってくる」と予測する。また,天然資源に関して,「西暦2000年までに予想される70億の人類に満足な生活水準を約束するような経済成長を維持するに足る十分な資源は存在するだろうか」と疑問視する。個別的にいえば,石油が31年,天然ガスが38年,銅が36年,亜鉛が23年などと予測されている。こうした,予測が当たっているかどうかは,この予想をどう理解するかに左右される。土地不足や資源枯渇の傾向が間違いない,という点では確かに当たっているだろう。しかし,具体的な年数に関しては肯定しがたいだろう。「石油は毎年あと30年」などというジョークが語られるのも,このあたりに理由がある。

❼また,環境汚染については,炭酸ガス,熱エネルギー,放射性廃棄物,有機性廃棄物,有毒金属廃棄物などが問題になっている。その際注意したいのは次の留保だ。

❽どのくらいの炭酸ガスや熱汚染を放出すると,地球の気候に不可逆的な変化を与えることになるのか,どの程度の放射能,鉛,水銀あるいは殺虫剤が植物や魚類,または人間によって吸収されると生命の営みが非常に阻害されることになるのか。これらの点は,判明していないのである。

❾この制約を認めつつ,結局環境汚染について次のように結論する。

❿汚染の発生は,人口,工業化並びに特定の技術進歩の複雑な関数であるから,放出される総汚染量の幾何級数的曲線が,どれほど急速に上昇する

かを正確に推計することは困難である。もしも西暦2000年における人々が，今日のアメリカと同程度に高い1人あたりのGNPをもつならば，環境にかかる総汚染負荷量は，少なくとも現在の十倍になると推定することができるであろう。地球の自然システムは，このような大規模な攪乱に耐えることができるであろうか。われわれは，なんら答えをもちあわせていない。(………)しかしながらわれわれは，限界が存在するということだけは認識している。その限界は，すでに多くの部分的な環境において突破されている。人口と各人の汚染活動の二つを幾何級数的に増加させていけば，確実に世界的な上限に到達してしまうであろう。

❶いくつかの長い引用を行なったが，ある程度MIT報告の内容が理解できるだろう。一応百年と時間を限定しているが，繰り返し想定されているのは西暦2000年なのだ。そのとき，地球全体が破滅の危機に陥る，と予測するわけだ。このレポートが1972年に公開されたとき，世界が震撼したと言われるのも納得できるはずだ。

★「限りある地球」と「均衡社会」
❶『成長の限界』が描く未来予想は果たして当たったのだろうか。百年という期間で考えるかぎり，まだ結論を出すことはできない。確かに，2002年現在からすれば，個々の予想された数字は変更が必要だ。人口増加率は予想ほどではないし，天然資源の枯渇や食糧不足も予測とは違っている。現在でもまだ石油は30年ほどは大丈夫だと言われるし，予想されていた金属資源の枯渇もまだ起こっていない。

❷『成長の限界』には，当初からさまざまな批判があった。「方法論が粗雑」だとか，「技術進歩の可能性を過小評価している」だとか，いろいろ批判されていた。そして，30年たった現在，多くの予想が外れたのならば，『成長の限界』の意義はどこにあるのだろうか。見失ってならないのは，『成長の限界』の中心的な主張と，細部の個別的なデータを明確に区別することだ。細部のデータが若干違っていても，中心的な主張が正しければ，『成長の限界』の予想が外れたとは言えない。早晩予測された事態が生じるだろう。だから，問題はその中心的な主張なのだ。

❸『成長の限界』の中心的な主張は，基本的に二つだ。第一に，「地球の有限性」の自覚だ。「地球には限りがあるという事実」，これを世界に向けて発信することが大切なのだ。「人類は，地球が限界に近づいているということをまだ理解していないように思われる。」しかし，この無自覚がもっとも危険だ。「この地球上で物質的成長が無限に続く」という考え，つまり「盲目的な進歩」観は地球の破滅へとつながっている。手遅れにならないうちに，「地球の有限

性」へと思考転換を図り，それに応じた行動を行なうことが必要になる。
❹「地球の有限性」に連動して，第二の主張として「均衡状態の世界」が積極的な価値として提唱される。ローマ・クラブの見解として次のように語られている。

> ❺考え方のコペルニクス的転回を必要とするほど，今までの経験からほど遠い現実であるけれども，経済的ならびに生態学的に均衡した安定状態にある社会という概念は，容易に把握することができるものと思われる。しかしながら，この概念を実現することは，非常な困難と複雑さに満ちた仕事である。

❻問題はこうだ。今までのように人口と経済の成長路線を歩んで近い将来に地球の破滅を迎えるか，それとも「地球の有限性」を自覚し，「均衡状態の社会」へと思考を転換して地球の危機を乗り切るか，このいずれの道を選択するかの岐路に立っている。
❼このように見ると，『成長の限界』の未来予測はまだまだ片づいていないのが分かる。「地球の有限性」を否定する人はほとんどいないだろう。とすれば，地球の破滅という終局にいたる前に，私たちは「均衡状態の社会」へと方向転換すべきだろうか。

★西洋中心主義

❶『成長の限界』は「地球の有限性」を説き，「均衡状態の社会」への転換を提唱する。人類の救世主のようだ。しかし，この主張の実質的な内容を考えてみると，そうした印象はガラッと変わってしまう。非西洋諸国から見てみると，『成長の限界』は「西洋中心主義」の永久化を図っているように見えるのだ。『成長の限界』が，「ローマ・クラブ」の既定の方針に従った報告であったことに注意しよう。「地球の危機」というのはポーズに過ぎず，本当は「西洋社会の危機」ではないだろうか。発展途上国が『成長の限界』の立場を，「環境帝国主義」と呼ぶのはあながち間違いではない。それはなぜだろうか。
❷『成長の限界』の基本的な主張（ローマ・クラブ方針）は，今までの成長路線を変更して，「均衡状態の社会」へ向かうことだ。一般に，「ゼロ成長主義」と呼ばれている。人口と経済の「ゼロ成長」を目指すこと，これが新たな路線だ。しかし，それは裏から言えば，「現在の秩序の永遠化」に他ならない。つまり，ゲームで一人勝ちした人がシコタマ勝ったあと，「もうゲームするのは止めよう」と言うに等しい。
❸まず，非西洋諸国であるが，経済発展によって西洋諸国に追いつき，追い越そうとする国々（たとえば日本など）がある。これに対して，「ゼロ成長主

義」は経済成長をストップさせ，その発展を阻害することが可能になる。「地球の危機」という大義名分のもとで，西洋による世界支配の永続化が保証される。

❹次に，多くの発展途上国は人口の爆発的な増大のために，「ゼロ成長主義」によって激しく非難されている。まして，この国の人々が経済成長と生活水準の上昇を要求したら，どうなるだろうか。経済と生活のレベルが西洋と同じ水準まで上昇することは，果たして許されるのだろうか。産児制限さえ強制されかねないのに，こうした経済成長は絶対に不可能だ。求められているのは，現在の経済と生活水準で，人口を削減していくことだけだろう。そもそも，西洋諸国に比較して，人口が異常に多くなることだけでも脅威に違いない。

❺成長路線を転換して「ゼロ成長主義」をとることは，人口であれ，経済であれ新興勢力の台頭を抑えつける役目がある。

　❻「人口をこれ以上増やすな！」
　　「経済をこれ以上成長させるな！」

❼こうして，「ゼロ成長主義」によって，経済がすでに成長しきった西洋社会の安定化が生まれるというわけだ。『成長の限界』は地球防衛軍として発言しているのか，西洋防衛軍として発言しているのか，よくよく考える必要がある。地球全体主義を唱えていながら，西洋中心主義をこっそり売っているかもしれない。

★未来予測と環境倫理学

❶『沈黙の春』と『成長の限界』は，環境問題に対してもっとも大きな問題を投げかけた本だ。『沈黙の春』は環境汚染のおそろしさを生々しく報告し，「沈黙の春」の世界がもうそこにまで来ていることを訴えた。人類にはもう未来はないかもしれない，という予感を感じさせた。また，『成長の限界』は科学的な手法を使って，未来社会のシミュレーションを描き出した。人口増加と経済成長がこのまま続けば，地球は近いうちに破滅し，人類は滅亡するかもしれない，という悲劇的な終末論を明確に提示した。こうした未来予測に対して，環境倫理学はいかなる対応をするのだろうか。

❷このシナリオをマジに受け取るならば，次のような「環境ファシズム」が主張されるかもしれない。

　❸社会の個人主義的な見方，侵すことのできない権利という概念，純粋に自己の思うままに幸福を追求すること，最大限の行動の自由を保障する自

由主義的，そしてレッセフェール概念そのものは，すべて疑わなければならない。もし冷厳な環境の劣化とその結果起こる文明の絶滅を回避することを望むなら，今述べたような考えはすべて，大きな変更または放棄が必要となる。確かに，われわれが知っているような民主主義は想像してみるに，生き残れないだろう。

❹この発言は過激に見えるかもしれないが，『成長の限界』でも同じことが言われている。

❺均衡は，子供を無限に生む，あるいは資源を好きなだけ使うというような人間のある種の自由を，汚染，混雑，および破局の危機から世界システムを救うというもう一つの自由と引きかえることを要求するであろう。

❻「地球全体主義」とも言えるこうした「環境ファシズム」を，私たちは採るべきなのだろうか。「地球の破滅と人類の滅亡」を回避するために，人々の自由を制限し，全体主義的な強制を行なう必要があるのだろうか。ところが，環境倫理学はこうした見通しをはっきりと語らない。環境汚染を嘆いてみたり，人類の滅亡の可能性を言及したりするのに，それを回避する方法を明確化しようとしないのだ。

❼それとも，「地球の危機や人類の滅亡」という未来予測が誤っているのだろうか。実際，この未来予測の意図，データ処理の方法，論証のない前提など，さまざま問題がある。科学的な予測の形をとっているが，基本的には「ローマ・クラブ」の方針に従って生み出された未来図だ。一つの世界観だと言ってもいい。世界観であるかぎり論証はそれ自体不可能で，その世界観にしたがって都合のよいデータが組み合わされているだけのように見える。そのため，こうした悲観的な世界観など私たちは受け入れる必要がない，と言いたくなる。

❽環境倫理学がどのような理論を展開するにしても，こうした未来予測に対する態度は明確にしなければならない。この作業を行なわないで，環境汚染を嘆いてみたり，資源の枯渇を心配したりしても，おそらく何も生み出さないだろう。

(出典：岡本裕一朗『異議あり！ 生命・環境倫理学』(ナカニシヤ出版，2002年) による。注は省略した)

Warming Up

1　カーソンとローマ・クラブに対する批判点は何か？
2　その批判点に対する反論はどうなるか？
3　著者の批判の方法はどうまとめられるか？　どこに弱点があるか？
4　「…これ以上の経済成長を求めるべきではない」は『成長の限界』のどの主張と対応しているか？
5　その主張を著者はどう批判しているか？　その根拠も説明せよ。

解法

ポイント　　　　　　　　　　　　**サポート**

イントロダクション

ポイント	サポート
❶『沈黙の春』と『成長の限界』 ❹終末論に問題はないか？	➡ 説明❷❸大きな反響→騒然

『沈黙の春』の恐怖

ポイント	サポート
❶根本的モティーフの倫理学的検討	➡ 引用・説明❷❸❹「寓話」
❺世界の終局の直接的・根本的原因の混同 ↓ ❽問題を紛糾させるだけ	➡ 説明❻直接的原因＝有機塩素系の農薬や殺虫剤 ➡ 説明❻引用❼根本的原因＝人間による自然支配

牧歌的な自然崇拝と人間中心主義

ポイント	サポート
❶『沈黙の春』＝牧歌的で自然崇拝的？	➡ 説明❶生態学・自然と調和❸自然支配を排除，自然界の過程に委ねる
❺実際には…人間中心主義 ⓫相異なる二つの立場が…混在，混乱が生じる	➡ 理由❻人間自身に返…る ➡ 引用・説明❽人間自身への汚染 ➡ 説明❾「害虫」❿人間の利益

12 環境問題と倫理　例題と解法

トレード・オフ問題

❷化学薬品の部分的な使用⇔❺どう使うか？の情報を与えない	→	引用❸厳禁と言うつもりはない
	→	説明❺化学薬品の全廃…印象を与えてしまう
❻❼トレード・オフ問題 ⓫告発のみ	→	引用❾❿汚染ゼロはあり得ない

『成長の限界』の衝撃

| ❶地球環境問題の基本的な枠組み＝⓫西暦2000年…地球全体が破滅の危機に陥る，と予測する | → | 説明❷ローマ・クラブの方針を正当化 |
| | → | 引用・説明❸〜❿成長は限界点に到達 |

「限りある地球」と「均衡社会」

❶未来予想は…当たった？	→	説明・例示❶個々の予想された数字は変更が必要
❷意義は？＝問題はその中心的な主張	⇔	対比予想が外れたとは言えない
❸中心的な主張1＝「地球の有限性」の自覚	→	引用❸「盲目的な進歩」観は地球の破滅
❹中心的な主張2＝「均衡状態の世界」が積極的な価値	→	引用・説明「均衡状態の社会」へと方向転換

西洋中心主義

❶実質的な内容＝「西洋中心主義」の永久化	→	説明・引用「西洋社会の危機」「環境帝国主義」
❷「ゼロ成長主義」❸西洋による世界支配の永続化	→	説明❸非西洋諸国…の発展を阻害
❼経済がすでに成長しきった西洋社会の安定化	→	説明・例示・引用❹〜❻発展途上国を非難

未来予測と環境倫理学

❶未来予測→❷「環境ファシズム」	→	引用❸〜❺×民主主義×自由
❻自由を制限し，全体主義的な強制を行なう必要？→態度は明確にせよ	→	説明❻❼回避する方法は不明確，論証できない世界観
	→	❽×嘆く，心配

　長大でパラグラフの作り方も変則的なので，やや中心的な主張が把握しにくい文章になっている。ちょっと面倒だが，★印

の小見出しで区切られた部分ごとに内容をまとめてみた。段落番号は、その区切られた部分の中での順番である。引用部分も1段落と数えてある。

■課題文は何を言いたいのか

ここで左側のポイントのところをつなげて考えよう。すると、話題は地球環境問題、特にその原点となった『沈黙の春』と『成長の限界』の倫理学的な検討である。だから、問題は「『沈黙の春』と『成長の限界』の（終末論の）主張は妥当か？」ということになるはずだ。

それぞれは別の本なので解決も2つに分かれるが、内容は同じで「妥当とは言えない」となる。しかし、その根拠はけっこう面倒である。著者が複数の理由を挙げていて、その間に細かく引用が入っているからである。

まず『沈黙の春』では、以下の3つの批判が書かれている。特に3では、トレード・オフ問題を解決しないで、告発しているだけだと非難している。

▼カーソンへの批判

1 環境破壊の直接的原因と根本的原因が混同されている
2 自然崇拝のようだが、実際は人間中心主義である
3 化学薬品の部分的な使用を認めながら、どう使うか情報を与えない

一方『成長の限界』では、以下の3つだろう。ただし1は中心的主張が大事だというので、本質的批判ではない。

▼ローマ・クラブへの批判

1 個々の予測データはほぼ外れた
2 「地球の有限性」の自覚、「均衡状態の世界」は西洋による世界支配の永続化
3 自由を制限し、全体主義的な強制を行う「環境ファシズム」に通じる

■問1において反論はどうするか

「以下の文章を読んだ上で,なおカーソンとローマ・クラブの議論を擁護しようとすれば,どのような議論ができるか」と言うのだから,まず全体の要約をしたうえで,カーソンとローマ・クラブの立場に立って,著者の主張に対して反論しなければならない。

いつものように,**反論は著者の根拠の検討から始める**。まずカーソンへの批判だが,1は根本的批判にはなっていないのはすぐわかる。確かに直接的原因は化学肥料なのだが,その背景として科学技術があり,それが「人間の自然支配」を動機としていることは明らかだからである。

> **Hint**
> 人間中心主義は自然崇拝と矛盾するか？

2については,人間中心主義か自然崇拝か,で二分することがそもそも間違いである,と反論できる。人間も生物の一種である以上,生物が死滅していくような環境が人間にとってよいわけがない。根本は人間中心主義であっても,自然の尊重は否定できないだろう。

3はどうか？ これはそもそもカーソンの主張すべきこととは思われない。当時のアメリカでは化学薬品は使い放題の状況であり,それへの疑問もなかった。このような状態をストップさせるのがまず重要であり,そのためにはまずその害を印象づける必要があったのである。化学薬品の使い方など書いたら,メッセージが混乱するだろう。むしろ化学薬品の危険性を初めて指摘した功績が大きい。

■ローマ・クラブの議論の擁護

まず1は著者自身も本質ではないと述べているから反論では無視してよい。2は「地球の有限性」の自覚の重要性自体は間違っていない。確かに地球は有限だからだ。またその解決として「無限の進歩」は否定されるから,「均衡状態の世界」を主張するのも正しい。

> **Hint**
> 均衡状態は現状維持を意味するのか？

ただし,それが現状維持であると主張しているわけではない。ローマ・クラブの報告書は全体あるいはマクロとしての「均衡状態」を意味するだけであり,西洋諸国の経済レベルを切り下

げて,発展途上国の経済発展をしても,全体として均衡していればよいのである。そのような施策が政治的に可能であるかどうかは別として,その排除しているわけではない。

3の「環境ファシズム」批判に対しては何が悪いのか,と反論できる。限られた資源を使うなら,当然なんらかの規制が必要になってくる。全体を考えて合理的に決定しなければならないし,すべての人がそれに従うことになるからだ。実際,ワシントン条約などに基づく生物保護においては個人の自由は許されないが,それをファシズムだと非難する人はいない。

■ピーコック型の論理展開と結論部

著者が批判を複数の根拠で行っているので,それに対する反論も,根拠を一つ一つ取り上げ,各個撃破していくほかない。1つだけ取り上げて反論しても,他の根拠で再反論されてしまう可能性があるからだ。当然,論理展開は複数の根拠を列挙するピーコック(孔雀)型になる。1つの根拠を展開していくスネーク(蛇)型にはならないことに注意。

▼ピーコック型の論理展開　　▼スネーク型の論理展開

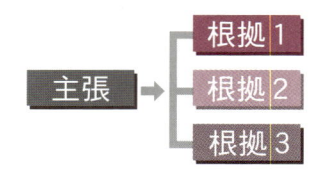

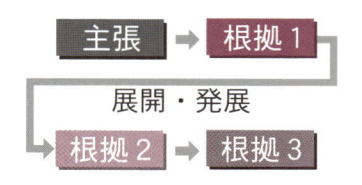

主張 → 根拠1 / 根拠2 / 根拠3

主張 → 根拠1 → 展開・発展 → 根拠2 → 根拠3

ただし,これだけだと議論としての統一性は弱い。それらの反論をまとめて,自分の議論の統一性を主張する結論部を最後に書く必要があろう。ここでは,著者の批判が枝葉末節に傾いていて本質的な批判になっていない,という方向にしてみた。

> **Hint**
> 政治は非合理的行動という原理を援用する

環境問題は利害調整をして問題を解決せねばならない以上,どうしても政治の領域に入らざるをえない。そうなると,客観的・科学的見解だけではなく,人々の感情・意思に強力に作用するイメージが必要になる。よく言われることだが,政治の本質は非合理的行動である。合理性はむしろ人を冷静にさせ,行

法科大学院小論文　発想と展開の技術
12　環境問題と倫理　例題と解法

動に導かない。『沈黙の春』も『成長の限界』も必ずしも合理的ではないが，人々のイメージを喚起し，行動に向けて結束させた。その意味で，十分役割を果たしていると言えるだろう。つまり，答案の構成は以下のようになる。

	機能	内容
1	要約	▼カーソンへの批判 1　直接的原因と根本的原因を混同 2　実際は人間中心主義 3　化学薬品をどう使うか情報を与えない ▼ローマ・クラブへの批判 1　個々の予測は外れた 2　西洋による世界支配の永続化だ 3　全体主義的な強制，「環境ファシズム」
2	反論	▼カーソン擁護 1　背景として「人間の自然支配」がある 2　人間中心主義でも自然の尊重は否定できない 3　化学薬品の危険性を初めて指摘した功績 ▼ローマ・クラブ擁護 2　理念自体は間違っていない 3　全体を考えて合理的に決定するのは正しい
3	結論	著者の批判は時代的な限界を指摘するだけで，本質的な批判になっていない カーソンとローマ・クラブは人々を行動に駆り立てるイメージの力があり，その有効性は今なお有効だ

■問2の考え方

　「この文章の著者の立場から」と言うのだから，問1と反対に，ローマ・クラブの主張を批判する立場から論ずるという問題である。まず解決部分から考えよう。
　「われわれの社会はもう十分豊かなのだから，これ以上の経済成長を求めるべきではない」という考え方は「均衡状態の世界」の主張だから，著者は否定するだろう。理由は前述したよ

Part 3

うに，理念としては地球全体のことを考えているようだが，実際は発展途上国の犠牲において，すでに発展した西洋諸国の世界支配を正当化し，それを維持する役目を果たしているからである。

> われわれの社会はもう十分豊かなのだから，これ以上の経済成長を求めるべきではない（「均衡状態の世界」の主張）
> ‖ **理念と実態の乖離**
> 地球全体のことを考えている（理念）
> 発展途上国を犠牲にして西洋諸国の世界支配を維持する（現実）

これで基本構造はできているのだが，もちろんこれだけでは主張と理由の部分だけで，1,000字という字数を満たすことはできない。実際，課題文でもその根拠の部分は簡単であり，大部分は自分で書かねばならないだろう。つまり，上にある理由を説明したり例示したりして，根拠の部分の充実を図る必要があるのだ。だとすると，環境問題に対するある程度の知識が必要になってくるだろう。

◆ 先進国の豊かさは途上国の犠牲の上に成立する

解答例では「環境負荷（汚染量）＝技術の発展度×豊かさ×人口」という有名な式をもとにして，「均衡状態」の主張が結局先進国の利益を守るために，途上国の生活程度を抑制する結果にしかならないこと，さらには先進国の豊かさが途上国の安い賃金によって支えられているという現状をごまかす役目しか果たしていないことを説明してみた。

このような主張は別に目新しいものではないが，環境問題を自明ととらえる思考からは出てこない。問題を世界経済との関係や社会構造の変化と関連させる思考法が必要になってくる。いずれにしても，自分の知識に基づいて，厳密な論理を展開する技術が必要になる。

12 環境問題と倫理　例題と解法

Warming Upの解答

1　**カーソンへの批判**：環境破壊の直接的原因と根本原因の混同・実際は人間中心主義・化学薬品の部分的な使用を認めながら，どう使うか情報を与えない
　ローマ・クラブへの批判：個々の予測データはほぼ外れた・西洋による世界支配の永続化・自由を制限し，全体主義的な強制を行う「環境ファシズム」
2　**カーソン**：人間による自然支配は背景・人間中心主義と自然尊重は両立・化学薬品の害を訴えるのが役割
　ローマ・クラブ：データより根本的思想が大事・途上国の発展を排除しない・全体を考慮するのは当然
3　根本的思想より，細部の問題への批判が多い，政治問題としての側面を見ていない
4　均衡状態の維持という主張
5　西洋による世界支配の永続化である。
　根拠：途上国では先進国との商品経済に巻き込まれて農村経済が崩壊し，人口抑制のメカニズムが働かなくなった。先進国の豊かさは途上国の人口爆発によって支えられており，均衡状態は途上国の人々の生活レベルの抑制にしかならない。

解答例

問1

<要約>
　著者はカーソンとローマ・クラブを次のように批判する。前者は環境破壊の直接的原因と根本原因を混同するだけでなく，その本質は人間中心主義である。しかも化学薬品の部分的使用を認めながら使い方を示唆しない。『成長の限界』の予測もほぼ外れた。「地球の有限性」「均衡状態の世界」という理念も，実は先に経済発展した西洋による世界支配を正当化している。結局，自由を制限して全体主義的な強制を行う「環境ファシズム」に通じると言うのだ。

<主張>
<理由1>
カーソン擁護の根拠
　しかし，これらの批判は間違っている。なぜなら，環境破壊の背景に科学技術ひいては「人間の自然支配」があることは否定できないからだ。もちろん人間中心主義でも問題ない。人間も生物の一種なら生物が死滅していく環境が人間にとってよいわけがないから，人間中心主義と自然尊重は両立できる。化学薬品の使用法の言及がないのも，当時の野放し状態を改善するにはまずその害を印象づけ

る必要があったからだ。その時点で使用法まで言及する必要はない。

|理由2|
ローマ・クラブ擁護の根拠

　他方、『成長の限界』の根本精神が支持できるのは明らかだ。地球は有限なのだから、「無限の進歩」が否定され「均衡状態の世界」をめざすのも正しい。それが現状維持をめざすのなら、西洋による世界支配の永続化だが、主張されるのは全体としての「均衡状態」であり、西洋諸国の経済レベルを切り下げ、発展途上国を経済発展させるというオプションは否定されていない。もちろん実行には強力な規制と指導が必要になる。限られた資源全体を考えて合理的に決定し、すべての人がそれに従わねばならないからだ。これは個々人の自由と人類の生存を比較して後者を優先しているだけである。

|補足|
細部から本質も否定する誤り

　『沈黙の春』も『成長の限界』も発表された時代の限界を持つが、本質の重要性は変わらない。それなのに、著者は時代的限界の批判を通じて本質まで否定しまう。そもそも科学技術を有効に使えばよいという議論は、「公害」問題でも企業擁護の立場から繰り返し主張された。もし、それが認められたなら、経済発展も大切だから水俣病など甘受すべきだという結論になりかねない。人々の意識を変えるには、単なる客観性では足りず、感情・意志を動員する全体的なイメージが必要だと政治理論は教える。両書の主張も、たんに評論するだけでなく問題を実際に解決することをめざしており、そういう意味で「正しい」役割を果たしているのである。

|主張|

（984字）

問2

|主張|

　「われわれの社会はもう十分豊かなのだから、これ以上の経済成長を求めるべきではない」は、基本的には「均衡状態の世界」を維持する主張と考えられる。この主張は、一見地球全体のことを憂慮しているようだが、現実には人類の一部の利益を確保して他の部分を犠牲にするという内容になっている。なぜなら、「これ以上の経済成長を求めるべきではない」という言説は、発展途上国の経済発展・経済成長を否定して、途上国と先進国の経済格差を固定し、ひいては西洋諸国による世界支配の現状を正当化するからである。

|根拠|

均衡状態のロジックの解明

　環境汚染は「環境負荷（汚染量）＝技術の発展度×豊かさ×人口」という式で表される。ここから考える限り、環境汚染を抑制するには、技術・豊かさ・人口のどれか抑制するしかないことがわかる。

> **論理の批判と自分なりの説明**

　先進国では人口の伸びは止まり，豊かさや技術の発展も極限に達しているから，これ以上抑制する余地はない。それに対して発展途上国では，これら三者はまだまだ伸びる余地が大きいし，実際に伸びている。したがって，理の当然として途上国の技術・豊かさ・人口を抑制すべきだという結論になってしまう。特に途上国の人口爆発は憂慮すべき事態だということになる。

　しかし，このロジックはおかしい。なぜなら，途上国の人口増大は，先進国の国際経済システムに途上国が巻き込まれることで起こっているからだ。途上国の資源・農産物が先進国に輸入され，その生産のために農村が解体され，労働者が生み出される。生産労働に従事すれば，とりあえず生きていかれるから，貧しくても子供はどんどん産まれる。実際，全世界的に見ても，人口が急増したのは産業革命後の19世紀以来のことであり，それまでの農業中心の社会では人口はほぼ一定していたと言われる。労働人口が多いから賃金も安く，製品のコストを抑えられる。ある意味では，先進国の豊かさは途上国の人口爆発を基礎にして成り立っているのである。

> **主張**
> 帰結と批判の言い換え

　したがって，先進国の豊かさをそのままにして人口抑制しても効果はない。現在の国際経済構造そのものが人口爆発を生むシステムになっているからである。残るは，途上国の経済発展・技術発展を抑制し，多数の人々を低レベルの生活に置くという選択肢しかなくなる。結局，「均衡状態」の主張は，現在ある格差を固定化し，拡大するためのイデオロギーとして働いているのである。

（985字）

12 環境問題と倫理　演習問題

Theme【帝国と温暖化】　2004　横浜国立大［共通］　2問で180分

　以下に掲げる文章は，2000年に出版された，A.ネグリとM.ハートの共著になる『帝国』の和訳の一部である。
　以下の文章を読み，それぞれの設問に答えなさい。

問1　この文章から，著者（ネグリとハート）の考え方にしたがって，「帝国主義」と「〈帝国〉」とを説明しなさい。(200字以内)
問2　著者のいう「帝国主義」と「〈帝国〉」のそれぞれの考え方からすれば，現在の地球温暖化問題への対応には，どのような違いが生じることとなるのか，以下に掲げた文章に即して整理した上で，あなた自身の考えを述べなさい。字数は特に制限を設けません（ただし解答用紙の所定の範囲内）。

　現代の多くの理論家たちは，資本主義的生産とその世界市場のグローバル化を根本的に新しい状況であり，また重大な歴史的転換であるとは認めたがらない。たとえば，世界システム論的な視点と結びついた理論家たちは，資本主義はそもそもの初めから世界経済として機能しつづけてきたのであり，資本主義的生産のグローバル化の目新しさについて今日とかく言い立てる人びとは，たんにその歴史を誤解しているに過ぎないと主張する。なるほどたしかに，資本主義が世界市場と根本的な関係（または，少なくともそれへと向かう傾向）を恒常的に取り結んできたこと，ならびに，資本主義が拡大的なサイクルを描きながら発展してきたということを強調するのは，重要なことだろう。しかし，だからといって，資本主義的発展にはそもそもの初めから普遍的ないし普遍化を推進するような次元が備わっているという点に厳密な注意を払うことが，現代の資本主義的生産と権力のグローバルな諸関係における断絶ないしは転換に目を閉ざすことにつながってはならない。私たちは，この転換こそが今日，経済的な力と政治的な力を結びつけるような，言いかえれば，まさしく資本主義的な秩序を現実化するような，資本主義のプロジェクトを完全に明瞭にし，可能にするものであると信じている。法的構成化の見地からいえば，グローバリゼーションのプロセスはもはやたんなる事実であるにはとどまらず，政治的権力に関する単一の超国家的な形象を投射しようとする法的定義の源泉でもあるのだ。
　そうした〔世界システム論的な視点をとる〕理論家たちとは別に，支配的

な資本主義的国民国家が地球上の他の国々と他の地域に帝国主義的支配を行使しつづけてきたことを理由にして，グローバルな権力諸関係における主要な転換を認めたがらない理論家たちもいる。そのような観点からすると，〈帝国〉へと向かう現代の趨勢は，根本的な意味で新しい現象を表わすものではなくて，たんに帝国主義の完成を表わすものでしかないということになるだろう。しかしながら，私たちの考えでは，それらの現実的かつ重要な〔帝国主義との〕連続性を示す線を過小評価することなく，次の点に留意することが大切である。すなわち，かつては帝国主義的列強間の抗争や競争であったものが，いくつかの重要な点で，単一の権力という理念に取って代わられてきているという点である。そして，この単一の権力は，それらすべての列強を重層的に決定し，統一的な仕方でそれらを構造化するとともに，決定的な意味でポスト植民主義的かつポスト帝国主義的なものである法権利に関するひとつの共通概念のもとでそれらを取り扱うのである。まさにこれこそが，〈帝国〉に関する私たちの研究の出発点なのである。つまり，〈帝国〉とは，法権利の新たな概念というよりはむしろ，権威の新たな刻印のことであると同時に規範の産出のための新たな企てのことであり，そしてまた，契約を保証し紛争を解決することの可能な強制権からなる法的機関の産出のための新たな企てのことなのである。

　ここで，私たちが〈帝国〉の構成にまつわる法的形象に特別な注意を払うことから研究を開始する理由を明記しておきたい。すなわちそれは，専門的な学問分野——あたかも法権利または法律それ自体が，調整を行う主体として社会的世界をその全体性において代表＝表象しうるものであるかのごとく仮構するような——に対する何がしかの関心に突き動かされてというよりはむしろ，それらの形象そのものが〈帝国〉の構成プロセスの格好の指標を提供しているからなのである。それらの新たな法的形象は，世界市場とグローバルな権力諸関係とを集中的かつ統一的な仕方で調整することへと向かう傾向に関して——そうしたプロジェクトが差し出すすべての難題も含めて——，最初の概観を明示してくれるのだ。法制度の変容は，世界権力と世界秩序の具体的な構成における変化をじっさいに指し示しているのである。私たちが今日目の当たりにしている契約や協定によって規定された伝統的な国際法から，新しい超国家的な至高の世界権力の定義と構成への転移（したがってまた，〈帝国〉的な法権利概念への転移）は——それらがいまだいかに未完成なものであろうとも——，ある枠組みをあたえてくれるのであり，その内部で私たちは，〈帝国〉の全体化を押し進める社会的プロセスを読み解くことができるのである。じっさい，こうした法制度の変容は，私たちの社会の具体的な生権力の変成の徴候として機能しているのだ。これらの変化は，国際法と国際関係に関わるものであるばかりか，各国内部の権力諸関係に関わるもの

でもある。したがって、国祭的および超国家的な法がとる新たな形態を研究し批判することをとおして、私たちは同時に、〈帝国〉の政治理論の核心部にまで運ばれることになるだろう。そしてそこでは、超国家的な主権およびその正統性の源泉とその行使をめぐる問いは、政治的かつ文化的な、しかも究極的には存在論的な諸問題に関心を集中させるようになるだろう。
（水嶋一憲ら訳『帝国』、以文社　2003年）

解答のプロセス

➡解答例は366ページ

- **要約**　帝国主義と〈帝国〉の比較を抜き出し、まとめる（問１）
- **分析**　温暖化問題の現実と理念（問２）
- **例示**　アメリカの行動と国際交渉のあり方
- **説明**　未来世代への収奪など
- **主張**　帝国主義／〈帝国〉としての意味づけ

類題

04一橋大「科学的な生態学的知識と伝統的な生態学知識」
04鹿児島大「『自然の権利』訴訟の意義」
04獨協大「『京都メカニズム』による温室効果ガス削減」
04学習院大「遺伝子操作技術が環境保護を促進する根拠」
04東洋大「ダム事業撤退が地域経済と自然環境に与える影響」

Solution

確認したらチェックを入れよう。

環境問題は、産業化による大量生産大量消費が原因
将来の世代の資源を奪い、その環境を破壊する倫理問題
環境問題は専門家が危機をあおり立てるシステムか？
環境問題は結果的に先進国の既得権益の保護になる？
人間の良心や気持ちに期待する対策は効力がない
利益のシステムを利用したほうが根本的対策になる

演習問題の解答例

Chapter1 【欠陥の公表の是非】

●公表する立場

　この欠陥はささいなものであっても、公表すべきである。なぜなら、公表することで当社が情報開示しているという社会へのメッセージになるからである。企業は自己利益を主にして活動する組織ではあるが、その活動は安定した社会を前提にしている。そのように社会の利益を受けている者として、社会に貢献している、あるいは損害を与えていないことを示すのは、スムーズに活動するうえで不可欠である。

　しかも、企業の業績は、どのような製品を作るかだけではなく、どのような社会的イメージを持っているか、という点にも大きく影響を受ける。たとえば、ホンダでは「技術力」というイメージが購買の大きな力になる。逆に欠陥隠しなどの問題が起こると、三菱自動車のような大企業でも瞬時に業績が悪化してしまう。個々の製品の良し悪しとは別に、企業の社会的姿勢を常に明らかにしていなければならない。その意味で情報隠しという悪評価を受ける可能性のある行動を取るべきではない。

　確かに、この欠陥はささいなことで放置しておいても何の結果も引き起こさないという反対意見もあろう。しかし、もし公表せずに、内部告発を受けたり社外の者に欠陥を指摘されたりしてこの事実が明るみに出れば、その時点で「放置しておいても何の結果も引き起こさない」と言ったところで、言い訳としか解釈されないだろう。逆に公表してさえおけば、「放置しておいても何の結果も引き起こさない」という言葉はかえって当社が社会的影響に配慮したという印象を与えることができる。

　技術陣は「公表して、回収・修理をすべきではない」という意見だそうだが、おそらくその根拠はコストの大きさに基づくのだろう。しかし、公表がすなわち回収・修理を意味するわけではない。公表して、その欠陥が微小なものであることを明らかにしたうえで、希望するユーザーには無償修理を行えばよい。そのような姿勢を示すことが、当社の社会的コンプライアンスを示すことになる。社会的影響を無視して、技術的な視点だけからこの事態を判断するのは間違っている。（916字）

●公表しない立場

　この欠陥をわざわざ公表するには及ばない。なぜなら、ささいなものなので、放置しておいても何の結果も引き起こさないからだ。社会になんらの害を及ぼ

すわけでもない。そもそも機械の「欠陥」とは，結果的になんらかの不具合を生ずるものという意味であり，そうでないのなら「欠陥」ではなく，単に内部で目標とした技術レベルに製品が達しなかったということにすぎない。当然これを公表して，回収・修理をすべきものでもない。そんなことをしても，何の役に立たないどころか，順調に動いていた自動車のバランスを崩すことにもなりかねない。実際，当社の技術陣も，公表して，回収・修理をすべきではないという意見を支持している。

　確かに，このような「欠陥」を公表することで，当社の情報開示の姿勢をアピールすることができる，という意見があるのは承知している。しかし，内部基準にすぎないものを外部に発表して何か意味があるとは思われない。しかも，それを「欠陥」として公表すれば，消費者の大多数は危ないものだと思ってきっと回収・修理を求めるだろう。この要求を満たすには莫大なコストがかかるだけではなく，何の意味もないことに対して末端の組織に過大な負担をかけることになる。経営者は従業員に余計な負担を負わせるべきではない。

　しかも，「欠陥」として報道されることは，当社の技術的な信用を大きく傷つける。実質的に問題を起こすならもちろん情報開示することに意味があるが，そうでなければ，このような情報を開示して，利益になることは何もない。技術の評価とは，総合的なものであり，部品の品質もある幅を持つのが普通だ。全体として機械がうまく動けば，技術としては問題ないのである。それを机上の基準に合わせて「欠陥」だと決めつけるのはおかしい。技術とはそういう不確実性を避けることができないし，避けるべきでもないのである。（800字）

❖ Chapter2　【科学エッセイの要約】

哺乳類では，時間は体重の1/4乗に比例する。体の大小に応じて一定の行動にかかる時間が違うのだ。それを他の時間で割れば，体重によらない数が出る。たとえば心臓は一生に20億回打ち，呼吸は5億回になる。これらは体のサイズにかかわらずほぼ一定だ。その意味で，一生を生き切った感覚はどの動物でも同じかもしれない。一方，島ではサイズの大きい動物は小さくなり，サイズの小さい動物は大きくなる。この「島の規則」は，捕食者が少ないのが原因だ。捕食者に襲われないように動物は極端に大きくまたは小さくなる。しかし，これは負担がかかるので捕食者がいないと無理のないサイズに戻っていく。これは人間にも適用できるかもしれない。アメリカ大陸ではエリートのスケールが大きく庶民の能力は低い。日本人はエリートのスケールが小さいが庶民も優秀だ。地球は狭くなり一つの島と考えねばならない現在，「島」を考える意味は大きい。（389字）

Chapter3　【法的概念について】

　『リチャード二世』では，反乱を起こしたボリングブルックに敗れ，リチャード王が王位を譲って退位する場面が描かれる。王の身体は神の代理人としてその威厳を表す。これは，王冠，王笏などの宝器で表される政治的な身体でもある。この身体がリチャード自身の自然的な身体と結びつくことで，「王」という現実的な存在が出来上がっていた。ところが，退位を迫られた瞬間，リチャードは自分の自然の身体を強烈に意識させられる。王の印である王冠と王笏を引き渡した後で残るのは，領地や収入など社会的な意味を失った自然の身体だからである。そういう自分を受け入れようとリチャードは葛藤する。

　このようなリチャードの姿は「王の二つの身体」という近代以前の「国制上の観念」に基づいて解釈できる。王権国家では，国王は二つの身体を持つと言われた。一つは国王という政治機能を果たし，数々の政治的儀式を行う政治的身体である。これは法律上不死のものであり，王の自然的・私的な身体とは独立のものとして扱われたという。それに対して，自然的身体は生死がある生身の身体である。実際，カントーロヴィチは，その著書で，国王が自分の領地を自分自身から下賜されるという奇妙な慣行を描いている。『リチャード二世』では，そのような身体観に基づいて，リチャードが退位を迫られ，国王の象徴である王冠，王笏を従弟に与えて政治的身体を喪失し，「自分の涙」「自分の舌」「自分の息」という自然の身体に還元される姿を描いているのだ。

　しかし，カントーロヴィチは，これを一時代の「国制上の観念」の絵解き以上のものであり，この場面が現代でも「きわめて現実的で人間的な意味」を持つと述べる。たしかに，この「王の二つの身体」というイメージを個人の社会的身体と自然的身体の分裂として一般化すれば，現代でも十分意味を持つと思われる。われわれは，生まれ落ちた瞬間から社会の中で意味づけをされる。名づけられ，家族の中に入り，さらに教育を受け，組織の中で働く。このような一連の法的・経済的・社会的な環境の中で，われわれは自分の位置にふさわしい外見・態度・行動などを身につける。このような社会的身体は自分を取り巻く環境に合わせて習得され，自然的な身体の上にいわば重ね書きされる。自己の社会的位置にふさわしい身ごなしや態度が獲得され，逆に獲得された身体が社会的地位にふさわしい自分というイメージを形成する。日常ではこの二つの身体は統合され，そこに自己のアイデンティティという感情さえ抱くのである。

　しかし，この社会的身体は周囲の環境とのバランスや適応の上に成り立っているから，いったんその条件が変われば大きく変わり，個人のアイデンティティもあっけなく崩壊する。たとえば，戦争や紛争においては，今までの社会システムが破壊され，その中で獲得された社会的身体が無意味化され，自然的身体に限りなく還元される。それほど激烈な場合でなくても，グローバリゼーシ

ョンが進行すれば、われわれの生活も日常からは遠い地球上のどこかの事情で動揺する。このような状況においては、長い時間かけて習得され、一定の社会に適用するように形成された社会的身体の意味は少なくなる。むしろ状況の変化に応じて素早く自分の意味を変える能力、いわば自然的身体の可塑性が重要になってくる。このような状況では、われわれは日常的にリチャードのような嘆きの中にいるであろう。あるいはそんな嘆きや悲しみなど、もはや感じないように身体が変化しているとしたら、より深刻な悲劇の中にいるのかもしれない。（1,472字）

Chapter4　【グラフから経営方針を考える】

　図を見ると、英会話スクールの生徒数は2004年を頂点として次第に減少し、2010年には現在の半分以下まで減少することがわかっている。なんらかの手を打たねば、利益は減少するばかりである。一方、調査結果1を見れば、英会話スクールに通いたいと思う人の割合は70％を超えており、需要はまだ見込める。調査結果2によれば、その目的は英語資格試験・能力試験の準備という目的が一番多く、その次に留学の準備、学校の英語の補習のため、仕事の必要上となっていて、総合すれば、現在あるいは将来の仕事・キャリアに役立てるためという目的が圧倒的に多い。少子化の進行を考えれば、この傾向はさらに強まるだろう。一方で、英会話スクールを選択する基準は、まず授業料であり、次に資格のとりやすさ、授業の内容となっている。通いやすさを要素として挙げた人は、授業の内容を挙げた人とほぼ同数であった。

　ここから、英会話スクールに通う人々の傾向を推定すれば、仕事やキャリアのために資格や能力の向上を主にめざしている大人たちが中心と考えることができる。そのことを考慮すれば、方針案2のほうが可能性があるだろう。なぜなら、資格の取得や能力の向上が実現するためには、単に方針案1の言うような通いやすさという要素より、授業の質が重要になるからである。もちろん、権威のある公的な資格のレベルを低くすることはできないのだから、資格をとりやすくするには、それに向けた工夫のある授業をすることでしか達成されない。その意味で、ネイティブの講師を増やす、試験対策に長けた講師をそろえるなどの授業改革の必要があるだろう。

　確かに、講師の質を高めるには、どうしても採用や研修にコストがかかり、それが授業料に影響する可能性はある。そのために、生徒数が減るという懸念はあろう。しかし、コストの点で比較するなら、方針案1も繁華街に分室を設ける計画なのだから、コストがかかるという点から言えば違いはない。しかも、コストを抑えようと分室の規模を小さくすれば、獲得できる生徒数も限られて利益を減少させるだろう。どうしても、ある程度以上の規模にせざるをえず、

コストはもっと膨らむ可能性すらある。以上のような分析から、私は方針案2を今後の経営方針として採用することを提案したい。（969字）

❖ Chapter5 　【メールと監視社会】

　課題文では、社員が会社のメールアドレスを仕事以外の私用で使ったり、仕事以外でインターネットに接続したりすることに対して、会社がチェックして評価につなげる、という行為の是非が問題になっている。Bは、現実にはそのような私的利用が横行していることを認め、特に悪用に関しては会社が手を打つべきだと言う。しかし、会社が社員のメールやホームページ閲覧をチェックして評価につなげるのは過剰規制だと主張する。

　このような社員の実態は、会社側から見れば、確かに公私混同と言えるであろう。会社から支給されたメールアドレスで私用のメールをやりとりしたり、会社のコンピュータを使って仕事以外のホームページを見たりすることは、会社の所有する資源を私的に流用していることになるからだ。もちろん、メールやインターネットの私的利用は、会社に与える可能性のある損害を考えても、決して軽視すべき状態にはない。たとえば、トラフィックの増加による回線速度の低下が社内ネットワーク環境に負荷をかけることはもちろん、コンピュータウィルスによる被害、社内の情報漏洩など、セキュリティに関する重大な問題を引き起こす可能性もある。ましてやAの発言にもあるように、会社のメールアドレスを悪用して他者に損害を与えるような事態になったら、会社の社会的信用にもかかわる。Bも認めているように、このような事態にならないように、会社はなんらかの形で規制をしなければならないし、そうして当然だろう。

　ただ、その規制が「社員のメールやホームページの閲覧について全部チェック」して、しかもそれに基づいて社員の評価をするという方法を取るのは必ずしも妥当とは言えない。確かに、従業員は自分の時間を会社に提供して報酬を得ており、規定としては職務専念義務があるので、従業員の行動を管理することはできる。したがって、法的にはサーバの受信先・送信先などの記録をチェックするなどの行動は許されるはずだ。しかし、反面で、そういう監視と処罰による方法は、従業員の自主性を大きく傷つけることを覚悟しなければならない。本来、企業は奴隷制と異なり、その参加者の動機を高め、仕事へのやる気を出させることで効率を上げる。それを監視と処罰という抑圧的な方法でコントロールするのは、その根本のコンセプトに反する。しかも、監視と処罰は、その対象となる側が監視を出し抜こうとする行動も生むので、さらに監視を強化しなければならないという悪循環を招くことになる。実際、私用メールについては、メール本文のその日のうちの削除、タイトルを付けない、などの従業員側からの監視に対する対応策もインターネット上で公開されており、この点

を見ても私用メールは従業員の間である程度必要とされており，根絶を図ることは難しいことがわかる。

　一方で，メールの内容は個人のプライバシーに属する事柄であるという従業員側の感情も強い。確かにメールは，鍵のかかるロッカーの中とは違って外部からの侵入を防ぐ構造になっていない。だから，その内容を閲覧しても，明らかなプライバシーの侵害であるとは言えない。しかし，それでもこのような私用メールに関する事件で必ずと言っていいほどプライバシー侵害が問題にされるということ自体が，メールの内容はプライバシーにかかわる事柄であると認識されていることを証明している。この場合も会社が従業員になんらの警告なしに従業員のメールを覗くのは，従業員が確保してよい最小限のプライバシーを侵しているという感情的反発を引き起こす。したがって，このような規制は効果的とは言えない。むしろ，「私的利用を禁ずる」という社内規定と罰則を設け，私用メールは禁止されているという従業員と会社の間での共通認識を作り上げ，その順守は従業員の自主努力に任せたほうが，企業の本来の精神にも適合するであろう。

　その意味でBの「まあ，ほめられた話じゃないけれど…」という言い方は重要である。Bがもし平均的な社員であるとすると，従業員側もメールやインターネットの私的な使用において，後ろめたい気持ちを持っていることがわかるからである。このような気持ちを利用し高めることで，社員の間に自己規律への意志と仕事への熱意を持たせることが期待できる。監視と処罰の権限を保持しつつも，このように自己規制と相互監視によって管理する体制に持っていったほうが，はるかに効力があるであろう。（1,874字）

◆ Chapter6　【クローン人間の是非】

問1

　クローン人間禁止論の論拠としては，まず以下の3つが考えられる。独裁者が自分のクローン人間を増やすかもしれないという懸念，技術的に不完全だから危険であるという批判，さらに自然に反する行為だという批判などである。しかし，これら3つは簡単に反駁できる。

　まず，独裁者が自分のクローン人間を増やすという見込みについては，独裁者がクローン人間を有効だと考えたら，倫理的反対があっても作るはずだと考えられる。現実にそうなっていないのは，この可能性が現実的でないばかりか効率的でもないからである。むしろ，クローン人間が望まれるのは，普通の人間がそれぞれのライフスタイルに合わせて，子供を欲しいと思う場合である。極端な場合を想定して，これらの必要性を無視してはならない。一方，技術的に不完全だから危険だという批判は，技術的に完全だったら容認できるのか，

という疑問に答えていない。結局，問題の先送りにしかなっていないのである。しかも，技術的に不完全な医療技術は臓器移植をはじめとしてほかにもたくさんあり，それらは安全性にかなり問題があるのに許容されている。したがって，この基準をクローン技術にだけ適用するのは，不公平といえるだろう。さらに，自然に反する行為だという批判は，恣意的である。まず「自然」であることは価値として「よい」または「正しい」ということを保証しない。「自然」であるかどうかの判断基準も，社会的に流通している多数派であれば「自然」として認められるという程度のものにすぎない。クローン技術が普及すれば，それを「不自然」だという主張こそ「不自然」となるだろう。

そもそも，どんな子供をどのような方法で産むのか，ということは産む側の自己決定による。したがって，その決定に他人が介入するのは本質的にパターナリズムである。クローン人間についてもこれと同じであり，禁止する理由はない。それなのに全世界的にクローン人間禁止が唱えられるのは，この技術が男性の精子を不要にして，今までの男性中心社会を崩壊させる危険をはらんでいるからにすぎない。（885字）

問2
　[A]の筆者は，クローン人間禁止論の論拠はどれも薄弱であり，クローン人間は子供を産むための一つの技術にすぎず，禁止するのは女性の自己決定を侵害するパターナリズムだと批判する。この主張は生命倫理学と同じ原理を使っている。なぜなら，クローン人間を作ることは女性の自己決定権に属すると主張されているからである。したがって，筆者はクローン人間禁止論を唱える生命倫理学はその原理と矛盾した主張をしている，と批判しているわけである。

　これは，生命倫理学の原理を前提とする限りではそのとおりだろう。しかし，その前提自体が妥当かどうかは問題だ。なぜなら，この原理には根本的な批判が考えられるからだ。生命倫理学の原理は，自分の身体は自分が自由に処分できるという自己決定原理と，他者に危害を加えない限り何をしても個人の自由である，という他者危害原則の2つに還元できる。このうち前者は，自己の身体が自分の所有であることを主張している。「所有」が，個人による自由な処分ができることと同じ意味だからだ。ところが，所有権とは自分の身体を使って生産したモノは自由に処分していいはずだという根拠に基づく。しかし，もちろん自分の身体を自分の身体を使って生産するということはありえない。一方，他者危害原則も，「危害」とは何か，だれがそれを決定するのか，が規定されていない。たとえば，クローン人間を作ることで今までの社会的秩序が崩壊するかもしれないと言うが，そういう秩序崩壊という状態自体が「危害」と認定される可能性はある。

　つまり，自己決定原理にしろ他者危害原則にしろ，その論理的基礎は不十分

なのである。したがって，筆者の議論は生命倫理学内部での批判としては有効だが，クローン人間の是非という問題をとらえる問題意識としては，必ずしも十分とは言えないのである。（783字）

Chapter7 【内部告発の方法】

〈1〉最初に送付する文書
［提出先　あ］
ABCチェーン統括本部長　様

〇〇年〇月〇日

　　前略　私はABC洋菓子製造販売会社のチェーン店の一つに勤務する者です。働き始めてからまだ日が浅いのですが，仕事をするうちに，会社の評判を損ないかねないことが行われていると知りました。このまま放置すると大変なことになると感じ，思い切って手紙を書くことにしました。本来なら直属の上司を通じて申し上げるべきところですが，残念ながら上司は，私の意見に耳を傾けるような状態にはありません。そこで本部長様に直接実情をお知らせしたいと考えた次第です。

　端的に実状を申し上げますと，賞味期限の切れたケーキが商品として売られているのです。当日内に売れなかったものは工場に戻され，生クリームのところを塗り替えて翌日販売されています。大量に売れ残った場合には，このような方法で4日前のものまで販売されたとも聞いております。先輩の話によると，今まで食中毒が起こったことはないし，捨てるのはもったいないからという理由のようでした。

　確かに，会社は利益を出さなければ存続できないことはわかります。余ったものを捨ててしまえば損失になります。たぶん，上述の行為も，少しでも損失を出したくないという気持ちから行われているのだと思います。しかし，食品は，お客様の健康に直接かかわる商品です。このような性質を持つ商品について，いったん信用を失えば，それを取り戻すのには長い時間と労力がかかります。最悪の場合は，会社が社会的制裁を受けて廃業に追い込まれる事態に発展するおそれさえあります。このことは，乳製品の製造販売会社，牛肉偽装の食肉加工業者，鳥インフルエンザの養鶏場の例などからも先刻ご承知のとおりだと思います。もしこのような事態に発展するようなことでもあれば，私たち従業員にも大きな影響が出るものと思われます。職場に誇りを持っていた者の一人として深く憂慮せざるをえません。

　現場で仕事をしている者の立場から見ますと，そもそもの問題は仕入れの方法にあると思います。いくつかの商品はいつも販売数の見込みが甘く，仕入れ

のバランスが取れていません。私たち，第一線で販売の仕事に携わる者は，再三仕入れ量を減らすように提案をいたしましたが，残念ながら，このような事態はあまり改善されたとは言えないようです。現場の者の肌で感じた需要の動向が，決定権を持つ部署に伝わっていないのではないかと危惧しております。私どもも，この問題を解決するために，できるだけ需要に見合った仕入れができるようにお客様の動向の把握に努め，それが仕入れに反映できるように工夫したいと考えております。また仕入れ以外の分野でも，コストダウンできる方法もいくつか考えられます。

　本部長様におかれましては，まず現場をご自身の目でご覧になり，ご調査くださるようお願いいたします。万一味に不審を抱いたお客様が行政機関に通報したときには，どのような対策を講じても遅すぎるのではないかと思います。反対に，行政機関の調査と指導を受ける前に，会社が適切な処置を取り，問題を自ら解決する力があることを示せば，会社の信用もさほど傷つかず，むしろ信用を高めるのは最近の例が示すとおりです。問題の解決のためなら，私だけでなく，従業員たちは皆会社と一体となって改善に取り組むと信じております。私が子供の頃からなじみのある会社に就職できたことで，家族も喜んでくれました。いつまでもこの会社で働きたいと思います。どうかよろしくお願いいたします。

　　　　　　　　　　　　　　　　　　　　　　　　　　　　　　　　草々

（本文1,511字，あて名と日付は字数にカウントしていない）

〈２〉予想される反応と行動計画

　Kが統括本部長あてに手紙を書いたのは，ABC会社が自発的に問題を解決する意思があることを期待したからである。しかし，会社が問題の解決をしようとせず事態を放置するようであれば，外部の力による改善を求めざるをえない。Kからの手紙を読んだ本部長の反応は，この手紙の趣旨を理解して実情を把握したうえで改善策を講ずるか，または黙殺して事態を放置する，さらには積極的にKに口止めを図る，という３つのケースが考えられる。

　まず，本部長が調査した結果，その指導の下で会社全体として改善活動が行われる場合は，何の問題もない。Kはチームの一員として会社方針に従って行動すればよいだろう。特に問題の根底にある販売と仕入れの量に大幅な不一致が起こらないように，販売管理，仕入れ管理の精度を向上するための具体策を提言するなど，積極的に活動できる。

　しかし，本部長がなんらの対策も講じない場合は，取るべき道は２つしかない。KがあくまでABC会社の自浄作用に期待をかけるのであれば，本部長の上司であるABC会社の社長あてに同趣旨の手紙を書き，問題の解決を求めるべきだろう。社長がKの手紙を真摯に受け止め改善に取り組んだ場合は，Kのすべきことは前段落と同じである。しかし，社長も反応しないか，あるいはKに積

極的に口止めをするなど，もはやABC会社には自浄作用が期待できないと判断される場合は，行政機関か新聞社に内部告発することになる。ただ，内部告発をした場合には，ABC会社はだれが告発したのか調査をするであろう。たとえ仮名で手紙を書いていたとしても，状況からKが内部告発者であること知られる可能性は高い。結果として，会社ぐるみでKに対していじめや嫌がらせを行って退職に追い込むことも十分に考えられる。

　このような状況に至った場合は，あえて引き続き勤務する価値のある会社ではないし，その将来も悲観的であろう。したがって，他の職場に仕事を見つけることに力を注いだほうが，生活の安定のためにも精神上の健康のためにも望ましい。しかし内部告発するに当たっては，不利な条件で退職に追い込まれることがないように，事前に弁護士と相談しつつ進めるべきである。特に本部長や社長あてに書いた手紙は，自らに有利な証拠として，退職に伴う損害賠償請求に利用できるので，写しを保存しておくべきであろう。（1,006字）

◆◆ Chapter8　【社会科学における科学性】

●2の全訳（E.H.カー『歴史とは何か』）

　歴史家が研究の中で使う仮説の意味は，科学者が使う仮説の意味と非常によく似ています。たとえば，マックス・ヴェーバーの有名なプロテスタンティズムと資本主義の関係についての診断を見てみましょう。昔は，これは法則として賞賛されましたが，現代においては，これをだれも法則とは呼ばないでしょう。これは一つの仮説，つまり，それによって影響を受けた数々の研究の中である程度変形されたとはいえ，これらプロテスタンティズムと資本主義双方に対する理解を深めた仮説にすぎません。あるいは，マルクスの次のような主張を考えましょう。「手動製粉機は封建領主の社会をつくった。それに対して蒸気式製粉機は産業資本家の社会をつくった」。マルクスはきっとこれを法則だと言ったでしょうが，これも現代の用語法では法則ではありません。しかしながら，さらに研究を進め，新しい理解に通じる実り多い仮説なのです。このような仮説は思考にとってなくてはならない道具なのです。1900年代初めの有名なドイツの経済学者ヴェルナー・ゾムバルトは，マルクシズムを放棄した人々は「困ったな，という感じ」に襲われた，と告白しています。

　私たちは今まで複雑な現実を導いてくれた便利な公式を失ったとき…まるで事実の海の中でおぼれ，新しい足場を探したり泳ぎ方を習おうとしたりしているように感じたのだ。

　時代区分についての論争も，結局これと同じことです。歴史がいくつかの時

代に分かれているのは，事実の問題ではなく，必要な仮説ないしは思考の便利のためなのです。それは何かを明らかにすることに有効であり，解釈するときに役に立つということにかかっているわけです。（たとえば）中世がいつ終わるかという問題について意見を異にする歴史家たちは，ある特定の事件をどう解釈するかでも意見が違ってきます。この問題は事実の問題ではない。しかし，だからといって無意味ではないのです。歴史における地理的な区分も同様に事実の問題ではなく，仮説なのです。ヨーロッパの歴史を語ることは，いくつかの文脈においては有効で実り多いものでしょうし，他の場合には間違っていて，有害です。（たとえば）だいたいの歴史家はロシアをヨーロッパの一部としています。しかし，何人かは激しくこれを否定します。その歴史家がどのくらい偏っているかは彼が採用した仮説によって判断できます。私はここで物理学者として学問的訓練を受けながら，社会科学者になった人間の言葉を引用したいと思います。ジョルジュ・ソレルはエンジニアとして働いていたのですが，40代で社会の問題について書き始めました。彼は過度な単純化という危険を冒しても，状況の中からある特別な要素を取り出して考えることの大切さを説いています。

　科学者は自分の感じたやり方で突き進むしかない。（そして）たぶんこうであろうと思われる，しかし（結局は）部分的な（ものにとどまる）仮説を作って，暫定的な見通しを立て，後になって（だれかが）訂正することができるようにしておくことに満足しなければならないのだ。

　これは，19世紀に科学者やアクトンのような歴史家たちが，いつか十分に検証された事実の蓄積によって，包括的な知識体系をうち立て，紛糾した議論に片をつけることができると期待したのと比べると，ずいぶん隔たった内容です。現在では科学者たちも歴史家たちも，もっと慎み深い希望を抱いています。それは，一つの断片的な仮説からちょっと進んで別の仮説にたどり着く，つまり，自分の解釈を通して自分の事実を取り出し，そしてその事実で自分たちの仮説を検証する，というやり方です。しかし，彼らが実行しているやり方は本質的にはあまり違いがあるようには見えません。この講義の中で，私はバラクラフ教授の言葉を引用しました。「歴史は事実に基づくのではなく，（世間に）受け入れられた判断の連続したものである」と。（他方，）私がこれらの講義を準備しているとき，この大学の物理学者がBBC放送で科学的真実を次のように定義しました。「専門家によって広く受け入れられた言葉」。これらの公式のどちらも，私が客観性の問題として議論しようと思っている問題に対する答えとしては，十分とは言えません。しかし，歴史家と科学者がそれぞれ独立に同じ問題についてまったく同じ言葉で答えていることは，驚くべきことですね。

問1
科学者の研究方法も歴史家の研究方法も、事実に基づく真理の体系というより、仮説を作るという作業である。仮説とは、思考の道具である。つまり、その問題について研究を進め、さらに新しい発見をしようとするときに便利な公式にすぎない。それは研究者自身の感じた方法であり、暫定的なものである。したがって、その内容は誤っているかもしれず、それについては後に続く人々が訂正してくれるのを待つしかないのである。(194字)

問2
　課題文1では、社会科学、特に歴史学は、自然科学のような原因―結果の関連を述べる因果論的な説明は原理的に不可能であると述べる。なぜなら、その対象が社会現象である以上、人間の自由を考えざるをえず、目的論的な関連の説明しかできないと思われているからだ。それにもかかわらず、社会科学の中にも因果論的説明が可能な学問が成り立っていることを考えれば、社会科学の成立基盤を考えねばならないと言う。それに対して、課題文2では歴史学も自然科学も、仮説を立てるという作業としては違いがないと述べる。両者とも事実の集積による確実な知識体系とは言えず、今後の研究を進め、理解を深めるための便利な思考の道具にすぎないと言うのだ。

　つまり、課題文1は自然科学と社会科学を対立的にとらえ、社会科学独自の方法論をうち立てる必要があるとする方向にある。それは、最後にマルクスとマックス・ヴェーバーを取り上げ、これらがいわゆる一般に流通している経済学・社会学とは違っているということを強調しているところからも明らかである。自然科学をモデルにして社会科学を構築するのではなく、むしろまったく違った方法があるのではないか、と示唆しているのである。それに対して、課題文2のほうは自然科学と社会科学(あるいは歴史学)を同等のものととらえ、その共通性を強調している見方だと言えよう。

　現在から考えると、課題文1の立場はやや自然科学を因果的説明として固定化しすぎているように思われる。なぜなら、現代の物理学はかつてのような決定論的見方を取らず、むしろ確率論的な見方をするからである。たとえば、量子力学では素粒子の振る舞いを観測者によって影響を受ける不確定なものとして見ている。原因によって結果が決定できるものとして記述していないのである。あるいは、生物学でも遺伝子が個体の性質を決定すると言われるが、すべての性質が単一の遺伝子によって決まっているというわけではない。確かに、ある種の遺伝病、たとえばハンチントン舞踏病では特定の遺伝子が原因であることがわかっているが、逆に「頭がよい」などという性質が遺伝子で決まるかどうかは明らかではないし、将来そのような遺伝子が見つかる可能性も少ない。

　つまり、自然科学を因果的説明であると考えるのは、事実に基づく判断とい

うより，むしろ信念の問題にすぎないし，実際に因果論的に説明できることは限られている。実際，自然科学の研究において，必ずしも検証されない命題が定説になるということもよくある。コペルニクスの地動説も，天体の運動を記述するシンプルな仮説であったために，その有効性が実証される100年も前に天文学界では天動説よりも定説になっていたと言われる。客観的な因果的認識という自然科学のイメージはすでに壊れている。その意味で，課題文１のような問題意識は，自然科学に対するかつての過剰な対抗意識の現れのようにも見えるのである。

　実際，自然科学の知識の客観性とその蓄積を信じさせていたのは，科学技術の進歩とそれに基づく豊かな社会の実現であろう。医学や医療技術の発展とともに日本の平均寿命が飛躍的に延びたことに象徴されるように，社会が現実によくなっていくという感覚が，科学の客観性の保証になっていたのだ。しかし現実に寿命が延びてみると，それは幸福な人生であるより，社会にさまざまな問題を引き起こすという結果になってしまった。高齢化という本来ならば幸福であるべき状態が，問題として扱われるというのは皮肉な現象だ。

　したがって，現在では，むしろ自然科学の倫理性や価値が問われている。自然科学をモデルにして社会科学が構成されることが要求されるのではなく，自然科学およびその結果としての科学技術が引き起こした問題を，社会科学や人文学が検証し，問題解決することを求められるという面が強くなってきたのだ。そのときに社会科学がどんな方法論に基づくのかは，現在ではまだ明らかではない。しかし，課題文２の言うように，とりあえず現実に当てはめてみて，そこで実りの多い仮説をとりあえずの作業指針として採用する，というのは現実的な判断だろう。実際，科学哲学者カール・ポパーは，科学の実証性とは「まだ反証されていない仮説の集合」にあると述べている。その意味で言うなら，社会科学と自然科学などという区別自体ナンセンスと言えるのかもしれない。
（1,855字）

Chapter9　【電力自由化】

●推進に賛成する立場

　電力の自由化は推進すべきである。なぜなら，図表１を見る限り，日本の電気料金は諸外国よりはるかに高い水準にあるからである。これでは，課題文が述べるように産業の生産コストを割高にし，生産物の価格を高くしてしまう。その結果として国内の生産物はコストの安い外国製の製品に競争に敗れ，企業の倒産が起こるだろう。あるいは，企業は生産コストの安い外国に生産拠点を移して，操業を続けようとするだろう。これでは，いわゆる「産業の空洞化」現象が起こり，国内の雇用は減少してしまう。

このように料金が高くなっているのは，明らかに地域独占体制になっているためである。一般に独占市場では他の競争者がいないので，それと対抗して価格を低くするというメカニズムが働かない。そのため，電気料金は政府の許可制になっている。政府が努力しなかったというのではないが，そもそも政府自体が競争にさらされず，コスト意識が育たないシステムになっているので，有効な歯止めにならないのである。これを是正するためには，競争原理を導入するほかないと思われる。もちろん，急激な変化は混乱を生む。したがって，図表2のように段階的に自由化を実施していくのは，おおむね妥当な選択である。

　確かに，自由化は電力供給の不安定化をもたらすという問題点も否定できない。電力はガスや水道と同じく公共的なインフラであり，安定的に供給しなければならない。自由競争下で効率を求めると，効率の悪いところは切り捨てられ，供給が途絶える地域があるというのだ。かつて国鉄が民営化されたときにも，地方の不採算ラインは地元に経営が移され，JRから切り離され，第三セクターなどが経営するようになった。ところが，その大部分は今でも赤字であり，JRとの接続などでは連絡ミスなどによる大事故も起こっている。同じことが電力供給にも起こる可能性が強い，というのだ。しかし，必ずしも正しくない。かつての地域独占の遺産として，基本的インフラは全国に建設されている。たとえ自由競争になって，他の会社が電力供給に参入したとしても，しなければならないのは保守・点検・修理が主であり，その費用も鉄道に比べてはるかに少なくて済む。したがって，採算が取れないところを積極的に切り捨てるという動機は鉄道に比べてずっと少なくなるだろう。

　さらに，今後は大都市と同じような送電設備が地方にも必要かどうかも問題になってくるだろう。たとえば，下水道で地方で大都市と同じようなシステムを取ることは大きな無駄であると言われている。長野県駒ヶ根市の下水道整備のプランが作成されたとき，大都市型の下水道設備では導管の部分が長くなりコストがかかるため，地方では効率でないと判断し，浄化槽を中心としたシステムが採用された。これは，全国の地方でのモデル例となり，それまでの建設省の大規模下水道システムの構想を一変させたと言われている。

　これと同じように，課題文にある大手ガス会社による電力の供給のほうが効率的であり，大規模な送電システムが不要になる，という可能性すらある。このような発想は，大規模な送電システムを地域独占資本で提供するというやり方では出てこない。コスト意識が徹底して，初めて技術革新も行われるのである。その意味で競争を導入することは，必ずしも供給を不安定的にしないと考えられる。（1,405字）

●**推進に反対する立場**

　電力の自由化は、これ以上推進すべきではない。なぜなら、自由化は電力供給の基本条件である「公共性」「安定性」「安全性」の３つの条件を脅かすおそれが大きいからである。

　まず、電力はガスや水道と同じく公共的なインフラであり、大都市では供給が豊かだが、地方は不足がちであるというような地域格差は避けなければならない。しかし、自由競争にすれば、だれでも供給に参入できる代わり、市場から撤退することも自由にできる。そうすると、人口密度の高いところでは電力供給のコストは安いが、人口密度の低いところでは供給コストが極端に高くなる。企業は効率性を求めるから、供給コストの高いところからは撤退し、利益を見込めるところ中心に供給を行うことになる。これでは、効率の悪い地方は切り捨てられ、供給が途絶える。実際、かつて郵政事業に民間宅配業者が参入したときも、業者としては郵便局と同じく全国配達の義務が課せられた。しかし、それを維持するには莫大なコストがかかるので、結局のところ参入業者は極端に少なかったと言われる。この例を見ても、民間企業が「公共的な供給」には関心が薄いことがよくわかる。

　第二に供給の「安定性」の低下も懸念される。確かに新規業者が参入すれば最初は価格が下がるだろうが、ビジネスの新分野が開かれると参入は急増し、無理にコストを削減し、価格を下げようとする過当競争になる可能性は大きい。そのときに削られるコストは、主に保全・修理などの業績や売上げに直接現れない部門である。実際、図表１によれば、米国は電力の自由化をしたためか、先進国中で家庭用電気料金は際だって低い。しかし、その結果、送電設備の保守・点検費が利益を生まないとして大幅に削られたために、施設が老朽化し、カナダとの国境地帯では近年大規模な停電が起こっている。このような供給の不安定化は、かえって産業に悪影響を及ぼすだろう。

　さらに、電力の安全性を懸念する声もある。たとえばわが国の電力使用量の40％近くは、原子力発電所で発電されている。この発電法は、放射能漏れなど取り扱いが難しいため、政府の厳重な監視と管理の下で運営されている。しかし、これらの発電所が自由化され、保有する企業が頻繁に変わるようでは、監視体制が十分に行き届かないおそれがある。実際、東海村で作業員が死亡した事故では、効率をよくしようと燃料会社の従業員が現場で工夫した結果、作業工程のいくつかを省略したことが核分裂を引き起こし、事故につながったという。このように効率を向上させようと追求することは、企業として当然であり、普通はプラスに働くのだが、ここでは逆に破壊的な結果をもたらしたのである。

　確かに、電力の価格が諸外国より高いことは憂慮すべきことである。これを放置すれば、課題文の言うように「産業の空洞化」が起こるかもしれない。ど

う解決していくかは今後の問題点となろう。しかし、自由競争でなければコストの問題が解決しないという主張は早計に過ぎるだろう。民間の経営者の助けを借りてコストの計算をするなど、まだまだ政府が介入する方法はある。その業種における特異性や公共性を考慮しないで、一律に自由化すればよい結果が生じるというのは、単なる自由主義信仰であって冷静な政策論とは言えないだろう。(1,438字)

Chapter10 【「世間」と「法」】

　課題文では、日本人にとっての「世間」を否定的意味と肯定的意味の二様に説明している。まず、否定的意味では、「世間」はこの世の意味であり、そこには「この世を嫌ってあの世に行く」などという現世否定の意味があったので、客観的に現世を観察するという態度が生まれなかった。ところが、それゆえに現世は人々の思いや希望などの欲望を託す場として逆に意識され、情動と深い関係を持つようになった。

　このような「世間」は、贈与・互酬と長幼の序、共通の時間意識を本質的要素として含んでいる差別的・閉鎖的なシステムである。個人は、生まれたときからどれかの「世間」に属し、何事を決定するにも、自分が属する「世間」からの了解を得て行動しなければならない。このような権力は、人間関係の中で排除や嫌がらせという形で表れる。したがって、個人はいつも「世間」の規範に縛られ、個人としての願望を表明することは許されず、個人と集団のズレなども意識されないのである。

　このような社会と個人との関係は、個人を平等とする近代的教育でも変わることはなかった。むしろ、それは非言語的な知であり、歴史的・伝統的なシステムであった。そのため、明治以後、近代的な知である「建前」と歴史的・伝統的な知である「本音」が並立することになったのである。建前では、社会は人間の力によって変革が可能とされたのに対して、本音では「世間」は個人の力では変えられないと感じられたのであった。結局、日本における改革は、ほとんど外圧から始まったものであった、と言うのである。

　他方、著者は「世間」で生活していた江戸時代の農民の生活態度を「教養」として賞賛している。農民の「教養」は仁義礼智信の五常であった。仁は秩序を守り、共同体に貢献する態度、義は人間としての義務を果たし、不正をしないことである。礼は儀式を欠かさず、礼儀正しくすること、智とは知恵を育て、熟慮できる人間になること、信とは真心を持ち、嘘をつかないことである。これらは、確かに現代でも十分適用できる本質的な人間のあり方であると言えるだろう。

　以上のように、一見矛盾した評価が述べられるのは、この「世間」に合わせ

る生き方がもともと前近代的な農業共同体の中での人間倫理の理想であり，近代化する時代状況とはうまく適合しなかったからだろう。だから，その間でさまざまな葛藤が起こる。実際，現代でもバリ島などでは，このような共同体の姿をかいま見ることができる。ヒンズー教の祭礼を欠かさず，バンジャールと呼ばれる500～1,000人ほどの村落共同体の秩序を守って暮らす。4つの階級に分かれた社会では，常に上の階級の意向に従い，夕方になると身支度を整えて寺にお参りをする。教育にも熱心で，子供をかわいがる。このような生活態度が功を奏してか，バリの村では極端に犯罪が少ない。もめ事があるときには，村の長老が話し合う。警察はほとんど村の秩序に介入することはない。しかし，このようなバリの共同体も，最近は村の結束が落ちてきたと嘆かれることが多い。観光を媒介に貨幣経済が村に入り込み，次第にこのような個人と共同体の一体化したあり方が成立しなくなったのだ。

　日本でも，近代化以前は，まだこのような共同体が残っていたが，国家による上からの近代化が進むと同時に，このような共同体は少しずつ動揺させられることになった。そのために，近代化と伝統的共同体倫理との摩擦が起こった。近代化を急速に進めるためには，個人的で競争的な意識を持った人間を創出せねばならず，日本の教育はそのための役目を担ったと思われる。しかし，このような国家による意識改革と人々の社会生活の現実は必ずしも対応しない。エリートの間には個人性に基づく近代的な法や秩序の意識が一応植え付けられたのだが，庶民の生活はまだまだそれとは別なメカニズムで動いているからである。著者が挙げる，近代文学における「苦闘」も，文学者が高等教育を受けつつもドロップ・アウトしたエリートであり，他方で経済的に苦しくて故郷である農村共同体との関係を切れなかったという複雑な事情に基づいていると思われる。

　法と「世間」の関係もこのような状況から考えれば簡単に理解できる。「世間」が秩序を実質的に守る役目を果たしていたのだから，近代的な法の役目は限定されたものになった。日本では諸外国に比べて弁護士の数も少なく，法律に訴えて紛争を解決する習慣に乏しい。実際，共同体のボスにもめ事の仲裁を頼むことは一般的に見られる。都会の共同体でさえ，暴力事件があっても警察は介入せず，むしろ暴力団のほうがその解決に当たる，などという例さえあったと言われる。訴訟に訴えるのは，特別なことであり，実際に法が問題を効率的に解決するという機能を果たしていなかった。

　もし，このような「世間」がいまだに機能しているのなら，このままでも秩序は守られるのだからまったく問題はない。しかし貨幣経済という異物が入り込むと，このような共同体は次第に解体を始める。現代の都市のように，地域の共同体がほとんど崩壊して機能しなくなった状況では，当然「世間」の役割は小さくなり，法の役割が大きくなる。子供でさえも，世間から自由になった

ために，たやすく犯罪に走るようになった。その意味で法が果たす役割はこれから増加していくことは間違いない。

しかし，法は万能ではない。法は悪い行いを罰する，あるいは相互が納得できる条件を設定するだけで，「よい行い」をさせる力は持たないからである。つまり，最低の相互性・公平性を保障するのみで，かつての共同体が持っていた善を勧めるという倫理的規制の面はほとんどない。当然のことながら，江戸時代の農民の生活態度が持っていた「教養」は消え失せ，そこにあるのは自己利益を追求しつつ，しかし，何とか最低の秩序だけは保つという殺伐とした人間関係にすぎない。

おそらく，現在の社会に必要なのは，「悪い行い」を規制する法というより「よい行い」を勧める倫理であろう。それは，現代の自由主義の言うような「自己決定」と「他者危害原則」に限られるわけではない。むしろ，「よい行い」として具体的な徳目を設定する倫理である。それがかつての農民共同体に戻ることではないのはもちろんのことである。新しい「世間」がどのような共同体をもとにしたら出来上がるのか，著者はそれを，死を意識し，葬儀の形式を決める個人個人の集まりに見ている。個人性に立脚した宗教の集まりと言ってもよいのかもしれない。この選択が妥当であるかどうかはわからないが，法もそのような倫理に補足されなければ，精神的に安定した社会を作れないのだろう。
（2,905字）

◆ Chapter11 【年金改革と家族】

●肯定の立場

第3号被保険者は，年金制度において不当に有利に扱われている。なぜならば，この制度は働く女性が年金をもらうためには保険料を払わなければならないのに対して，会社員や公務員の妻である専業主婦が保険料を払わずに国民年金を受け取れる仕組みになっているからだ。この不公平は国民年金制度と比べてみればはっきりする。国民年金で負担する保険料は一律，給付額も一律になっており，自営業者の妻や学生など負担能力のない者にも保険料を負担させている。これは実際的に受け取りに応じて払う「応益負担」であることを意味し，社会保障として働いていない。その意味で資料Aが示すとおり，専業主婦だけを優遇する不公平な制度だという働く女性からの不満は正しい。

もちろん，厚生年金・共済年金は本来社会保障としての役割を持っており，弱者救済という理念からして「応能負担」になっていなければならないという主張もある。つまり，不公平の原因は第3号被保険者制度の問題と言うより，むしろ国民年金制度の不備だと言うのだ。しかし，女性の生き方がフルタイム・パート・専業主婦などさまざまな選択がある現状で，専業主婦が「社会的

弱者」であるという論理は成り立たない。むしろ，彼女らは年金制度に優遇されるという特権を自ら選び取る余裕があったのだと言える。

そもそも，この制度は女性にとっても好ましい制度とは言えない。なぜなら，たとえ働いても年収130万円以下の地位に甘んじなければならないからだ。もちろん，この金額では女性は経済的自立ができず，夫の経済的庇護のもとにいるしかない。しかも，資料Bが示すように，この制度はフルタイムで働く女性の供給を減らし，第3号被保険者との賃金格差を広げる。これは所得が働きに応じていないだけでなく，社会が女性の能力を十分に評価しないとも言える。

しかし，このような経済効果は制度の不公平そのものではなく，その副次的結果にすぎない。まず年金における差別的な扱いをなくし，そのうえで「応能負担」という本来のあり方に戻さねばならない。資料Bの述べるように，基礎年金の財源を税方式で調達するか，徴収を消費支出に切り替えるのも一つの方法だろう。これは，年金目的の消費税を負担することになる。いずれにしろ，資料Cが述べるように，少なくとも基礎年金についての保険料率は，すべての被保険者に共通して設定されるべきだろう。（1,000字）

●否定の立場

第3号被保険者は，直接の保険制度において不当に有利に扱われているとは必ずしも言えない。なぜならば，この制度は会社員や公務員の妻である専業主婦が保険料を払わずに国民年金を受け取れるという仕組みであり，保険料を負担しないで年金を受け取れるという一点では有利なように見えるが，実際は性による役割分業を押しつけられ，社会に進出できなくなっている存在と見なすことができるからである。ここから生ずる差は保険料を負担しないで得られる基礎年金分を超える可能性さえある。

実際，資料Bが示すように，第3号被保険者になるということは，たとえ働いても年収130万円以下の地位に甘んじなければならないことを意味するだけでなく，フルタイムで働く女性との賃金格差が開くという効果を生じてしまう。これは本人の所得が働きに応じたものになっていないというだけでなく，女性の能力を十分に評価せず，その社会進出を妨げているという点でも，社会全体にとっても大きな損失であり，好ましい制度とは言えない。

確かに，国民年金制度と第3号被保険者制度を比べると大きな落差があるという指摘は間違っていない。国民年金で負担する保険料は一律であり，給付額も一律になっており，自営業者の妻や学生など負担能力のない者にも保険料を負担させているからだ。これは実際的に受け取りに応じて払う「応益負担」になっていることを意味し，社会保障として働いていない。その意味で，資料Aに示されるような，不公平だという働く女性からの不満は理由のないことではない。

しかし，このような不公平の原因は，第3号被保険者制度の問題というより，むしろ国民年金制度の不備と言える。なぜなら，国民年金制度は本来社会保障としての性格を持つべきであり，弱者の救済という意味では「応能負担」になっていなければならず，個人年金が「応益負担」になっている現状は適切とは言えないからである。むしろ，資料Bの述べるように，基礎年金の財源を税方式で調達するか，徴収を消費支出に切り替えるべきだろう。つまり，年金目的の消費税を負担することになる。あるいは資料Cが述べるように，少なくとも基礎年金についての保険料率は，すべての被保険者に共通して設定されるべきであろう。（985字）

Chapter12　【帝国と温暖化】

問1
「帝国主義」とは，資本主義的な国民国家が，他の国々に政治的・経済的な支配を及ぼそうと互いに抗争・競争する状況である。それに対して〈帝国〉とは，単一の権力がそれら列強をコントロールし，統一的なやり方で構造化する状況である。つまり，契約や協定などという伝統的な国際法で各国の利害を調整するのではなく，超国家的な世界権力を法的機関として産み出し，世界的な紛争を解決しようとするのが〈帝国〉なのだ。（194字）

問2
　温暖化問題は，その性質上，地球上の1か所で生み出された問題であっても，その結果は地球全体に広がるという性質を持っている。
　たとえば，アメリカは現在世界全体の約4分の1の二酸化炭素を排出しているが，その結果をアメリカが直接受けるわけではない。海面上昇による土地の消失は，アメリカ大陸よりバングラデシュや島嶼国家など標高の低い箇所での被害が大きい。それに対して，アメリカ大陸では海面上昇による国土消失という被害は必ずしも大きくない。このような状況の中で，アメリカは温室効果ガスの排出規制に反対し続けている。1997年に行われた地球温暖化防止京都会議においても，産業に与える影響を懸念して，最後まで排出規制に抵抗した。さらにはブッシュ大統領に代わるや，京都議定書の枠組みからも離脱してしまった。一方で，他の諸国は京都議定書に基づく削減を受け入れ，削減に努力している。しかも，このような他の国々の決定はアメリカにとって，さらに有利になる。なぜなら，アメリカは温室効果ガスについての対策を行わず，その分だけ生産コストが少なくて済むからである。そのため，製品の国際競争力が増し，それがアメリカの経済を豊かにし，結果的に温室効果ガス排出がますます増えるという悪循環になっている。つまり，温室効果ガスに対する対策は全会

一致でないと有効性が疑われるだけではなく，さらに状況を悪化させる可能性すらあるのである。

　これまでのところ，温室効果ガスの規制については，伝統的な国際交渉の方式で行われてきた。つまり，有力な先進国を中心として，各国が国際会議の場でその主張をぶつけ合い，妥協と取引によって削減幅を決めて，それを条約として成立させ，各国がそれぞれの責任において実行するという方式である。これはネグリ／ハートの言う「帝国主義」による対策と言ってもいいだろう。しかし，この方式は京都会議の結果を見れば，有効性が薄れていることがわかる。

　環境倫理学では，温暖化問題を未来世代に対する収奪として位置づけている。つまり，現在世代が大気汚染をしたり資源を使用したりすることで，未来世代が有害な大気を吸わねばならなくなったり，現在利用できる資源を使えなくなったりすることは，現在世代が未来世代が本来持つことができたはずの環境を破壊している結果になるからだ。このような状況において，環境倫理学は各国が互いの利益を主張してその調整をしているだけでは，解決しないと主張する。なぜなら，その交渉では現在世代が自己利益を主張しているにすぎず，現実に被害を受ける未来世代はまだ生まれていないので，交渉の場から排除されているからだ。つまり，未来に渡る問題を解決するには，国家をメンバーとする民主主義ではなく，未来の人類の利益までも考慮した地球全体主義を採用せねばならないというのだ。

　このような問題意識は，ネグリ／ハートの〈帝国〉の概念と一致する。超国家的な至高の世界権力を人類的な法的機関として産み出し，世界的な紛争を解決しようとするからだ。温暖化問題でも，各国の利己的な利益を一切斟酌せず，地球の未来の問題を解決するために法的な決定をするわけだ。その意味で，〈帝国〉とは温暖化問題のような地球規模の危機を解決する権力機関として期待できるだろう。ただし，それがどのようにして可能になるかは，ここでは検討されていないのではあるが。(1,449字)

〈著者紹介〉
吉岡友治（よしおかゆうじ）
著述家。東京大学文学部卒。シカゴ大学大学院人文学修士課程修了。インターネット小論文添削講座「VOCABOW小論術」校長。小論文の指導から言説分析・身体論まで幅広く活動している。
著書に『法科大学院志望理由書　問題発見と展開の技術』『社会人入試の小論文』『TOEFLテスト　ライティングの方法』（実務教育出版）、『吉岡のなるほど小論文講義10』（桐原書店）、『必ずわかる！「○○主義」事典』（PHP文庫）、『シカゴ・スタイルに学ぶ論理的に考え、書く技術』『文章が一瞬でロジカルになる接続詞の使い方』（草思社）、『東大入試に学ぶロジカルライティング』『ヴィジュアルを読みとく技術：グラフからアートまでを言語化する』（ちくま新書）など多数。

VOCABOW小論術：http://www.vocabow.com/
e-mail：office@vocabow.com

著者がWEB上で主宰する「VOCABOW小論術」では、法科大学院入試に対応した小論文・志望理由書の添削指導を行い、多数の合格者を出しています。詳細はお問い合わせください。

法科大学院小論文　発想と展開の技術

2005年 8月10日　初版第1刷発行　　　　　　　　〈検印省略〉
2021年10月10日　初版第7刷発行

著　者　吉岡友治
発行者　小山隆之

発行所　株式会社　実務教育出版
　　　　〒163-8671　東京都新宿区新宿1-1-12
　　　　編集　03-3355-1812　　販売　03-3355-1951
　　　　振替　00160-0-78270

印　刷　壮光舎印刷株式会社
製　本　東京美術紙工

©YUJI YOSHIOKA 2005　　　　　　本書掲載の試験問題等は無断転載を禁じます。
ISBN 978-4-7889-1416-2　C0032　Printed in Japan
乱丁、落丁本は本社にておとりかえいたします。